教育评估文库

CHUZHONG XUEXIAO JIAOYU
PINGGU ZHIBIAO YANJIU

初中学校教育评估指标研究

上海市教育评估院　组织编写

瞿　钧　主审

赵才欣　等著

高等教育出版社·北京

HIGHER EDUCATION PRESS　BEIJING

图书在版编目（CIP）数据

初中学校教育评估指标研究/赵才欣等著；上海市教育评估院组织编写 . --北京：高等教育出版社，2013.8

（教育评估文库）

ISBN 978 - 7 - 04 - 037813 - 9

Ⅰ.①初… Ⅱ.①赵…②上… Ⅲ.①初中 - 教育评估 - 指标 - 研究 Ⅳ.①G632.0

中国版本图书馆 CIP 数据核字（2013）第 156885 号

策划编辑	段会青	责任编辑	段会青	封面设计	王 眸	版式设计	杜微言
插图绘制	尹 莉	责任校对	刘丽娴	责任印制	尤 静		

出版发行	高等教育出版社	咨询电话	400-810-0598
社　　址	北京市西城区德外大街 4 号	网　　址	http://www.hep.edu.cn
邮政编码	100120		http://www.hep.com.cn
印　　刷	北京市昌平百善印刷厂	网上订购	http://www.landraco.com
开　　本	787mm × 1092mm 1/16		http://www.landraco.com.cn
印　　张	23.5	版　　次	2013 年 8 月第 1 版
字　　数	440 千字	印　　次	2013 年 8 月第 1 次印刷
购书热线	010-58581118	定　　价	56.00 元

本书如有缺页、倒页、脱页等质量问题，请到所购图书销售部门联系调换

版权所有　侵权必究

物 料 号　37813-00

建立科学的教育评估理论

——《教育评估文库》总序

在人类发展的长河中,教育出现之际,教育的评估也就伴之而生。教育评估不外乎由家庭、社会、政府或是由受教者、育人者、专家学者作为;或是对学生、教师、设施、课程等的微观性评估,或是对教育过程、教育内容、教育效果、教育策略等宏观性评估。其范围之广与教育步步相应。就评估本身而言,又涉及评估标准、评估人员、评估方法、评估技术、评估结果、评估自身估计等一大串内容,其范围之广也涉及了许多学科和技术。目的是希望运用各种合理的手段对教育的各方面进行评估,以发现优良之举,找出不足之处,继而以公布排名、公布分级或评估分析报告的形式让公众知晓,以供选学之用;让教育方得知,以改进教学;让政府了解,以供决策之依据。

教育的重要性也就决定了人们对教育评估的关注度。目前,世界上许多国家都有专门的评估机构,国际上还成立了国际高等教育质量保障组织联盟(IN-QAAHE),亚太地区也成立了教育质量保障组织联盟(APQN),每年召开会议研讨教育评估的进展。

教育管理结构科学化也就决定了世界上大部分国家和地区教育管理和服务的"1+3"形式,即政府教育主管部门加上教育科学研究、教育评估和教育考核。我国许多省市自20世纪90年代中期开始就形成了这样的科学框架,并发挥了很好的作用。

教育本身的开放性和当今国际交流的发展要求每个国家和地区的教育要参与到相应的国际活动中去,并提出有水平的建议,共同提高教育水平。教育评估也是如此。

上海市教育评估院成立于2000年,其前身是成立于1996年的上海市高等教育评估事务所。现在,上海市教育评估院已发展为拥有基础教育评估所、职成教评估所、高等教育评估所、医学教育评估所和综合教育事务评估所共五大评估所的从事各级各类教育评估的专门机构。为适应教育评估的发展与提升,上海市教育评估院除了参与评估、参与国内外交流外,还意在教育评估的理论和应用研究上建立更系统的内涵,于是决定出版《教育评估文库》。

《教育评估文库》是教育评估理论和应用研究成果的汇集，它包含了教育评估的基础内容，如《中国教育评估史》等一系列著作；也包括了涉及教育评估应用技术的汇编，如"教育评估标准"、"教育评估规程"等；还包括教育评估的专业理论，如"跨境教育认证"等；又涉及了评估本身评价的"教育评估可靠性"等著作；也可包含对境外著作的翻译。总之，它涉及了教育评估的基础理论、专业基础、专业科学、应用技术等整个内涵。于是我们的期望是一册又一册，不断丰富文库。

　　《教育评估文库》将是众多学者的知识贡献，我们非常热忱地欢迎各方学人参与文库建设，共同托起教育评估的辉煌。

　　教育犹如奔腾不息之江，前浪不止，后浪又涌；教育又如连绵的山脉，一峰才登，又是高山。作为一名教育人，为此事业而奉献，无限欣慰；为此而建树，无限光荣。人们将永远感谢为教育而为的人，当然也包括感谢为教育评估而为的人。以此为序，愿教育评估成功！

张伟江

2009 年 3 月

前　　言

　　本书是上海市教育评估院组织的有关学校教育评估的十个项目成果之一，是针对九年义务教育后阶段即初中学校的教育评估指标研究。现有的教育评估研究成果中，专门指向初中学校的系统评估不多，而检验义务教育阶段的最终结果，初中学校的教育质量与水平是关键。按照一般的情况，世界上绝大多数的国家与地区，初中以后学生实施分流教育，这是基础教育设计的基本格局。为此，各国都十分重视初中阶段的教育质量，因为这既是反映一个国家或地区义务教育的实施效益，也是影响所有公民整体素质的共同基础。世界经合组织（OECD）所推行的国际学生评价项目（Programme for International Student Assessment，简称 PISA），其对象也是针对 15 周岁即初中毕业的学业水平，分为"阅读素养"、"数学素养"和"科学素养"等三个指标，参加或参与的国家和地区在 2009 年就达到 65 个，评价结果受到世界许多发达国家和地区重视，这也正是因为背后有这样的一种因素反映。

　　在接受了这个项目后，我们即组建了研究组，由时任上海市人民代表大会教科文卫委员会副主任（现为上海市人民政府参事）、原上海市教育委员会副主任瞿钧领衔，邀请了上海市教育委员会基础教育处调研员朱蕾、浦东新区教育总督学赵连根、静安区教师进修学院附属学校校长张人利、上海市教育委员会教学研究室的赵才欣和韩艳梅博士等加盟，在评估院总项目的指导下，共同设计研究方案，包括法理定位、基本观点、结构框架、工作流程、案例材料选择等。在项目的进程中，研究组成员定期进行会晤，就形成的部分初稿展开讨论，对每阶段的成果进行集体修改完善与小结，并部署后阶段的研究工作。在全书初稿基本完成后，针对评估规程部分的科学性、操作性、实践性，在朱蕾同志的组织下，还邀请部分校长参加座谈，征求了他们的具体意见。总体看，本研究项目的进展比较顺利。作为一项课题研究，最终还经过了由教育评估院组织的资深专家的专业评审，获准通过。

　　研究成果在落实总项目要求的前提下，还力求体现这样几个基本特点：

　　关注初中阶段学校的整体特性。初中阶段的学校特性既有义务教育的背景，也有初中学校的个性特点。从纵向看，有学制历史演变的特点。从横向看，有不同办学体制的特点。本项评估在设计时照顾到这个现实，但主要是关注作为初中学校的整体特性，具有一定的普适性。

　　强调评估指标设计的法理依据。一项评估的逻辑起点是一定的价值观，这是评估视角的坐标原点,对初中学校教育评估同样如此。具体而言,就是要"依法评估"、"循理评价"。我们在研究过程中,首先依据的是国家法律、法规,以及相关的地方条例等;再则是相关的教育原理,均具有一定的权威性。

突出义务教育特性的基本标准。初中学校属于义务教育范畴,其办学要求是国家意志的体现,具有公平性、均衡性。当然,学校的办学基础与质量是存在差异的,但作为评估的导向,首先需要考察其回应社会基本要求的均衡发展度。为此,本项目更加注意突出了针对法规的"基准",而后适当兼顾差异性。

体现科学评估理念的系统架构。为保障评估具有实证的基础,对初中学校的评估既有指标方式,也有概括性问题方式,两者共同组成一个整体。为此,设计评估指标时,还同时设计了一些问卷,以反映出指标背后的因素,使评估指标与指标所反映的事实依据相结合,提升评估的客观性。

注重有利素质发展的时代要求。对于办学绩效的指标设计,尤其是对学生的学业评价指标,我们注意到上海多年来所参与的两个项目的特色:一个是教育部的学业质量检测项目,一个是国际学生评价项目;前者注重能力立意,后者注重面向未来进入社会的素养。为此,我们引进了评价的"绿色指标"和 PISA 三"素养"的内容,以体现本评估方案的国际性与时代性。

提升办学主体自评的增值功能。这主要反映在评估规程的发展性评估和主体性评估的设计要点中,对所提供的自评指标,引导初中学校根据基准要求,进行自我对照和诊断,有不足者可主动弥补,合格者可进一步努力成为优质,将评估视为激励机制,实现教育评估对受评估者的导向价值。

作为一项研究成果,我们对之有一个基本的客观要求,就是既要具有专业性,也要具有实践性。尽管研究组成员中有不少是教育行政领导,但都有一定的专业背景,不仅熟悉教育政策,对教育理论同样也有一定研究,并具有教育督导与教育评估方面的实践经历和专业素养。对于评估指标的设计与表述,我们在收集了境内外学校教育评估资料的基础上,开展情报分析与文献研究,进而对资料进行逻辑梳理,采取聚类方法,再进行系统归纳,为建立本项初中学校教育评估的指标体系奠定了专业性的科学基础。作为一项专业评估,我们注重现代评价理论的借鉴:遵循评价的增值原理,使指标与标准指引学校教育发展,发挥导向作用;重视评估的实证基础,通过问卷设计,发掘指标背后的因素,在相关分析后,增加其解释性;还注意尊重受评主体的自我评估环节,建立多元的评估主体,综合考虑不同主体的评估意见,尽可能减少评估工作的系统误差。

根据总项目的专业要求,对初中学校的教育评估指标设计,具体分为六个大模块,即"定位评估"、"管理评估"、"保障评估"、"环境评估"、"教育过程评估"、"教育绩效评估",作为"源指标"。研究组以此为基础着重开展一级指标、二级指标和三级指标的研究。具体阐述时为方便行文,将源指标列为章,一级指标列为节,而将二级指标升为一级指标、三级指标升为二级指标。这样,就形成了一个关于初中学校教育评估的指标体系,分布如下表,其中指标层级已经还原(表0－1)。

表 0－1 初中学校教育评估的指标体系

源指标名称	一级指标名称	二级指标数量	三级指标数量
初中学校 定位评估	目标定位	4(问卷4份)	12
	基础定位	3(问卷4份)	10
	发展定位	3(问卷4份)	10
初中学校 管理评估	组织人事管理	4(问卷4份)	12
	校务制度管理	3(问卷4份)	12
	执行过程管理	4(问卷4份)	12
初中学校 保障评估	物质保障	3(问卷3份)	12
	师资保障	3(问卷4份)	10
	经费保障	3(问卷3份)	12
初中学校 环境评估	内部环境	4(问卷3份)	12
	外部环境	3(问卷4份)	10
	对外合作交流环境	3(问卷3份)	9
初中学校 教育过程评估	教育活动	3(问卷3份)	12
	课程领导	4(问卷3份)	14(含42四级)
	教学过程	3(问卷3份)	12(含44四级)
	校本研修	3(问卷3份)	12
初中学校 教育绩效评估	学生综合素质	4(问卷4份)	12
	教师发展表现	4(问卷3份)	12
	办学质量	4(问卷4份)	12
合计	共19个	65(问卷67份)	219

应该说,上述指标体系的建立是从评估研究的角度实现的,所谓"基准"是针对表中"三级指标(少数三级指标有所延伸拓展,故实际超过219个)"来表述的;问卷中,涉及校长领导的18份、中层干部的5份、组长或专职人员的7份、教师的17份、学生的15份、家长3份、社区和校友的各1份。从专业要求看,这些研究是需要的。当然,这样大规模的评估指标和众多的问卷,在实际操作层面会有许多困难。为此,从评估实施的操作性出发,还需要根据实际进行综合简化。这就体现在"评估规程"即第九章中。第九章的评估规程,一是注重了学校的自

评环节,设计了与初中的办学基本标准相关的指标,通过自评引导学校规范办学;二是简化了指标体系和问卷,从有利操作和突出重点的视角,从综合评估的实施层面,将指标体系简化为 6 个一级指标(领域)、24 个二级指标(表 0－2),评审专家可以按一级指标即一定领域分组开展评估;而问卷更简化为 3 份,只对教师、学生和家长,对于学校各级领导主要采取访谈方式来获取评估信息。

表 0－2　初中学校教育评估的简化指标体系

一级指标	二级指标
资源配置	设施保障、设备保障、师资保障、经费保障
行政管理	发展规划、管理制度、安全管理、生源管理
德育与校园文化	德育计划与机制、育德渠道与成效、校园文化与环境、社会实践与服务
课程教学	课程计划与负担、课程结构与特色、教学过程与资源、教学管理与质量
教师发展	师德表现、教学成效、校本研修、发展效能
学生发展	品德修养、学业水平、身心素质、审美素养

在本项目研究行将完成时,上海市教育委员会颁布了《上海市义务教育阶段学校办学基本标准》和《中小学生学业质量绿色指标》,这正好为我们综合简化初中学校教育评估的方案设计提供了新思路。关于办学基本标准的文件,提出关注的主要指标有五个,即"资源配置"、"学校管理"、"课程教学"、"教师发展"、"学生发展",可以说是我们系统研究成果中的核心组成部分,而各主要指标的具体内容,就是其下的二级指标。根据这样的思路,关于初中学校教育综合评估方案也就基本明确了,即在结构上采用上海市文件的要求,在内容上简化出原有研究的成果。这里不可不说的还有浦东新区有关初中学校"素质教育实验学校"评审的成套经验,主要是学校自评的要素设计,我们将之移植到本方案中,整合在该综合评估方案之中。为了检验评估的实践性,我们曾让浦东新区的唐镇中学(属独立初中)和松江区的民乐学校(属九年一贯制学校)就该评估方案进行操作性试评,并将部分评估结果反映到本书的案例中。加上前面介绍的邀请 11 所学校的校长对该方案的讨论,征求改进与完善建议,这些工作的开展,对本项目研究成果实践性的考验是十分必要的。

参加讨论并提出宝贵意见或建议的学校校长是:上海市市东中学金辉校长、上海市民办新黄浦实验学校王洪伟校长、上海市黄浦区教师进修学院附属中山学校马园根校长、上海市位育初级中学龙世明校长、奉贤区育秀实验学校翁肇桢校长、松江区民乐学校付炳建校长、上海市格致初级中学王珏校长、上海市闵行第四中学屠红伟校长、上海江宁学校吴庆琳校长、上海市风华初级中学堵琳琳校长以及上海市比乐中学冯燕飞校长等。在课题结题时,评估院又邀格致中学校长张志敏、南洋模范中学原校长张茂昌、建青实验学校原校长吴子健等上海普教界多名校长到会评审，获取了许多中肯的建议。我们十分感谢上述校长们，他们提出的宝贵意见与建议很有见地，使本项研究成果增强了其实践价值。

特别需要感谢的是，作为总项目的主要主持者张伟江教授和教育评估院王奇院长，以及特邀的评审专家薛明扬主任、尹后庆主任、倪闽景处长等市教委的领导，对本课题报告（即本书）做了认真审阅，并从专家的视角提出了不少十分有价值的意见与建议，对完善本书的框架和内容提供了一些指导性思路。张伟江教授还深入文本审读，并具体提出了非常有价值的补充、调整意见，项目组都认真地加以汲取。这是本书最后可以达到出版水准的有力保障，我们最后的修改工作就是以上述各位领导专家对意见和建议为主要依据的。

根据研究组的决定，本项目文本的主要执笔人为赵才欣，并邀韩艳梅配合。尽管每有初稿形成，在瞿钧主任的倡议并组织下，即召开全组同仁会议一起研讨，大家积极提出应该调整的意见和修改的建议，撰稿者都努力汲取这些意见和建议进行修改；全书初稿完成后，又经过整体性的磨稿，尤其是瞿钧主任的系统梳理；在课题结题会上，诸位专家的意见建议也在修改完善工作中做了消化吸纳；但限于我们，尤其是执笔者的见识与水平，课题在评估的检测点、个性化、数字化和功能开发等方面还存在不足，文本的不当之处甚至错误问题还是在所难免。鉴于时间有限，文稿就此交付出版印刷，这些遗憾也就留在文本中了。恳请方家读者能进一步提出宝贵意见，以便今后有机会时再作完善。

本书作者（赵才欣执笔）

2012 年 7 月 16 日

目　　录

第一章　初中学校的整体特征

开展学校评估,必须针对其整体特征。学校特征,既有作为办学主体的学校共同特征,也有具体学段的特定特征。研究基于学校特征的评估视角,主要包括教育学制演变下的发展视角、不同办学体制下的模式视角以及国家政策引导下的地域特色视角,为此,对于初中学校的特征,将从以下三个视角来分析。

第一节　学制演变与初中学段的特征分析

我国的现代学校制度从清末开始,以后,历经民国时期、新中国成立初期、改革开放以来等几个不同时期的变化。初中学校或学段,在不同时期都由于学制等演变而呈现出不同的特征。

一、清末的中学学制与学校特征

1902 年,清政府颁布了《钦定学堂章程》,包含《钦定蒙学堂章程》、《钦定小学堂章程》和《钦定中学堂章程》。但这个章程还没有真正实施,就被 1904 年的《奏定学堂章程》所取代[①]。这两个章程都规定了学堂办学的宗旨、学制、课程及各项管理制度。其中的中学,即今之初中(另有高等学堂即高中),学制为 4 年。

《钦定中学堂章程》分为四章。第一章是"全学纲要",其第一节曰:"中学堂之设,使诸生于高等小学卒业后而加深其程度,增添其科目,俾肆力于普通学之高深者,为高等专门之始基。"第二章规定的是"功课教法",包括课程门目、分年安排、一周时刻、班级及学生人数、教员配置、教学方式、分数评定等。第三章是"各种规则",主要是学校管理层面。第四章是"一切建置",是对办学的硬件规定[②]。1904 年的《奏定中学堂章程》的核心内容大体也如此,而对中学的学制设计改为五年,结构上分为五章[③]。整体学制设计如表 1−1。

---

① 课程教材研究所:《20 世纪中国中小学课程标准·教学大纲·课程教学(计划)卷》,人民教育出版社 2001 年版,第 1 页。
② 课程教材研究所:《20 世纪中国中小学课程标准·教学大纲·课程教学(计划)卷》,人民教育出版社 2001 年版,第 14~19 页。
③ 课程教材研究所:《20 世纪中国中小学课程标准·教学大纲·课程教学(计划)卷》,人民教育出版社 2001 年版,第 40~48 页。

表 1-1　清末学校的学制设计

钦定中学堂章程（1902 年）			奏定中学堂章程（1904 年）	
学段设置	学制		学段设置	学制
大学院			通儒院	
大学堂	3 年		分科大学	3～4 年
高等学堂及预科	3 年		高等学堂及预科	3 年
中学堂	4 年		中学堂	5 年
高等小学堂	3 年		高等小学堂	4 年
寻常小学堂	3 年		初等小学堂	5 年
蒙学堂	4 年		蒙学院	

对于初中学生的入学年龄，当时是没有规定的。鉴于学生的差异，1909 年 3 月，即宣统元年，颁布《学部奏变通中学堂课程分为文科实科折》，规定课程的内容可以按照文科方向和实科方向有所不同，但学制还都是 5 年。

二、民国时期的初中学制与学校特征

民国时期的学校教育大体可以分为两个阶段：民国初的过渡性时期，颁布《学校系统改革令》后受美国民主主义教育思想的民国中后期。其中第二个时期可看作整个民国时期学校教育学制趋向成熟的标志。在学制安排上，前后两个时期是有所不同的。

根据 1912 年 9 月颁布的《中学校令》，规定"中学校以完足普通教育、造成健全国民为宗旨"，办学主体是"省立"为主，有条件者也有"县立"或"民办"。初中学校的科目设置有修身、国文、外国语、历史、地理、数学、博物、物理、化学、法制经济、图画、手工、乐歌、体操。女子中学对有些科目如数学的内容可以略减，但要加家事、园艺、缝纫，其中园艺也可以不设置。在学制安排上，无论一般初中还是女子中学，都从原来清末的 5 学年减为 4 个学年[①]，这种学制沿用了近十年。

1922 年（民国 11 年）11 月，当时的北洋政府颁布了《学校系统改革令》，设计的学校体系方案如表 1-2。

---

　① 课程教材研究所：《20 世纪中国中小学课程标准·教学大纲·课程教学（计划）卷》，人民教育出版社 2001 年版，第 69～71 页。

表 1－2　民国初期学校系统改革案之学制设置

年龄	学段	学校性质			说明
24～26	高等教育	大学院			年龄表示各级学生入学之标准,但实施时仍以其智力与成绩或其他关系分别定之;可反映各段学年数安排
23～24		大学校		大学院	
18～23				专门学校	
15～18	中等教育	师范学校	高级中学校	职业学校	
12～15			初级中学校		
10～12	初等教育	小学校	高级		
6～10			初级(义务教育年限)		
6 岁以下	学前教育	幼稚园			

对于中学阶段的学制说明是:一般情况下是初中三年、高中三年。但依设科性质,可定为初中四年、高中二年,或初中二年、高中四年[①]。说明这个学制既具原则性又具灵活性,但整个中学的六学年学制基本上和西方的学校制度相类似,成为我国以后及现行中学学制的主要基础。

翌年(1923),颁布了《新学制课程纲要总说明》,对初中课程分六个学科,为社会科(含公民、历史、地理三科目),言文科(含国语、外国语两科目),算学科,自然科,艺术科(含图画、手工、音乐三科目)和体育科(含生理、卫生、体育三科目)。同时,规定实施学分制,总共需修满 180 个学分,其中必修科计 164 个学分,学分分配根据具体科目的课时,对应该学科修习完并合格;所余 16 个学分可选学其他科目或者补习必修科目。

到 20 世纪 30～40 年代,中小学教育的统一特征就比较凸显了。比如,对选修课程作了限制,一度没有安排严格意义上的选修,只是对"劳作"科的内容作男女学生不同的规定;增加了"党义"、"党童军"或"童子军"等科目内容;外国语特别指定为英语,再开设"蒙回藏语或第二外国语"科目等。1948 年颁布的《中学课程标准总纲》,对选修课程的限制,主要安排在初三年级,并指向分科要求;对科目设置少有调动,学制安排上没有大变化。

三、新中国成立到"文革"期间的初中学制与学校特征

这个时期的中小学制度,中学"三三制"学制的主体是基本稳定的,但也有少量实验项目或学校,对学制作了一些改革的尝试。随着我国基础教育事业的不断发展,三年制初中学校总体上呈现了规模不断扩展的趋势。

---

　① 课程教材研究所:《20 世纪中国中小学课程标准·教学大纲·课程教学(计划)卷》,人民教育出版社 2001 年版,第 106 页。

20 世纪 50 年代的学校体制,一个主要特点,就是全面学习苏联的经验,中小学教育在"学科中心论"的影响下,课程的分科更细,各科目的知识体系更注重完整,同一学科在不同的年级开设不同的科目内容,如初中数学学科的开设,一年级为"算术",二年级为"代数"和"几何",而"三角"、"解析几何"等科目要到高中开设;生物学科,初中开设的分别为"植物"、"动物"、"生理卫生"等(高中开设"人体解剖生理学"、"达尔文理论基础");历史学科,初中是"世界古代史"、"中国古代史","中外近代史"则设置在高中;地理学科共设置有五个科目:"自然地理"、"世界地理"、"中国地理"(初中),"中国经济地理"、"世界经济地理"(高中)。总体而言,学校教育教学以传授系统知识为主,基本没有选修制,学校教育的任务主要是为升学奠定基础:即小学为升入初中、初中为升入高中、高中为升入大学奠定基础。

20 世纪的 50 年代末 60 年代初,鉴于中小学生学业负担过重的现状,教育部提出改革的新方案。根据《关于 1957—1958 学年度中学教学计划的通知》,规定:"精简教材内容;减少学科门类,暂时停授某些学科;减少每周上课总课时,增加学生自修时间"等,但对学制先不作调整。还明确学校校长、教导主任和教师要"谨守减轻学生学习过重负担,提高学生学习质量的基本精神"。周课时控制在 30 左右,同时,增加了学生的实践要求:初中每学年都增设了 2 个课时的"生产劳动"科,以及 14~28 天的"体力劳动"和 6 天的"参观活动",均列入教学计划①。

20 世纪 60 年代上半期,教育部有一个举措对中学教育来说特别重要,就是 1963 年提出的《全日制中学暂行工作条例(草案)》,俗称为"中学五十条"。该文件全文分为"总则"、"教学工作"、"思想政治教育"、"生产劳动"、"体育卫生和生活管理"、"教师"、"行政工作"、"党的工作和其他组织工作"等八章。对于中学教育定位是"为社会主义建设事业培养后备力量,和为高一级学校培养合格的新生",指出中学具有这样的双重特性;执行的是"教育为无产阶级的政治服务、教育与生产劳动相结合"的方针;并确立了相应的德智体全面发展的培养目标②:

全日制中学学生的培养目标是:

使学生具有爱国主义和国际主义精神,具有共产主义道德品质,拥护共产党的领导,拥护社会主义,愿意为社会主义服务,为人民服务;逐步培养学生的工人阶级的阶级观点、劳动观点、群众观点、辩证唯物主义观点。

---

① 课程教材研究所:《20 世纪中国中小学课程标准·教学大纲·课程教学(计划)卷》,人民教育出版社 2001 年版,第 253~259 页。

② 课程教材研究所:《20 世纪中国中小学课程标准·教学大纲·课程教学(计划)卷》,人民教育出版社 2001 年版,第 282 页。

使学生在小学基础教育的基础上,进一步掌握语文、数学、外国语等课程的基础知识和基本技能,并且具有一定的生产知识。

使学生的身心得到正常的发展,具有健康的体质,培养良好的生活习惯和劳动习惯。

毋庸置疑,这个表述是指向全部中学学校,但从当时学生数量的占比看,中学的主体是初中阶段,所以,这一定位、方针、培养目标对初中的性质走向更具有重要意义。

于是,对初中的课程进行调整,一些学科不再每学年都连续性设置,一些学科改变科目名称,一些学科进行合并,一些学科只在部分年级开设。如:将原来的"植物学"、"动物学"、"生理卫生"合为"生物"科;将曾经分化的"汉语"、"文学"又合为"语文"科;将原来"自然地理"、"世界地理"、"中国地理"这三门科目的又归一为"地理"科;历史学科也有这样的变化。

1964年7月14日,教育部颁布《关于调整和精简中小学课程的通知》,对初中课程教学又做了一定调整,主要是减少课时,即表1-3所示。

表1-3 初中课程设置与课时调整情况说明

学 科		每周上课时数(调整前)			每周上课时数(调整后)		
		初一	初二	初三	初一	初二	初三
政 治		2	2	2	2	2	2
语 文		8	7	7	7	6	6
外 国 语		7	6	6	6	6	6
数学	代 数	7	3	2	6	6	
	几 何		3	4			6
物 理			3	3		3	2
化 学				3			3
生 物		2	3		3		1
历 史			3	3		4	
地 理		3			3		
生 产 知 识				2			2
体 育		2	2	2	2	2	2
音 乐		1	1		1	1	
图 画		1	1		1		
每周上课总时数		33	34	34	31	30	30

这种调整,一个比较明显的意图,就是要逐步摆脱苏联对我国中小学课程设置和教育教学的影响,建立起本土化的学校课程与教育体系。所以,新中国在成立初期到60年代中期的17年间,中小学教育经历了先向苏联学习,再到逐渐摆脱的变化。课程设置体系从先期的完全系统的"学科中心论"时代,向后期的"学科中心"与"社会中心"兼顾的变迁历程。这种变迁的背后,折射了学校办学宗旨从"唯升学"向"兼顾为社会"的转移。

四、"文革"时期的初中学制与学校特征

"文革"十年,学校教育受到极大的冲击,教育形式、教学内容等"大破大立、先破后立",在打破旧传统以后,所立的是"政治统帅"、"社会中心"、"开门办学"等颠覆传统格局的新制度。此外,由于新中国成立初期提倡多生育的政策,加上医疗条件的改善,中小学生尤其是初中的生源就达到了一个高峰,就学需要大增,办学规模不断扩大,学制也随之出现了较大的变化。主要有如下几个特点:

一是中学的学制缩短,1966年,由于"文革"的影响,学校开始"停课闹革命",大学、高中都不招生,中学几乎没有新生源,在校生等待分配,或按照"接受工人和贫下中农再教育"的指示,赴农村或工厂参加劳动。"复课闹革命"后,初中的学制由三年缩短为两年;1972学年后,增加招收高中,学制也定为两年,当时中学的生源达到一个高峰。

二是农村一些小学办初中,或办几个初中班,被称为"五七学校"、"戴帽子中学"。由于学校特别是中学的教育资源十分匮乏,大量小学生毕业后难以进入公办的中学,在农村这个问题更为严重,于是一些原来只招收小学生的公办小学,挖掘潜力,让小学生毕业后继续在校就读初中的课程。这些所谓"戴帽子中学"就成为当时解决困境的一个出路。但这种初中学校由于教师队伍的资质没有经过认证,只是解决了学生有校可进、有书可读,而根本没有顾及教育的质量问题。

三是课程体系从"学科中心"变为"社会中心",科目大变。"文革"期间批判以往学校课程的主要罪状,就是严格的"学科中心",知识脱离阶级斗争、生产劳动的实际,培养的是走"白专"道路的"小资产阶级知识分子"。为此要大力改革学校课程,要破的是学科中心论,而立的是社会中心论,如:语文学科要去掉宣扬"封资修"的内容,突出阶级斗争和毛泽东思想;取消物理、化学、生物等学科系统知识,改为学习与社会相关的"工业基础知识"、"农业基础知识";还安排了到工厂或农村的劳动实践,与"开门办学"的宗旨一致。

四是取消考试,"人人升学"、"统一分配"。对原来的考试制度大加鞭挞,推崇学习权利的"平等",升级与升学不需要用考试或测验来衡量;学生的评定不

要看学习的成绩如何,主要看政治表现;学生毕业后的走向,根据"接受工人阶级和贫下中农再教育"的指导思想,由"毕业生工作组"统一分配。中学学制也没有了统一的规定,各地可自主决定。当时的"乱"状显而易见。

五、改革开放以来的初中学制与学校特征

"文革"结束后,初中学校教育与基础教育一起,从"拨乱反正"到重新建立正常教育秩序,再到顺应时代发展,推进以课程为核心的改革,中小学经历了三个不同背景下的阶段发展。我们如果以课程改革作为线索,大致可以建立一个发展"模型",即与课程改革相一致的,教育教学观念的变化,以及由此推进的改革,具有如表 1-4 所示的特点[①]:

表 1-4　我国改革开放以来的三次课程改革

改革历程	课程观	改革重点	主要标志	其他说明
第一次 (改革开放初期)	强调基础知识、基本技能(双基)和学科知识学习的系统性	改变语文教材成为语录、理科教材变成"三机一泵"等错误做法	建立了以严密、系统为特征的学科课程体系	课程教材出现深、难、重问题,课程教材的学科本位倾向严重
第二次 (20世纪90年代)	强调降低难度、深度,面向生活、面向社会,扩展知识面	改变课程教材深、难、重的问题,宏观上扩大了知识面、拓展了学习广度	对学习内容要求作分层次、明确性的严格规定,教材教学要紧扣课程标准,控制深度和难度	在微观上仍存在面面俱到、知识点过多的问题
第三次 (进入21世纪)	强调德育为核心,创新精神与实践能力培养为重点,以学生素质发展为本	在原来改革基础上,改变唯统一要求、唯课本知识、唯接受性学习方式等	对课程作更科学的结构化处理,实施课程国家、地方和学校三级管理,学校和学生对课程有一定自主权	课程设计和课程实施之间有相当一段时间内存在不相适应问题,需要深化改革与实践探索

上述第一个阶段,是基本恢复到"文革"以前的比较规范的办学状态。如1978年9月,原国家教委根据全国教育工作会议的精神,颁发《全日制中学暂行工作条例(试行草案)》。其实,该条例是在1964年草案版的基础上,根据时代

---

①　越才欣:《有效教研——基础教育教研工作导论》,上海教育出版社 2008 年版,第 122 页。

要求,经过修订后的新文本,同样有"五十条",但其中第四章由原来的"生产劳动"改为"学工、学农、学军",第七章由原来的"行政工作"改为"学校体制和行政工作"。同年颁布的《全日制十年制中小学教学计划试行草案》,对小学学制定为五年,高中学制定为二年,初中为三年(原来有小学六年而初中二年的学制)。在初三的课程中,设置有"农基"(即"农业基础知识"),说明就全国情况来说,初中毕业可以升学,也可以直接走向社会,成为普通劳动者,这是当时基础教育的办学目标与初中学校的特点之一。

1986年国家颁布《中华人民共和国义务教育法》(2006年有修订),规定我国中小学实施九年义务教育,这九年的义务教育是一以贯之的,初中是义务教育的"出口阶段",但初中的时间长度设置可以是多元的,可以是"六三制",即初中三年;也可以是"五四制",即初中四年。所以,1988年、1992年、1994年,国家教委(教育部)颁发的义务教育全日制小学、初中教学计划中,都分别有"六三制"和"五四制"两种不同的计划。

上海自1988年开始试行小学、初中"五四分段"义务教育学制,但主要是在城区实施"五四制"(当时城区小学生源正值高峰、而初中办学资源相对宽裕),农村一般还是"六三制"。当时小学六年级学生在初中接受教育,称作"初中预备班",初中教育仍实行三年学制:即初一、初二、初三。到2004年,上海全市已全面完成了"六三分段"向"五四分段"教育的过渡。从2004学年度起,上海城郊均为实施"五四制",初中阶段四年学制,基本成型。正式实施"五四学制"后,小学生五年级毕业升入初中六年级后,学生的杂费、课本和作业本费将按初中生标准计算,学生遵守《中学生守则》,生均公用经费定额标准也按初中标准拨给等。但全国大部分地区的初中学制,都是以三年制为主的。

上海实施九年义务教育的"五四分段",在针对办学体制改革的实践探索中,正在显现其比较明显的优势。一是三个学段的年限分布可以更加均衡些,目前成"小学5年、初中4年、高中3年"体系,在学校管理上,有利于平衡年限、精细管理;二是更符合当代学生认知特性,由于信息技术对社会发展与人的视野拓展所产生的促进影响,六年级学生知识基础相比以往已经明显有了更高的起点,他们更乐于充当一个中学生角色,这更有利于学生科学和健康地发展。

学制是由政府规定并颁布的,应该是制约一个学校办学的首要因素。学段的整体特征与学制政策密切相关。清末规定中学堂的办学宗旨是"为高等专门之始基",初中学段的整体特征或特性也即专门为学生进入高一级学校学习奠基,具有"基础性",但不具"普及性"。民国期间的初中学校,尽管一度(北洋政府)提倡办学主体和学制设置的灵活性,也有一些教育家如陶行知等生动的办学实验案例,但总体而论,仍然沿袭了"基础性"特征。新中国成立后,初中学段的"普及性"特征开始在小学普及的基础上凸显,并成为我国初中办学宗旨最主要的特性。但在没有普及高中教育的背景下，初中学校其实承担了"普及性"和"基础性"的双重特征。当然其间有十年"文革"期间排斥"基础性"的情况，而总体上，这个双重特征延续了一个较长时期。20世纪80年代开始，高中阶段教育的普及率在我国逐渐提高，标志着初中学校为社会培养普通劳动者的任务将结束，于是，初中学校的整体特征又经历了一次新的转型：在"普及性"和"基础性"的同时，要为高中阶段不同类型的教育奠定不同的"基础"，呈现了为后继学校学习的"分流"服务的基础教育特性。

第二节　不同办学体制下初中学段的区位特征

目前，在具体办学层面，初中学段的区位特征也有多种情况，初中学校的主体性质也有差异。其中主要办学形态有三种，即独立初中学校、九年一贯制学校中的初中部，以及完全中学中的初中部。另外，还有一些进行学制改革的学校所包含的初中部。

一、独立初中学校

这种办学体制是当前基础教育中的主流。在本节所述的初中学段各类型中，独立初中学校的最主要特点是法理上的独立法人。所以，作为一所独立初中学校，应该是一个比较完整的办学主体。这个办学主体具有如下一些特征：

1. 办学管理上的独体性

因为是一个独立的办学体，学校必须要承担法人的责任。管理具有重视行政的特质。学校要关注和处理更多的行政意义上学校的内部关系与内外关系。比如生源全部来自所在社区若干小学，毕业生将通过中考输送到不同的高一级学校，并具有独立完整的办学系统，包括组织系统、制度系统、运行系统、评价系统等，这些系统共同成为一个整体：

图1-1　初中办学主体的行政结构

在上述系统中，组织系统是规定人与机构的岗位；制度系统是规定办学行为的法规；运行系统是规定工作任务的操作流程；评价系统是规定各领域、各环节对绩效的价值判断。

为此，独立初中学校要在校本层面上来行使其主体管理功能。如运行系统，就需要从多年规划—学年计划—学年学期计划—定期检查—阶段总结—持续改进。这是一个周而复始的过程,但其内容与要求不同,所以又是一个螺旋上升的关系。

2. 办学体系上的多元性

当今的独立初中学校,在数量上占有全部中学的绝大多数,但不同初中在办学体系方面,却有着多元的特征,以及资源上的多种差异。其中有些类型的初中值得在此作一些简单分析。

第一类是从原重点中学中分化出来的独立初中。随着我国九年义务教育法的实施,原来的所谓重点中学必须结束作为完中的编制情况,对学校体制进行分解;初中生源要实行就近原则,不能享有带"重点"帽子的特殊政策,这样就形成了一批从重点中学分化出来的独立初中。但这部分初中学校的文化继承上,还带有原先重点中学的"血统",有的还带着原先"重点"的牌子,资源上也有着其他初中学校所没有的优势。这类初中是独立初中群体中得天独厚的一部分,也成为一些学生和家长的升学"择校"热门对象之一。

第二类是社会力量办的民办独立初中。在国家全面实施九年义务教育的大背景下,按一般情况,民办独立初中的生存与发展环境是比较严峻的。但是,在许多地区,民办独立初中还是获得社会大众的青睐。说明这类学校的办学质量能得到比较广泛的认同,其原因很可能在体制与机制上具有一定的优势。作为民办初中的优势,一是根据民办教育法进行自主招生,可跨区域吸引比较理想的生源;二是在课程设置上,学校可以利用有限的权限加强某些学科领域,迎合一些有针对需求的学生;三是人事体制的灵活性,可以聘请较高端的师资加盟,能根据绩效实现师资队伍的动态优化。

第三类是一些优质学校附属或代管的独立初中。这是一个新的办学模式,是提出教育要实现均衡优质发展而带出来的新事物,目前在各地正成为教育发展的一种新动力机制。这类初中主要基于两个背景:一是原来的所谓薄弱初中,在生存和发展方面都遇到一些困难或瓶颈。根据教育行政部门的布局调整,就选择有一定资源优势的办学主体,将之作为这些主体学校的附属学校、实验初中,从而找到新的发展路径,逐渐提高绩效,得到社会认同;二是在新开发地区的配套初中,从办学起点开始就有计划地利用优势资源,或是成为优势学校的联合体,或是由优势学校输出资源成为其托管体。

在独立初中学校中,上述三种类型的发展,是当今颇有生命力的一个趋势。

3. 办学特质上的差异性

对于一所有文化有思想的独立初中,发展学校特色,形成办学特质,是提升学校品位的必由之路。事实上,独立初中学校群体中的佼佼者,就是这样发展的,也反映出学校特征的一个重要方面。

有的初中在学制整体设计上展现特质:六年级实施适应期教育,比较注重对学生行为的规范性;七、八年级实施兴趣化教育,比较注重对学生个性或特长的健康培养;九年级实施分流式教育,比较注重基于学生发展的差异性。

有的初中在课程领域设置上展现特质:如注重外语教育。课程的设置在三个不同层面上展现特质:在国家课程中加强第一外语,借鉴整合其他教材版本;在其他学科中渗透外语教学;利用选修课程或拓展型课程空间开设其他小语种课程(即"第二外语"),在师资方面也有多种来源,满足学生需求。

有的初中在校园文化建设上展现特质:有的张扬体育文化,如船模、空模、车模、测向、射击等形成学校的特色;有的注重艺术文化,如成立多种学生艺术社团,定期举办艺术活动;有的重视科技文化,如开设天文、科普英语、环保、机器人与发明创造、网页制作等多种校本课程;还有的注意将社区的特色文化引入学校,利用社会资源,建立校园文化大课堂等。

二、九年一贯制学校中的初中

随着《中华人民共和国九年义务教育法》(以下简称"《义务教育法》")的颁布与实施,不少地区的学校建设选择了扩大"九年一贯制"的办学模式,或者主导性地将相近的初中与小学合体组建一所"九年一贯制"学校。九年一贯制学校的主要特点,一是与国家所规定的义务教育年限一致,在九年义务教育年限中,连续而均衡地实施小学与初中阶段教育。二是小学与初中连为一体,学生从一年级至九年级,相继完成小学至初中的学习,其间不间断、不选拔,一贯制接受九年学校教育。三是就近入学、取消招生考试,小学就近入学、划片招生;完成小学阶段教育后直接升入中学阶段,不组织毕业、升学或招生考试。四是实行统一的学校管理,保证素质教育要求和要素在各个层级、组织、机构中得到有效的落实。近年来,各地"九年一贯制"学校发展较快,其办学优势值得重视。

1. 具有生源质量的持续可靠性

九年一贯制学校的起始年级是小学一年级而不是初中一年级(即"六三分段"的七年级或"五四分段"的六年级),因此,解决好一年级学生的生源问题,就可以从根本上解决初中部的生源不足问题。对九年一贯制学校而言,六(五)年级不再是毕业年级,而只是学校的一个中间年级,自然升到七(六)年级。这种背景的优势是:学生不用再次选择上初中的学校,可以缓解目前社会上普遍存在上初中的择校现状,为家长和孩子减轻了不少负担。学校则可以整体性推进素质教育,本校的小学生就是自己的初中生,提升了小学生的质量,就为初中生源的质量提供了保障。所以,九年一贯制学校的生源质量是具有持续可靠性的。

2. 体现校本利益的质量引领性

九年一贯制将义务教育的九年看成一个整体,全面安排,顺利地解决了小学与初中的衔接问题。学校可以从本校的最终利益着眼,使学生从生理上、心理上向高年级要求顺利过渡。在小学阶段,可以强化知识的重点和难点,为初中学习打下基础;还可以将初中的一些基础性知识,通过合适的方式或形态提前渗透到小学教学中,为初中教学作好铺垫。另外,还可以利用九年一贯制的教学资源与教师优势,将初中生喜欢的一些选修科目与内容,先在小学试验开设或组织兴趣小组,如"科技兴趣小组"、"书法兴趣小组"、"体育(球类、棋牌)兴趣小组"、"音乐(器乐、声乐)兴趣小组"、"美术兴趣小组"等,使初中学生兴趣培养的工作前移,提高素质教育背景下的办学效益。在管理上,可以把六年级纳入初中部管理,使学生提前适应初中的生活和学习环境,初中的办学质量就可以有一个比较高的起点。

3. 体现学校文化建设的终极检验性

"九年义务教育"的最终检验是九年级学生的素质水平。由于九年一贯制的学校在办学体制上,体现的教育功能主要定位在发展而不在选拔,这是符合义务教育公平原则的。把教育资源组合成一个规模适当、结构合理、联系密切的集聚体,就能够更好地实施素质教育,提高教育质量,这符合义务教育的办学宗旨。而对于初中教育来说,这类学校在文化建设上,可以实行九年统筹的谋划,利用学生在校时间比较长的特点,让学生感受一种文化形态下的教育,就有利于打造一个有特色的学校。在具体操作层面,学校还可以利用学生年龄相差大的特点,组织学生活动,锻炼初中学生的能力,如上海某所九年一贯制学校,用学生社团课程打通中小学教育,以大手牵小手实现中小学生融合的探索,对初中学生素质发展提供平台,办学质量受到好评。

当然,九年一贯制学校也有一些不可避免的问题。第一,在九年一贯制的办学体制下,学校面对的是6~15岁的学生,年龄跨度大,无论是学生的生理还是心理,都存在着很大的差异,因此,学生管理的任务就必然加重很多。第二,从学校领导的层面看,还需要对中学、小学都精通的学校领导。这种办学体制是义务教育法颁布后出现的,所以缺乏必要的经验储备。如原先小学的领导对中学教学不甚了解,对"中学老师"不熟悉;原先中学的领导则对小学教学也不甚了解,对"小学老师"不够熟悉。这些素质的缺陷,很容易导致管理者在教学和教师管理中缺乏必要的权威性。还有一些"九年一贯制"学校其实"分而治之",小学部与初中部校舍分离,只是名义上的"一贯制"学校,因而在管理上也存在一定的困难问题。

三、完全中学中的初中

完全中学包括初中和高中,对于让学生有一个比较长而稳定感受中等学校文化的环境,有系统地培养学生的中学生素质是有益的。但对照义务教育法规,将义务教育和非义务教育两类法律性质不同的教育合体,完全中学就存在一定的法律障碍,即对教育管理、经费使用、教师资质等方面往往存在混合不清的问题。另外,在一般的普通完全中学中,初中部的学生占比尽管较大,但学生毕业可以选择其他高中升学,尤其是一些"高分考生"往往会选择其他实验性、示范性高中(以往"重点高中"的转型)。所以,完全中学会把初中学段看成是"为他人作嫁衣",学校工作的重点一般就投向高中部。但是,完全中学的初中学段还是有如下一些优势性特征。

1. 对中学教育理解有整体性

完全中学的学科教研组是以校为本的。由于初中与高中在学科设置方面有一定的相通性和继承性,学科教研组开展教研活动往往初中、高中结合,初中教师对所任教学科的理解是在整体中学阶段的层面上,对知识的纵向衔接比较注重,教师的学科整体视点相对要高些。

按照上海"五四分段"的情况,完全中学的学生群体要涉及七个年级,在年龄上大约是从 11 岁到 17 或 18 岁,这七年对一个青少年而言是其成长的关键阶段,是知识积累与技能发展比较旺盛的年段,也是包括世界观等各种观念初步形成的年段。这样一个年段在同一所学校中生活,有许多规律性的现象需要学校组织教师观察和研究,这是我们进行中学阶段教育的重要课题。初中教师在这样的环境下工作,承担教育教学任务,相对独立初中学校就会有不同的感受。

由此可见,完全中学的初中学段教师,对学科整体性的理解优势,对青少年成长关键时期的整体理解优势,以及对中学教育特点与价值的整体理解优势,是与完全中学这类学校本身所具有的特征直接相关的。

2. 依托高中对资源具共享性

完全中学的各种资源配备与独立初中学校也有差异,初中学段就能够共享到这种比较优越的教育资源。这些资源主要包括:

一是物质资源。完全中学的物质性配置,因为办学规模的缘故,相对于独立初中就要丰富些,包括场地设施、教学设备、图书资料、办学经费等,都如此。就场地设施来说,根据教育行政部门的有关规定,如初中与高中合为一校,资源丰富就非常明显。例如按 24 个班级建制,部分设施如表 1-5:

表 1-5 上海市中小学校舍建设标准(按 24 个班级建制)部分指标①

	用地面积(m²)	建筑面积(m²)	图书阅览室(m²)	建筑面积(m²)
初中	27 585(中心城外)	12 433	417	762
高中	31 293(中心城外)	13 308	480	796

(系 2004 年颁布标准)

---

① 《上海市工程建设规范·普通中小学校建设标准》(2004 年)。

可见,按照规定,完全中学的办学条件按照高中阶段的标准配置,就相对初中学校比较优越,所以其初中部就具有一定的享用物质资源的优越性。

二是人力资源。一般情况下,完全中学的师资安排是可以统筹的,有些学校对某些学科教师往往采取"大循环"安排,即从任教起始年级开始一直跟上去,到毕业年级后再回到起始年级任教。这样的安排,同样体现了资源统筹的方略。根据优化的需要,初中与高中在教师配制与使用上能实现共享。另外,组织校本教研活动,对初中的教育教学等行为进行研讨,高中教师可以一起参与,而成为"学习共同体"或"研究共同体"。这种教师间智慧的交流和借力,其实对初中的发展与提高也是十分有利的。

三是文化资源。一所学校的文化是多方面、多层次的,对于初中学段的影响和促进,很重要的首先是课堂文化与教研文化。同一学科的初中教师与高中教师组成一个教研组,可以开展互相听课、互相展示等教研活动,当然可以互相影响,不同风格的课堂文化在这种互动性的活动中实现了交流与共享。一个教师的经验与另一个教师的经验进行交流并实现共享,两位教师就等于都拥有两份经验。所以从某种程度上看,教师群体越大,教研活动越有更多经验可以交流,交流也可以更加频繁,有效性就越高。

有些学校组建了学校内部群众性的宽松的教育学术团体——"教师学术俱乐部",本着"参与就有收获,互动就有进步,反思就有提高,工作就是生活"的理念,引导不同教师结合教育教学中的实际问题开展有效学习,坚持结合改革过程的学习,坚持结合热点话题学习,坚持结合教育教学实践案例学习,坚持结合所遇到的问题学习。这种群体自发性的教研活动,其实反映的是一种校本的教研文化。完全中学由于教师群体比较大,这种文化的共享机制就比较容易实现。

3. 持续发展的机制具依附性

完全中学的发展以校为本,其初中部往往要依附于高中的利益来谋划发展,就其本部而言,就相对缺少独立的地位,这就有可能对初中部的发展带来一定的制约或影响,这是相对独立初中而言的不利之处。

我国台湾地区的学者在研究学校本位发展的成果中,指出学校的发展大多以学校整体利益为着眼点。这应该是学校本位经营思想的一种自然反映,对学校从一般管理的视角转向管理与经营兼顾的视角,这是一种时代发展或形势驱动的必然产物,也是一个新阶段的标志。该成果认为,一个理想的校务发展计划内容应该包括五大要素:① 学校愿景;② 学校现况;③ 学校目标;④ 行动方案;⑤ 行为规范。这五个要素是互相联系的,可以构成一个学校系统,其架构如图1-2①:

---

① 陈伯璋,许添明:《学校本位经营的理念与实务》,九州出版社2006年版,第80页。

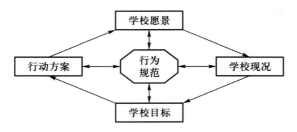

图 1 - 2　校务发展计划主要内容架构

由此可见,学校中的某个部门是学校整体的组成,其意志取决于学校整体。初中部在这一环境下,只能是依附于完全中学的整体利益。

四、其他学制实验学校中的初中

这类初中是融合在一些学制改革的实验学校中的。如上海市实验学校,实施的是中小学"十年一贯制",学生在所谓初中段的年龄、性格、知识能力等都与一般学校不同,学校的课程设置也不同,是教育改革"吃螃蟹"的一族。

上海市实验学校成立于 1987 年,具有二十多年的办学经历。其实验的理论依据是学生的潜能,可以实现早期开发和快速成长。其实验特点如图 1 - 3①:

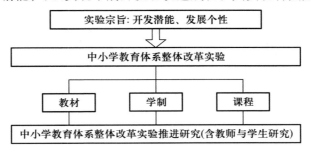

图 1 - 3　中小学教育体系整体改革实验一览图

其中学制改革是核心,课程与教材的改革是针对学制的变革进行的。如课程改革是因能而异,在国家课程基础上重建课程结构,是为"开发潜能、发展个性"的目标服务,具体有三个层次的课程体系组成,见图 1 - 4 所示:

在这所实验学校中,初中处在承前启后的中心地位,在学制上,初中相当于安排 3 年(小学 4 年,高中 3 年),比一般上海的普通初中阶段少 1 年,体现了基础教育学制改革实验的宗旨。上海类似的中小学一贯制学校(但学制还是 12 年)还有一些,尽管数量不多。

在教育改革的背景下,各地还探索将义务教育向上或向下延伸,如上海市建青实验学校,实验从幼儿园到高中的 15 年办学模式的一贯制,该校在执行国家

①　薛明扬:《勇攀新高·上海课程改革十年精华》,华东师范大学出版社 2011 年版,第 48 ~ 52 页。

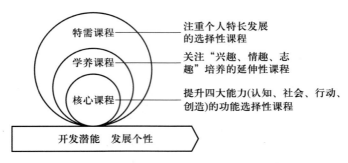

图1-4　上海市实验学校三大课程体系及达成目标

办学方针、贯彻国家中小学教育目标要求,以及根据国家课程的意志基础上,从研究学生发展规律与需求出发,通过设置15年"贯通"、"衔接"的校本化处理的课程与教材,构建了适应"三段一体"学生特点的课程体系,追求比较高效地培养学生的综合素质。应该说,这是一种积极的尝试,但目前要推广还不够成熟。

第三节　"普九"法律背景下上海初中学校的发展

"普九",就是"普及九年义务教育"的一般简称,《义务教育法》是该阶段我国最基本的教育法律之一。初中阶段的教育,属于义务教育的范畴。相对小学阶段,初中的教育又是九年义务教育的最后阶段,是义务教育阶段整体质量的最终代表。所以,初中阶段的教育,既具有九年义务教育的一般特征,同时还具有其义务教育最后阶段的特殊特征,所体现的教育特性,也就具有这两个互有联系的双重特性。讨论初中学校的评估问题,建立科学的初中教育评估体系,首先必须遵循法律并顾及这些相关的特征与功能。

一、初中办学的法律特征

九年义务教育首先具有教育法律特征,初中学校的办学理念和行为中,必须具有这种法规的特征。这种特征主要有:

1. 义务性和统一特征

《义务教育法》[①]第二条第二款:"义务教育是国家统一实施的所有适龄儿童、少年必须接受的教育,是国家必须予以保障的公益性事业。"

这样的一个定位标志着初中学校的教育针对区域内适龄少年来说,是"必须"接受的,政府"必须"予以保障的教育,具有强制性。所以,强制性是义务教育的最典型特征。这种强制,既是对学生而言,也是对国家而言。非义务教育则

---

①　系指2006年修订的《中华人民共和国义务教育法》,本章以下所述条款均系该法的具体内容。

不是强制的,而是选择性的,自愿的。这种统一性还体现为"义务性",强调实施义务教育是国家对公民的义务,是学生及其监护人对国家、社会的义务,是学校的义务,是社会的义务。

这里包括了国家与政府的义务,第八条规定:"义务教育事业,在国务院领导下,实行地方负责,分级管理"。这说明义务教育工作由政府来履行,义务教育的开展是政府行为,各级地方政府具体承担义务教育的责任。

其次是家长或法定监护人的义务。第五条第二款和第十一条分别规定:"适龄儿童、少年的父母或者其他法定监护人应当依法保证其按时入学接受并完成义务教育。""凡年满六周岁的儿童,其父母或者其他法定监护人应当送其入学接受并完成义务教育;条件不具备的地区的儿童,可以推迟到七周岁。适龄儿童,少年因身体状况需要延缓入学或者休学的,其父母或者其他法定监护人应当提出申请,由当地乡镇人民政府或者县级人民政府教育行政部门批准。"说明接受义务教育既是权利,也是义务。只要是中华人民共和国的公民,必须接受义务教育,没有其他选择。

第三是学校的义务。《义务教育法》明确并强化了学校的责任,设专章对学校的责任和权利进行规范。第五条第三款就规定:"学校应当按照规定标准完成教育教学任务,保证教育教学质量"。

第四是社会的义务。第五条第四款规定:"社会组织和个人应当为适龄儿童、少年接受义务教育创造良好的环境"。第十三条第二款规定:"居民委员会和村民委员会协助政府做好义务教育工作,督促适龄儿童、少年入学"。第十四条规定:"禁止用人单位招用应当接受义务教育的适龄儿童、少年。根据国家有关规定经批准招收的适龄儿童、少年进行文艺、体育等专业训练的社会组织,应保证所招收的适龄儿童、少年接受义务教育;自行实施义务教育的,应当经过县级人民政府教育行政部门批准"。

这些法规都从原则层面决定了初中学校的特征。

2. 公平性和免费特征

义务教育是全面的普及教育。根据2006年颁布的《义务教育法》,我国实施的义务教育,具有平等、公益和免费的特性。

一是平等。义务教育是所有国民的教育,是一种平等的、公平的、均衡发展的教育。

《义务教育法》第四条规定:"凡具有中华人民共和国国籍的适龄儿童、少年,不分性别、民族、种族、家庭财产状况、宗教信仰等,依法享有平等接受义务教育的权利,并履行接受义务教育的义务。"平等的体现包括起点平等和过程平等,体现为义务教育要均衡发展。

《义务教育法》第六条规定:"国务院和县级以上人民政府应当合理配置教

育资源,促进义务教育均衡发展,改善薄弱学校的办学条件,并采取措施,保障农村地区,民族地区实施义务教育,保障家庭经济困难的和残疾的适龄儿童,少年接受义务教育。国家组织和鼓励经济发达地区支援经济欠发达地区实施义务教育。"

二是公益。教育是公益性事业,这是教育的本质决定的。教育是促进学生德、智、体、美全面发展的过程。人的发展既是个人的事情,也是社会、民族、国家的事情。义务教育更是关系到个人、民族、国家的未来,所以其公益性不容置疑。古往今来,办教育可以使办教育者生存和发展,但从根本说,办教育不是办企业,不应追求盈利。对于办义务教育而言,这种特性更加强烈。为此,即使对民办的初中学校(包括九年一贯制学校),政府对学生的经费支持还是有很明确的体现的,所有纳税人都可以享受这种公益。

三是免费。目前世界大多数国家实施的义务教育都是免费的。1986年的《义务教育法》第十条规定的免费是免学费。当时国家对义务教育经费的投入本身不足,许多地方要向学生收取费用来提高教师的待遇以及改善学校条件。2006年新修订的《义务教育法》作出了明确规定:

第二条第三款:"实施义务教育,不收学费,杂费。"第四款规定:"国家建立义务教育经费保障机制,保证义务教育制度的实施。"

这就以法律的形式把义务教育定位为免费教育,从而完成了我国的准义务教育到真正意义的义务教育的转变。

3. 特色化和校本特征

但是均衡并非均质。在统一性、公平性基础上,还需要正视客观存在的学校差异现实,《义务教育法》还提出了推进义务教育要顾及各种差异。

如第十一条"凡年满六周岁的儿童,其父母或者其他法定监护人应当送其入学接受并完成义务教育;条件不具备的地区的儿童,可以推迟到七周岁"。第十七条"县级人民政府根据需要设置寄宿制学校,保障居住分散的适龄儿童、少年入学接受义务教育"。强调可行性、操作性,从而体现科学发展的观念。

学校的差异特征源于学校本身的背景,如社区环境、办学历史、学校规模、办学条件等。此外,还有软性的如学校的主体成员差异和课程文化差异:

从主体而言,不同学校的教师和学生群体也会有不同。教师群体的学历结构、年龄结构、性别结构、职称结构、专业结构等,不同初中学校均存在一定程度上的差异。而学生群体的差异可能会更明显,包括智力与体能、机体等差异,法律对这种情况也是有一定的照顾,如根据《义务教育法》就规定:"根据需要,在经济发达地区设置接收少数民族适龄儿童、少年的学校(班)。"

接纳视力残疾、听力语言残疾和智力残疾的适龄儿童、少年就读的或具有特殊教育性质的学校,学生群体结构也有一定特点。为适应这些学生的学习,这类学校的特征就会与一般学校有所不同。当然,本课题所关注的初中学校教育评估,主要的是指向一般情况下的普通初中,对这种个别的、特殊的情况当有专门课题研究。

另外,还有课程设计上的有限度的差异。课程文化是学校发展的核心文化,是义务教育校本实施中的自觉保障,也是学校特色建设的基础载体。对于初中学校来看,重视的是在义务教育政策前提下的"学校本位经营"(school-based management)办学策略。义务教育的核心目标是提高全民族的素质,学校必须重视办学绩效,同时支持各办学主体在实施方略上创造特色。课程改革不断深化,学校可以利用课程的自主权限,推进创新发展,建设特色。所以,在校本课程层面上,初中学校应该是有差异的。

二、义务教育法背景下上海初中学校的课程改革

课程是国家意志在学校教育中的体现,义务教育阶段的课程还代表着一个国家和民族的未来。学校是实施课程的基本单位,所以是学校教育必须贯彻落实国家的课程方案或课程计划。我国的《义务教育法》颁布于 1986 年,2006 年修订,对教育内容即课程也提出相应的要求。上海结合社会发展特点落实《义务教育法》,除了系统性工作外,还重点联系课程改革的实践探索,对不同学段基于新时代与新课程要求促进学校发展,呈现了一些特点。

1. "一期课改"

1988 年 3 月,全国义务教育教材工作会议委托上海编写一套九年义务教育的教材,供全国经济发达地区使用;1988 年 4 月召开的上海市人大会议,通过将"搞好中小学课程、教材改革"列为教育改革的一件实事;1988 年 5 月,上海正式成立了"中小学课程教材改革委员会",同时还成立了中小学教材编审委员会和中小学课程教材改革委员会办公室。1989 年 4 月,制定出《上海中小学课程改革方案》,并于 1990 年 3 月向国家教委办公会议汇报,并得到肯定。在此基础上,编制了上海《九年制义务教育课程标准》,组织了各科教材的编写。1991 年秋季新学年开始,有 60 所中小学(其中 17 所为初中)进行了课程教材试验,1994年在初中逐步推广,到 1998 年全面实施。这被称为"一期课改"。

上海"一期课改"提出了"两个改变、三个突破"的期望目标:改变以"升学—应试"为中心的课程教材体系,改变学得过死、统得过死的单一必修课程的模式;在减轻负担、提高质量方面有所突破,在加强基础、培养能力方面有所突破,在提高素质、发展个性方面有所突破,建立一个以全面提高学生素质为核心的课程教材新体系。由此确立了既重视基本素质又重视个性发展的培养目标。

学段方面,实施了"九年一贯、五四分段"的九年义务教育课程方案,打破过去小学教学内容相对独立的做法,按照教育规律和年龄特点,将小学和初中教学

内容统筹一贯地安排。课程结构包括学科类课程的必修课程、选修课程和活动类课程三个板块。德育方面,建立"三线一面"和"三位一体"体系(即政治学科为一条线,校、班会和团队活动为一条线,社会实践活动为一条线;各学科、各项活动为一个面。学校教育、家庭教育、社会教育"三位"有机结合)。

2."二期课改"

20世纪末,人类步入"知识经济时代"和"信息时代",这对基础教育的培养目标和课程现状提出了新的要求。在国家教育部领导下,上海适时启动了基础教育新一轮课程改革,通称"二期课改"。

"二期课改"的主要标志有:明确了符合素质教育的培养目标,推出了包括"知识与技能"、"过程与方法"、"情感态度与价值观"的"三维目标";提出了落实新课程目标的具体抓手,即"民族精神教育纲要"和"生命教育纲要"(即"两纲")与学科课程的整合;构建了由"基础型课程"、"拓展型课程"和"研究型课程"组成的功能性课程结构;发布了《改进各学科课堂教学的几点意见》,指导教师改进教学模式、帮助学生改进学习方式,提高教学有效性;编制《关于加强课程与信息技术整合的指导意见》,提出各类课程、各学科与信息技术整合的原则要求,并落实到课程实施系统;组织《利用社会教育资源优化新课程实施》课题研究,出台社会资源与学科探究学习整合的《学习指南》和学习单,以拓展学生学习时空和丰富学生学习经历;实现面向全市中小学13万教师的全员培训工程,分"青年教师教学基本功"、"一般教师教学探索实践"和"优质教师教学引领"等不同层次,组织"观课、评课、上课"网络培训活动,提高全体教师的课程执行力;实施以《学生成长记录册》为指标载体的新学业评价,将学生发展的过程作为评价的重点,激励学生素质全面提高;参与国家教育部课程教材发展中心主办的"建立中小学生学业质量分析、反馈与指导系统"项目,以及由国际经合组织发动的"国际学生评估项目(PISA)",积极探索科学的课程质量评价和保障体系等,为实现上海基础教育现代化奠定坚实的课程载体和质量基础。

在以课程改革为核心推进基础教育发展的同时,上海还注重对学校的发展性评估工作,开展包括对初中学校的"素质教育实验校"评审等举措,努力将《义务教育法》对办学方向的相关要求落到实处,也奠定了学校进一步发展的基础。

三、上海义务教育未来发展的基本思路

根据《上海市中长期教育改革和发展规划纲要(2010—2020年)》,上海市人民政府办公厅转发了政府有关部门关于《进一步推进上海市义务教育均衡优质发展的实施意见》,明确要树立科学的教育质量观,同加快本市城乡一体化发展步伐相一致,推进全市义务教育均衡优质发展。并提出了三个"坚持",即"坚持义务教育优先发展战略,切实保证区域发展规划、财政资金、公共资源优先满足

义务教育发展需求;坚持促进公平,树立科学的教育质量观,进一步深化课程和教学改革,切实减轻学生过重的课业负担,提高每一所学校的办学水平,让每一个学生获得公平优质的教育;坚持育人为本,把促进学生健康成长作为学校一切工作的出发点和落脚点,促进每个学生生动活泼地发展"。

在这个《实施意见》中,提出了义务教育阶段七个方面的重点工作:

第一是优化资源布局结构。主要从两个方面提出具体要求:

一是要以常住人口为基数配置教育资源,而不是以户籍人口为基数。尤其是对城郊结合地区,凡新增大型居住区和新城建设,教育资源配置规划要相应修订完善,基本解决城郊结合地区教育资源紧缺的矛盾。二是要进一步健全公建配套建设管理机制,在学校选址、建设规模,方案设计等方面把好审核关,保证教育公建配套学校建设与住宅建设,在规划、建设、交付使用方面做到"三同步",公建配套学校建设要满足直接开办要求和安全标准。

第二是加大教育财政转移支付力度。也有两个具体要求:

一是要加大市级教育财政转移支付力度,通过"上海市教育公共平台建设专项资金"的建立,市级财政重点支持远郊区县,教育费附加统筹拨付向远郊区县、财政收入相对困难区县和人口导入区县倾斜并建立学校公用经费定额标准随教育成本提高的机制。二是要不断提高经费保障水平,各区县要依法履行对义务教育的投入,切实保障教育经费"三个增长",完善义务教育经费区县统筹制度,要向偏远和相对薄弱学校倾斜力度;改善本区县义务教育学校的办学条件,统筹配置教育教学设施设备,促进各学校之间校舍和设施设备配置的基本统一。

第三是加强人力资源配置。包括均衡配置和培养引进两个方面:

对均衡配置教师资源,提出要配足配齐教师,教师职务比例、专业结构合理,符合学校全面实施素质教育的需求。合理配置和统筹管理的重点是加强村镇偏远学校和相对薄弱学校领导班子和教师队伍建设,建立与推进骨干教师巡回授课、区域教师有序流动等制度。对增强教师的引进和培养力度,提出要实施义务教育教师准入制度,推进普教系统名校长、名师工程,并建立农村骨干教师培养机制,分类分层次开展农村教师培训工作,利用国内外教师培训资源,提高培训工作的针对性与实效性。

第四是健全资源共享机制。主要从两个方面来实施:

一是加大中心城区支援郊区学校发展力度。中心城区品牌学校赴郊区新城和大型居住社区办分校或委托管理新建学校,扩大郊区农村义务教育学校委托管理工作受益面。努力提升这些地区新建公建配套学校的办学起点;深入推进城郊教育合作交流工作,发挥市区优质教育资源的带动效应,支持和推进郊区学校内涵发展工作,在政策倾斜和财政支持上形成长效机制。二是建立健全区域优质教育资源共享辐射机制。各区、县也要通过优质教育资源设立分校、区域内优质资源托管相对薄弱学校、城乡学校结对、组建教育集团、教育合作体、教研共同体等多种形式,形成区域优质教育资源共享辐射机制。

第五是关注特殊群体需求。有三类特殊群体需要关注:

一是进城务工人员随迁子女的义务教育权益要受保障。要扩大公办学校招收进城务工人员随迁子女的比例,要进一步加强以招收进城务工人员随迁子女为主的民办小学的财务与资产管理、教师队伍管理、教育教学常规管理、安全卫生管理等规范管理工作,开展对这类学校的办学绩效评估,根据绩效逐步加大政府基本成本补贴水平。二是特殊学生的义务教育权限要受保障。要推进新一轮特殊教育三年行动计划,包括建立市特殊教育信息通报系统,实现信息共享与整合;强化随班就读管理,完善特殊教育学校课程体系,通过市特殊教育资源库,为学校、康复机构和相关专业人员、特殊儿童及家长提供专业支持。三是要完善家庭经济困难的学生义务教育就学保障体系。在全部免除义务教育阶段学生学杂费、课本与作业本费的基础上,逐步提高"两免一补"资金总量。对家庭经济困难学生,分类实施相关各类补助。

第六是推进学校内涵发展。这是更核心的要求,涉及五个内容:

(1)深化课程改革:要提升区县和学校课程领导能力,提高课程对学生的适应性和课程实施的质量;建立课程资源校际合作开发与共享机制;大力推进"两纲"教育,确保各类课程开足开齐,保证课程实施质量;积极支持开发符合农村实际地方课程和学校课程。(2)提升教学有效性:学校要通过把握教学基本要求,落实教学基本规范,研究学生,创新教育教学方式,做实教学五环节,提升课堂教学效率,提高教学有效性。(3)改革质量综合评价方法:树立全面教育质量观,建立基于过程的教学质量综合评价体系,关注思想道德、学习经历、学习过程、基本学业水平和身心发展状况等评价,促进学生品德素养、身心健康、学习能力、实践能力和创新精神等方面的协调发展。(4)提升信息化水平:要建成覆盖城乡学校的义务教育信息化体系,以信息化促进教育现代化;发挥"上海市基础教育资源库"作用,为农村学校提供更多的优质资源、网上培训、教研、专业咨询等服务。开展基于数字化环境下的教与学的改革实验,提高学生在信息技术环境中的学习能力。(5)切实减轻学生过重课业负担:要严格执行课时计划,控制课时总量、作业量、考试次数和考试难度,科学安排学生作息时间,切实把减负贯穿教育教学和校内外各个方面。加强学校、社会和家庭沟通和协作,建立全市中小学生课业负担监测、举报、公告和问责制度。

第七是建立有效保障机制。包括政策环境和评估激励机制等。

一要切实履行义务教育的政府责任,区县政府和有关部门要将义务教育均衡优质发展纳入当地经济和社会事业发展规划,切实承担起推进辖区内义务教育均衡优质发展的责任。进一步明确各级政府及相关部门推进义务教育均衡优质发展职责,建立相关部门各负其责、齐抓共管的工作机制。二要建立和完善区县义务教育均衡发展督导评估和表彰奖励机制,建立对义务教育均衡督导、考核、评估的机制,推动区县政府依法履行教育公共服务职能,针对义务教育均衡督导中的主要问题提出整改意见,敦促整改;对区县义务教育均衡优质发展经督导评估为优秀者要表彰奖励,形成推进义务教育均衡优质发展的有效机制。

初中学校无疑要为落实上述七个重点工作任务有所担当,学校的发展也需要充分体现这些要求。

对于初中学校在内的义务教育健康发展,上海市教育委员会还制定并颁布了其他一些有制约性的文件(法规),如《上海市义务教育阶段学校办学基本标准》(沪教委基〔2011〕54号文件);与教育部课程教材发展中心一同研制并试行中的《中小学生学业质量绿色指标》等。这些文件对上海初中学校的今后发展同样是指引性的、必须关注的。这当然也是对研究初中学校教育评估有指导意义的文件。

为了对我国初中学校的教育评估指标研究有一个比较宽大的视野,有必要对境内外相关的文献做一些搜索,以作为本项目的一种借鉴。下一章就是基于这个意图而展开的。

第二章　境内外初中学校评估研究的若干现状

　　学校评估的实质,就是使用一组科学的评估指标来评价学校的整体表现,以系统地探究学校的优点与价值。所谓优点指将所测得的内涵与成就标准比较来做判断;价值是将所测得的内涵与学校及社会需求比较所做的判断[1]。建立和完善我国初中学校教育评估体系是提高义务教育水平与质量的需要,也是我们当前的一项艰巨任务。而在境外,对义务教育阶段学校教育的评估,同样正在成为一个备受关注的研究领域。研究境内外初中学校评估体系和标准,比较各自优势与不足,尤其是借鉴境外经验,将有助于更好地审视与发展我们的初中学校教育评估研究,为制定适合我国的学校评估标准和指标体系提供参考。

　　按照评估的理论与实践,评估视角与方法是多元的,对于初中学校评估当然也可以有多种视角与方法。但根据一般的现实与操作而言,最主要的是关注目标达成为主的绩效评估与关注过程实践为主的发展评估这两个方面。为此,本章将主要从这两个方面来考察境内外对学校评估的基本情况进行阐述分析。

第一节　境内外初中学校教育绩效性评估的基本现状

　　本节将从绩效及绩效评估的基本要义出发,考察若干境内外涉及对初中学校评估的实践经验,或相关的理论认识,为建构我国初中学校评估的指标体系奠定一些基础。

一、对于绩效性评估的基本认识

　　一般认为,绩效评估源于绩效管理。原来是指企业单位人事管理领域为利益分配做准备的一项具体工作。按管理学的角度,绩效包括个人绩效和组织绩效。

　　绩是指业绩、成绩,针对目标或达标的程度。实现目标或超额完成目标即被评估为业绩较理想,是可以予以奖励的依据;效是指效率、效益等。针对管理的成熟度,兼有对一种行为的评估。绩效,对于经济管理,是指社会经济管理活动的结果和成效;对于人力资源管理,是指主体行为或者结果中的投入产出比;对于公共部门,是衡量行政活动的效果。所以,它是包含多元目标在内的概念。

　　综合许多学者的一些基本共识,评估绩效主要看其目标达成,具体可以从四

---

　　[1]　张东娇:《学校评估发展的国际趋势及其对中国的启示》,《比较教育研究》2009 年第 3 期。

个方面来考察,如图 2 - 1:

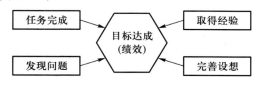

图 2 - 1　绩效评估的考察点

当然,在具体实施中,对绩效的评估也不仅仅只是注重其最终结果如何,对其各阶段各方面的结果也需要考察,也就是要对不同阶段的计划执行、不同子领域的计划执行进行一定考量。通过建立一些有关绩效的评估指标,引导或启示被评估者按照指标及其要求(或标准)不断努力。所以,实际上,对绩效的关注就包含了绩效管理的功效。绩效评估的最终目的是促进单位(学校)与员工(教师)的共同成长。通过评估发现问题、找到差距、改进提升,最后达到多赢。这是对绩效及其评估的比较完整的理解。

绩效评估的开展,需要运用数理统计、运筹学的原理和特定指标体系,对照统一的标准,按照一定的规程,通过定量定性、对比分析、问卷访谈等,对一定的对象范畴在规定期间的组织业绩做出客观、公正和基于实证的综合评判。

鉴于绩效评估的复杂性,为提高评估工作的质量,达到预期的效果或功能,一些研究提出了需要注意的原则,如:

(1)可靠性、客观性、公平性。应制定明确的考评标准,对照客观考评资料进行评价,尽量减少主观性和感情色彩。

(2)评估方法具有针对性、简明性。评估项目的数量应适中,针对不同层次评估对象采用不同的评估方法;要明确评估方法的目的和含义,使被评估者自觉接受和配合进行。

(3)定期化、制度化。应制定一套科学的评估制度体系,将评估工作落实到具体部门;并要定期评估,尽可能多地获取有关实际资料,加强评估的效果。

(4)多层次、多元化。应从多方收集信息,从多个角度进行评估,如上级评估、同事评估、自我评估、下级评估、专家评估、客户评估等。

(5)人性化、激励性。评估结果要及时反馈给被评者,并进行必要的交流。一是保证评估的公平与合理;二是被评者了解自己的缺点和优点,使绩优者再接再厉,绩差者心悦诚服,奋起直追。

还有些关于评估的研究与实践者提出,绩效评估可基于不同的关注度,实施有不同主导型的评估。

(1)效果主导型——着眼于“干出了什么”,重点在结果而不是行为。目标管理考评办法就是该类考评。

(2)品质主导型——着眼于“什么态度干”,考察诸如忠诚、可靠、主动、有创新、有自信、有协助精神等,掌握时有一定难度(非指标性评估)。

(3)行为主导型。着眼于"如何干"、"干什么",重在对过程方法的考评,操作性强,适合于管理性、事务性工作的考评。

当然,这些研究的观点与认识不仅是对初中学校教育评估的,也是针对绩效评估通识性的认识。

二、境内外对学校教育绩效评估的指标设计

我们注意到,国内的学校教育评估多注重于绩效评估,但目前国内各省市对初中学校的绩效评估还没有形成统一的指标与标准,仅有少部分省市出台了针对初中学校的评估指标与细则,如江苏省。而大部分省市没有单独的初中学校评估指标,即使有学校评估,标准也都是放在义务教育阶段中进行整体描述的。其中有的比较完整,有的只注重某些领域,但多数关注其示范性的价值。下面简单列举一些案例。

1. 山东省

山东省实行的《义务教育段学校省级规范化学校评估标准与实施细则》,其性质主要是关注了办学的结果(绩效)。这个文本其实是将评估指标分为三级,其中一级指标四个:办学条件、学校管理、素质教育实施、办学特色;二级指标共有18个,而三级指标计有59个,是作为"评估要点"体现的。总体看,其有如下结构(表2-1):

表 2-1　山东省义务教育段学校省级规范化学校评估标准与实施细则(试行)

一级指标	二级指标	三级指标(评估要点)
办学条件	学校规划	1—3:选址布局、学校规模、校园面积
	校舍	4—7:生均面积、建筑质量、教室品质、取暖设施
	运动场地及设施	8—9:运动场地、体育设施
	教学设施设备	10—15:教学仪器、体卫艺专用设施设备、实验专用教室、计算机房、校园网、图书资料等
	教育经费	16:教育经费
学校管理	办学理念与发展规划	17—19:教育方针、理念体现、规划制定
	管理机制	20—22:校长负责制、规章制度、校务公开
	班子建设	23—24:校长任职条件、班子工作制度
	队伍建设	25—29:教师配备、师德建设、教师教育理念、专业发展、班主任队伍建设

一级指标	二级指标	三级指标（评估要点）
学校管理	办学行为	30—35：学生健康成长、公平教育、规范收费、规范用书、作业等学业负担控制、学籍管理
	校园文化建设	36—39：校园环境、国旗悬挂等、校园文化活动、普通话与规范用字
	安全与常规管理	40—41：安全管理机制、安全教育开展、校舍管理
素质教育实施	德育工作	42—45：工作目标、内容安排、各项专题教育成效
	课程与教学	46—50：课程计划执行、课堂教学效益、综合实践活动开展、教学质量保障、教学设施资源利用
	教育科研	51—52：科研机构与制度、科研成果
	教育评价	53—54：评价制度改革、评价成效
	学生素质发展	55—58：遵纪守法责任感、学习兴趣习惯与合格率、体艺活动参与与健康素质、社会实践活动参与
办学特色	办学特色	59：办学特色影响度、认可度

具体内容参见本书附录三。

2. 北京市

北京市对初中学校的评估，特别重视对教育教学质量监控和学生综合素质的评价。

（1）北京市义务教育教学质量监控与评价系统。北京市义务教育教学质量监控与评价系统主要由基础评价框架建设、数据处理分析、评价反馈指导三个子系统构成[1]。

基础评价框架子系统是义务教育教学质量监控与评价系统的基石，以学科《课程标准》为基础依据北京市义务教育教学的实际情况制定。基础评价框架包括由以学科评价框架的构成、内容标准的制定、学业成就水平描述为核心的六部分构成（见图 2-2），每年以年度评价方案手册的形式公布。

（2）北京市初中学生综合素质评价指标体系。北京市初中学生综合素质评价指标由两部分组成：基础指标和发展指标，具体分解为思想道德、学业成就、身体健康、心理健康、个性发展五个方面。每一指标下有评价要素和评价方法及工具。

---

① 王云峰、胡进、张咏梅：《北京市义务教育教学质量监控与评价系统的构建》，《教育科学研究》2009 年第 9 期。

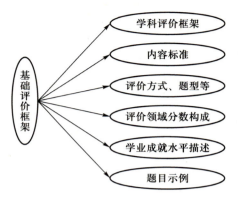

图2-2 北京市基础评价框架的构成

表2-2 北京市初中学生综合素质评价指标体系

一级指标	二级指标		评价要素	评价方法与工具
基础指标	一、思想道德	J1 道德品质	· 爱祖国、爱人民、爱劳动、爱科学、爱社会主义 · 遵纪守法、诚实守信、维护公德、关心集体	情境测验 日常观察记录 人物推选卡
		J2 公民素养	· 自信、自尊、自强、自律、勤奋 · 对个人的行为负责 · 积极参加公益活动 · 具有社会责任感 · 保护环境 · 具备奥林匹克基本常识 · 理解奥林匹克基本精神	
	二、学业成就	J3 知识技能	· 基础知识和基本技能水平 · 在相关学科和实际生活中的应用水平	· 纸笔测验 · 情境测验 · 问卷调查 · 人物推选卡
		J4 学习能力	· 发现、解决问题的能力 · 合作学习的能力 · 独立探究的能力 · 搜集、识别、管理、使用信息的能力 · 对学习过程和结果的反思能力	

一级指标	二级指标	评价要素	评价方法与工具
基础指标	二、学业成就	J5 学业情感	·学习态度 ·学习兴趣 ·学习意志 ·学业价值观	·纸笔测验 ·情境测验 ·问卷调查 ·人物推选卡
	三、身体健康	J6 体育锻炼、个人健康技能	·体育锻炼习惯和方法 ·卫生习惯 ·保健习惯和方法 ·健康意识 ·健康的生活方式	·问卷调查 ·身体形态测量 ·身体机能测量 ·身体素质测量
		J7 身体形态	·符合《学生体质健康标准》要求	
		J8 身体机能	·符合《学生体质健康标准》要求	
		J9 身体素质	·符合《学生体质健康标准》要求	
	四、心理健康	J10 自我认识	·了解自我 ·调控自我	情境测验 调查问卷 日常观察记录 人物推选卡
		J11 人际关系	·关心、尊重他人 ·明辨是非,正常交往	
		J12 适应环境的能力	·适应学习环境的能力 ·适应社会环境的能力	
发展指标	五、个性发展	F1 特长	·学科特长 ·体育运动特长 ·艺术特长	事实描述
		F2 有新意的劳动和活动成果		
		F3 其他 (自己选择)		

3. 江苏省

江苏省 1999 年为切实加强初中建设,巩固提高义务教育的普及水平,深入实施素质教育,促进基础教育现代化的发展,开展了"实施教育现代化工程示范初中"评估(以下简称"示范初中")。从 1999 年到 2005 年,全省建设 1 000 所示范初中。

为做好示范初中的评估工作,江苏省制定了实施教育现代化工程示范初中的评估细则,该细则设计了 A、B、C 三级指标,并列出了 C 级指标需要达到优秀标准,作为评估要素以及在开展评估时的对照要求(表 2-3)。

表 2-3　江苏省实施教育现代化工程示范初中评估细则

一级指标	二级指标	评估要素
A1　执行素质教育基本要求	B1　课程管理	C1　按省定课程计划开全课程,上足课时,提高课堂教学效益 C2　保证活动课程的课时和质量
	B2　课业负担	C3　学生每天在校活动时间不超过 7 小时,除按省规定外,双休日、节假日不集体补课 C4　教师布置作业总量每天不超过 2 小时 C5　严格按省的规定选用和订购教材、教辅用书、学具等
	B3　考试评价	C6　每学期考试一般只进行期中、期末两次,不进行各种形式的统考 C7　全面评价教师和学生,不以考试成绩排班级和学生的名次,不公布考试名次 C8　积极探索学生质量评价体系,进行评语改革,逐步试行等级记分和素质发展报告书
	B4　学生编班	C9　不分和不变相分重点班、快慢班。班额不超过 50 人
	B5　尊重学生	C10　尊重、爱护和信任学生。没有侮辱、歧视、体罚和变相体罚学生现象,没有要家长批改作业的情况

一级指标	二级指标	评估要素
A2　领导班子和教师队伍	B6　领导班子	C11　校长符合任职条件的规定,持证上岗;校级领导成员年龄、专业结构合理,学历达大专毕业以上 C12　校级领导办学思想端正,依法治教意识强。具有现代教育思想和现代管理意识 C13　校级领导有较高的理论、政策水平和较强的决策、组织、协调能力,熟悉教学、教科研和管理业务;按规定兼课、听课 C14　中层及以上干部健全精干,能被绝大多数教职工信任 C15　班子做到敬业勤政、开拓创新、团结协作、廉政自律、作风民主
	B7　管理体制	C16　实行校长负责制,实行内部管理体制改革,管理效果好 C17 党组织按《中小学党建工作条例》发挥作用,党员发挥了模范带头作用 C18　教代会或教工代表大会制度健全,活动正常,实行民主管理;发挥了民主监督作用
	B8　教师配备	C19　按编制配齐教职工,教师年龄、学科、技术职务结构分布合理 C20　教师学历达标率达 90% 以上,其中本科(含双专科)达 40%
	B9　教师素质	C21　重视师德建设。教师努力做到热爱学生,为人师表,遵纪守法,不谋私利。无违法犯罪现象 C22　树立素质教育观念。有良好的教学基本功和教学业务水平。有较强的德育工作能力和运用现代教学手段能力。积极参与教研和教科研活动。骨干教师和学科带头人达 25% 以上

一级指标	二级指标	评估要素
A2　领导班子和教师队伍	B10　教师管理	C23　重视教职工思想政治工作,学习制度落实 C24　教师岗位职责明确,有健全的考核制度,激励作用明显 C25　有各类教师培训提高计划,措施落实。大力培养优秀教师
	B11　教师待遇	C26　教职工工资和各项政策性补贴按时足额发放 C27　教师住房政策落实,按规定报销的医药费及时给付
A3　常规管理	B12　行政工作	C28　有学校发展的总体规划,整体推进实施素质教育,实施教育现代化工程有明确的目标和措施 C29　有明确的校风、教风、学风要求且有个性,建设措施落实 C30　各项规章制度健全,有明确的岗位职责,并能定期检查考核,督促执行 C31　各部门的文书档案、业务资料齐全;立档规范,有专人负责,并能发挥作用 C32　加强安全教育和安全保卫工作。近三年无重大责任事故发生
	B13　德育工作	C33　学校有德育领导班子,校内和社区德育工作网络健全。建立家长学校定期联络机制 C34　落实《中学德育大纲》,每年有计划和总结,发挥班级、团队的作用,各科教学及各项工作有机渗透德育 C35　根据学生实际、社会实际进行思想教育、道德教育、行为规范教育、青春期教育和心理健康教育,措施落实

一级指标	二级指标	评估要素
A3　常规管理	B14　教学工作	C36　教学常规,落实"五认真",有科学的教学质量监控制度和措施 C37　教研组组织健全,活动正常,有计划、活动记录、总结;教研活动有成果 C38　教科研组织健全,有切合本校实际的主课题和子课题,有阶段性成果 C39　按大纲要求上好音乐、美术课,经常开展艺术类课外活动,学科教学渗透美育 C40　按大纲要求上好劳技课,建立劳动实践基地。注意渗透职业指导教育 C41　教学仪器、器材、图书管理完好。各科演示实验、分组实验开设率为100%。阅览室定期为学生开放,图书流通率高于50% C42　80%以上教师掌握现代化教学设施,设施利用率高
	B15　体卫工作	C43　按大纲要求上好体育课,贯彻《体育工作条例》,组织好"两操两活动" C44　贯彻《学校卫生工作条例》,卫生制度健全,加强健康教育,档案齐全
	B16　学籍管理	C45　认真按学籍管理规定,做好有关工作,手续齐全 C46　严格控制留级人数,无复读生。加强分流指导 C47　学生年巩固率农村在99%以上,城区达100%。没有让学习成绩较差学生提前毕业,无违法拒收现象
	B17　校容校貌	C48　校园整洁、美观,做到绿化、净化、美化。校园环境建设体现教育性 C49　教室、办公室及其他各室窗明几净,设施摆放有序
	B18　后勤工作	C50　严格执行财务制度,会计持证上岗,管理制度齐全,账目清楚,审计合格 C51　规范收费行为,不擅立收费项目,收费标准公开,代办费用按期公布结算 C52　坚持为教学工作服务,为师生服务。各类教育设施管理规范,维修及时,完好率高

一级指标	二级指标	评估要素
A4 办学条件	B19 办学经费	C53 按经费开支定额和生均公用经费标准划拨经费,有稳定的经费来源。保证生均教育费用和生均公用经费逐年增长
	B20 校舍场地	C54 校园建筑组群合理,教学、运动、生活等不同功能分区布局 C55 生均用地面积、校舍建筑和校园用地(建筑、体育活动、绿化、勤工俭学等)均达到省定现代化建设标准
	B21 仪器设备	C56 教学仪器和器材配备达到省定装备条件现代化建设标准,并逐年有新的充实
	B22 图书资料	C57 生均图书35册以上,质量较高,复本适量。报刊100种以上,工具书、教学法参考书400种以上,并逐年有新的添置 C58 有一定数量的音像资料和教学软件,专柜存放,专人保管,逐年增加
A5 教育质量	B23 道德行为	C59 95%以上学生有良好的文明行为习惯,自觉遵守《中学生守则》和《中学生日常行为规范》 C60 90%以上学生有一定的道德评价能力、自律能力和良好的心理品质。近三年无违法犯罪学生
	B24 学科学习水平	C61 非毕业年级学生全科合格率达85%以上,85%以上学生具有实验独立操作能力 C62 初中毕业考试全科合格率达到85%以上,优秀率超过本地区平均水平 C63 大部分学生有良好的学习习惯和学习方法,具有一定的自学能力、表达能力和创造能力
	B25 体育卫生水平	C64 体育达标率和体育课合格率均达95%以上,达标优秀率15%以上 C65 学生掌握一定的卫生保健知识,有良好的卫生习惯,无食物中毒和大面积传染病流行 C66 因病休学率低于1%,近视新发病率得到有效控制

一级指标	二级指标	评估要素
A5 教育质量	B26 美育水平	C67 音乐、美术课学期成绩合格率达 90% 以上,达到大纲要求掌握的技能,具有初步的审美能力
	B27 劳技水平	C68 树立正确劳动观点和有一定劳动习惯的学生达 95% 以上 C69 学生能掌握各年级相应的劳动技术和技能,有一定独立生活能力
	B28 兴趣特长	C70 学生个性、爱好得到发展,有一定数量学生特长显著。农村 3% 以上学生、城市 5% 以上学生获县(市、区)以上各项奖励
A6 办学特色	B29 学校特色	C71 积极探索实施素质教育的有效途径,不断提高办学水平,形成教学鲜明的特色
	B30 社会评价	C72 学校受上级政府和教育行政部门的表彰;高一级学校和社会、家长对毕业生评价好、满意率高

进入 21 世纪以来,为了加强学校教育评估,监控、激励和保障学校教育质量的全面提高,许多发达国家和地区,如英国、美国、新加坡、日本、芬兰等国,以及我国香港和台湾等,都采取许多措施改善和提高学校评估能力,引导学校在国家教育发展战略指导下不断改进各项工作,这些评估主导着学校评估发展的最新国际趋势。

4. 英国学校评估体系与标准

英国是实施学校教育督导制度最早的国家之一,也是开展学校自我评估较早、较好的国家之一。无论从理论还是实践的角度来看,英国在这一领域都是比较领先且独具特色的。

英国教育的首要目标是提高所有学生成就标准。对学校系统来讲,改革关键不在于结构变化而在于关注学生成就标准。1992 年英国制定了对中小学的学校质量评估标准——《学校督导框架》,分为"督导要求"和"督导计划"两个部分。其主要内容是:

(1)学生达到的学习水准和学习质量(Standards and Quality Achieved),即学生在课堂学习中所取得的进步(即对知识、理解力和技能的掌握程度)以及他胜任学习的能力(包括读、写、算方面的能力)。

(2)学校的效率(The Efficiency of School),即在实现办学目的和目标过程中,学校充分利用(包括时间、金钱和专长在内的)资源的程度;学校的支出重点与其教育重点相一致的程度;计划、程序和实施的成本效果,以及所产生的教育效果的质量。

(3)学校的总体质量(The Quality of the School as Community),包括:行为与纪律、出勤、学生的社会和文化发展(即学校的人际关系质量)。

(4)教学质量(Quality of teaching)。

① 教学质量:即明确的集体和个人学习目标;良好的教学活动规划;合适的教学内容并促使所有学生都以合适的进度取得进步。

② 评价、记录和报告:能够全面而准确地描述每个学生在实现国家课程的成就目标与其他目标的过程中所取得的成绩。

③ 课程的质量和范围:内容、组织和规划。即课程结构、内容、组织,有助于提高达标水准,有助于改善学习质量,符合法定的要求,并能向所有学生提供均等的学习机会。

④ 管理与规划:即校董会成员、校长和教职工(尤其是享受鼓励性津贴的人员)有效地确定和实施学校目标、规定集体和个人目标、促进质量和计划的改进、各司其职、各尽其能和有效地管理资源。

⑤ 组织与行政管理:即学校日常行政程序和运行的效率和效果,面向学生、教职工和家长的信息传递系统的效果和效率以及信息技术使用的效率和效果。

⑥ 资源及其管理:(a)教师和教辅人员。(b)学习资源。即学习资源在规划过的课程中的质量、可用性和使用情况,它们对教学质量的影响以及它们对学校目的和目标的满足程度。(c)校舍。即校舍资源满足专业设施、学生数目和所提供的课程的充分程度,其作为学习环境的条件和适宜性,以及学校充分有效利用这一资源的程度。

⑦ 对学生的支持和指导:即学生的需求被满足与学生的进步受到教师关注的程度;学校为支持和指导学生个体、提高其期望及记录其进步所作的安排。

⑧ 对外联络和与社区的联系:学校定期向家长通报情况并提供服务;家长积极参与学校生活并为之做出贡献;学校与工商界、地方教育局和其他有关机构建立并保持有意义的良好关系;该校与其他学校之间关系的质量以及学校作为一种学习资源与社区建立的合作伙伴关系。

如果说1992年英国的《学校督导框架》主要解决国家层面的问题,那么,由英国苏格兰皇家督学处编写的《我们学校的质量如何?——运用办学质量指标自我评价》一书则在帮助各所学校的校长、教师解决如何回答地方一级所面临的问题。

《我们学校的质量如何?——运用办学质量指标自我评价》为学校提供了进行自我评估的办学质量指标,学校可据此开展自我评估,进而了解学校计划的实施情况,需要保持和改进的领域,以及该采取的行动等。

关于办学指标的内容,该书提出了 7 个关键领域,包含 33 个指标①。7 个关键领域分别为:课程,成绩,学与教,给学生的支持,校风,资源,管理、领导和质量保证。依据 33 个指标及对应的主题要求,运用"全面检查"和"深入检查"两种方法,按"优、良、中、不令人满意"四个等级做出评价。"全面检查"包括在所有关键的领域开展自我评估。"深入检查"是指在每一个独立的领域里向有关的管理人员和教职工逐步提供具体的指导。

5. 美国部分地区学校评估体系与标准

● 美国肯塔基州中小学教学评估体系

美国肯塔基州政府负责基础教育的部门在其所管辖的中小学内定期开展名称为"为了下一代评估认证"(Next‐generation Accreditation)的教学评估工作。这是一项由美国各地区的"教学评估委员会"与美国"国家学校评估研究会"(National Study of School Evaluation,1933 年建立)合作开展的全国范围的教育界的评估工作。其宗旨是"评估要有利于学校的整个教学体系,有利于学校致力于提高学生水平,有利于为学生提供更安全的、丰富的教学环境以及有利于保持学校高效地运行(effective operation)"。

这项评估的对象主要包括参与评估认证的学校管理部门及从事教育教学的人员。

第一,对学校管理部门进行评估的主要内容。

美国肯塔基州政府负责基础教育的部门对各中小学的管理部门进行评估,旨在通过该项工作增强它们实施领导及管理的能力,有效地贯彻教育教学方针、计划的能力,制定出长远的教育教学规划的能力以及合理地运用资金来源、人力资源及物质资源的能力。具体评估内容包括如下几个方面:

(1)教学评估与信息系统,其中包括信息体系、学生学习的评估、学生取得的成绩以及有效评估;

(2)教学方针,其中包括教育纲领、课程设置及课程的传输;

(3)学习环境,其中包括学生的生活、家长及社会的参与、健康安全的学习环境、学生行为及社会责任;

(4)资金来源,其中包括资金安排、资金来源计划以及资金使用状况;

(5)行政管理,其中包括行政部门政策制定、组织结构及机构设置;

(6)人力资源,其中包括职员设置和发展、教师的培训及其分布、工作量等;

(7)物质资源,其中包括教学设备及设施、图书馆、传媒技术等学习资源;

---

① 乐毅:《值得借鉴的学校自我评估标准——香港〈杰出学校奖励计划〉与苏格兰〈我们学校的质量如何?〉述评》,《基础教育参考》2004 年第 6 期。

（8）教学计划，其中包括提高教学质量、制定教学策略与规划；

（9）各种辅助支持，其中包括学校及其社区提供的各种有利于学生学习的服务（服务人员、指导部门等），以满足学生的需求；

（10）设想与规划，其中包括对未来教育教学的使命、信念、宗旨、目标及预期的了解。

第二，对教师进行评估的主要内容。

美国肯塔基州对从事教学人员所进行的评估工作被称作"认证人员评估体系"。评估内容主要着眼于三个方面：

一是专业素质。该项标准要求教师具有三项能力：

（1）展现知识能力，即能与他人交流学科知识，能与其他学科的教师合作构建跨学科的教学方法。

（2）提高自身专业技能的能力，即能够确立个人专业发展的方向、制定个人的发展计划，能将专业知识应用到教学中。

（3）运用科学技术的能力，即能够操作计算机及其外围设备进行多媒体教学，能够利用计算机进行文字处理、建立数据库，利用电化教学手段设计课程以满足学生的多样需求。

二是教学能力。该项标准要求教师具有的能力：

（1）教学设计能力，即能够依据教学目的与目标进行教学，所实施的教学有利于学生思考、鼓励学生学会灵活地、有效地以及创造性地学习。

（2）创设学习环境能力，即能够与学生积极交流，并能给他们提供有益的反馈，充分利用课堂培养学生的责任意识及合作精神、创设出有效的学习氛围。

（3）实施教学的能力，即能够将学习的特定目标以及更高的预期相结合、给学生提供更多的能够增长知识的机会、激励学生进行多方位的思维，能够独立设计出与课程内容相关的考核方式及内容、给学生提供更多的实践机会。

（4）评估教学的能力，即能够结合教学大纲准确评估及分析教学的有效性，能够依据反馈、思考及评估结果提出恰当的建议及做出必要的调整。

三是工作能力。该项标准要求教师具有的能力：

（1）表现能力，即帮助建立学校与社区之间的积极关系，积极参加专业组织及其活动，积极参与课程设置及教材改革、尽职尽责、遵守各项政策及行政措施。

（2）沟通能力，即能够利用恰当的评估标准及原则评估学生的表现，能够就学生的期望值、进步情况及其优缺点与学生及其家长沟通交流。

（3）合作能力，即能够主动与他人合作创造出有利于学生学习的环境、邀请各界人士（同事、家长、社会代表等）协助设计及实施合作教学项目。

● 美国加州达纳初中学校自我评估指标

美国加州达纳初中《2003—2004 学年质量自评报告》从办学理念到课程优

化、出勤、家庭作业、考试成绩等宏观、中观和微观指标综合分析了学校的办学质量水平。以下为达纳初中 2003—2004 学年自我评估报告指标 [①]（见表 2-4）。

表 2-4　达纳初中 2003—2004 学年自我评估指标

指标	主要内容
办学理念	（略）
出勤、校风、校纪	学校是否有明确的出勤、迟到、旷课管理政策，是否有促进尊重、合作、谦逊和相互接纳的规章和政策及推行措施
家庭作业	是否根据阿卡迪亚联合学区现有的家庭作业政策布置家庭作业
对学生的肯定和奖励	是否有多种促进、鼓励学生成功的奖励和肯定方式
课外活动	学校有哪些课外活动，效果如何
班级规模和师生比	与往年的数据纵向比较
学校设施校园安全	学校的自然和人文环境，场所安全和卫生，有无相关规定和责任人员
为学生提供的咨询与支持服务	有无相关制度，服务的种类有多少
学生身体测试	韵律感，身体状况（尤指体重），腹肌和耐力，躯体强度（不含头和双臂），上肢力量和耐力（推、拉、屈臂悬垂），灵活性和协调性
学校的领导组织	团队和集体参与情况
学生成绩与考试	学生州常模参照考试的成绩；学生州标准化考试的成绩；学业成绩指数
课程与教材的优化	课程指南是否与州的课程标准、学区目标、州的评价计划一致；学校是否不断通过补充新的计划、开发新的教学策略等改进、拓展课程
对联邦教育法——《不让一个孩子掉队》的执行	所有学生的英语和数学成绩都必须达到州的成绩标准，是否具有"足够的年度进步"（adequate yearly progress, AYP）
教师	评价和专业发展；教师配置和教师学历；教师工资
家长和社区的参与	有无促进参与的计划、组织

---

① 2003—2004 School Account ability Report Card, Dana Middle school, Http://district. ausd. net/docs/dana0304. pdf.

可见,加州达纳初中自评评估的指标具有这样几个特点①:

(1) 与教学实务直接相关的指标是评估的重点指标,包括出勤、校纪和校风、学生的家庭作业、为学生提供的咨询和支持性服务、身体测试、考试与成绩排名、课外活动、对学生的肯定和奖励等。

(2) 对课程评估的关注点在于如何把课程内容变成日常教学活动安排。达纳初中评估报告中对课程关注不在于学校开发了什么样的课程,而在于学校如何开发新的教学策略实施课程,如何使本校的课程实施指南与州和学区的课程标准保持一致,如何通过日常的学习活动安排贯彻课程的内在要求。

(3) 注重对学校物质环境的评估,卫生与安全并重。同中国的学校一样,达纳初中的自评报告也关注了学校的硬件情况。不同点是,达纳初中对硬件的关注不在于学校新增了多少教学楼、电脑、办公设备等,而在于两个方面:① 学校的物理环境如何,学校能不能为师生创造一个安静、卫生、舒适的硬件环境,学校有没有专人负责卫生和环境维护工作,工作的成效如何;② 校园安全情况,师生工作、学习的场所是不是安全的,是否存在隐患,学校有没有安全管理计划,各种安全演习和训练是否按照制度进行。

(4) 评估学校与家庭和社区的合作,关注点在于是否建立了联动互益的机制。是否有广泛的家庭和社区参与学校工作,一定程度上反映了学校的办学理念和社会声誉。达纳初中从两个维度评估学校与家庭和社区的合作,第一个维度是学校有没有促进家长和社区参与学校工作的计划和制度,第二个维度是学校能够为家长和社区做什么。既然合作是相互的,就必须考虑如何充分利用对方的资源,如何让对方利用自己的资源。

6. 日本初中的"五级评估体系"

2006 年 9 月,为进一步提高教育质量,让学校更容易把握自己处于什么水平,日本文部科学省决定制定对初中学校教育进行客观评估的统一标准,并试行通过数值对学校办学情况进行评估。

评估标准分"学校教育"、"学校管理运营"、"学生、家长与社区、居民和学校的联系"三个领域,共设定了 18 个评估项目,并分"评定 5"到"评定 1"五个等级规定②(见表 2-5)。初中"五级评估体系"是由与学校没有直接关系的第三方来确定学校真正的实力。

以上各评价项目又有具体的指标进行评估。如,"各学科的指导情况",将根据"包括讲解、板书在内的教师的授课方法"、"是否进行个别指导或是与熟练

① 徐士强:《从自我评估指标看校长办学的关注点——美国加州达纳初中自我评估指标及解读》,《教育发展研究》2006 年第 8 期。

② 游衣明:《日本文部科学省对小学、初中实行五级评估制》,《基础教育参考》2007 年第 8 期。

程度相适应的指导"等 10 项指标进行评估。如果评估为"多数学生集中进行练习"、"教师的清扫、整理以及张贴物都较合适"则定为"评定 3"。如果评估结果在全国也是先进的,可以作为其他学校的示范,则定为"评定 5"。如果评估完全没有改观,也几乎没有任何成果,则定为"评定 1"。根据这些项目的评估结果来决定学校的综合评估等级。

表 2 - 5　日本初中五级评估领域及项目

领域	评价项目
学校教育	教育课程情况
	各学科的指导情况
	学生指导、升学指导
	特别支援教育情况
	安全管理、保健管理
	学生的学力、体力
	学生的到课情况
	学生的全面发展情况
学校管理运营	学校的组织运营
	提高教职工工作热情和资质的措施
	设立者(市区町村教委)与学校的现状
	设施、设备的情况
	自我评估的实施情况
	外部评估的实施情况
	有关学校评估及学校的信息公开情况
学生、家长与社区、居民和学校的联系	学生对学校的意见和要求
	学生家长对学校的意见和要求
	学生、家长、社区和学校的联系及合作情况

第二节　境内外初中学校教育发展性评估的基本现状

发展性评价是一种关于教育评价的最新理念,是近来比较受重视的评估视角与领域,因其更加关注对评估对象的发展导向,注重了评估的增值功能。发展性评估通过系统地搜集评价信息和进行分析,对评价者和评价对象双方的教育活动进行价值判断,实现评价者和评价对象共同商定发展目标的过程。本节将从认识层面和实践案例层面出发,对初中学校教育发展性评估展开一些阐述。

一、对发展性评估基本要素的若干认识

从事或重视学校教育发展性评估的研究者与实践者,对发展性评估本身形成了较为成熟的认识。关于学校的发展性评估,主要目的在于:一是促进学校领导及时发现问题并改进管理方法;二是帮助学校老师提高自我反思、自我改进教学行为的能力;三是帮助学生正确认识自己的优点与不足,并采取行动及时改进。

有学者认为①:从功能来分,我们把教育评价分为三类:发展性评价、水平性评价和选拔性评价。这里的"发展",已经有了具体含义,有了评价的发展功能(即综合功能)中的含义和"面对的是教育领域"、"目的不是为了淘汰"、"功利效应是'低利害'的"等其他类型的评价未必具有的含义。

发展性评价具有以下重要特征。

(1)以被评价者的素质全面发展为目标。发展性评价基于一定的培养目标,这些目标指明了被评价者发展的方向,也构成了评价的依据。这些目标主要来自于课程标准,也要充分考虑被评价者的实际情况。发展性评价将着眼点放在被评价者的未来,包括大众教育和终生学习的需要。

评价过程中,对被评价者现状的描述必须是被评价者认可的,如果涉及要通过评等级甚至是选拔(例如选拔班干部)去认定某种特征,也必须是被评价者认可的,只用于使被评价者认识自身的优势和不足,不应具有"高利害性"。

(2)注重过程评价。发展性评价强调收集并保存表明被评价者发展状况的关键资料,对这些资料的呈现和分析能够形成对被评价者发展变化的认识,并在此基础上针对被评价者的优势和不足给予被评价者激励或具体的、有针对性的改进建议。

(3)关注个体差异。个体的差异不仅指考试成绩的差异,还包括生理特点、心理特征、兴趣爱好等各个方面的不同特点。

(4)强调评价主体多元化。评价主体多元化是指评价者应该是参与活动的全体对象的代表。以评价学生的某次学习活动为例,评价者应该包括教师、家长、学生、学校领导和其他与该学习活动有关的人。

对于有效实施发展性评价的基本条件:

(1)评价参与者对什么是被评价者的发展和如何促进这种发展必须具有现实的或潜在的共同价值理念。评价是一种价值判断,对同一事物或现象用不同的价值标准可能得到不同的判断。如果希望通过某种评价去促进被评价者的发

---

① 参见 http://data.06abc.com/20080125/50393.html。

展,评价参与者对什么是被评价者的发展和如何促进发展必须具有共同的价值理念,这些价值理念应该是已经具有的即现实的,或者应该是潜在的,即在评价之前通过沟通和交流之后可以成为现实的。事实上,当伊拉克不把以色列当做朋友,而美国对伊拉克作出"这是偏见"的评价时,要让伊拉克接受这种评价,改变"偏见"的可能性不大,因为评价者和被评价者的价值理念相去太远。而评价参与者不可能达成"共识"的评价不具有发展性评价的特征。有效实施发展性评价的前提是评价的参与者必须具有共同的价值理念。

（2）评价所产生的效益必须是评价参与者皆可共享。效益是人类一切活动的主观追求,评价活动必须产生效益,只不过水平性评价和选拔性评价的活动对于促进被评价者发展的效益低下,发展性评价则有利于使评价者和被评价者都在评价中得到效益。但在评价过程中,所得的效益必须是双方都可以共享的,否则,无法开展有效的发展性评价。事实上,如果评价者与被评价者是激烈竞争的对手,则在评价的过程可能相互拆台,无法实现评价的发展功能。

（3）评价的参与者在评价过程中对所需判断的事实必须具有基本相同的知识水平和认识水平。

以下是对于发展性评价的几种典型做法：

1. 交流评议法

参与者对评价内容进行事实判断之后,发表不同的见解,进行价值判断。例如,学生在期末召开总结会议,被评价的学生在小组内进行自我总结汇报,然后由与会者对被评价者作出评议,分析对被评价者的现状,指出长处和不足,以便发扬和改正。

2. 案例分析法

通过解剖具体的案例（案例与被评价人有关）,对被评价对象进行价值判断。例如,几位教师对某一个教学设计（可以是这几位教师之中的一位设计的,也可以不是,但与这些教师的教学有关）进行分析,找出了优点与不足,认同了一系列的意见和建议,促进了对进行教学设计的认识。

3. 表现性评价法

所谓表现性评价,是指通过观察被评价者在完成实际任务时的表现来评价其发展现状。表现性评价的设计要点：

（1）尽可能用可观察、可测量、可量化的被评价者的行为和成果特质,将其作为界定表现的标准。

（2）按行为表现的顺序排列考查内容,以便于观察和判断。

4. 档案袋法

档案袋是指用以显示被评价者学习成就或持续进步信息的相关记录和资料的汇集。档案袋主要有两种用途：

（1）展示作品。收集被评价者最好的或最喜欢的作品。

（2）反映进步。收集能反映被评价者进步情况的作品、测验卷、家长信、学习心得、反省材料等。

上述这些意见，对于我们认识初中学校教育的发展性评估是有一定启示的。

二、境内外对学校教育发展性评估的指标设计

对于初中学校教育的评估，人们从文化导向和特色和发展绩效的视角，建立过一些模型。如：

基于文化导向的特色学校评估模型。有研究者从文化的向度对特色学校评估指标体系和评估标准进行了构建。主要通过物质、制度、精神、行为四个层面来表现学校文化。在指标系统的基础上，建立了一个"基于文化导向的特色学校360度评估模型"（图2－3）。

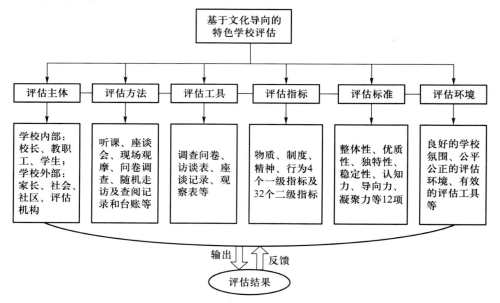

图2－3　基于文化导向的特色学校360度评估模型

学校发展绩效评估的构建。还有研究者从绩效角度，对学校评估进行了构建。有些学者认为，学校发展包括三个维度：学校绩效的提高、能力的成长和良好学校文化的形成（图2－4）。

关于学校教育发展性评估的研究与实践，有以下主要表现。

1. 发展性学校评价指标体系的构建

发展性学校评价是指评价主体以促进学校良好发展为目的而对学校的活动及状态所进行的价值判断。发展性学校评价对忽视学校在评价中的主体地位的

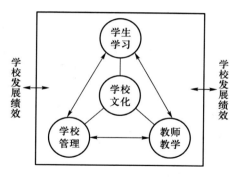

图 2 - 4　学校发展的三维示意图

"行政性"评价是一种突破,对促进学校发展,激发和培养学校自主发展的意识和能力是一个进步。有研究者对发展性评价的指标体系进行了建构①(表2 - 6)。

表 2 - 6　学校发展性评价指标体系

指标一	办学理念、发展目标与学校规划	1. 学校有明确的办学理念和发展目标 2. 学校办学理念和发展目标得到广泛认同并内化于办学活动 3. 有体现学校办学理念、发展目标明确的发展规划
指标二	学校组织与管理	1. 校长和领导团体的整体素质适应素质教育和学校发展需要 2. 形成民主、规范、合作、高效的管理机制 3. 依法治校,规范办学
指标三	课程实施与建设	1. 建立健全的课程管理制度,认真执行国家课程标准 2. 有较高的学校课程开发意识和能力,形成学校特色课程 3. 创造性地实施新课程方案
指标四	教师队伍建设与校本教研	1. 教师队伍整体素质满足素质教研与学校发展的需要 2. 建立以校为本的教师专业发展制度和教研制度 3. 建立促进教师发展的评价制度
指标五	办学条件与学校文化	1. 合理配置、高效使用各类教育资源 2. 校园文化健康、活泼、积极向上 3. 学校、家庭与社会建立建设性合作伙伴关系

---

① 侯静、邱清:《新课程背景下发展性学校评价方式探析》,《基础教育参考》2010 年第 4 期。

指标六	办学效益	1. 学校发展目标有效达成 2. 学生成长目标有效达成,综合素质有所提高 3. 学生、教师对学校生活感到满意 4. 学校社会声誉好,综合效益高

2. 学校内涵式发展评价准则的构建

有研究者从学校内涵式发展的条件、动力与结果三个领域展开,力求系统评价学校内涵式发展的水平与程度[①]。评价方案抓住促成良好结果出现的关键要素,选择反映或影响学校这些发展能力的指标,主要包括:战略思维能力、组织协调能力、课程开发与教学指导能力、诊断评价能力和争取社会支持能力等(表 2-7)。

表 2-7 学校内涵式发展评价准则

评价领域	一级指标	二级指标	观测点
学校内涵式发展的条件	学校领导	校长的办学思想与进取精神	办学思想和进取精神与时代发展相一致
			办学思想和进取精神积极影响教职工的思想和行为
			办学思想和进取精神在管理中的有力贯彻
		领导集体的管理能力与影响力	领导集体职务、责任与权力的有效结合
			领导集体的影响力与教职工对领导的支持
			领导集体的管理能力及其提高
	战略规划	战略规划制定过程	规划制定中教职工的民主参与
			规划与学校优势和劣势的结合
		战略规划制定结果	规划考虑到教师、学生及社会发展的需要战略规划体现阶段性、操作性及可检测性

---

① 楼世洲、宁业勤:《学校内涵式发展评价准则的构建》,《教育科学》2009 年第 1 期。

评价领域	一级指标	二级指标	观测点
学校内涵式发展的条件	学校公共关系	对学校公共关系的了解	正确了解学校公共关系对象的需要
			准确判定各关系对象对学校工作的满意度
		学校公共关系的构筑	学校具有有效的访问机制
			学校构筑良好的公共关系的有效举措
学校内涵式发展的动力	以教学为中心的主导过程	教学工作系统	教职工之间的沟通与合作
			教学管理制度科学、合理、有效
		师资队伍建设	合理聘请并任用教师
			教师培训与提高机制的有效性
			教师主动学习、研究和反思
			教师工作环境的安全、健康
			教师激励策略的有效性
		教学、科研及其改革	课堂教学符合素质教育精神
			学生学习的主动性
			积极进行教学和学习方式的变革
			通过科研有效改进教与学
	以经费为中心的支持过程	经费来源、分配与使用	学校经费来源渠道的畅通与稳定
			教师收入的逐年增长
			有效满足学生学习与生活的需要
			教学所需软、硬件设施的更新或添置
			学校各项设备设施的有效利用
		其他支持性过程	其他支持教学环节的有效性
			其他支持教学环节的改进
	以自评为中心的学习过程	学校自我评价机制	学校发展规划实现的测量与评价
			学校公众形象的测量与评价
			教师发展水平与满意度的测量与评价

评价领域	一级指标	二级指标	观测点
学校内涵式发展的动力	以自评为中心的学习过程	学校自我评价机制	学生的学业成绩与满意度的测量与评价
			评价结果用于学校决策与改进的有效性
		信息与知识管理	学校对各类办学信息归类、整合与存档
			新知识与新技能在全校师生间有效共享
			学校有效吸纳过去的办学经验与教训
学校内涵式发展的结果	教师	教师发展方面结果	教师的积极性与满意度
			教师职业道德和专业发展的水平和趋势
	学生	学生发展方面结果	学生的思想道德及身体素质
			学生学业成绩纵向与横向比较上的增值
			学生的兴趣与特长发展情况
			学生对学校教育教学管理工作的满意度
	学校	学校发展方面结果	学校实现战略规划方面的结果
			学校当前发展水平与发展趋势
	家长及社区	家长及社区方面结果	学校在治理中的守法及伦理道德
			家长对子女发展方面的评价
			家长对学校其他服务工作的满意度

3. 香港学校评估体系

我国香港特别行政区对学校的评估一直都很重视。香港统筹委员会下属的优质教育基金督导委员会于 1998 年 7 月推出的《杰出学校奖励计划》,其中制定的奖励优质学校的标准可作为学校开展自我评估的参照(表 2-8)。评审学校在各个范畴的表现时,考虑以下准则:

表 2 - 8　香港杰出学校自我评估指标框架

一、管理及组织	三、校风及培养
1.1　策划 1.2　教职员协作与专业发展 1.3　实施计划的资源调配 1.4　评估及回馈机制	3.1　校本辅导 3.2　个人、社群及文化发展 3.3　为有不同教育需要的学生提供支持 3.4　与家长及社区的联系 3.5　学校气氛
二、教与学	四、学生表现
2.1　课程 2.2　课堂教与学 2.3　学习评估	4.1　德育发展 4.2　智育发展 4.3　身心发展 4.4　群育发展 4.5　美育发展

《杰出学校奖励计划》尤其重视过程指标的评估,不以绝对标准来衡量学校的学习表现,而更多考虑的是多所学校如何"提高学生各方面表现的增值能力"。

香港政府一直在追求不断改进香港的教育水平,为了确保优质教育的实现,也在不断探索提升学校评估工作效能的表现标准和评估模式。香港教育局曾在2002年发表《香港学校表现指标》[①],提出一套整体观察学校的架构。

香港学校表现指标是由学校教育目标转化而来,用作量度和评估学校各方面表现的依据。表现指标的内容涵盖学校工作的重要范畴和事项。主要包括"管理与组织"、"学与教"、"校风及学生支援"和"学生表现",四个范畴(见图2-5),共14个表现指标,每个表现指标又包括一至多个重点。

香港学校表现指标是可以量度的,如学生出席率及公开考试的成绩等;也可以是质化的,例如学校文化和学生的学习动机等。量化和质化的指标数据均可以共同使用,互相补足,以反映学校工作的成效。

香港学校的表现指标既是评估学校表现的工具,又是为学校自我评估和校外评估的依据。2005年,特区政府宣布根据上述的整体学校表现指标,要求全港学校分期首先进行"自评",然后再由教育行政组织"外评"专家小组,分期核实学校所进行的"自评"。

一些国家对于学校教育的发展性评估更为重视,或体现得更为自然,如芬兰、新加坡等国。

---

① http://www.lkl.edu.hk/eca - web/ECA_guides/emb/PIs2002_c.pdf.

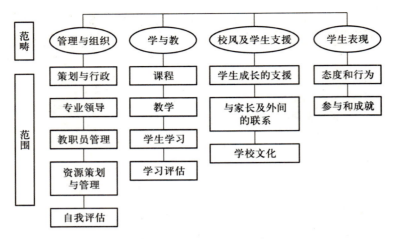

图 2 - 5　香港学校表现指标

4. 芬兰学校评估体系

在 2000 年、2003 年、2006 年、2009 年 OECD 组织的四次国际学生评估项目 (The Program for International Student Assessment,简称 PISA)中,芬兰中学生的成绩均名列前茅。芬兰基础教育的成功与芬兰的教育管理系统非常重视评估的作用,建立了一套较成熟的评估机制是分不开的。

芬兰的教育评估按层次可分为国家、区域、地方和其他评估等。

国家层面的教育评估最初关注的是教育结果,目的是为国家教育政策的制定提供帮助,以促进各级教育的发展。后来,其关注点逐渐转向教育系统的效果、效益和经济效率等,评估项目既包括构建定性和定量指标体系进行评估,也包括系统评估、主题型评估、状况评估,以及学习效果总结评估等。其中学习效果的总结评估主要是针对基础教育和职业教育,即为学生今后的分流发展奠定了什么基础。

区域教育评估一般在省级层面进行。省级政府部门来评估辖区内基础教育服务的可获得性,而且是合作性地、连贯性地开展评估,并要求评估工作应该利用统计部门及相关部门的数据库,每年公布评估报告。

地方的教育评估一般是由市及其以下的机构组织开展。根据 1999 年通过的相关法律,教育提供者(如市政府)必须评估教育及其效果,而且有义务参与教育活动的外部评估。地方评估没有标准的、固定的评估模型,当地政府可以灵活确定地方评估的重点是对教育质量的评估,注重对质量控制系统和自我评估工具的开发。

学校的评估原先一直重视通过教育测量改进教育质量,后来又特别注重对教学和课堂的评估。

芬兰的教育评估体系体现这样几方面特色①。首先,政府从上至下提供支持。例如通过开展一些先行项目构建评估模型、方法和标准,并在实践中测试,然后用来支持学校和教育提供者的评估活动。其次,基于信息网络的评估平台得到了充分利用,不仅推动了网络化评估,还提供评估培训。第三,重视自我评估和外部评估的结合,这也是芬兰教育评估发展历程的一个重要变革。第四,注重教育质量控制。根据预定目标,对流程和成绩进行评估和比较。第五,决策分权制度增加了地方教育提供者的权力和责任,教育评估标准体现地方差异性。

5. 新加坡学校评估体系与标准

为了迎接 21 世纪的挑战,新加坡在制定供学校使用的自我评估框架的过程中,特别重视评估的原则性与灵活性之间的平衡。他们在研究工商业质量管理模式最为行之有效的特质后,最终确定了一种客户化的学校质量保障模式——卓越学校模式(School Excellence Model,CEM)。该模式集中反映了对实现能力导向教育与实现思考型学校和学习型国家目标的迫切需要。卓越学校模式实施的基本假设是:在相关利益者与合作者的支持下,学校通过激发或调动员工的积极性,向学生提供一种增值教育。此外,该模式突出了质量教育的关键成果与评估标准②。

卓越学校模式具有九条准则,这些准则可以归结为两大类别:即促成类别与结果类别(见表 2-9)。促成类别所涉及的问题是如何促进结果的达成。该类别包含领导力、员工管理、战略计划、资源与学生本位这五项。结果类别涉及学校已经取得了什么或正在获取什么的问题。该类别包括人员结果、管理与操作结果、合作和社会的结果以及关键绩效活动结果这四项。对于每类准则,学校都会确定相应的绩效指标(或者称关键绩效指标),以测量各类准则实施的成果。

表 2-9 卓越学校自我评估框架

类别	准则	关键绩效指标
促成类别 (如何促进结果的达成)	领导力	学校校长和权力系统如何达成学校价值标准; 如何集中关注学生学习和卓越表现、学校如何承担其社会责任
	员工管理	学校如何发展和利用其员工的全部潜质,以创设卓越学校
	战略计划	将利益相关者关注的战略转向实现思考型学校和学习型国家的目标; 如何制订行动计划,以促成其战略得以实施,部署这些计划并追踪计划实施的情况

---

① 朱恬恬:《芬兰基础教育评估实践及其对我国的启示》,《外国教育研究》2009 年第 11 期。

② (新加坡)李国宏:《新加坡的学校质量保障系统》,《世界教育信息》2010 年第 8 期。

続表

类别	准则	关键绩效指标
促成类别（如何促进结果的达成）	资源	学校如何富于效益和效率地管理其内部资源和外部关系,旨在为学校战略计划实施提供支持
	学生本位	关注学校如何设计、实施、管理和改进相关关键活动,以提供全人教育和促进学生福祉
结果类别（学校已经取得了什么或正在获取什么）	人员	学校在员工能力建设工作中所达成的结果,该工作与培训、发展和促进员工斗志相关
	管理与操作	学校在校务管理和运行工作中所达成的结果,要求该工作具有效率和效益
	合作和社会	学校在与合作者和社区建立良好关系的工作中所达成的结果
	关键绩效活动	在实施学生全面发展工作中达成的结果,尤其是学校能够达到大众所期望的教育结果的程度

新加坡学校校长每年都要求员工使用卓越学校模式对学校系统、相关流程和结果进行自我评估,也接受以自我评估报告为基础的外部复核。通过评估学校将集中精力关注需要改进的工作领域。

第三节　境内外初中学校评估发展的特点与新趋势

一、境内外初中学校评估的特点

（1）境内外均重视外部评估和内部评估相结合,但我国内地更重视外部评估,境外更重视内部评估,即自我评估。

无论是我国内地,还是境外,初中学校评估具有一个显著的共同特点:均注重外部评估和内部评估相结合。对外部评估的重视,一方面,源自以政府督导部门和教育行政部门为主体的外部评估行政的功能非常突出,其对教育方向的引导,更有助于促进学校的发展;另一方面,外部评估能给学校提供关于国家或地区"标杆式"的标准,这将有助于在相对统一的尺度下判断学校的办学质量。

英国20世纪90年代就提出了对中小学学校质量评估的标准——《学校督导框架》,主要解决的就是建立国家层面的"标杆",包括学生达到的学习水准和学习质量、学校的总体质量等方面的标准。日本文部科学省于2006年3月27日颁布的《义务教育学校评估指南》,同样给出的是一个国家层面的基本评价框架。为进一步细化对初中学校教育进行客观评估的统一标准,还试行通过数值对学校办学情况进行评估的"初中五级评估体系"。我国江苏省实施的"教育现代化工程示范初中评估细则",尽管是对示范性初中提出的评估标准,树立的同样是一个区域性的"标杆"。

从这些或国家层面或地区层面建立的评估框架或标准,提供了统一的判断质量的标准,从而让学校更容易把握自己处于什么水平,正确地评估自己的办学质量。

然而,随着学校进入个性化的特色发展阶段,各国均意识到单纯的外部评估往往会忽视学校发展的差异性,一定程度上制约了学校特色的创建和个性的自主发展。应运而生的内部自我评估成为现代学校改革之需。

美国加州达纳初中建立的"学校自我评估指标",就是基于学校的发展所需建立的自我评估指标。其将评估重点指向四大方面:教学实务评估,课程评估,学校物质环境评估,学校与家庭、社区的合作评估。基于学校发展目标开展自我评估将有助于学校个体形成学校办学的整体概念,反映出学校办学的关注点,这在境外尤为倡导,并已成为现代学校发展的一个趋势。

外部评估与内部评估,各自有优势与特点,二者相结合来运用已成为当前境内外初中学校评估的一种共识。境外更重视自我的发展,因此在自我评估上更为看重。相比而言,我国内地学校更在意来自行政和督导的外部评估。但从学校发展的长远来看,学校的自我评估将是国内初中学校评估的一个重要方面,借鉴境外经验,提升自我评估的意识和评估指标的设计能力将是学校面临的一个挑战。

（2）境内外初中学校评估指标内容均具有多维特点,但即使同样维度的指标,境内外对指标内涵的解释也有很大差异,各有侧重点。

纵观境内外学校评估指标,从指标体系的构架上来看,一般多采用"两级指标+评价要素（观测点）"的构成方式。其中,无论是两级指标的构成,还是观测点的构成,均具有多维度特点。这种多维度指标的设计,因能较全面地反映学校的整体情况与概貌,已成为境内外架构学校评估指标的共识。

例如,从学校整体评估的指标体系来看,一般都重点关注"学校管理"、"课程与教学"、"学生表现"、"教育资源"、"办学质量"、"学校文化"这几个维度的指标,体现出境内外很多相似的关注点[①]:

- 都注重学校发展计划的制订、实施、检查,并将其作为一项重要指标;
- 都侧重从学校管理的角度来评估学校的工作;

---

① 乐毅:《值得借鉴的学校自我评估标准——香港〈杰出学校奖励计划〉与苏格兰〈我们学校的质量如何?〉述评》,《基础教育参考》2004 年第 6 期。

- 都重视课程与教学的管理和计划、教师教学的质量问题；
- 都关心学生的学习和需求，甚至某些特殊需求；
- 都注重教育资源的开发利用问题，做好教育和学生的支持性服务工作；
- 都强调校风建设，以及社会、家长的合作问题。

但我们也看到，这些指标因在不同的国家或地区有不同的教育背景、教育理念，所以即使同一维度的指标，有的作为一级指标出现，而有的作为二级指标出现。此外，在对同一指标内涵的理解和侧重点方面，国内外还是有很大差异。

以"课程评估"这一维度的指标为例。我国内地省市的指标主要是：① 严格按照国家课程方案要求，开齐课程，开足课时；② 学校课程种类数量充足、富有特色。而美国加州达纳初中的指标是：学校的课程指南是否与州的课程标准、学区目标、州的评价计划一致；学校是否不断通过补充新的计划、开发新的教学策略等改进、拓展课程。可见，即使同一维度的指标，具体的评估要素也有一定差异。对国外而言，对课程评估不在于学校开发了什么样的课程，而在于学校如何开发新的教学策略实施课程。

（3）我国内地初中学校评估指标比较刚性、笼统，有操作性不强的倾向；境外指标则更具弹性、细化，操作性更强。

以日本《义务教育学校评估指南》为例。为保证学校评价目的的实现，指导方针中提出了学校自己评价与外部评价两大基本评价方法，每一方法中还提出了基本的操作程序与注意事项。两种评价方法可以单独使用，也可以结合使用。在提出一级评价指标与二级评价指标的基础上，并以举例的方式对二级指标中的评价项目进行了解释说明。这种细化的设计在某种程度上可以确保学校评价更加灵活弹性，全面而又重点突出。同时，也使评价具有了可操作性，保证了评价理念在实践层面上的可践行性。

又如，我国香港地区的学校评估为例。香港 1997 年推出了"质量保证机制"，这是一个以学校发展目标为核心，以学校发展策划为评价重点的自我监控机制。它使得政府的管理重心从政府的"规定动作"转向了学校的"自选动作"，而在此之上的校外评估，也是"以校情为本……并以学校自订的发展优次为起点，以及参考上一次外评报告的改善建议"进行①。这种评估内容的转变，避免了"千校一面"的情况出现，为学校留下了充裕的发展空间，引导学校根据自己的特色向多元化方向发展，同时也激发了学校自我发展的动力。

（4）我国内地初中学校评估的主体，以行政和督导人员为主；境外初中学校评估的主体，由不同利益的群体组成。

境外的评估，比如日本，参与学校评估的主体由不同知识与经验背景的人员

---

① 中国香港教育局网站. http://sc.edb.gov.hk/gb/www.edb.gov.hk/index.aspx? nodeID＝102&langno＝2。

组成,包括学校全体员工、学生、家长、社区居民、大学研究者、他校教师及有相关知识和经验的人员等具有多元主体参与学校评估。这些由不同利益群体代表组成的评估主体可以确保学校评价过程的公开性、透明性,评价结果的客观性、科学性与有效性。

我国内地的学校评估因以规范和约束学校办学行为作为评价的主要目的,以鉴定和验证学校是否达到既定标准作为评价的主要功能,以自上而下的行政督导评价为主要手段,因此,评价主体通常由各级教育行政部门和督导机构人员组成,相对缺乏对学校主体、社区和家长主体的重视。

因此,构建由政府、市场、学校、教师、家长、社区等多元主体共同参与的评估主体,有助于从更多视角了解学校,使学校获得更加全面、客观、公正的评价结果。

二、初中学校评估的新趋势

尽管境内外的教育情况有很大差异,但境外初中学校评估无论在设计理念与功能定位上,还是在评估指标设计、评估过程与方法等操作细节上都具有可参考性。

我国内地初中学校的整体性评价尚处于起步阶段,充分认识和了解境外学校评估发展的新趋势,将对深入开展初中学校评估具有启示意义。

1. 激励学校绩效提高成为评估导向

近年来,发达国家和地区初中学校评估指标的设计有借鉴企业效益评估标准的新趋向,以绩效结果为导向:强调"顾客第一"、"领导"与"目标管理"等核心理念;强调通过学校评估帮助学校诊断其发展过程中的"投入"与"产出"效益,从而有的放矢地改善质量,而且也体现在通过对优质学校的典范树立来分享经验,同时也通过以评估促改进加强对薄弱学校的管理。如,中国香港的《杰出学校奖励计划》、新加坡的《卓越学校自我评估框架》等,都可以说是体现了这种评估发展的趋势。

其中,新加坡的卓越学校模式下的学校自我评估框架具有典型性。这一框架是在研究工商业质量管理模式最为行之有效的特质后,最终确定的一种客户化的学校质量评估标准。其中的九条指标可以归结为两大类别:促成类别与结果类别。促成类别涉及的问题是如何促进结果的达成。该类别包含领导力、员工管理、战略计划、资源与学生本位这五项指标。结果类别涉及学校已经取得了什么或正在获取什么的问题。该类别包括人员结果、管理与操作结果、合作和社会的结果,以及关键绩效与活动结果这四类指标,每类指标下都会确定相应的绩效标准(或者称关键绩效标准),以测量各类准则实施的成果。

在卓越学校指标框架下,学校,尤其是校长被置于引领变革与卓越的位置上。校长和员工越发自主地对学校工作绩效进行管理。1999 年开始推行"奖励计划总蓝图";2004 年对该计划的范围进行拓宽以便对学校进行里程碑式的检查,使其意识到在通向卓越之路上取得的成就正是学校在使用卓越学校评估框架来推进学校发展中所获得的。新加坡的成功案例,通过实践得到了检验,这也验证了学校绩效发展评估将不可避免成为当下,乃至未来学校评估的一个新的发展趋势。

2. 把对学生的发展与成就的评估放在首位

以往学校的评估重视对学校过程性管理的评估,随着对学校办学效益的价值追求的转变,国际普遍的趋势发生了转向:把学生的质量和表现作为重要的关注点,将对学校的评估的落脚点放在"以学生发展为本",为促进学生的发展而评估。

"以学生的发展、成就和素质表现来衡量学校的整体办学水平"成为一种趋势。英国、美国均把学生成长和成就指标放在第一位。前面所述的新加坡"卓越学校自我评估框架"中,就是秉持了"学生第一"、"教师是关键"的理念,其"以学生为中心的治校措施"和"学生全面发展的表现结果"两项指标权重相加占到了42.5%。可见,对学生发展与成就的评估在学校评估指标中将占据越来越重要的位置。

3. 关注学校自身的进步幅度,即学校发展的增值性

伴随对学校评估"诊断"功能和"发展"功能的日益强调,初中学校评估指标中也逐渐被加入了对学校自身"增值性"的纵向评估内容要素。也就是将学校自身的进步幅度,即学校发展的增值性作为了评估的重要内容之一。

以增值指标来评价学校的教育质量在英国已经实施多年。英国在 1992 年提出了"学校增值性评价"理念,并于 2002 年在英格兰和威尔士推行了这种评价模式,这期间英国还在其他地区进行了试点。最终,于 2006 年,在全国范围内推行了学校增值性评价模式。增值性评价的最大优点是充分考虑了学生能力、家庭因素及学校因素,并通过统计学方法将学校因素从影响学生学习结果的诸多因素中分离出来,实现了对学校教育对学生学习结果的"净"影响的评价。

如目前法国教育部预测评估司组织的学校评估中设立了附加值指标,将学校学生的表现与学生的家庭背景、所处阶层等多方面因素结合考虑。又如,经济合作与发展组织(OECD)发起的国际学生评价项目(PISA)中,也把学生成就与家庭背景等因素进行关联性的分析,以此来进一步考察学校本身的办学条件与外部的支持。这些都作为"附加值"成为评估中被考虑到的因素。

增值性评估指标在考察学校和学生层面对学业成绩的影响上,强调不仅仅要考虑"产出",还要考虑"输入"和"过程",注重学生的进步,关注学校对学生教育的增值效能。这有助于遏制学校间对于生源的争夺,促进学校间的均衡发展,

进而推进教育公平。同时,还有助于学校不断探索影响学校效能的因素和变量,寻求提高效能的途径,使学校处于不断的改进之中。

4. 评估过程透明化,评估结果公开化

评估过程透明化、评估结果公开化是目前国际上的发展趋势。如英国教育标准局就在其网站公布所有学校的评估结果,并定期出版评估报告。其《教育标准局督导大纲》也明确指出"家长是督导报告的主要读者"。对学校教育的评估认可,放到社会层面,建立具有共识基础的学校办学水平评估,这是未来对教育评估的社会功能的体现。

日本 2006 年颁布的《义务教育学校评估指南》,其基本理念是:通过学校评价的实施促进学校自律、持续的改善与发展。因此在评价结果的处理上重视及时反馈与有效利用。评价结果要向学生、家长、社区居民进行说明、公布,以及向学校主管部门进行评价结果汇报等,使学校教育中存在的问题得到及时解决,充分发挥评价对学校发展的促进作用。

在公布评估结果基础上,积极发挥评估在政府、学校、家长、社会各个层面的应用也受到了世界各国的重视。以新西兰为例,在报告形成的过程中,学校董事会、家长、社区等多方面都提供了信息支持和建议,因此最后的评估报告除了为政府提供学校信息分析和政策建议外,还有两个功能:一是向学校提供其发展状况和存在问题的诊断意见和建议;二是向家长和社区通告学校的教育教学状况,以帮助家长获取子女受教育信息,甚至以此作为择校的依据。

建立后评估环节也在学校评估中越来越被强调。如,我国香港学校要根据评估结果,要制定后续计划,并不断推行后续计划,促进学校做出相应的调整与改进。

三、对初中学校教育评估科学设计趋向的基本认识

通观境内外初中学校教育评估的设计理念与功能定位,以及具体评估指标的设计,都在趋向更加科学。但这个趋向还正在发展与成熟之中。这个趋向对研究建立我国内地初中学校教育评估指标而言,具有一定的借鉴意义。这些趋向主要体现下列三点特性:

1. 关于系统性趋向

从研究的角度,将一个评估对象视为一个动态发展的系统,评估方案的设计就必然注重本身的系统性,以回应具有动态系统特性的评估对象。在这种逻辑关系之下,一方面,需要对整个系统分解为若干有联系的子系统,分步对各子系统建立评估设计;另一方面,针对该系统的发展变化,设计适应这个变化的评估方案,将其跨阶段发展或变化的特征反映出来,以动态反映评估对象的纵向特征。初中学校作为一个教育单位,系统特征是明显的,对初中学校教育评估方案

采取系统性设计的趋向正在得到教育评估界的重视。

但是，就目前而言，充分体现这种纵横一体的系统性的学校教育评估研究成果还不多，甚至还很少在实践中开展试验或实施。

2. 关于完备性趋向

这里主要是指评估要素的完备性。完备性趋向其实与评估对象（如初中学校）组织部门或结构功能的系统性特征是一致的。所以，在境内外许多对学校教育评估的方案设计中，都注意关注学校的各个领域，从"学校文化"的视角，建立尽可能全面覆盖学校不同教育功能领域的评估方案。在评估指标的系统设计方面，几乎从教育本身的课程、教学、管理、研修、学生指导到设施设备、安全保障、家校及社区关系等多元着眼，试图在评估的"完备性"上，有比较满意的体现。

但是，不容置疑的是，对学校评估的这种趋向的追求还存在不足。如《日本义务教育学校评估指南》（参见本章附录二）中，一级指标有 10 个，二级指标多达 62 个，但对学校的定位和成效反映等，没有纳入。

3. 关于引导性趋向

这其实是体现教育评估的增值原理。通过评估方案、评估指标、评估标准的公示，对受评估的教育单位而言，都是一种工作和发展的引导。本节"二、初中学校评估的新趋势"几乎都是这个原理的反映。

问题是，对这种引导性的方案设计，如果在操作层面缺少相应的评估规程配合，或者在评估机制方面，缺少一定的回应，其引导功能的实现还是有一定的影响。这个情况下，需要在评估规程委员会机制建设方面的配备，评估工作的增值原理就有了实践的基础。

综合上述分析，本项目就将在挖掘现有初中学校教育评估的丰富经验和成果基础上，对其中还存在的不足或缺陷问题，开展更深入的探索，建立一个真正具有"系统性"、"完备性"、"引导性"功能及其可发挥的新评估体系。

本章后的六章（第三章至第八章），主要就上述的"系统性"、"完备性"开展研究；最后两章（第九章、第十章），再对"引导性"功能的发挥在操作性上开展研究。

附录　若干国家或地区学校教育评估案例

附录一：上海浦东新区义务教育学校绩效考核标准

2011 年，上海浦东新区为促进区域教育的改革和发展，出台《浦东新区义务教育学校绩效考核实施办法》，其中，提出了义务教育学校绩效考核指标（表

2－10）。

表 2－10　上海浦东新区义务教育学校绩效考核标准

一级指标	二级指标	考核内容与标准
一、学校管理与依法办学	学校管理	学校有发展规划，并有年度计划和自评指标体系与学年度自评报告
		"三重一大"事项在校务会、教代会审议通过，并有相关会议记录，教代会定期召开，每年不少于2次
		有关财务、人事等重大事项均能全校公示，且在校门户网站信息公开
		完善预算管理制度，严格执行政府采购规定
		规章制度健全，能根据学校实际适时修订制度
		学校设施设备使用、保养情况良好，有使用记录，学校资源向社区开放
	依法办学（其中有一项被查实，学校就被评为不合格）	有偿家教查实
		违规收费查实
		体罚与变相体罚学生查实
		利用学校场地面向中小学生进行社会力量办学查实
		违规提前招生、举行任何形式的选拔性考试查实
		分重点班、快慢班查实
		占用学生休息时间（包括节假日、双休日、寒暑假）组织集体补课查实
		私设小金库和账外账查实
		发生重大安全事故、责任事故、青少年犯罪事故
		其他严重违规违法行为查实
二、校本研修与教师发展	校本研修	学校是区校本研修学校或有校本研修计划，目标明确，措施具体
		校级主要领导校内听评课每人每周平均不少于2节课
		建立教师听评课制度、有指标、有记录，有评价记录
		开展学校研修主题的讲座和研讨活动，每学期4次以上为2分，不足为1分
		围绕课堂实际，开展校级研究课、展示课活动或教育教学评比活动，学科覆盖率高

一级指标	二级指标	考核内容与标准
二、校本研修与教师发展	校本研修	以教研组或备课组开展教研活动,平均每2周不少于1次,不足为1分
		课题研究和论文发表(含校级),有课题研究1分,论文发表每学年人均1篇2分,不足为1分
	教师发展	有学校师资队伍建设规划,思路清晰,目标明确,计划具体
		有教师个人专业发展计划,有自评、有考评
		有促进教师专业发展的考核奖惩制度,并执行
		教师学历达标100%,区级骨干教师以上的人数比例达到区平均水平
		教师"十一五"培训学分获得情况良好,其中教师90%以上为5分,80%以上为4分,70%以上为3分,60%以上为2分,60%以下为1分
三、课程改革与教育教学	课程改革	有学校课程计划。自主拓展型课程门数不少于班级数,探究型课周课时数不少于1节,并落实
		注重信息技术应用与学科教学整合,信息技术学科覆盖率高
		在学科教学和课外活动中实施德育,有实效。注重学校与家庭、社会的联系),学生社会实践达到规定要求
		承办区、署推动课程改革与课堂教学改进的研究任务与展示活动
	教育教学	严格执行市课程计划与"减负"规定,不随意增减课程门类和课时
		教师按要求制定与实施"课堂教学改进计划"。学校对教师的课堂教学改进有指导与评价
		严格执行"三课两操两活动",保证学生每天在校1小时体育活动时间。认真做好《国家学生体质健康标准》数据上报工作。认真做好学校公共卫生安全工作
		每年举办校运动会、校园艺术节、校园科技节
		学生毕业考合格率达到100%,达到区平均水平
		在市区教育行政部门认可的教育教学评优活动或竞赛活动中取得好成绩,市2分,区1分

一级指标	二级指标	考核内容与标准
四、特色创建与示范辐射	特色创建	学校有经专家论证的素质教育实验项目或实验课题
		学校在教育教学与管理领域有新突破,获得了一些新荣誉,主要包括:当年度市安全文明校园、市区艺术特色学校、市区科技特色学校、市区绿色学校、市区行为规范示范校、市区语言文字示范校、市区健康促进学校、市区红十字达标学校、市区优秀家长学校、市区暑期工作先进集体、市心理健康教育示范校、市区优秀家长学校、区两纲教育示范校、区法制教育星级示范校、体教结合特色学校、团队工作特色学校等
	示范辐射	市区文明单位
		教改经验成果在市、区、署推广。其中,在署级层面为1分,在区级层面为2分,在市级层面为3分
		承担支教任务学校,承担外省市对口支援任务学校,被评为优秀学科教研联合体的学校,信息化应用推进结对工作领衔学校

附录二:日本义务教育学校评估指南

日本文部科学省于 2006 年 3 月 27 日颁布了以"促进学校自律、持续的改善与发展"为基本理念的《义务教育学校评估指南》,共有 10 个一级指标,每个一级指标下含若干二级指标(表 2 - 11)。

表 2 - 11 日本义务教育学校评估指南

一级指标	二级指标
(一)教育课程与学习指导	1. 指导目标、指导计划、课时数及实施状况 2. 学生学习状况评价及评定结果 3. 学力调查等的结果 4. 与运动、体力相关的调查结果 5. 学生对教学的评价结果 6. 教师上课采用的说明、板书、提问等教学法情况 7. 视听教材、教育设备、教具等应用情况 8. 体验性学习、问题解决性学习、学生兴趣热情的激发、自主性学习等情况 9. 学生个性化学习指导情况 10. 教材开发及校外人才利用情况 11. 乡土自然文化资源、传统文化活动等教育资源的利用情况 12. 学校图书馆的利用及读书情况 13. 课堂教学研究实施情况

一级指标	二级指标
（二）学生指导	1. 建立健全学生指导体制情况 2. 建立丰富的人际关系及人际交往规范的指导情况 3. 教育咨询体制的建立情况 4. 防止教室内不正当行为的情况 5. 与家庭、社区及相关机构的合作情况 6. 对出现的问题采取的相应措施 7. 与学生生活习惯相关的调查结果
（三）升学（就业）指导	1. 指导体制建设情况 2. 勤劳观、职业观的形成，升学、就业选择力及态度养成的指导状况 3. 学生的资料应用方法，升学、就业信息的收集及应用方法，学生的能力、适应性等的发现开发方法 4. 工作场所体验的实施状况 5. 升学、就业咨询的实施状况 6. 升学、就业指导所必要的设施（咨询室、资料室）设置情况 7. 与家庭、社区及相关机构的合作情况
（四）安全管理	1. 学校安全计划的制订与实施情况（包括安全管理体制的建设） 2. 危机管理指导手册的制作与应用情况 3. 教职员工及学生安全能力的培养情况 4. 安全检查实施情况（包括周边道路的安全检查） 5. 与家庭、社区及相关机构、团体的合作情况 6. 学校防灾计划的制订及实施情况（灾害发生时的应急对应机制、防灾避难训练情况等）
（五）保健管理	1. 学校保健计划的制订及实施情况（包括学校环境卫生的管理情况） 2. 健康诊断的实施情况（包括事前指导、事后处置） 3. 心理关怀体制建立情况、健康咨询活动、防止药物乱用教育活动情况 4. 日常健康观察、疾病预防、学生自我健康管理能力的培养等情况 5. 与家庭及社区的保健机构（保健所、医疗机构）的合作情况
（六）特别支援教育（障碍儿指导）	1. 校内支援体制的建立情况（校内委员会、特别支援协调者、校内研修等） 2. 交流及共同学习的实施情况（确保特殊学生即障碍儿在正常班级学习的机会） 3. 个别指导计划及教育支援计划的制订情况 4. 与医疗、福祉等相关机构的合作情况

一级指标	二级指标
（七）组织运营	1. 学校明确的管理、责任体制的建立情况（校务分管情况、校务处理体制的建立等） 2. 服务监督情况 3. 年级指导情况 4. 管理情况 5. 学校事故处理情况 6. 信息管理情况（公文的制作、收集、保管等，个人信息的保护等）
（八）研修	1. 校内研修实施体制的建立情况 2. 校内研修课题的设立情况 3. 校内、校外研修实施情况（课堂教学研究、教材研究、与指导方法相关的研究等）
（九）与家长、社区居民的合作	1. 与学校评议员、家长等的座谈情况及学校运营协议会的运营情况 2. 与家长、社区团体的联络情况 3. 家长、社区居民参与学校运营管理情况 4. 信息提供情况 5. 教育咨询体制的建设情况 6. 幼小、小中、中高合作与衔接情况等 7. 来自家长、社区居民的具体意见与要求 8. 对家长、社区居民调查的结果
（十）设施、设备	1. 设施、设备的应用效果（富余教室、特别教室的有效利用） 2. 设施、设备的检查情况（安全、保养管理等的检查） 3. 学习、生活环境的充实等情况

第三章　初中学校定位评估

对学校定位的评估是最基础的评估。初中学校的教育是九年义务教育阶段的最终阶段，也是目前我国初中后分流格局的前置。所以，其办学主旨必须基于正确的法理定位。在符合办学法理的前提下，对初中学校的定位评估需要考察其目标定位、基础定位和发展定位等方面，以评价学校办学方向的正确性、对办学历史认识的到位度和发展规划的科学合理性。本章即按此两个层面和三个视角分别进行阐述。

第一节　初中学校定位评估的法理依据和评估宗旨

初中学校的基本定位首先是由国家法律、政策法规所决定的。对初中学校的办学目标与功能等定位评估，必须基于这些相关的法律、法规，以及具有法规特征的国家教育方针与相关政策，这可以说是评估工作研究的起点或基点。

一、关于初中学校办学目标评估的法理依据

对于单独指向初中学校的法律法规，尚未查阅到。但初中属于义务教育，具有义务教育特性，所以有关义务教育的法律法规无疑都适用于初中学校。对初中学校定位的评估依据，同样首先必须关注关于义务教育的法律法规。

在我国《义务教育法》①中，有对义务教育阶段学校的基本法律与法规定位。如对学校实施的教育规定："义务教育必须贯彻国家的教育方针，实施素质教育，提高教育质量，使适龄儿童、少年在品德、智力、体质等方面全面发展，为培养有理想、有道德、有文化、有纪律的社会主义建设者和接班人奠定基础。"（第三条）

在对政府与学校的有关要求中，有这样的明确规定："县级以上人民政府及其教育行政部门应当促进学校均衡发展，缩小学校之间办学条件的差距，不得将学校分为重点学校和非重点学校。学校不得分设重点班和非重点班。"（第二十二条）

根据教育法律法规开展对学校的评估工作，一些地方政府同样也作了对学校定位的有关规定。如在上海市教育委员会、上海市人民政府教育督导室《关于

---

① 参见2006年修订的《中华人民共和国义务教育法》，本书以下所述相关条款均系该法的具体内容。

开展义务教育均衡发展督导、考核和评估的实施意见》①中,就有这样的具体规定:"开展义务教育均衡发展督导、考核和评估,是要进一步确立教育优先发展的战略地位,促进区县政府依法履行基本教育公共服务均等化职能的到位;是要进一步推动义务教育阶段学校城乡一体化发展,优质教育资源共享,确实保证为城区和农村每一个学生创设教育公平的环境与条件;是要进一步推动学校树立教育民主平等理念,保证城区与农村学生在不同背景、文化和条件下,互相尊重、理解、包容和合作,促进"为了每一个学生的终身发展"政策措施的有效落实。"

在上述相同的会议文件中,还有对校长的规定:"义务教育阶段学校的校长,是实施推动学校均衡发展的具体责任主体。校长对学校依法规范自主办学、受教育者在学校接受教育条件公平、教育过程公平和教育结果公平以及学校内涵优质发展,创建办学特色等方面承担主体的责任,也是督导考核和评估的范围和对象。"

上述同一文件中,对法律责任也作出了规定:"建立责任追究和问责制度。开展义务教育均衡发展督导、考核和评估期间,要依据《义务教育法》和相关法律规定,凡是涉及违反《义务教育法》第七章法律责任有关条款规定的,一律实行责任追究和问责制度,对直接负责的主管人员和其他直接责任人员依法给予行政处分。对义务教育阶段的学校,一经查实违规办学,任意加重学生过重课业负担,或教辅资料进学校的,由市政府教育督导室公开通报,并提请有关区县教育局作出处分,直至调离校长岗位的处理。"

从上述相关的法律法规中,我们基本可以认识到,初中学校的办学本质定位方面,有如下几个明确的法理规定:

第一,初中学校是实施素质教育基础性的场所。学校是促进初中学生品德、智力、体质等方面全面发展的执行者,要把为培养有理想、有道德、有文化、有纪律的社会主义建设者和接班人奠定基础作为己任。

第二,初中学校是面向所有适龄少年学习强制性的场所。学校要树立为履行《义务教育法》让所有适龄学生接受教育的"义务"理念,保证城区与农村学生在不同背景、文化和条件下,互相尊重、理解、包容和合作,促进"为了每一个学生的终身发展"政策措施的有效落实。

第三,初中学校是承担培养学生公平性的场所。教育行政部门应当促进学校均衡发展,努力缩小学校之间办学条件的差距,并且不得将学校分为重点学校和非重点学校。而学校也遵循教育民主平等,不得将班级分设为重点班和非重点班。

---

① 参见 2011 年 3 月 14 日"上海市基础教育工作会议"颁发的文件内容。

二、关于初中学校办学功能评估的法理依据

初中学校的教育是义务教育最终完成的标志性学段的教育,其办学功能首先是要确保全体学生具有作为现代公民的基准素养。经过初中学校教育的学生,就应该具有国家规定的义务教育素质标准,能够接受并通过这一素质标准的检验。所以,初中学校办学功能要体现保障培养目标的"基准"要求。在国家义务教育的课程方案①中,对完成初中学校教育阶段的学生,提出了如下目标要求:"全面贯彻党的教育方针,体现时代要求,使学生具有爱国主义、集体主义精神,热爱社会主义,继承和发扬中华民族的优秀传统和革命传统;具有社会主义民主法制意识,遵守国家法律和社会公德;逐步形成正确的世界观、人生观、价值观;具有社会责任感,努力为人民服务;具有初步的创新精神、实践能力、科学和人文素养以及环境意识;具有适应终身学习的基础知识、基本技能和方法;具有健壮的体魄和良好的心理素质,养成健康的审美情趣和生活方式,成为有理想、有道德、有文化、有纪律的一代新人。"

这个义务教育阶段的最终培养目标,就是对初中学校教育的要求,也是初中学校办学功能的法定体现。同时,《义务教育法》中的有关规定,同样是对初中学校办学功能的法理体现。如:"依法实施义务教育的学校应当按照规定标准完成教育教学任务,保证教育教学质量。"(第五条)

根据国家基础教育课程改革纲要和教育部课程方案精神制定的《上海市普通中小学课程方案》②中,对初中阶段(6～9年级)有特定的培养目标规定:

初中课程要着重帮助学生掌握有利于终身学习的基础知识和基本技能,发展合作的能力和健康的个性。学生能:

(1)了解基本的国情国策。热爱祖国,热爱中华民族的优秀文化和优良传统。

(2)了解公民基本的权利与义务,遵纪守法,文明礼貌,乐观自信,关心他人,诚信负责。自觉参加公益活动,具有良好的劳动态度和劳动习惯。

(3)掌握语言、数学、人文社会和科学等方面的基础知识。具有基本的阅读、表达和运算能力,具有基本的分类、推理、归纳、演绎和价值判断能力,具有实验动手能力和基本的科学探究能力,具有反思意识和创新意识,具有团队观念和基本的合作交流能力,具有环境保护意识,具有健康的审美情趣。

(4)珍惜生命,了解自我,具有健康的身心、积极的生活态度和基本的自我保护能力。

---

① 教育部《义务教育课程设置实验方案》(2007年)。
② 《上海市普通中小学课程方案》(2004年)。

而在上海市《关于进一步推进上海市义务教育均衡优质发展的实施意见》的第 14 条也提出要"树立全面教育质量观,建立基于教学过程的教学质量综合评价体系,加强对学生思想道德、学习经历、学习过程、基本学业水平和身心发展状况等的评价,促进学生品德素养、身心健康、学习能力、实践能力和创新精神等方面的协调发展。"

其次,从义务教育的要求看,初中学校的办学功能还需要体现"全纳"要求,要承担适龄少年中所有特殊群体的培养任务,尤其是对社会弱势群体的教育。在《义务教育法》中,对这类人群的关注,是有条款规定的,如:"普通学校应当接收具有接受普通教育能力的残疾适龄儿童、少年随班就读,并为其学习、康复提供帮助。"(第十三条)"县级以上地方人民政府根据需要,为具有预防未成年人犯罪法规定的严重不良行为的适龄少年设置专门的学校实施义务教育。"(第二十条)"对未完成义务教育的未成年犯和被采取强制性教育措施的未成年人应当进行义务教育,所需经费由人民政府予以保障。"(第二十一条)

在上海市《关于进一步推进上海市义务教育均衡优质发展的实施意见》的文件中,也专门提出了"关注特殊群体需求"的规定,具体有三个群体需要在义务教育阶段得到相应保障的,其规定的内容:

切实保障进城务工人员随迁子女义务教育权益。各区县要进一步扩大公办学校以招收进城务工人员随迁子女的比例,引导公办学校开展符合这类孩子实际的教育研究。要建立健全分工负责的管理体制,进一步加强以招收进城务工人员随迁子女为主民办小学的财务与资产管理、教师队伍管理、教育教学常规管理、安全卫生管理等规范管理工作,开展对这类学校的办学绩效评估。并根据这类学校规范办学和办学绩效情况,逐步加大政府基本成本补贴水平。

推进新一轮特殊教育三年行动计划。建立市特殊教育信息通报系统,实现多部门间信息共享与整合。强化随班就读管理,完善特殊教育学校课程体系,运行市特殊教育资源库,为学校、康复机构和相关专业人员、特殊儿童及家长提供专业支持。

完善家庭经济困难学生义务教育就学保障体系。在全部免除义务教育阶段学生学杂费、课本与作业本费的基础上,逐步提高"两免一补"资金总量。按照家庭经济困难水平,分类实施补助家庭经济困难学生素质教育活动费、校服费、生活费等工作,切实保障家庭经济困难学生较好地接受义务教育。

这就明确了初中阶段的学校必须要承担特殊教育的任务。

所以办学功能必须体现出遵照上述法理规定的要求,主要包含三个方面,即:

一要促进学生全面素质的可持续发展。学校促进初中学生的发展应顾及德、智、体、美等全面素质和终身的可持续的。

二要保障每一个学生尤其是有一定困难学生的健康发展。学校促进学生发展是面向所有的全部的学生,为学生的健康发展奠基。

三要保障学生选择适合其个性发展需要的高中阶段教育。初中学校应该为学生的后继发展和进入不同类型的学校及职业技能奠定发展的基础。

这也就为研究与制定评估初中学校相应的指标与标准提出了法理指向。

三、初中学校定位评估的基本意图与主要目标

对初中学校的定位评估,涉及对学校的法规行为特征与守法意识的考量。在拟定相关指标时,或进行具体的评估时,还需要直接根据相关法规,提出相应的处理意见。如我国的《义务教育法》中就有具体指导的内容:学校有下列情形之一的,由县级人民政府教育行政部门责令限期改正;情节严重的,对直接负责的主管人员和其他直接责任人员依法给予处分:

（一）拒绝接收具有接受普通教育能力的残疾适龄儿童、少年随班就读的;

（二）分设重点班和非重点班的;

（三）违反本法规定开除学生的;

（四）选用未经审定的教科书的。（第五十七条）

上述这些规定是刚性规定,再加上其他如非法收费、非法摊派等相关内容,都构成了对学校的法规制约系统。学校尤其是校长必须遵法行政。

综合而言,对于初中学校定位评估的基本意图主要是:

• 考察并评估其对国家义务教育法律涉及初中学校性质法规的理解与总体执行情况;

• 考察并评估其对地方义务教育法规涉及初中学校性质法规的理解与总体执行情况;

• 考察并评估其依据法律、法规为保障学校办学定位对非法、违法现象的处理和反思情况;

• 考察并评估其依据法律、法规保障学校办学定位方向正确性的相关制度以及愿景设计。

对于开展初中学校定位评估研究的主要目标是:

• 收集关于初中学校定位评估的法理依据和基础理论;

• 建立一个对初中学校定位评估的指标与标准系统;

• 拟定对初中学校定位评估的基本操作体系并组织评估的试验;

• 初步制定出对初中学校定位评估信息解释与价值判断的基本思路。

根据上述认识,我们可以梳理出对初中学校定位评估项目的设计与实施途径,如图 3 - 1 示意。对其中有些目标的落实设想,将在第 9 章中介绍。

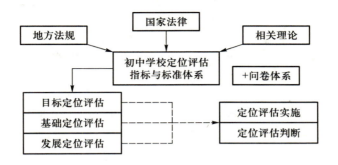

图 3-1　初中学校定位评估工作设计与实施示意图

第二节　初中学校目标定位的评估研究

依据上节相关法理,根据素质教育的办学宗旨,我们首先需要设计的是初中学校关于办学方向和目标的评估体系,然后在这个评估体系的指引下对照与考察学校行为,制定实施评估的操作方案与解释系统。

一、初中学校办学方向与目标评估体系的设计思路

在本评估内容中,设想从两个方面着眼,一是办学的方向,二是办学的目标。对初中学校目标定位的评估指标与标准体系设计,基本思路就是按"方向性"和"目标性"来进行。这样的设想,是引导初中学校必须沿着规定的办学方向行使学校教育职责,并按照沿该方向所规定的目标要求来努力办好学校,对评估功能而言,是实现办学价值的提升。

在本评估方式上,设想既有指标体系的评估方式,也应该有"概括性问题"的评估方式。根据对初中学校定位的法理依据,除制定相关的评估指标外,作为对指标体系的补充,将拟定一些需要考察的问题,组成问卷,对相关对象进行必要的了解,体现定量评估与定性评估相结合的思想。

所以,对初中学校定位的评估,应该有两个层面的关注点和两个方式相结合的途径来进行。而具体指标与问题,将围绕相关法理展开(图 3-2)。

1. 评估指标体系结构与内容的设计

具体来说,对于初中学校办学定位的评估指标,其结构与内容可设计如下:

指标的结构方面,拟定分两个层次(一级、二级)设计,其中"一级指标":主要指向学校目标定位的最高层次,包括资质水准、价值理念、培养目标等方面;"二级指标"分别在具体的一级指标下确立。内容主要是对两个层次指标含义

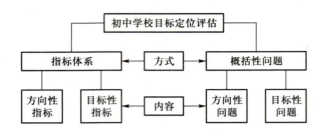

图 3－2　初中学校办学目标定位评估组成结构

的一定说明。最终形成一个指标体系：

对初中学校办学方向与目标定位的评估指标体系，拟由 4 个一级指标和 12 个二级指标组成，具体如下：

　　Ⅰ　学校资质（办学主体法律依据的合法性、效益性）

　　　　Ⅰ－1　学校类型（初中学段的地位特征）

　　　　Ⅰ－2　法人地位（法律意义上的独立性）

　　　　Ⅰ－3　初中规模（初中办学资源的效益性）

　　Ⅱ　办学理念（办学方向的规范性、科学性、先进性）

　　　　Ⅱ－1　学校章程（正确性、完备性）

　　　　Ⅱ－2　教育理念（方向性、前瞻性）

　　　　Ⅱ－3　办学特色（适切性、先进性）

　　Ⅲ　培养目标（办学功能的方向性、科学性、有效性）

　　　　Ⅲ－1　全面发展（关注德、智、体、美全面素质）

　　　　Ⅲ－2　全员发展（关注差异性、层次性）

　　　　Ⅲ－3　个性发展（关注个性化、特长发展）

　　Ⅳ　生源结构（符合义务教育法规要求、对"全纳教育"的体现）

　　　　Ⅳ－1　普通学生（全纳性、公平性——有无重点班等）

　　　　Ⅳ－2　特殊学生（对肢残、智残学生就学的支持）

　　　　Ⅳ－3　地区分布（对学区法定人员家庭子女的入学支持）

上述指标的评估标准，将在后面具体展开。

　　2."概括性问题"相关问卷的设计

　　关于初中学校办学定位评估的"概括性问题"，根据评估信息来源的对象，可以组成不同内容的问卷，来获取对指标性评估的必要补充。一般而言，对初中学校目标定位评估的信息可以有以下几条途径，拟分别设计问卷，参见表 3－1：

表3-1 不同信息来源的初中学校目标定位情况问卷设计

问卷类型	问卷主要内容	问题形式
社区问卷	(1)学校对社区内不同生源的招收情况 (2)学校与社区日常性工作联系的情况	选择题
家长问卷	(1)家长对于学校教育情况了解的渠道 (2)家长对于学校教育工作了解的情况	选择题
教师问卷	(1)教师对于学校生源结构的了解情况 (2)教师对于学校编班情况的意见看法	选择题加开放题
学生问卷	(1)对学校关注学生发展侧重点的感受 (2)针对法规对学校行为的感受与了解	选择题加开放题

对于具体的问卷问题,从效益要求着想,内容可以兼顾本章其他内容;从对获取信息真实性考虑,需要避免设计模糊性问题。

二、评估工具——指标体系与问卷设计

按照上述设计思想,对于初中学校目标定位的评估,主要用两种工具:一是指标体系评估工具,二是概括性问题评估工具。

1.《初中学校办学方向与目标评估标准》

根据对指标体系的设想,设计的标准评估如表3-2:

表3-2 初中学校办学方向与目标评估标准

一级指标	二级指标	基本标准	评估意见			案例依据
			优良	合格	不合格	
学校资质	学校类型	具有初中学段办学自主权				
	法人地位	初中学段有法理的独立性				
	初中规模	初中规模占办学主体比例				
办学理念	学校章程	符合素质教育方向,文本的结构齐全、阐述规范				
	教育理念	符合素质教育方向,对初中办学价值认识有前瞻性				
	办学特色	能体现办学先进性与本校实际的结合,特色较鲜明				

一级指标	二级指标	基本标准	评估意见			案例依据
			优良	合格	不合格	
培养目标	全面发展	对素质教育德智体美全面发展要求体现较到位				
	全员发展	关注全体学生，注意对不同学生提出基础发展目标				
	个性发展	尊重个性差异，注意对不同学生提出不同发展目标				
生源结构	普通学生	学生编班体现公平性，无违反规定的分班等现象				
	特殊学生	按照义务教育法律要求招收相关特殊学生入学				
	地区分布	来自本学区学生占比，合乎相关政策要求				
总体评估						

评估实施时，只要在相应空格中打钩，并将依据说明写在后面。

2. 初中学校办学方向与目标评估问卷

根据设计方案，问卷共有以下四份（表 3 – 3 ~ 表 3 – 6）

表 3 – 3　初中学校办学方向与目标评估社区问卷

初中学校办学方向与目标评估社区问卷（定位 3 – 1 – 1 卷）

　　针对贵社区内的_____初中学校，请你按本问卷中的问题作答。你只要在题下备选答案中选择你认为符合情况的答案代码字母，填在题后的括号中即可。谢谢！

　　1. 据你所知，该校招收本学区内的子女就学的情况是 …………………………… （　　）

　　A. 全部都进校　　B. 个别没进校　　C. 少数没进校　　D. 大量没进校

　　2. 据你所知，该校对贵社区内进城务工子女按政策招收情况是 ………………… （　　）

　　A. 全部都招收　　B. 多数能招收　　C. 少数有招收　　D. 全部未招收

　　3. 学校是否定期或不定期与社区沟通有关招生与办学方面的信息 ……………… （　　）

　　A. 每学期有沟通　　B. 不定期时有沟通　　C. 找到学校后有沟通　　D. 从来不沟通

　　4. 据你所知，该校对学生的分班和教育情况是 …………………………………… （　　）

　　A. 分重点、非重点班　　B. 分兴趣、一般班　　C. 随机分班　　D. 不清楚

　　5. 对于该校的教育特点，据你所知及基本评价是 ………………………………… （　　）

　　A. 德智体美都重视　　B. 仅重视智育　　C. 仅重视德育和智育　　D. 不清楚

---

6. 该校是否组织学生到社区开展服务或志愿者活动 …………………………… （　　　）

　A. 每学期多次　　　B. 每学期1次　　　C. 偶尔有组织　　　D. 从来没有过

7. 在一些节点（环保、植树节等），该校是否组织学生来社区宣传 …………… （　　　）

　A. 有，规模较大　　B. 有，规模较小　　C. 时有时无　　　　D. 从来没有

8. 对于该校的办学特色和学生受教育情况，你的评价是 …………………… （　　　）

　A. 很满意　　　　　B. 较满意　　　　　C. 一般　　　　　　D. 不满意

表3-4　初中学校办学方向与目标评估家长问卷

初中学校办学方向与目标评估家长问卷（定位3-1-2卷）

　　针对你孩子所学习的_____初中学校，请你按本问卷中的问题作答。你只要在题下备选答案中选择你认为符合情况的答案代码字母，填在题后的括号中即可。谢谢！

1. 你的孩子进入该学校的途径和方式是 ………………………………………… （　　　）

　A. 对口入学　　　B. 提前特招或选拔面试　C. 托人介绍　　　　D. 资助办学后

2. 你对孩子在该校就学感到最满意的是 ………………………………………… （　　　）

　A. 学校规范　　　B. 教学质量　　　　　C. 教师水平　　　　D. 办学特色

3. 你孩子所在的班级中是否有进城务工子女等情况的同学 …………………… （　　　）

　A. 有小部分　　　B. 大部分都是　　　　C. 没有但其他班级有　D. 不知道

4. 学校是否定期或不定期与家长沟通有关办学方面的信息 …………………… （　　　）

　A. 每学期有沟通　B. 不定期有沟通　　　C. 找到学校后有沟通　D. 从来不沟通

5. 该校与你们家长的联系沟通方式中，最多的是 ……………………………… （　　　）

　A. 召开会议　　　B. 互发信息　　　　　C. 互通电话　　　　D. 电子邮件

6. 据你所知，你孩子所在的班级是 ……………………………………………… （　　　）

　A. 一般普通班　　B. 理科特长班　　　　C. 艺术特长班　　　D. 体育特长班

7. 据你所知，该校对学生的分班和教育情况是 ………………………………… （　　　）

　A. 按程度分班　　B. 按兴趣分班　　　　C. 随机分班　　　　D. 不清楚

8. 你目前所从事的工作，是属于 ………………………………………………… （　　　）

　A. 机关行政工作　B. 事业单位工作　　　C. 企业单位工作　　D. 其他行业工作

表3-5　初中学校办学方向与目标评估教师问卷

初中学校办学方向与目标评估教师问卷（定位3-1-3卷）

　　根据你对自己学校的了解，请你按本问卷中的问题作答。你只要在题下备选答案中选择你认为符合情况的答案代码字母，填在题后的括号中即可。谢谢！

1. 你对学校在规范招生工作方面的满意度是 …………………………………… （　　　）

　A. 很满意　　　　B. 较满意　　　　　　C. 一般　　　　　　D. 不满意

2. 据你所知，学校对本学区内人员子女的情况是 ……………………………… （　　　）

　A. 全部都招收　　B. 多数能招收　　　　C. 少数有招收　　　D. 全部未招收

3. 学校就招生、办学与教育等情况是否按规定对外公布有关信息 …………… （   ）

A. 经常公布　　　　B. 不定期公布　　　　C. 很少公布　　　　D. 没看到有公布

4. 学校招收新生前,是否面向小学提前招特长学生 ………………………… （   ）

A. 一直招　　　　B. 以前招、现在不招　　C. 以前不招、现在招　　D. 一直不招

5. 在对新生做基础质量分析时,学校最看重的是 ……………………………… （   ）

A. 奥赛成绩　　　　B. 成长手册　　　　　C. 举止行为　　　　D. 家庭背景

6. 学校对新生入学是否采取摸底测试 …………………………………………… （   ）

A. 一直进行　　　　B. 以前有,现在没有　C. 以前没有,现在有　D. 一直没有

7. 学校是否按照对学生的差异实施分班和分开教育 …………………………… （   ）

A. 按程度分班　　　　B. 按兴趣分班　　　C. 统一分班　　　　D. 不清楚

8. 如果需要你对学校的依法办学提建议,你的建议是:

_____

表 3－6　初中学校办学方向与目标评估学生问卷

初中学校办学方向与目标评估学生问卷(定位 3－1－4 卷)

根据你对自己学校的了解,请你按本问卷中的问题作答。你只要在题下备选答案中选择你认为符合情况的答案代码字母,填在题后的括号中即可。谢谢!

1. 你认为学校领导对学生发展方面的情况最看重的是 …………………… （   ）

A. 思想品德　　　　B. 学习成绩　　　　C. 体育艺术　　　　D. 都看重 E. 不知道

2. 你认为班主任老师对你发展方面的情况最看重的是 …………………… （   ）

A. 思想品德　　　　B. 学习成绩　　　　C. 体育艺术　　　　D. 都看重 E. 不知道

3. 学校教师是否对学生的测验或考试成绩进行排队 ……………………… （   ）

A. 每次考试都排队 B. 每学期排一次　　C. 不公开排队　　　D. 从来不排队

4. 根据老师介绍而知,你现在所在的班级是 ……………………………… （   ）

A. 重点班级　　　　B. 不是重点班级　　　C. 都是相同的班级 D. 不清楚

5. 老师关心我们的学习,组织我们统一购买了辅导书,这种事 …………… （   ）

A. 许多老师都做　　B. 个别老师做　　　C. 以前有、现在没有 D. 从来没有

6. 在 8 年级期终考试后,学校会重新按成绩分班,这种事 ………………… （   ）

A. 从来没有　　　　B. 以前有、现在没有　C. 最近才有　　　　D. 不知道

7. 老师是否告诉你们,学校的办学特色是_____ ……………………… （   ）

A. 大家都知道　　　B. 多数不知道、我知道 C. 我不知道　　　D. 我忘记了

8. 如果你的班级中有一些借读生,对这种情况,你的意见是 ……………… （   ）

A. 反对　　　　　　B. 不反对　　　　　　C. 其他:_____

上述不同问卷中的内容设计,有些是有重复的,这是设想从不同信息渠道来聚焦同一个问题,以增强评估的信度。

三、初中学校办学方向与目标评估指标与标准的说明

下面主要对某些概念作些界定,并对使用这些评估工具的方法作些说明。

1. 关于指标、标准概念的说明

（1）学校资质。学校资质需要关注的主要是两个方面，即作为办学主体的合法性和效益性。对学校实施评估，就是需要客观地认定其是否具有作为完成义务教育最后阶段教育任务的资质。初中学段的学校类型呈多元状态，这对评估而言，就提出了怎样客观地给予不同而公正的问题，即使在法规上，其认同的视角也需有一定的现实依据，这里注重的是相对独立意义的"自主性"。而对于办学的效益，就一般情况来说，初中学段应该是高效益的，一是因为属于义务教育阶段，是对全民性与统一性的普及教育，总体规模较大；二是关于初中的不同类型的学校，初中部在其办学主体中的占比，一般也最大，这可以看成是资质的体现。所以，如果学校实际不如上述分析情况，一定是有特殊原因的，需要具体分析。对于本指标所包含的三个二级指标，有这样的理解，开展评估就有底了。

（2）办学理念。办学理念包含了"学校章程"、"教育理念"和"办学特色"三个二级指标。章程是可以作为办学资质的子项（二级指标），而这里将章程归入，主要是因为理念的体现在章程文本中具有校本法规的特征。对章程评估的标准，本方案提出的主要是其反映的办学方向性、全面性和正确性，这是从考量"理念"的角度设计的。而关于教育理念的标准，同样要关注其素质教育的方向性，但在这里还非常看重学校作为办学主体，对办学的全面表达是否具有前瞻性的认识。这样的设定，说明具体评估时需要参考学校的多种文件，以及多种渠道所反映出的信息。办学特色作为一个评估子项，在此有着对办学理念的个性反映的需要。一所学校的特色，正是现代学校价值的标志之一，也是其发展的重点之一。评估关注其特色，设想从科学性即与实际的结合度，以及特色的鲜明性这两个方面来具体考察。

（3）培养目标。这是对办学成效的标杆，具体指导办学结果的定位功能。这里设计的二级指标是最基本的要求，即面向全体发展、面向全面发展和面向有个性地发展。在学校的培养目标中，能够体现上述三个方面精神的，即可认为其办学目标定位方面的正确，这也是一种通过评价的引导。

（4）生源结构。生源的问题可以在学校管理层面来评估，但列在这里，是从义务教育法规对初中学校办学要求（定位）的角度提出，从初中学校办学的全民性要求来认识的，所以也是学校定位的问题。对于普通学生，主要关注的是公平对待，不分重点与非重点等要求；对于特殊学生，主要关注的是学校对弱势群体的照顾到位度；对于地区分布，主要关注的是学校招生是否根据就近入学的法规要求等。

2. 关于评估工具使用的说明

第一，在具体进行评估时，如果学校能够出示比较规范的档案，有实证材料证明做到了相关要求，形成了相应的制度，即可认定其达到了合格标准。如果在这一指标方面,已经取得一定的甚至明显的成效,当然也需要有相应的实证材料说明,则可以认定其达到优秀标准。

第二,在组织评估工作时,上述指标是具有一定覆盖性的,用于单项评估是需要考虑全部使用的。但如果是实施对学校的全面评估,也可以选择其中的某些指标,与其他模块的相关指标一起,组合成新的评估标准体系,实施有选择、有重点的评估。

第三节　初中学校基础定位的评估研究

从回应学校多元化与鼓励特色发展的角度,对学校定位评估需要考察其办学的基础与历史。对于一所初中学校而言,由于类型多元,其基础定位必然与学校性质与地位直接相关,但基本的关注要点应该有相通性。

一、初中学校办学基础定位评估的设计思路

对初中学校的基础定位评估,拟从学校历史与办学基础这两个视角来设计其评价指标,但两者之间是密切相关的。学校拥有优良的传统,在办学过程中对照规范化的要求,自然会不断完善,从而形成办学的良好基础之一。办学的基础涉及许多方面的要素,如物质条件、师资条件等,这些会在其他评估模块中体现。而本模块中所说的"基础",主要是指在办学过程中逐渐形成的历史基础。

为此,关于初中学校基础定位的评估,同样从其历史性,以及有历史积淀所形成的基础影响来设计指标体系,再加上概括性问题评估内容组成(图3－3):

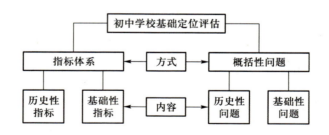

图3－3　初中学校办学基础定位评估组成结构

1. 初中学校基础定位评估指标及内容指向的设计

对于初中学校基础定位的评估,其评估指标体系同样应由若干一级指标以及与一级指标相关的二级指标组成;关于具体指标的具体内容,是指向反映该指标最主要的信息。

对初中学校办学历史与基础定位的评估指标体系,拟由3个一级指标和10

个二级指标组成,具体内容组成如下:

    Ⅰ 学校沿革(办学主体历史沿革的演变性、自信度)

        Ⅰ-1 学校性质(学校的体制演变特征)

        Ⅰ-2 历史沿革(办学理念演进、管理演变等情况)

        Ⅰ-3 规模变迁(初中办学规模的变化特征)

    Ⅱ 历史文化(办学主体历史文化的成熟度、独特性)

        Ⅱ-1 校训校规(教育性、激励性、简明概括)

        Ⅱ-2 校风(指向正确性、表达明确性、特色表征)

        Ⅱ-3 教风(规范性、成熟性、创新表征)

        Ⅱ-4 学风(社会性、校本性、个性表征)

    Ⅲ 社会影响(办学基础在社会上的认同度、影响度)

        Ⅲ-1 社会认可(在本区域或外区域中的影响)

        Ⅲ-2 校友认可(对在校学习的印象评价)

        Ⅲ-3 毕业流向(历届学生毕业后的分流情况)

对这些指标的标准设定则以程度表述方式。对新办学校,有些指标可不用。

2. 初中学校基础定位评估概括性问题及内容的设计

对于初中学校的基础定位评估,关于补充性的概括性问题的设计,可以通过四个不同信息渠道考虑(表3-7)。

表3-7　不同信息来源的初中学校基础定位情况问卷设计

问卷类型	问卷主要内容	问题形式
校长问卷	(1)学校成立以来的历史沿革与变迁情况 (2)学校历史发展中的规模变化情况	开放题加选择题
教师问卷	(1)对学校校训、校风等学校文化的感受 (2)对学校提倡的教风的基本认识	选择题加开放题
学生问卷	(1)对学校基础文化层面的总体感受 (2)对学校各项活动体现的教风与学风感受	选择题加开放题
校友问卷	(1)关于母校对自己成长所起的作用的评价 (2)对母校在推进文化建设方面的感受	选择题

对于具体的问卷问题,要注重实证事实的反映,从对获取信息真实性考虑需要避免设计答案模糊性的问题。

二、评估工具——指标体系和问卷设计

下面设计的两种评估工具,基于上述的设计思想。其中标准的制定着眼评

估内容范畴下现实情况的呈现程度,可分为三个级别:好、一般、差。所谓"差"是指该项内容不够清晰或积淀很少。

1. 初中学校办学的基础定位评估标准

根据对指标体系的设计思路,初中学校办法基础定位评估标准如表3-8。

表3-8 初中学校办学基础定位评估标准

一级指标	二级指标	基本标准	评估意见			案例依据
			好	一般	差	
学校沿革	学校性质	办学体制明确,学校发展的基础较好				
	历史沿革	学校历史发展中办学经历丰富,积淀了优良传统				
	规模变迁	初中办学规模历经变化,现已经比较稳定、合理				
历史文化	校训校规	对学校成员具有激励教育性,内容简明易记				
	校风	体现素质教育的正确方向,表述明确、特色鲜明				
	教风	符合教学规范性,形成成熟的特征,具有创新特色				
	学风	体现社会性发展要求,具有校本特征,符合年龄特点				
社会影响	社会认可	办学基础在相关区域中有一定的正面影响度				
	校友认可	认可母校对其成长的作用,对母校教育教学评价好				
	毕业流向	历届学生毕业后有较理想合理去向,有成功感				
总体评估						

实施评估时,在相应的评估意见空格中打钩。对评估意见的形成,在"案例依据"中简单做说明。

2. 关于初中学校基础定位评估的相关问卷

根据设计的方案,问卷有四种对象,拟分以下 5 份(表 3 - 9 ~ 表 3 - 13),其中校长回答 2 份。

表 3 - 9 初中学校基础定位评估校长问卷(开放填空题)

起讫年份	学校变迁情况	班级规模	区级以上综合性荣誉称号

(本卷表也可由校长指定学校其他知情者填写,新办学校不需填写本卷)

表 3 - 10 初中学校基础定位评估校长问卷二

初中学校基础定位评估校长问卷二(选择题)

根据你对自己学校的基本认识,对本问卷中的问题作答。你只要在题下备选答案中选择你认为符合情况的答案代码字母,填在题后的括号中即可。谢谢!

1. 你的学校建立到现在的时间是 ……………………………………… ( )
A. 10 年以内　　　　 B. 10 ~ 20 年　　　　 C. 20 ~ 30 年　　　　 D. 30 年以上

2. 你的学校在办学体制上的发展变化情况是 ( )
A. 一直是公办　　 B. 一直是民办　　 C. 民办转公办　　 D. 公办转民办

3. 你对本校的"校训"、"校规"含义的满意度是 ( )
A. 很满意　　　　 B. 较满意　　　　 C. 一般　　　　 D. 不满意

4. 你对本校师生认可"校风"、"校纪"的满意度是 ( )
A. 很满意　　　　 B. 较满意　　　　 C. 一般　　　　 D. 不满意

5. 你对本校教师认可"教风"的满意度是 ( )
A. 很满意　　　　 B. 较满意　　　　 C. 一般　　　　 D. 不满意

6. 你对本校学生认可"学风"的满意度是 ( )
A. 很满意　　　　 B. 较满意　　　　 C. 一般　　　　 D. 不满意

7. 你对本校目前的办学规模感到 ( )
A. 很合理　　　　 B. 基本可以　　　　 C. 太大　　　　 D. 太小

8. 你估计外界对你校办学历史所积淀的文化基础满意度是 ( )
A. 满意　　　　 B. 较满意　　　　 C. 一般　　　　 D. 不知道

表 3 - 11 初中学校基础定位评估教师问卷

初中学校基础定位评估教师问卷

根据你对自己学校的了解,请你按本问卷中的问题作答。你只要在题下备选答案中选择你认为符合情况的答案代码字母,填在题后的括号中即可。谢谢!

1. 你校的"校训"是_____,你的认可度是……………… ( )
A. 很认可　　　　 B. 较认可　　　　 C. 一般　　　　 D. 不认可

2. 你校的"校风"是＿＿＿＿＿＿＿＿＿，你的认可度是 …………………（　　）

A. 很认可　　　　　B. 较认可　　　　　C. 一般　　　　　D. 不认可

3. 你校的"教风"是＿＿＿＿＿＿＿＿＿，你的认可度是 …………………（　　）

A. 很认可　　　　　B. 较认可　　　　　C. 一般　　　　　D. 不认可

4. 你校的"学风"是＿＿＿＿＿＿＿＿＿，你的认可度是 …………………（　　）

A. 很认可　　　　　B. 较认可　　　　　C. 一般　　　　　D. 不认可

5. 你对本校在办学历史中积累的学校文化的满意度是 …………………（　　）

A. 很满意　　　　　B. 较满意　　　　　C. 一般　　　　　D. 不满意

6. 你对本校目前的办学规模的满意度是 …………………………………（　　）

A. 很满意　　　　　B. 较满意　　　　　C. 一般　　　　　D. 不满意

7. 你对本校在办学历史中感到最满意的一段时期是 …………………（　　）

A. 办学初期　　　　B. 办学中期　　　　C. 目前　　　　　D. 不知道

8. 你估计本校师生对学校办学基础的满意度是 …………………………（　　）

A. 普遍满意　　　　B. 大多满意　　　　C. 大多不满意　　D. 不知道

表 3 – 12　初中学校基础定位评估学生问卷

初中学校基础定位评估学生问卷

根据你对自己学校的了解，请你按本问卷中的问题作答。你只要在题下备选答案中选择你认为符合情况的答案代码字母，填在题后的括号中即可。谢谢！

1. 学校的"校训"是＿＿＿＿＿＿＿＿＿，你的认可度是 …………………（　　）

A. 很认可　　　　B. 较认可　　　　C. 一般　　　　　D. 不认可

2. 学校的"校风"是＿＿＿＿＿＿＿＿＿，你的认可度是 …………………（　　）

A. 很认可　　　　B. 较认可　　　　C. 一般　　　　　D. 不认可

3. 学校的"教风"是＿＿＿＿＿＿＿＿＿，你的满意度是 …………………（　　）

A. 很满意　　　　B. 较满意　　　　C. 一般　　　　　D. 不满意

4. 学校的"学风"是＿＿＿＿＿＿＿＿＿，你的认可度是 …………………（　　）

A. 很认可　　　　B. 较认可　　　　C. 一般　　　　　D. 不认可

5. 你对所参加的全校性大活动中，感到最满意的是 …………………（　　）

A. 艺术类　　　　B. 体育类　　　　C. 科技类　　　　D. 其他：＿＿＿＿

6. 你对所参加的全校性大活动中，感到最不满意的是 …………………（　　）

A. 艺术类　　　　B. 体育类　　　　C. 科技类　　　　D. 其他：＿＿＿＿

7. 你的家长对你学校的风气与水平，总体满意度是 …………………（　　）

A. 很满意　　　　B. 较满意　　　　C. 一般　　　　　D. 不满意

8. 你估计本校同学对学校目前情况的满意度是 …………………………（　　）

A. 普遍满意　　　B. 大多满意　　　C. 大多不满意　　D. 不知道

表 3－13　初中学校基础定位评估校友问卷

初中学校基础定位评估校友问卷
根据你对自己母校的感受,请你按本问卷中的问题作答。你只要在题下备选答案中选择你认为符合情况的答案代码字母,填在题后的括号中。谢谢! 　　1. 你对母校现状的了解,最主要或经常的渠道是 …………………………………（　　） 　　A. 听老同学介绍　　B. 校庆活动　　　C. 回校看老师　　D. 其他(报纸电视等) 　　2. 你对母校在办学方面的成就,感到最值得骄傲的是 ……………………………（　　） 　　A. 校风与环境　　　B. 教师水平　　　C. 中考成绩　　　D. 学生素质 　　3. 你对在母校学习的几年间,感到收获最大的是 …………………………………（　　） 　　A. 学到知识　　　　B. 提高能力　　　C. 懂得做人　　　D. 学会创造 　　4. 你对曾参加的全校性大活动中,感到最满意的是 ………………………………（　　） 　　A. 艺术类　　　　　B. 体育类　　　　C. 科技类　　　　D. 没有 　　5. 你对曾参加的全校性大活动中,感到最不满意的是 ……………………………（　　） 　　A. 艺术类　　　　　B. 体育类　　　　C. 科技类　　　　D. 没有 　　6. 你对母校以下基础文化内容中,仍然有清晰记忆的是 …………………………（　　） 　　A. 校训校纪　　　　B. 校风校歌　　　C. 教风学风　　　D. 都不记得 　　7. 你记得在母校学习时,同学们对学校普遍最满意的是 …………………………（　　） 　　A. 课堂教学　　　　B. 校园文化　　　C. 社会实践　　　D. 都没有 　　8. 你记得在母校学习时,同学们对学校普遍最不满意的是 ………………………（　　） 　　A. 课堂教学　　　　B. 校园文化　　　C. 社会实践　　　D. 都没有

　　上述问卷并不覆盖所有需要的评估信息,但主要的方面基本都有涉及,是指标评估体系的补充,反映的情况也是对应指标的一些标准的评估依据。

三、初中学校办学基础定位评估指标与标准的简要说明

　　（1）学校沿革。学校沿革是指建校以来的历史演变。历史积淀是一所学校文化的基础,也是学校发展的基础。这里制定的二级指标包括学校性质的演变、校本的管理体制演进,以及办学规模的变化特征等。这些指标可以折射出学校对办学的软实力和基本自信度,是基础定位的一个重要反映。

　　（2）历史文化。历史文化是指向学校办学以来所形成的文化层面的基础。其下有 4 个二级指标,包括显性文化层面的校训、校规,以及隐性文化层面的校风、教风和学风。文化既是长期积淀的,又是需要与时俱进地发展的。在实施评估中,文化层面的观察点比较复杂,解释也可能没有绝对共识,但对于初中学校的基础定位评估中属于不能不反映的因素,要包括进来。

　　（3）社会影响。社会影响是指学校的办学基础在社会方面的认同度。这个指标的评估信息是源于学校外界,但需要对学校有一定熟悉性,才不会影响评估的效度。所以,制定了"社会认可"、"校友认可"和"毕业流向"3 个二级指标。

对于这几个指标的评估标准,掌握起来可能会有难度,建议与问卷的结果和学校档案的查阅相结合,尽可能用实证材料来佐证。

实施评估时,建议加强对学校主动提供材料的阅读与分析,同时要重视对所设计的问卷反映的信息进行解读,对有些问题也可以根据初中学校的实际,进行必要的修改与补充。在评估意见的掌握上,在文本、材料上能够体现者,即可以认定其一般,有较明显效果者为好,否则为差。

第四节　初中学校发展定位的评估研究

评估学校面向未来的发展定位,是提升学校持续生命力的重要举措。所以,有必要根据原有基础,考察学校在教育发展政策引导下的学校发展规划的科学性、先进性、可行性以及可测性。通过建立有关的评估指标与标准,引导学校理性发展。

一、初中学校发展定位评估的设计思路

一所学校发展的定位思想和基本内容主要体现在一定的规划中。所以,初中学校发展定位评估的基本思路,是以规划为主要依据,考量学校对发展规划制定的科学性,规划本身的时代先进性,以及实施规划的措施、机制等可行与完备性,来设计相应的指标与标准。

相应地,初中学校发展定位的评估范畴,大致包括三个:即发展定位的基础分析,发展的基本内容及其方向目标,实施发展规划的保障措施。评估方式,同样由指标体系与概括性问题两种组成。其构成如图3-4:

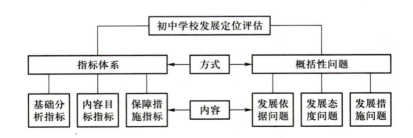

图3-4　初中学校办学发展定位评估组成结构

1. 初中学校发展定位评估指标及内容指向的设计

考察初中学校发展定位的评估指标体系有如下两个层次的指标,相应的基本内容则在具体指标后说明:

Ⅰ　基础分析(学校对发展定位认识的客观性、科学性)

Ⅰ-1　优势分析(学校发展的基础优势)

Ⅰ-2　困难分析(学校发展的主要困难与瓶颈)

Ⅰ-3　机遇把握(发展的切入点与积极性分析)

Ⅱ　发展内容与目标(学校发展规划的时代性、先进性)

Ⅱ-1　发展理念(符合时代性、指向先进性、表达明确性)

Ⅱ-2　学校发展定位(项目实在性、目标清晰性)

Ⅱ-3　教师发展定位(内容明确性、目标合理性)

Ⅱ-4　学生发展定位(素质教育要素完整性、目标层次性)

Ⅲ　保障措施(学校对实施发展规划的可行性、可测性)

Ⅲ-1　实验项目(科学、可行,对发展的统领性)

Ⅲ-2　资源开发(针对性、效益性)

Ⅲ-3　管理机制(全面性、全程性)

2. 初中学校发展定位评估概括性问题的问卷设计

对于初中学校发展定位评估的概括性问题的设计,拟通过四个不同信息渠道予以体现,见表3-14。

表3-14　不同信息来源的初中学校发展定位情况问卷设计

问卷类型	问卷主要内容	问题形式
校长问卷	(1)学校发展定位的基本依据与目标 (2)保障学校发展目标达成的具体措施	选择题加开放题
中层干部问卷	(1)对实施学校发展有关项目的态度 (2)本部门保障发展目标达成的措施	选择题加开放题
教师问卷	(1)对学校发展规划的知晓度与实施信心 (2)对实施学校发展规划的任务明确度	选择题加开放题
学生问卷	(1)关于对学校未来发展定位的关注程度 (2)对学校发展的参与性及建设性意见	选择题加开放题

对于具体的问卷问题,要注重实证事实的反映,从对获取信息真实性考虑需要避免设计答案模糊性的问题。

二、评估工具——指标评估体系和问卷设计

基于上述的设计思想,对于初中学校发展定位的评估,两种评估工具,即有指标体系和概括性问题。而对于评估标准的确定,着眼于评估内容范畴下的呈现程度,分为"优秀"、"良好"、"一般"、"较差"四个级别。

1. 初中学校发展定位评估标准

根据对指标体系的设计思路,初中学校发展定位评估标准如表 3-15。

表 3-15　初中学校发展定位评估标准

一级指标	二级指标	基本标准	评估意见				案例依据
			优秀	良好	一般	较差	
基础分析	优势分析	优势分析客观、较全面,与学校发展定位相关性好					
	困难分析	对困难分析客观,重点清晰,对发展规划有启发					
	机遇把握	注重内外因素对发展的影响,突破点和阶段清晰					
发展内容与目标	发展理念	符合时代要求,具有相应的先进性,表述简明					
	学校发展定位	符合学校基础特点和发展理念,内容目标实在					
	教师发展定位	符合校情与教育发展要求,目标合理,要求明确					
	学生发展定位	落实素质教育要求,尊重学生差异,符合初中生特点					
保障措施	实验项目	科学性、操作性、前瞻性均较好,对学校发展有统领					
	资源开发	能针对学校发展项目需要,注重投入效益、反复利用					
	管理机制	相关制度齐全,对制度执行有检查,保障作用明显					
总体评估							

实施评估时,在相应的评估意见空格中打钩。对评估意见的形成,在“案例依据”中作简单说明。

2. 初中学校发展定位评估的问卷

根据设计思想,问卷对象有四种,具体内容拟分以下 4 份(表 3-16 ~ 表 3-19)。

表 3 - 16   初中学校发展定位评估校长问卷

初中学校发展定位评估校长问卷

根据你对学校发展的基本思想,对本问卷中的问题作答。你只要在题下备选答案中选择你认为符合情况的答案代码字母,填在题后的括号中即可。谢谢!

1. 对于学校新发展规划和实验项目,你是 …………………………………… (   )

A. 参加讨论的   B. 主要负责的   C. 到任前制定的   D. 请专家研制的

2. 你对学校确立的发展目标,感到 …………………………………………… (   )

A. 十分认可   B. 基本认可   C. 过于超前   D. 过于保守

3. 你对学校发展规划的基础分析,感到 ……………………………………… (   )

A. 十分客观   B. 基本客观   C. 优势不足   D. 困难不足

4. 你对学校选择的发展突破口,感到 ……………………………………… (   )

A. 十分正确   B. 基本认可   C. 依据不足   D. 选择错误

5. 你对学校发展规划提出的措施,感到 …………………………………… (   )

A. 十分到位   B. 基本到位   C. 不够完整   D. 无法操作

6. 你对学校保障发展的实验项目,感到 …………………………………… (   )

A. 科学合理   B. 理论不够   C. 统领不够   D. 前瞻不够

7. 如果让你完善规划中的发展理念,你认为最想加强的是:

_____

8. 如果让你对保障发展规划的措施再完善,你认为需要增强的是:

_____

9. 如果让你对实验项目作完善,你认为需要完善的具体内容是:

_____

表 3 - 17   初中学校发展定位评估主任(中层干部)问卷

初中学校发展定位评估主任(中层干部)问卷

根据你对本校发展的基本认识,对本问卷中的问题作答。你只要在题下备选答案中选择你认为符合情况的答案代码字母,填在题后的括号中即可。谢谢!

1. 你在学校所担任的工作部门是属于 ……………………………………… (   )

A. 教导部门   B. 德育部门   C. 科研部门   D. 行政后勤部门

2. 你对学校确立的发展目标,感到 …………………………………………… (   )

A. 十分认可   B. 基本认可   C. 过于超前   D. 过于保守

3. 你对学校发展规划的基础分析,认为 ……………………………………… (   )

A. 十分客观   B. 基本客观   C. 优势不足   D. 困难不足

4. 在学校的发展定位中,你对所属部门的发展目标感到 ………………… (   )

A. 十分认可   B. 基本认可   C. 基本不认可   D. 绝对不认可

5. 在学校的发展规划中,你对所属部门的具体措施感到 ………………… (   )

A. 十分到位   B. 基本到位   C. 不够完整   D. 无法操作

6. 你对保障学校发展规划实施的实验项目,感到 …………………………………… （　　）

A. 科学合理　　B. 理论不够　　C. 统领不够　　D. 没有包括本部门

7. 你对保障学校发展规划实施的实验项目,对本部门内容感到 …………………… （　　）

A. 针对性强　　B. 针对性较强　C. 针对性不够　D. 没有针对性

8. 如果让你完善规划中的发展理念,你认为本部门最想加强的是:

_____

9. 如果让你对保障发展规划的实施再完善,你认为本部门需要增强的是:

_____

10. 如果让你对实验项目作完善,你认为本部门需要完善的具体内容是:

_____

_____

表 3－18　初中学校发展定位评估教师问卷

初中学校发展定位评估教师问卷

根据你对学校发展的基本了解,对本问卷中的问题作答。你只要在题下备选答案中选择你认为符合情况的答案代码字母,填在题后的括号中即可。谢谢!

1. 你对学校确立的发展目标与理念,认为 ……………………………………… （　　）

A. 十分认可　　B. 基本认可　　C. 过于超前　　D. 过于保守

2. 你对支持学校发展规划的实验项目,认为 ………………………………… （　　）

A. 十分科学　　B. 基本合理　　C. 支持性不强　　D. 没有相关性

3. 对学校实施好发展规划,你近期落实的是 ………………………………… （　　）

A. 向学生介绍规范 B. 订本人计划　C. 参与实施实验项目　D. 还没有行动

4. 你对实施学校发展规划和实验项目的任务,感到 ……………………… （　　）

A. 十分明确　　B. 基本明确　　C. 比较模糊　　D. 没有任务

5. 对完善学校发展规划的主要建议是:

_____

6. 对完善学校发展实验项目的主要建议是:

_____

表 3－19　初中学校发展定位评估学生问卷

初中学校发展定位评估学生问卷

根据你对学校发展的基本愿望,对本问卷中的问题作答。你只要在题下备选答案中选择你认为符合情况的答案代码字母,填在题后的括号中。谢谢!

1. 据你了解,对发展规划内容学校最强调的是 ……………………………… （　　）

A. 改进思想教育　　B. 提高考试分数　　C. 开展校园文化　　D. 其他

2. 据你所知,对学校发展规划和目标,你们同学多数 ……………………… （　　）

A. 十分清楚　　B. 比较清楚　　C. 不知道　　D. 不想知道

3. 你了解学校发展规划和目标的渠道是 ……………………………………… （　　）

A. 全校大会　　B. 年级或班会　　C. 校园宣传　　D. 听同学讲

4. 据你感觉，学校要求学生了解发展规划的问题 ……………………………… （　　）

A. 经常强调　　B. 偶尔提到　　C. 没有提出　　D. 没有感觉

5. 你认为学校提出对学生发展的要求中，最缺少的是：

_____

6. 你对学校今后发展是否有建议？（□有；□没有），有者，建议是：

_____

三、初中学校发展定位评估指标与标准的说明

对于发展定位的"基础分析"，不少学校在规划发展时，先进行现状的背景分析，从学校经营的视角，借用企业发展的 SWOT 分析法。如上海市杨浦区××中学在开展学校课程建设时，就曾经进行了基础分析，所采用的就是 SWOT 分析方法[①]，如表 3-20：

表 3-20　杨浦区××中学关于课程建设的 SWOT 分析表

因素	S（优势）	W（劣势）	O（机会）	T（威胁）
地理位置	1. 处于中心城区 2. 居民居住区域 3. 周边学校配置均衡	1. 优质生源减少，生源质量处中下水平 2. 周边民办学校较多	1. 教育的需求增强 2. 教育区域内学校给予关注，协作机制正在形成	学区内优质生源严重流失
学校现状	1. 全校 26 个班，规模适中，有利于办学管理 2. 小班化教学，有利于提高教学效果	1. 人员编制紧张，教师优胜劣汰难以实现 2. 教师中高级教师比例较低	1. 实行小班化教学，增强对学生的关注 2. 中青年教师正在快速成长	1. 家长、社会对教育质量的高要求 2. 教师全体的危机意识不强
学校的课程领导力	1. 学校是上海市第一期、第二期课改实验校 2. 在"三类课程"有初步探讨	1. 拓展型、探究型课程的实施力度不够 2. 对课程设计的前瞻性、适应性、开发等方面尚缺少思考	1. 课程建设得到上级部门的重视和支持 2. 学校关注课程计划，并开始编写实施课程方案	1. 如何让课程实施方案成为全面推进学校工作 2. 引导教师在关心教学的同时，关注学科课程的建设

① 杨浦区教育局：《课程成就学校——杨浦区义务教育阶段学校课程计划 12 例》，2011 年 3 月。

因素	S（优势）	W（劣势）	O（机会）	T（威胁）
教师的课程执行力	1. 教师敬业，乐于奉献，积极向上，具有课改意识 2. 师资队伍年轻化，结构比例较合理	1. 学科带头教师不多 2. 教师自身提高意识不够强烈 3. 教师课程意识不强	1. 中青年教师比例高，有课程建设的意愿 2. 教师中学历不断提高，硕士毕业人数多，为课程研究与开发提供了条件	1. 教师群体中存在对课程建设不关注现象 2. 新课程的开发需要
学生的课程适应性	1. 学生有进取心、活泼、好动 2. 部分学生乐于学习拓展型、研究型课程 3. 有良好的行为和习惯	1. 学生群体内优秀学生少，有一定数量的学习困难生 2. 部分学生学习习惯不佳 3. 自主学习和自我管理能力弱	1. 学生发展潜力大 2. 学生有向上的要求，可塑性强	1. 学生对拓展型、研究型课程的学习兴趣存在较大的差异 2. 应试教育压力加大
家庭对学校课程的态度	1. 家长普遍关注子女的学习 2. 理解学校工作	1. 家长学历层次不高，存在对学生教育漠视的家庭 2. 部分家长过多关注学生考试成绩，忽视了孩子的全面成长 3. 不切合学生实际，对学生的期望值高，加重了学生的课业负担	1. 加强家校沟通互动 2. 让家长参与学校的管理 3. 教育和鼓励家长了解孩子的成长规律	1. 家长对学校提出不合实际的办学要求 2. 绝大部分家长不能理解学校课程设计
地方课程资源	1. 学校与周边社区保持良好的合作关系，有利于学校的发展 2. 学校周边科普、博物馆、部队等教育基地较多，学校场地对社区开放，得到社区的赞扬	1. 需进一步完善具体的合作机制，促进学校、社区教育资源的有效整合 2. 整合资源的力度不够，社会实践活动课程开发不足	1. 社区为学校的德育教育和社会实践提供平台 2. 有利于学校完善课程资源的开发	1. 社会对学校教育片面的理解，会影响学校的声誉和发展 2. 社会资源的利用率不高，学生活动资金的运作不够

这种分析体现了对发展定位的认识是建立在理性思考基础上的。

关于"发展内容与目标",包含了一个理念层面的指标,和三个内容层面(即学校、教师、学生)的指标。其实,在具体分析评估信息时,可能还有更具体的内容范畴,如德育发展、智育发展、体育与艺术文化发展,甚至具体项目的发展等。我们可以就某项内容(如以 A、B、C、D 代之)与发展目标的层次(如区县级、省市级)对应,用图 3-5 的示意方式来表达,可能比较形象些。

关于"保障措施",包括"实验项目"、"资源开发"、"管理机制"3 个二级指标,体现有虚有实地保障发展定位实现的可行性与实践性。其中实验项目是带动学校发展的动能因素,其指标设计的主要内容应该考察三个层次:实验设计——主题与学校发展目标和办学特色紧密相连,方案设计具有科学性、先进性和可操作性,能引领学校改革深化发展;实验实施——定期对实验项目实施阶段目标达成情况进行检测,并采取有效的调节措施;实验成果——促进了办学特色的形成和学校改革深化发展,促进了教师的专业发展。而对资源开发的考察,需要体现对于学校发展的针对性,以及其效益效能发挥与实现的理想程度,都比较好。管理机制,则体现在制度层面的完整性、对执行制度的保障性,以及促进发展的有效性,也都比较理想。

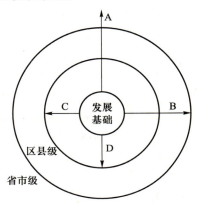

图 3-5 学校不同内容发展
定位的目标示意

第四章　初中学校管理评估

　　初中学校的管理评估是涉及办学效率的关键评估领域之一。一所学校的管理具有多元的含义,既包括管理的对象,如人、财、物的管理,又包括管理的方式,如对办学的目标、计划、过程、绩效等管理。有些研究成果还将管理评估的领域覆盖到学校工作的全部。按照本书的框架设计,其中关于人、财、物的管理将在第五章从学校保障评估的角度展开,该章的"人"关注了办学的师资保障。对另外一些具体领域如关于教学的计划与过程评估,将在第七章教育过程的评估中反映;而绩效问题将要在第八章的绩效评估中涉及。为了体现全书的设计思路,本章主要从一般管理工作角度,将学校管理分为"人事管理"和"行政管理"两部分。其中人事管理主要是从组织岗位管理的角度来分析阐述;行政管理主要分行政设计(即校务制度管理)和行政执行(即执行过程管理),分别从学校管理工作之静态与动态的现状入手,来进行分析与阐述。

第一节　初中学校管理评估的法理依据和评估宗旨

　　一般认为管理(manage)有四个环节,就是制定、执行、检查和改进。制定是指制订计划(或规定、规范、标准、法规等)。执行是指按照计划去做,即实施。检查是指将执行的过程或结果与计划进行对比,总结出经验,找出差距。改进首先是推广通过检查总结出的经验,将经验转变为长效机制或新的规定;再次是针对检查中发现的问题进行纠正,制定纠正、预防措施,以持续改进①。管理也是一个组织中维持集体协作、延续发展的有意识的协调行为。

　　对初中学校管理工作的评价,首先需要关注学校管理工作的上述要义。所以,实施评价,即使关注点没有指向所有学校工作领域,但还是需要直面学校管理的整体性、全面性、协同性、主体多元性等特点,遵循系统性、方向性、客观性、发展性、连续性等原则进行。对这些原则的把握就需要对有关法规和理论作一定的梳理与学习。

一、关于初中学校管理工作评估的法理依据

　　关于学校管理工作评价,必须坚持党的教育方针,坚持教育目的,保证评价

---

①　转自百度百科. http://baike.baidu.com/view/18841.htm。

的正确方向,发挥学校管理工作评价的导向作用。初中属义务教育,对初中学校管理的评估依据,首先必须关注关于义务教育的法律法规。

在《中华人民共和国义务教育法》中规定:"义务教育必须贯彻国家的教育方针,实施素质教育,提高教育质量,使适龄儿童、少年在品德、智力、体质等方面全面发展,为培养有理想、有道德、有文化、有纪律的社会主义建设者和接班人奠定基础。"(第三条)还有如下几个涉及管理的规定:

"依法实施义务教育的学校应当按照规定标准完成教育教学任务,保证教育教学质量。"(第五条)

"学校应当建立、健全安全制度和应急机制,对学生进行安全教育,加强管理,及时消除隐患,预防发生事故。"(第二十四条)

在《国家中长期教育改革与发展规划纲要(2010—2020)》"总体战略"中指出:

教育要发展,根本靠改革。要以体制机制改革为重点,鼓励地方和学校大胆探索和试验,加快重要领域和关键环节改革步伐。创新人才培养体制、办学体制、教育管理体制,改革质量评价和考试招生制度,改革教学内容、方法、手段,建设现代学校制度。

树立科学的质量观,把促进人的全面发展、适应社会需要作为衡量教育质量的根本标准。树立以提高质量为核心的教育发展观,注重教育内涵发展,鼓励学校办出特色、办出水平,出名师,育英才。建立以提高教育质量为导向的管理制度和工作机制,把教育资源配置和学校工作重点集中到强化教学环节、提高教育质量上来。制定教育质量国家标准,建立健全教育质量保障体系。加强教师队伍建设,提高教师整体素质。(以上为第1章"指导思想和工作方针"的部分内容)

在上述文件的"体制改革"部分中指出:

注重因材施教。关注学生不同特点和个性差异,发展每一个学生的优势潜能。推进分层教学、走班制、学分制、导师制等教学管理制度改革。建立学习困难学生的帮助机制。改进优异学生培养方式,在跳级、转学、转换专业以及选修更高学段课程等方面给予支持和指导。健全公开、平等、竞争、择优的选拔方式,改进中学生升学推荐办法,创新研究生培养方法。探索高中阶段、高等学校拔尖学生培养模式。(以上为第11章"人才体制改革"的部分内容)

探索适应不同类型教育和人才成长的学校管理体制与办学模式,避免千校一面。完善学校目标管理和绩效管理机制。健全校务公开制度,接受师生员工和社会的监督。随着国家事业单位分类改革推进,探索建立符合学校特点的管理制度和配套政策,克服行政化倾向,取消实际存在的行政级别和行政化管理模式。

完善中小学学校管理制度。完善普通中小学和中等职业学校校长负责制。完善校长任职条件和任用办法。实行校务会议等管理制度,建立健全教职工代表大会制度,不断完善科学民主决策机制。扩大中等职业学校专业设置自主权。建立中小学家长委员会。引导社区和有关专业人士参与学校管理和监督。发挥企业参与中等职业学校发展的作用。建立中等职业学校与行业、企业合作机制。(以上为第13章"建设现代学校制度"的部分内容)

在《上海市中长期教育改革与发展规划纲要(2010—2020)》中,也有专门对学校内部体制改革的管理问题提出要求:

"探索建立现代学校制度,落实学校办学自主权,完善学校内部治理结构,形成学校决策权、执行权、监督权相分离和相制衡的机制,促进学校面向社会、依法自主办学,增强学校办学活力。"

"完善公办中小学治理结构。进一步完善中小学校长负责、党组织发挥政治核心作用、教职工代表大会和工会参与管理和监督的制度,积极推动社区、学生及家长对学校管理的参与和监督。坚持依法治教、规范管理,加强学校制度建设,逐步形成自主管理、自主发展、自我约束、社会监督的机制。建设精简、高效的学校管理机构,完善校务公开制度,提高办学效率。"

这些法规或要求,是设计初中学校管理工作评估指标与标准的顶层指导。

从上述阐述中可以认识到,初中学校管理评估应明确如下几点:

第一,初中学校管理工作的评估需要以素质教育方向为根本标准。评估初中学校的管理工作,需要考察是否一切围绕推进素质教育为目标,并符合初中生的发展特点来实施管理。

第二,初中学校管理工作的第一责任人是校长,是评估的顶层对象。学校的管理层级与结构架构、管理的体制与机制建设,都是校长的责任所在。设计评估的指标,决定评估的权重,都需要顾及这一特征。

第三,初中学校管理工作的评估需要关注时代发展的愿景目标。初中学校的管理工作与其他学段一样需要与时俱进,需要有一定的前瞻性。对学校管理评估的指标与标准都需要依据今后十年教育改革与发展的政策取向和愿景目标。

二、关于初中学校管理工作评估的理论借鉴

在理论界,有关于管理的阶段理论认为,人类在进入工业化社会以来,对于"管理"已经经历了"古典"、"近代"和"现代"三个阶段。古典的包括泰勒的"科学管理理论"、法约尔的"古典组织管理理论"和韦伯的"科层管理理论",注重最佳效率,甚至提出发挥人与机器同等效率的思想;近代的如梅奥的"人际关系理论"、马斯洛的"需求层次理论",注重人的不同需求,体现了行为主义管理思想;

现代的如巴纳德的"社会系统理论"、西蒙的"决策理论"、卡斯特的"权变理论"等,注重管理要素的综合,正在逐步关注"以人为本",体现科学管理思想。这些管理观的变迁与发展,是学校管理改革的理论借鉴。

有学者认为,学校的管理工作评价有七大主要内容①,择其概要,就是:

其一,教育理念和办学思想评价。具体而言包括教育理念、办学方向、培养目标的评估。教育理念是办学思想的逻辑起点,办学思想是学校一切工作的出发点。学校的教育方向、内容和形式,机构设置和制度建设,培养目标和措施,人、财、物和时间配置,校风的形成和建设,无一不同教育理念和办学思想相关。

其二,管理队伍评价。包括对学校领导班子评价、教师队伍评价、思想政治教育队伍评价、教学管理队伍评价、总务管理工作队伍评价等。领导班子的评价既要关注每个成员的个体素质,又要关注班子的整体结构。教师队伍是学校管理工作队伍的核心部分,其队伍结构状况、教育管理理念与水平、接受培养与提高的机制都是需要特别关注的。评价思想政治教育队伍就是对这支队伍的组织状况、思想文化素质、工作能力等作出判断。教学管理队伍和后勤总务工作队伍是为教育教学服务的保障,需要关注其适应这个服务的要求情况。

其三,组织机构和制度建设评价。包括组织机构评价、制度建设评价。组织机构是否健全、合理、有效,直接关系到学校的管理水平和教育教学工作质量。组织机构的运行离不开规章制度。健全、合理的规章制度,是实现学校管理工作规范化、实现管理目标的重要保证。

其四,管理工作过程评价。主要含对计划的评价、对执行和实施的评价、对检查的评价、对总结的评价这四个环节。学校管理工作过程是学校管理工作经历的程序。这四个基本环节的有机结合,形成学校管理工作的运行机制,有效发挥着管理工作的整体功能。管理工作过程的评价,就是对这四个基本环节运行状态作出价值判断。

其五,校风建设评价。主要包括精神风貌建设和物质风貌建设。优良的校风是培养一代新人的熔炉,是一种巨大的教育力量,对于学生、教职工都有着潜移默化的作用。校风建设包括精神方面和物质方面的建设。评价校风需要同时考察这两个方面的工作。

其六,学校管理工作绩效评价。进行学校管理工作绩效评价,一是纵向比较,即同自身过去相比较,取得了哪些新成绩;二是横向比较,即同自身同类相关学校相比,看自己有哪些进步。对管理工作绩效的评价很难做到面面俱到,要抓住管理工作主要方面的绩效。

其七,学校办学特色评价。办学特色是指学校在办学中长期形成的稳定的、

① 转自 http://www.tyrtvu.cn/page/ipkejian/crtvu-ip1/jiaoyupingjia/jypj09/html/07.html。

本质的、独特的个性或特点。学校办学特色展现了与众不同的品格和风貌。评价学校办学特色，主要是判断学校在哪些方面有特色，并判断其特色的水准。

　　显然，这些评估的内容是比较全面的。如前所述，由于本章仅是全书的一个部分。这里所讨论的评估内容，只是就其部分关注点来进行展开。但是，其相关的观念对评估还是具有相应的指导意义的。

　　由此，借鉴有关理论成果的认识，为设计初中学校管理工作的评估指标建立理论基础，这是必要的。上述理论内容的启示主要有两点：

　　一是需要用系统论点观念来设计初中学校管理评估的方案。影响学校管理的因素是多元而整体的，既包括静态的管理要素与制度，也包括其运行的过程以及质量效果。所以，其评估工作方案应该具有系统性。

　　二是需要用可操作的技术来制定初中学校管理评估的标准。学校管理工作的评估是随时代发展的，从以人为本的新理念出发，其内涵层面的评估有一定难度，这就需要从技术与方法上有相应的举措，使评估具有操作性。

三、初中学校管理工作评估的基本意图与主要目标

　　初中学段的学校管理工作，对义务教育意义重大。学校管理工作的优劣，对贯彻国家的教育方针、提高学校教育教学质量，提高培养人才的质量和办学水平等都十分重要。设计并实施好初中学校管理工作评估，有利于贯彻教育方针和促进教育教学质量、管理工作水平提高，并为教育决策提供科学依据。

　　概括而言，初中学校管理工作评估的基本意图主要是：

　　● 了解并评估初中学校人事领域管理工作的基本情况，考察以人为本理念在人事管理中的落实情况。

　　● 考察并评估初中学校目标与计划管理工作的基本情况，判断在管理体制与机制的建设方面是否支持了学校素质教育的实施。

　　● 了解并评估初中学校各个领域过程管理工作的基本情况，尤其是对制度的执行与管理的改革等方面处在何种水准，以及所存在的问题等。

　　而开展初中学校管理工作评估研究的主要目标是：

　　● 收集关于初中学校定位评估的法规依据和基本理论，为评估指标设计和标准制定奠定思想基础；

　　● 建立一个对初中学校管理工作评估的指标与标准系统，以及一套为补充指标体系的概括性问题问卷；

　　● 拟定对初中学校管理工作评估的基本操作体系，并组织评估的试验，以完善评估方案，为评估工作积累经验；

　　● 初步制定出对初中学校管理工作评估信息解释与价值判断的基本思路，为初中学校通过管理水平提供思路。

根据上述认识,我们可以梳理出对初中学校管理工作评估项目的设计与实施途径,如图 4 - 1 所示。对其中有些目标的落实设想,将在第九章中介绍。

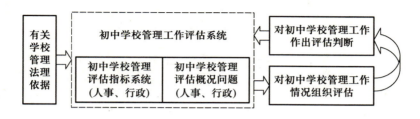

图 4 - 1　初中学校管理工作评估体系

第二节　初中学校组织人事管理的评估研究

人是学校工作的生命体。学校中的组织及人事工作,是影响生命体能否焕发出生命力的关键。所以,对组织人事管理工作的评估,是学校管理工作评估中处于核心地位的内容。

一、初中学校组织人事管理评估体系的设计思路

"人事",顾名思义,就是包含了"人"与"事"两个方面,是指什么人或人群做什么事,两者是合二为一的关系。所以在本评估内容中,需要从这两个方面共同着眼,包括对人的安排,是否合理? 以及对事的管理,是否科学? 但在具体的指标问题设计中,更需要关注人事管理的功能与价值,需要从基础与发展两个层面来引导。为此,初中学校组织人事管理的评估指标与标准体系设计,基本思路就是既要按人事结合的合理性、科学性与有效性来考虑,又要按照基础与发展两个需要层面进行。这是对初中学校实施科学管理的一种导向,在评估指标的影响下,使学校沿着规定的目标要求来努力管好学校,发挥评估的增值功能。

对评估的方式,设想既有指标体系的评估方式,也应该有"概括性问题"的评估方式。根据对初中学校管理的法理依据,除制定相关的评估指标外,作为对指标体系的补充,还需拟定一些需要考察的问题组成问卷,对相关对象进行必要的了解,体现定量评估与定性评估相结合的思想。

所以,对初中学校组织人事管理的评估,应该有两个内容相结合的视角,也要从两个层面关注点的途径来进行。具体指标的标准与问题的指向,将围绕相关法理展开。如图 4 - 2:

1. 评估指标体系结构与内容的设计

对于初中学校组织人事管理工作的评估指标,其结构与内容可设计如下:

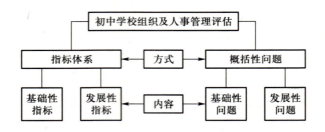

图 4 - 2　初中学校组织及人事管理评估组成结构

指标的结构方面,拟定分两个层次(一级、二级)设计,其中"一级指标"主要指向学校管理工作的高端层次,包括领导班子、组织机构、岗位职责、教师管理等方面;"二级指标"分别在具体一级指标下确立。内容主要是对两个层次指标含义的相应说明,最终形成一个指标体系。

对初中学校管理工作的评估指标体系,拟由 4 个一级指标和 12 个二级指标组成,具体如下:

Ⅰ　领导班子(引领学校发展的规划力、领导力与持续发展基础)

　　Ⅰ-1　结构组合(关于班子群体若干维度组合的合理性)

　　Ⅰ-2　工作能力(班子成员集体与个体的工作领导能力)

　　Ⅰ-3　发展基础(进一步引领学校事业发展的基础状况)

Ⅱ　组织机构(学校层级设置与机构设计的系统功能发挥情况)

　　Ⅱ-1　机构完整性(机构设计能否覆盖学校工作的各个方面)

　　Ⅱ-2　层级清晰性(管理层级的设置及其履行职责的清晰度)

　　Ⅱ-3　系统顺畅性(管理系统的运行能否保障学校政令畅通)

Ⅲ　岗位职责(全校各级各类工作岗位的职责明确度)

　　Ⅲ-1　岗位设置(岗位设置是否符合学校编制的规范要求)

　　Ⅲ-2　基本职责(与岗位相关的工作职责是否落实到岗位人)

　　Ⅲ-3　功能发挥(关于岗位职责要求与有效性的实践体现)

Ⅳ　教师管理(师资队伍的思想工作与专业成果等档案管理)

　　Ⅳ-1　师德管理(教师的教育思想和职业道德情况)

　　Ⅳ-2　师业管理(教师的专业发展和教学成果情况)

　　Ⅳ-3　成果档案(学校对教师管理的档案建设情况)

上述指标的评估标准,将在后面具体展开。

2."概括性问题"相关问卷的设计

关于初中学校组织人事管理评估的"概括性问题"设计,根据评估信息来源的对象,可以组成不同内容的问卷,来获取对指标性评估的必要补充。一般而言,对初中学校组织人事管理评估的信息可以有以下几个途径获取,拟分别设计成问卷,参见表4-1。

表4-1　不同信息来源的初中学校人事管理情况问卷设计

问卷类型	问卷主要内容	问题形式
校长问卷	(1)对学校领导班子领导力的基本评价 (2)对学校管理工作系统设计的指导思想	选择题加开放题
处室干部问卷	(1)不同处室对岗位履职情况的基本评价 (2)不同处室对学校完善人事管理的建议	选择题加开放题
人事干部问卷	(1)关于岗位设置与职责任务的落实情况 (2)关于教师档案的建设现状与存在问题	选择题加开放题
教师问卷	(1)教师对于学校人事管理的了解情况 (2)教师对于学校人事管理的意见建议	选择题加开放题

对于具体的问卷问题,从效益要求着想,内容可以兼顾本章其他内容;从对获取信息真实性方面考虑,需要避免设计模糊性问题。

二、评估工具——指标体系与问卷设计

按照上述设计思想,教育评估的现代思想,对于初中学校组织人事管理的评估,主要拟用两种工具:即指标体系评估工具和概括性问题评估工具。兹将两种评估工具的基本内容分别呈现如下:

1.《初中学校组织人事管理评估指标体系》

根据对指标体系的设想,设计的评估标准如表4-2。

表4-2　初中学校组织人事管理的评估指标与标准体系

一级指标	二级指标	基本标准	好	较好	一般	较差	案例依据
领导班子	结构组合	班子群体的年龄、学科背景、性别、职称等维度组合比较科学合理					
	工作能力	班子成员具有5年以上学校行政管理经历,集体与个体的工作领导能力较强					
	发展基础	班子成员具有可持续发展的素质,进一步引领学校事业发展的基础状况较理想					

一级指标	二级指标	基本标准	评估意见				案例依据
			好	较好	一般	较差	
组织机构	机构完整性	机构设计与设置能覆盖学校工作的各个方面,同级机构间职责边界清晰					
	层级清晰性	学校管理层级的设置合理,不同层级履行的职责范围较明确					
	系统顺畅性	管理系统内上令下达与下情上达的运行顺畅,学校政令畅通,反馈灵敏					
岗位职责	岗位设置	岗位设置符合有关学校编制的规范要求,人与岗的配置比较合理					
	基本职责	与岗位相关的工作职责能够落实到人,学校有岗位职责制度					
	功能发挥	岗位职责功能发挥路线比较明确,实践运行的有效性能得到一定反映					
教师管理	师德管理	对于教师的教育思想和职业道德有较明确的要求,学校对其现状明了,并有评价					
	师业管理	对于教师的专业发展和教学成果情况比较明了,学校对此有明确的目标要求					
	成果档案	学校对教师发展的成果档案比较齐全,栏目清晰合理,教师档案一人一档,定期核实					
总体评估							

实施评估,可在相应空格中根据实情评估打钩,并将依据说明写在后面。

2. 初中学校组织人事管理评估的若干问卷

根据设计方案,本评估项目问卷共有以下四份(表4-3~表4-6)。

表4-3 初中学校组织人事管理评估校长问卷(包括学校分管领导)

初中学校组织人事管理评估校长问卷(包括学校分管领导)

根据你对本校的基本认识,对本问卷中的问题作答。你一般只要在题下备选答案中选择你认为符合情况的答案代码字母,填在题后的括号中即可;有些需要你先填内容。谢谢!

1. 你对自己在学校工作的领导行为与成效,感到 ………………………… (　　)
A. 非常满意　　　B. 基本满意　　　C. 较不满意　　　D. 很不满意

2. 对学校领导班子成员的组成情况,你感到 ……………………………… (　　)
A. 非常满意　　　B. 基本满意　　　C. 较不满意　　　D. 很不满意

3. 学校对领导班子的建设情况,据你的自我判断是 ……………………… (　　)
A. 重视并理想　　B. 重视但欠理想　C. 理想但欠重视　D. 不重视不理想

4. 对学校全体成员各司其职、各尽其能的情况,你的评价是 …………… (　　)
A. 非常满意　　　B. 基本满意　　　C. 较不满意　　　D. 很不满意

5. 对学校整个管理运行情况,你总体上感到 …………………………… (　　)
A. 非常满意　　　B. 基本满意　　　C. 较不满意　　　D. 很不满意

6. 学校各职能处室中,对各自履职的任务与责任不够清晰的是 ……… (　　)
A. 教务部门　　　B. 德育部门　　　C. 总务部门　　　D. 其他:_____

7. 学校各职能处室中,对各自履职的结果与成效最不满意的是 ……… (　　)
A. 教务部门　　　B. 德育部门　　　C. 总务部门　　　D. 其他:_____

8. 对于改善学校管理工作的建议或思路,你认为要 …………………… (　　)
A. 增设中层部门　B. 精简中层设置　C. 加强中层干部　D. 其他:_____

表4-4 初中学校组织人事管理评估中层干部问卷

初中学校组织人事管理评估中层干部问卷

你是_____处(室)主任。根据你的了解,对本问卷中的问题作答。你一般只要在题下备选答案中选择你认为符合情况的答案代码字母,填在题后的括号中即可;有些需要你先填内容。谢谢!

1. 你对校长在学校工作的领导行为与成效,感到 ……………………… (　　)
A. 非常满意　　　B. 基本满意　　　C. 较不满意　　　D. 很不满意

2. 你对分管领导和自己部门的工作成效,感到 ………………………… (　　)
A. 非常满意　　　B. 基本满意　　　C. 较不满意　　　D. 很不满意

3. 根据以往经验,你认为你部门人员组成的结构是 …………………… (　　)
A. 非常合理　　　B. 基本合理　　　C. 较不合理　　　D. 很不合理

4. 学校对你部门各个岗位的设置与职责,你都觉得 …………………… (　　)
A. 清晰合理　　　B. 清晰不合理　　C. 合理不清晰　　D. 不清晰不合理

5. 你对自己部门的成员在履职表现与结果上的评价 …………………… (　　)
A. 非常满意　　　B. 基本满意　　　C. 较不满意　　　D. 很不满意

---

6. 如果要你对学校各职能处室履职情况作评价,你认为最好的 ……………… （　　）

A. 教务部门　　　B. 德育部门　　　C. 总务部门　　　D. 其他:_____

7. 你所在部门的岗位设置与工作职责是否需要改革,你的意见是 ……………… （　　）

A. 不要　　　B. 要,建议:_____

8. 如果要你对学校的人事管理工作提改进建议,你认为急需要解决的是:

_____

表 4—5　初中学校组织人事管理评估人事干部问卷

初中学校组织人事管理评估人事干部问卷

　　根据你的了解,对本问卷中的问题作答。你一般只要在题下备选答案中选择你认为符合情况的答案代码字母,填在题后的括号中即可;有些需要你先填内容。谢谢!

1. 你对校长在学校工作的领导行为与成效,感到 ……………………… （　　）

A. 非常满意　　　B. 基本满意　　　C. 较不满意　　　D. 很不满意

2. 根据你的认识,对学校领导班子分管领域的配置合理性是 ……………… （　　）

A. 十分认同　　　B. 基本认同　　　C. 较不合理　　　D. 很不合理

3. 根据你的经验,对学校管理机构的层级设置感到 ……………………… （　　）

A. 过于复杂　　　B. 过于简单　　　C. 基本合理　　　D. 十分合理

4. 根据你的判断,学校各职能部门的岗位履职表现情况是 …………………… （　　）

A. 非常到位　　　B. 基本到位　　　C. 较不到位　　　D. 很不到位

5. 据你认识,学校各职能部门中,内部岗位设置最不合理的是 …………… （　　）

A. 教务部门　　　B. 德育部门　　　C. 总务部门　　　D. 其他:_____

6. 目前全校教师的人事档案建设,基本情况是 ……………………… （　　）

A. 都比较规范　　　B. 部分教师不规范　C. 部分学期不规范　D. 都不规范

7. 如果要对教师的档案作评价,你认为最满意的是 ……………………… （　　）

A. 进修情况　　　B. 教学业务　　　C. 各种荣誉　　　D. 其他:_____

8. 如果要对学校的教师档案建设提建议,你认为急需要解决的是:

_____

表 4—6　初中学校组织人事管理评估教师问卷

初中学校组织人事管理评估教师问卷

　　根据你的了解,对本问卷中的问题作答。你一般只要在题下备选答案中选择你认为符合情况的答案代码字母,填在题后的括号中即可;有些需要你先填内容。谢谢!

1. 你对校长在学校工作的领导行为与成效,感到 ……………………… （　　）

A. 非常满意　　　B. 基本满意　　　C. 较不满意　　　D. 很不满意

2. 在学校职能机构中,与你工作联系最多的部门是 ……………………… （　　）

A. 教务部门　　　B. 德育部门　　　C. 总务部门　　　D. 其他:_____

3. 在学校中,你认为工作效率最高的职能部门是 ……………………………… （　　）

　　A. 教务部门　　　　B. 德育部门　　　C. 总务部门　　D. 其他:＿＿＿＿＿＿

4. 学校对教师德、识、能、绩的考核,基本上是由 ……………………………… （　　）

　　A. 分管校长负责　B. 部门主任负责C. 年级组长负责D. 其他:＿＿＿＿＿＿

5. 依你的了解,学校对教师业务能力考核的结果与本人一般 ……………… （　　）

　　A. 都有沟通　　　B. 大多有沟通　　C. 大多没沟通　D. 都不沟通

6. 对于教师档案建设的年度(学期)要求,你一般都…………………………… （　　）

　　A. 十分明确　　　B. 不够明确　　　C. 很不明确　　D. 不想明确

7. 对于教师入人事档案的成果,学校一般采取的考核方法是 ……………… （　　）

　　A. 学生考核　　　B. 同伴考核　　　C. 家长考核　　D. 主任考核

8. 如果要对学校的人事管理工作提建议,你的建议主要是:

　　＿＿＿＿＿＿＿＿＿＿＿＿＿＿＿＿＿＿＿＿＿＿＿＿＿＿＿＿＿＿＿＿＿＿＿＿＿

上述问卷中的有些问题,不同对象的问题是相同的,这是意在考察不同对象对同一问题的感受差异。对指标体系评估工具的使用,其标准的掌握还需要对照当时当地颁布的有关新的有效规定,可作一定修订。

三、初中学校组织人事管理评估指标与标准的说明

对于上述某些指标概念的界定,和评估工具使用的方法,作如下说明。

1. 关于指标与标准相关概念的简单说明

一是"领导班子"。这是一所学校发展的领头人,指向引领学校发展的规划力、领导力与持续发展的基础。由于初中学段的学校表现类型比较多元,班子的组成与成员往往都不相同,对完全中学中的初中部和九年一贯制学校的初中部,都与独立初中有差异。但是,这里只能从一个单独的班子形态来进行考察。所设计的"二级指标"有三个,即"结构组合",主要是领导班子群体若干维度组合的合理性;"工作能力",主要是班子成员集体与个体的工作领导能力;"发展基础",主要是指进一步引领学校事业发展的基础状况。评估时的观察点,除了根据档案材料外,更主要的渠道是访谈有关学校成员,以及对不同层面人群的问卷调查。这里,对校长、中层干部、人事专职人员和教师的问卷中,都有对于班子领导力的相同问题,这样的设计,对于学校"领导班子"指标在比较中的全面了解,是有实证意义的。

二是"组织机构"。这是学校管理系统的内部结构特征,主要考察学校层级设置与机构设计的系统功能发挥情况。学校的管理系统是办学质量的重要保障或支持力,更是学校日常健康运行的必要条件,而组织机构的设置,是管理系统的核心。对此,也设计有三个二级指标来具体考察:"机构完整性"是指机构设

计能否覆盖学校工作的各个方面;"层级清晰性"是关注管理层级的设置及其履行职责的清晰度;"系统顺畅性"是指向管理系统的运行能否保障学校政令畅通。所以,这些二级指标既有从静态的结构上考察的,也有从结构功能发挥即动态的运行状况来考察的,将学校看作一个生命体。对组织机构指标的评估,其观测点可以有三个:一个是依据学校的有关制度档案,这是最基本的;第二个是对照相关的学校编制文件,哪些是文件的精神与要求,哪些是学校的创新行为,而且是有效的;第三个还是问卷与访谈,了解背后的思想与成效。

三是"岗位职责"。这是指向全体学校成员的工作依据,是学校有序运行和科学管理的"法规"。从管理的视角看,一所学校最担心的是人浮于事,不知道自己需要做什么,做到什么程度;不仅自己茫然,各成员之间也任务交叉,职责不明,互相推诿,甚至都不负责任。所以,全校各级各类工作岗位的职责明确,使得都能各得其所、各司其职,就是岗位职责指标的核心意义。二级指标分如下三个:"岗位设置",考察岗位设置是否符合学校编制的规范要求;"基本职责",考察与岗位相关的工作职责是否落实到人;"功能发挥",考察关于岗位职责要求与有效性的实践体现。对于这些指标的评估依据,或者说观测点,最基本的是两个方面,一个是制度层面的,查阅有关管理制度文档,考察其科学性和清晰度;另一个是实践层面的,可以通过访谈、问卷以及查阅有关报告,来具体评估这些指标的实际情况,其背后的因素等,并科学给出评估意见。

四是"教师管理"。如果说以上三个指标都有一定的编制性文件可作对照,那么对于"教师管理"指标的评估,就更体现了学校一定程度上的独创性,而给评估带来一定难度。这里,关于教师管理是从人事管理的角度来体现,所以主要指向了师资队伍的思想工作与专业成果等档案管理,这样就有别于行政管理概念下的教师一般教学业务管理。在对这个方面的二级指标设计时,列出了这样三个指标:"师德管理",主要是指教师的教育思想和职业道德情况;"师业管理",主要是指教师的专业发展和教学成果情况;"成果档案",主要是指学校对教师管理的档案建设情况。在具体评估的观测点上,建议主要依据教师的档案,也可以从有关的问卷了解中进行分析。

2. 关于评估工具使用的简单说明

在使用指标体系进行评估时,所针对的是"基本标准",这些标准主要依据国家与地方的有关规定,一般以法律与文件为准,也有参考了比较成熟的"研究成果"或一些相关的科学理论。对学校实地考察中认定其达到了各指标的标准,并有一定的实证材料,即可认定其达到了"一般"或"较好"水准,具体认定还需要看程度上的差异。如果该指标已经取得一定甚至明显的成效,在相应的实证材料的证明下,则可以认定其达到"好"或"较好"一级标准,同样视其程度之差异而定;否则,评估结果可以认定其为"较差"。

在使用问卷的结果进行评估时,真实性是关键,所以只要有评估对象的岗位或角色说明,而不需要具体署名。对有些开放性问题,可以根据问卷对象的不同,在正式使用时可做适当的修改完善。

同样应该指出,上述指标或问卷问题是具有比较全面覆盖性的,在用于单项评估时可以考虑全部使用。但如果是实施对学校的全面评估,具体组织评估工作时,也可以选择其中的某些指标或问题,与其他模块的相关指标或问卷一起,组合成新的评估体系,实施有选择、有重点的评估。

第三节　初中学校校务制度管理的评估研究

这是学校行政管理中相对静态的管理评价内容。如果组织人事是学校工作的基础,那么健全、合理的规章制度,是实现学校管理工作规范化、实现管理目标的重要保证。组织机构的运行离不开规章制度,学校管理的依据首先是组织机构即体制层面的规定,而后就是规章制度即机制层面的规定。同时,这两个方面是制约过程管理的"标杆"。本节所涉及的主要内容,既包括制度层面,也包括了对制度执行的保障,即关于制度的制度。前者落脚在制度本身,而后者主要落脚在管理。本节的评估内容分别是从体制及其管理的视角进行的。

一、初中学校校务制度管理评估体系的设计思路

从管理的环节即制定、执行、检查和改进等方面看,校务制度管理所包含的任务就需要重点关注到管理文本质量以及对文本内容落实结果的保障,而将其他视角如执行与检查等置于"执行过程管理"中。如何来设计校务制度管理的评估体系?这关键在于学校尤其初中学校校务管理的具体内容。

初中学校的校务管理有哪些重要的内容,相应地建立了哪些制度,这就关乎本评估范畴的核心指标所在。按照学校的一般管理流程,首先是规划或计划制定的制度;其次是决策或表决性制度;第三是检查与奖惩性制度;而从评估角度,需要关注这些制度的目标性(依据)、针对性(时限)、操作性(实践)、有效性(结果)等。将校务管理的视角置于比较上位的层面,可避免与具体的工作领域如教育教学、后勤保障等有重复。这样的认识定位,是通观本书的整体结构特点,是回应本章的核心评估问题。

为此,初中学校校务制度管理的评估指标与标准体系设计,基本思路就是要兼顾两个维度:既要从校务管理的流程维度,来考察学校制度建设的类别,针对不同制度来设计评估指标;又要按照评估的关注点,针对制度层面的基本要求来设计指标。这是规范初中学校的制度建设实施科学管理的需要,使评估指标成为影响学校进行制度建设的导向,发挥评估的增值功能。

关于评估方式,同样设想既有指标体系的评估方式,也需要有"概括性问题"的评估方式。根据对初中学校管理的法理依据,除制定相关的评估指标外,作为对指标体系的补充,还需拟定一些需要考察的问题组成问卷,对相关对象进行必要的了解,体现定量评估与定性评估相结合的思想。

所以,对初中学校校务制度管理的评估,应该有两个内容相结合的视角,也要从两个层面关注点的途径来进行。具体指标的标准与问题的指向,将围绕相关法理展开。如图4-3。

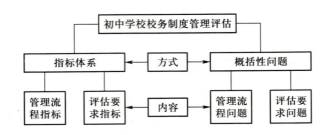

图4-3　初中学校校务制度管理评估组成结构

1. 评估指标体系结构与内容的设计

初中学校校务制度管理工作的评估指标,其结构与内容拟设计如下:

在结构方面,拟分两个层次的指标(一级、二级)设计,其中"一级指标"指向学校校务管理工作的流程,从制度功能的先后次序设计,包括规划或计划的科学制定、对相关事务的科学决策程序制度、关于检查与奖惩制度等上位管理方面;"二级指标"分别针对具体一级指标,根据评估的基本关注点来确立。内容主要是对两个层次指标含义的相应说明,最终形成一个指标体系。

因此,对初中学校校务制度管理工作的评估指标体系,拟由3个一级指标和12个二级指标组成,具体如下:

Ⅰ　学校规划与计划制定的基本制度(关注学校发展的规划与运行的计划制定的制度管理规定)

　　　Ⅰ-1　目标性(规划或计划制定的基本依据)

　　　Ⅰ-2　针对性(规划或计划的时限规定及其针对性)

　　　Ⅰ-3　操作性(规划或计划具有可操作的情况)

　　　Ⅰ-4　有效性(规划或计划的预期结果评价)

Ⅱ　学校事务决策与表决制度(关注学校重大事务与决定的形成,在决策层面的科学管理体现)

　　　Ⅱ-1　目标性(决策与表决制度的基本依据)

　　　Ⅱ-2　针对性(决策与表决制度的校本特征与时限特点)

Ⅱ-3 民主性(决策科学性与表决民主性的制度体现)

Ⅱ-4 有效性(决策与表决制度的认同度与成效表现)

Ⅲ 学校工作检查与奖惩制度(关注对学校工作任务或项目的结果,所采取的管理与评价制度)

Ⅲ-1 目标性(检查与奖惩制度针对项目的目标依据)

Ⅲ-2 针对性(检查与奖惩制度的时限与时代特征体现)

Ⅲ-3 操作性(检查与奖惩制度符合实际并可实施)

Ⅲ-4 有效性(检查与奖惩制度对学校工作的促进以及对学校成员的激励表现)

上述指标的评估标准,将在后面具体展开。

2."概括性问题"相关问卷的设计

关于初中学校校务制度管理评估的"概括性问题"设计,同样针对上述指标设计的内容来进行。根据评估信息来源的不同对象,可以组成不同内容的问卷,以获取对指标性评估的必要补充。

一般而言,对初中学校校务制度管理评估的信息可以有以下几个途径获取,结合具体的问题内容,拟分别设计成若干问卷,参见表4-7。

表4-7 不同信息来源的初中学校校务制度管理情况问卷设计

问卷类型	问卷主要内容	问题形式
校长问卷	(1)学校校务制度的基本设计思想 (2)学校校务制度管理的运行系统 (3)学校校务制度管理的成效体现	选择题加开放题
处室干部问卷	(1)对学校规划或计划管理的基本评价 (2)学校有关工作检查制度管理的评价 (3)对于学校奖惩制度实施的成效评价	选择题加开放题
教师问卷	(1)对学校制度健全与管理情况的基本认识 (2)关于制度建设中民主管理的情况评价 (3)关于奖惩制度的基本评价与建议	选择题加开放题
学生问卷	(1)对于学校制度建设情况的知晓度 (2)对于学校有关制度建设的民主性体现 (3)对于学校奖惩制度的实施情况评价	选择题加开放题

对于具体的问卷问题,从效益要求着想,内容可以兼顾本章的其他内容;从对获取信息真实性考虑,具体问题的设计,要注意使受访者在解读问题时对内容理解的明晰性,答案表述的真实可答性。

二、评估工具——指标体系与问卷设计

按照上述设计思想,对于初中学校校务制度管理的评估,主要用两种工具:即指标体系评估工具和概括性问题评估工具。其中指标体系还有针对性的"基准"描述;概括性问题还需考虑其答案的便于统计性。

兹将两者分别呈现如下:

1. 初中学校校务制度管理评估指标体系

根据对指标体系的总体设想,设计的评估方案如表4-8。

表4-8 初中学校校务制度管理评估指标与标准体系

一级指标	二级指标	基本标准	评估意见				案例依据
			好	较好	一般	较差	
学校规划与计划制定的基本制度	目标性	对学校规划制定有一定规范的制度;制定有关工作计划能根据学校相关制度文件					
	针对性	学校规划或计划有明确时限规定,能针对该时期教育的改革与发展的项目要求					
	操作性	规划和计划要素齐全,任务与操作点清晰;管理评价的观察点比较明确					
	有效性	规划和计划目标比较合理,与预期结果具有一致性,可评价性比较强					
学校事务决策与表决制度	目标性	对于学校事务的领导决策与集体表决有制度保障,制度的制定有法规依据					
	针对性	关于事务的决策与表决制度符合校本特征,能针对时限要求体现一定的管理效率					
	民主性	有教代会等民主表决等相关制度;领导决策能体现民主集中等科学制度要求					
	有效性	决策与表决制度得到较普遍的认同,在具体实行中成效表现比较明显					

106

一级指标	二级指标	基本标准	评估意见				案例依据
			好	较好	一般	较差	
学校工作检查与奖惩制度	目标性	工作检查与成效奖惩制度能针对学校相关项目的目标,能体现基于实证的依据性					
	针对性	检查制度能切合具体任务的要求,奖惩制度能体现时限性和针对学校整体利益					
	操作性	检查与奖惩制度符合实际,具体内容与实施要求清晰,可操作性较强					
	有效性	检查与奖惩制度对学校工作有促进,对学校成员的激励作用比较明显					
总体评估							

实施评估,可在相应空格中根据实情评估打钩,并将依据说明写在后面。

2. 初中学校校务制度管理评估的若干问卷

根据问卷的设计方案,本评估项目的问卷共有四份(表4－9～表4－12)。其中有些问题的内容具有相同性,这可对不同层次的信息进行比较,提高问卷的实证价值。

表4－9　初中学校校务制度管理评估校长问卷

初中学校校务制度管理评估校长问卷(包括分管校长或书记)

根据你对本校的基本认识,对本问卷中的问题作答。你一般只要在题下备选答案中选择你认为符合情况的答案代码字母,填在题后的括号中即可;有些需要你先填内容。谢谢!

1. 你们学校制定校务制度设计与管理方案,最关注的核心理念是……………（　　）

A. 校本利益　　B. 以人为本　　C. 效率为本　　D. 社会和谐

2. 你对学校的校务制度建设与管理工作,感到……………………………（　　）

A. 非常满意　　B. 基本满意　　C. 较不满意　　D. 很不满意

3. 以下校务制度中,你们学校现在还没有或相对薄弱的是………………（　　）

A. 教代会制度　　B. 校务会议制度　　C. 家长听证制度　　D. 决议公示制度

4. 根据贵校的教代会制度,教代会的召开频率一般是 ·················· (　　)
　　A. 一学年 1 次　　B. 一学年 2 次　　C. 一学年 3～4 次　　D. 其他:＿＿＿＿＿

5. 学校对重要校务管理的决策者,目前主要成员是 ··················· (　　)
　　A. 领导班子　　B. 校长或书记　　C. 校务会议　　D. 教代会

6. 在学校的制度运行中,你感到最薄弱的环节是在于 ················· (　　)
　　A. 顶层决策　　B. 中层指挥　　C. 基层执行　　D. 其他:＿＿＿＿＿

7. 学校目前对校务制度管理的重心,是置于 ······················ (　　)
　　A. 制度制定　　B. 制度运行　　C. 制度完善　　D. 其他:＿＿＿＿＿

8. 对于学校校务制度的运行与管理工作,你总体感到 ·············· (　　)
　　A. 非常满意　　B. 基本满意　　C. 较不满意　　D. 很不满意

表 4-10　初中学校校务制度管理评估中层干部问卷

初中学校校务制度管理评估中层干部问卷

　　你是＿＿＿＿＿＿＿＿＿＿处(室)主任。根据你的了解,对本问卷中的问题作答。你一般只要在题下备选答案中选择你认为符合情况的答案代码字母,填在题后的括号中即可;有些需要你先填内容。谢谢!

1. 你对学校的校务制度建设与管理工作,感到 ··················· (　　)
　　A. 非常满意　　B. 基本满意　　C. 较不满意　　D. 很不满意

2. 你对学校规划执行的管理工作,基本评价是 ··················· (　　)
　　A. 非常有效　　B. 基本可以　　C. 较不理想　　D. 很不认同

3. 你对学校工作计划执行的管理情况,基本评价是 ················ (　　)
　　A. 非常有效　　B. 基本可以　　C. 较不理想　　D. 很不认同

4. 学校对你部门按工作计划执行情况的检查,一般方式是 ·········· (　　)
　　A. 查阅文本　　B. 听取汇报　　C. 提交报告　　D. 其他:＿＿＿＿＿

5. 你对自己部门按工作计划执行的情况评价是 ··················· (　　)
　　A. 非常满意　　B. 基本满意　　C. 较不满意　　D. 很不满意

6. 由本部门管理的工作项目,对相关人员实绩的奖惩机制是 ········ (　　)
　　A. 按学期实施　　B. 按项目实施　　C. 不定期实施　　D. 没有实施

7. 学校的奖惩制度实施后,你感到对校务管理工作的促进成效是 ······ (　　)
　　A. 非常显著　　B. 比较显著　　C. 较不显著　　D. 很不显著

8. 如果要你对学校的校务制度管理提改进建议,你认为急需解决的是:

＿＿＿＿＿＿＿＿＿＿＿＿＿＿＿＿＿＿＿＿＿＿＿＿＿＿＿＿＿＿＿＿＿＿＿

表 4-11　初中学校校务制度管理评估教师问卷

初中学校校务制度管理评估教师问卷

　　根据你的了解,对本问卷中的问题作答。你一般只要在题下备选答案中选择你认为符合情况的答案代码字母,填在题后的括号中即可;有些需要你先填内容。谢谢!

1. 你对学校的校务制度建设与管理工作,感到 ……………………………………… ( )
   A. 非常满意　　　　B. 基本满意　　　　C. 较不满意　　　　D. 很不满意
2. 你认为学校的校务制度建设,对内容涉及的覆盖面感到 ……………………… ( )
   A. 非常健全　　　　B. 基本健全　　　　C. 较不健全　　　　D. 很不健全
3. 你对学校规划执行的管理工作,基本评价是 ……………………………………… ( )
   A. 非常有效　　　　B. 基本可以　　　　C. 较不理想　　　　D. 很不认同
4. 你对学校工作计划执行的管理情况,基本评价是 ………………………………… ( )
   A. 非常有效　　　　B. 基本可以　　　　C. 较不理想　　　　D. 很不认同
5. 依你的了解,学校教代会中基层代表的代表性情况是 …………………………… ( )
   A. 非常合理　　　　B. 基本合理　　　　C. 部门太偏　　　　D. 比例太低
6. 据你的了解,学校教代会中听取教师代表意见的情况是 ……………………… ( )
   A. 十分重视　　　　B. 不够重视　　　　C. 很不重视　　　　D. 不知道
7. 对于教师的奖惩制度及其执行情况,你的评价是 ………………………………… ( )
   A. 制度好执行好　　B. 制度好执行差　　C. 制度执行均差　　D. 其他:_____
8. 如果要对学校的校务制度管理工作提建议,你的建议主要是:

_____

表 4-12　初中学校校务制度管理评估学生问卷

初中学校校务制度管理评估学生问卷

　　根据你的了解,对本问卷中的问题作答。你一般只要在题下备选答案中选择你认为符合情况的答案代码字母,填在题后的括号中即可;有些需要你先填内容。谢谢!

1. 下列学校的管理制度中,据你所知,你校已建立了的有 ……………………… ( )
   A. 检查制度　　　　B. 评比制度　　　　C. 奖惩制度　　　　D. 我不知道
2. 对学校的有关管理制度,你了解的基本渠道是 ………………………………… ( )
   A. 大会宣布　　　　B. 橱窗宣传　　　　C. 老师介绍　　　　D. 学校网站
3. 学校制定有关学生的管理制度是否听取了学生的意见 ……………………… ( )
   A. 认真听取　　　　B. 据说听取　　　　C. 没有听取　　　　D. 我不知道
4. 根据你知道"学生代表大会制度"在学校中 …………………………………… ( )
   A. 已经建立　　　　B. 听说要建立　　　C. 还没有建立　　　D. 我不知道
5. 对学校表彰或批评教师的事,你知道的渠道是 ………………………………… ( )
   A. 大会宣布　　　　B. 板报宣传　　　　C. 老师介绍　　　　D. 学校网站
6. 对学校表彰或批评学生的事,你知道的渠道是 ………………………………… ( )
   A. 大会宣布　　　　B. 板报宣传　　　　C. 同学介绍　　　　D. 学校网站
7. 对学校所表彰的老师和学生,你认为是 ………………………………………… ( )
   A. 符合标准的　　　B. 不符合标准　　　C. 没有标准　　　　D. 其他:_____
8. 如果要对学校表彰学生的制度进行完善,你的建议是:

_____

对上述问卷中的有些开放性问题,允许不作解答。对指标体系中的标准,还可以对照当时当地颁布的有关新的有效规定,作一定修订。

三、初中学校校务制度管理评估指标与标准的说明

对于上述相关指标概念的界定,和评估工具使用的方法,作如下说明。

1. 关于指标与标准相关概念的简单说明

一是"规划与计划制定的制度"。一所学校的发展与运行都有一定的依据,这就是学校的规划和相关的年度或项目计划。如前所述,初中学校由于类型多元,所以其规划的制定与表现也有差异;但计划的制订就相对一致性明显些。而这里的设计是从一种通式的角度来考虑的。工具评估的要义,所设计的"二级指标"有四个,分别是"目标性",主要考察学校规划制定的法理依据、工作计划制订的学校相关制度文件依据;"针对性",主要考察学校规划或计划是否有明确时限规定、是否针对改革与发展的项目要求;"操作性",主要考察规划和计划要素的齐全性、任务与操作点清晰性、管理评价观察点的明确性等;"有效性",主要是考察规划和计划的预期结果与目标示范具有一致性、体现其可评价性。评估时的观察点,一般也是看档案材料,访谈有关学校成员,以及对不同层面人群的问卷调查。问卷中不同对象有相同问题,主要是意在作全面了解,寻求实证。

二是"学校事务决策与表决制度"。这是考察一所学校在制度管理系统建构时,所体现出的科学性与民主性特征。其中决策是领导层面的,关键是科学性;表决是代表基层意志的,关键是民主性。作为学校的制度管理,一项重要事务的决定与实施,必须要有这样的制度来保证,才能够符合现代学校管理的要求。其包含的二级指标也有四个:"目标性",是考察学校事务的领导决策与集体表决有无制度保障,以及制定制度有无法规依据;"针对性",是关于对事务的决策与表决制度是否符合校本特征、能否针对时限要求体现管理效率;"民主性",关键是看有无教代会等民主表决等制度、领导决策能否体现民主集中制要求;"有效性",考察决策与表决制度是否得到较普遍的认同,以及在具体实行中成效表现等。在评估时,其观测点既要依据学校的有关制度档案,还要对照相关的学校的编制文件,对照文件的精神与要求,和学校的校本行为,这种实证应该是有效的;另外还要结合问卷与访谈,根据相关信息来实施有针对的评估。

三是"学校工作检查与奖惩制度"。具体的实施应该是过程管理的范畴,而这里是对制度的考察。一所学校要注重管理的效益,都需要对工作项目实施过程与结果设计相应的管理制度,这是体现"以人为本"的管理理念。二级指标同样分为四个:"目标性",考察关于工作检查与成效奖惩制度能否针对学校相关项目的目标以及体现基于实证的依据性;"针对性",考察学校检查制度能否切合具体任务的要求、奖惩制度能否体现时限性和针对学校整体利益;"操作性",

考察的是学校检查与奖惩制度是否符合实际、其内容与实施要求是否清晰、是否可操作；"有效性"，考察学校的检查与奖惩制度对本校工作有无促进，以及对学校成员有无激励作用等。评估的观测渠道，基本是两个方面，一个是制度层面的，查阅有关管理制度文档，考察其科学性和清晰度；另一个是实践层面的，可通过访谈、问卷以及查阅有关报告，来具体评估这些指标的实际情况，其背后的因素等，并科学地给出评估意见。

2. 关于评估工具使用的简单说明

同前一节的情况一样，在使用指标体系进行评估时，所针对的是"基本标准"，这些标准基本都有法理的依据，一般以法律与文件为准，也参考了比较成熟的理论成果。对学校实地考察中认定其达到了各指标的标准，并有一定的实证材料，即可认定其达到了"一般"或"较好"水准，具体认定还需要看程度上的差异。如果该指标已经取得一定甚至明显的成效，在相应的实证材料的证明下，则可以认定其达到"好"；否则，评估结果可以认定其为"较差"。

使用问卷的结果进行评估，真实性是其关键，所以只要有评估对象的岗位或角色说明，而不需要具体署名。对有些开放性问题，可以根据问卷对象的不同，在正式使用时可做适当的修改完善。

上述指标或问卷问题是具有比较全面覆盖性的，在用于单项评估时可以考虑全部使用。但如果是实施对学校的全面评估，具体组织评估工作时，也可以选择其中的某些指标或问题，与其他模块的相关指标或问卷整合在一起，而组合成新的评估操作体系，实施有选择、有重点的评估。

第四节　初中学校执行过程管理的评估研究

这是学校行政管理中相对动态的管理评价内容，体现对项目任务或岗位职责的动态考察，还要回应当代社会数字化管理的背景趋势，对学校管理网站建设、管理文件公示、家校及校内外网络互动等管理技术平台的建设情况。对学校行政的过程管理的完整理解，要包括教育与教学领域。由于本书在第七章有专门教育过程评估一章，而下一章的保障评估也有部分涉及资源及经费的过程管理内容。为此，本章本节的重点，是从通性的、归纳的、特别的角度来设计内容与指标，主要是关注跟踪项目的进程、学籍的动态、后勤的服务等，同时还关注管理技术运用的状况。

一、初中学校执行过程管理评估体系的设计思路

如本节的引言所述，学校行政执行的过程管理所包含的任务是多元的，然而这里重点关注的是若干通性与独特的领域。根据上述说明，本节所包含的评估，

大体有四个方面,主要是初中学校中层部门的具体管理工作内容,如图4-4。

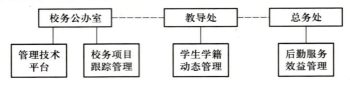

图4-4 初中学校行政执行过程主要领域分布

初中学校的行政执行过程管理的主要内容,通过图4-4,就有比较清晰的表示。如果我们将过程管理的职责主要分配于学校的中层部门,除了教育教学过程管理的内容以外,其余主要内容分为3个模块,即"校务项目跟踪管理"、"学生学籍动态管理"、"后勤服务效益管理"。这3个模块就分别有相应的不同部门具体负责。除此以外,管理的技术平台也是一所学校的过程管理要素之一。这样,就组成了本节的评估内容的4个指标。这样的设计思想与结构定位,基本上符合初中学校的特点,也是具有操作性的方案。

由此,初中学校行政执行过程管理的评估指标体系设计,基本思路是上层要理念统整,中层要各司其职;校务层面对重要项目的实施负责跟踪管理,教务层面对学籍负责全程的动态管理,总务层面对后勤服务负责效益管理;同时需要特别考察学校过程管理中的技术支持平台的状况,针对不同层面的基本要求来设计指标。尽管这4项指标设计为平行的"同级"关系,其实还是有两个维度的区别,即内容的维度与技术的维度。

同样,对于评估方式,既有指标体系的评估方式,也需要有"概括性问题"的评估方式。根据初中学校管理评估的相关理论,除制定相关的评估指标外,作为对指标体系的补充,还应有一些需要考察的问卷,对相关信息进行必要的收集,体现定量评估与定性评估相结合的思想。所以,对初中学校行政执行过程管理的评估,应该有内容维度的3个指标,也要有技术层面的相关指标来组成。具体指标的标准与问题的制定,将围绕相关法理展开。如图4-5。

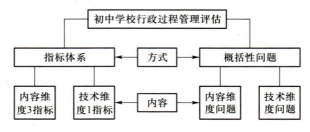

图4-5 初中学校行政执行过程管理评估组成结构

1. 评估指标体系结构与内容的设计

对初中学校行政执行过程管理的评估指标,其结构与内容可设计如下:

指标的结构组成,分为两个层次(一级、二级)设计。其中"一级指标"主要指向过程管理的工作内容,包括项目管理、学籍管理、后勤管理,以及技术维度的支持平台;"二级指标"分别在具体一级指标下确立。下列内容主要是对两个层次指标含义的相应说明,最终形成指标体系。

对初中学校行政执行过程的管理工作,评估指标体系拟由 4 个一级指标和 12 个二级指标组成,具体如下:

I 项目跟踪管理(将学校的校务工作视为项目,对项目的开展实施全过程管理的状况考察)

    I-1 项目部门落实(工作项目落实到具体部门的合理性与到位度)

    I-2 项目进程督查(职能部门对工作项目进程的管理行为与有效度)

    I-3 项目成果质量(工作项目最终结果的目标达成度与质量水平)

II 学籍动态管理(将学生入校、在校学习、毕业离校的全过程,从管理的角度对所有建档情况的考察)

    II-1 学生入籍管理(学生学籍入校手续规范性和上报程序完备性)

    II-2 学生发展管理(学生在校期间各项素质发展记录与档案质量)

    II-3 学生毕业管理(初中学生毕业去向的校本职责和档案完整性)

III 后勤服务管理(对学校后勤系统的服务功能发挥情况,从不同服务领域和效益角度来考察)

    III-1 校园物态服务(学校设施设备对教育教学工作的支持度)

    III-2 社会辅助服务(利用校外社会资源为学校服务的有效度)

    III-3 服务质量效益(后勤服务职责履行与有效性的实践体现)

IV 管理技术平台(将校务制度和执行过程的技术改进作为重要指标,对其水准与效益作考察)

    IV-1 管理平台先进性(支持行政过程管理的信息化电子平台水准)

    IV-2 管理信息完整性(学校有关部门针对过程管理信息库的建设情况)

    IV-3 管理技术有效性(信息化电子平台支持管理现代化功能发挥的效益)

上述指标的评估标准,将在后面具体展开。

2. "概括性问题"相关问卷的设计

初中学校行政执行过程管理评估的"概括性问题"设计,同样针对上述指标设计的内容考虑。根据评估信息来源的不同对象,组成不同内容的问卷,以获取对指标性评估的必要补充。

一般而言,对初中学校执行过程管理评估的信息可以有以下几个途径获取,结合具体的问题内容,拟分别设计成若干问卷,参见表 4-13。

表 4-13　不同信息来源的初中学校行政执行过程管理情况问卷设计

问卷类型	问卷主要内容	问题形式
校长问卷	(1) 学校实施行政过程管理的整体架构 (2) 学校行政过程管理的运行系统设计 (3) 学校行政过程管理的成效与问题	选择题加开放题
处室干部问卷	(1) 对学校行政过程管理的基本评价 (2) 本处室过程管理的相关任务分析 (3) 学校行政过程管理的成效与问题	选择题加开放题
教师问卷	(1) 对学校行政过程管理情况的基本感受 (2) 对学校某些过程管理问题的现状分析 (3) 对改进学校行政过程管理工作的建议	选择题加开放题
学生问卷	(1) 对学校行政过程管理情况的知晓度 (2) 对学校行政过程管理成效的认同度 (3) 对学校某些过程管理环节改进建议	选择题加开放题

　　对于具体的问卷问题,从效益要求着想,内容可以兼顾本章的其他内容;从对获取信息真实性考虑;具体问题的设计,要注意使受访者在解读问题时对内容理解的明晰性,答案表述的真实可答性。

二、评估工具——指标体系与问卷设计

　　按照本节设计思想,对初中学校执行过程管理的评估,主要用两种工具:即指标体系评估工具和概括性问题评估工具。其中指标体系还有针对性的"基准"描述;概括性问题还需考虑其答案的便于统计。兹将两者分别呈现如下:

　　1. 初中学校行政执行过程管理的评估指标体系

　　根据对指标体系的总体设想,设计的评估方案如表 4-14。

表 4-14　初中学校行政执行过程管理的评估指标与标准体系

一级指标	二级指标	基本标准	评估意见				案例依据
			好	较好	一般	较差	
项目跟踪管理	项目部门落实	工作项目落实到具体部门的合理性比较好,任务和要求的到位度比较理想					
	项目进程督查	职能部门对相关工作项目的进程管理比较有作为,针对性和有效性比较好					
	项目成果质量	工作项目最终结果针对目标的达成度较高,成果的质量水平符合基本要求					

114

一级指标	二级指标	基本标准	评估意见				案例依据
			好	较好	一般	较差	
学籍动态管理	学生入籍管理	学生学籍入校手续规范遵法，及时上报教育行政部门；对学生留级、辍学有记录					
	学生发展管理	学生在校期间各项素质发展的记录规范及时，成长档案齐全、质量较好					
	学生毕业管理	学生初中毕业的去向均符合政策，与学校教育定位匹配，学校职责履行到位，相关档案内容完整					
后勤服务管理	校园物态服务	学校设施与设备对教育教学工作的支持度较高，按管理要求的记录比较规范					
	社会辅助服务	根据需要主动联系校外社会资源为学校教育服务，相关情况都有实证材料					
	服务质量效益	后勤服务职责履行根据相关要求比较到位，实践的效度体现比较显著					
管理技术平台	管理平台先进性	支持行政过程管理的信息化电子平台包括硬件与软件都能体现当代先进水平					
	管理信息完整性	学校有关部门针对过程管理信息基本都能够进入相应的数据库，库结构建设情况良好					
	管理技术有效性	学校信息化电子平台对管理的支持度高，现代化功能的发挥效益较好					
总体评估							

实施评估,可在相应空格中根据实情评估打钩,并将依据说明写在后面。

2. 初中学校行政执行过程管理评估的若干问卷

在四份问卷中,有些问题的内容有相同性,这可对不同层面信息进行比较,提高问卷的实证价值见表4-15~表4-18。

表4-15 初中学校行政执行过程管理评估校长问卷(包括学校分管领导)

初中学校行政执行过程管理评估校长问卷(包括学校分管领导)

根据你对本校的基本认识,对本问卷中的问题作答。你一般只要在题下备选答案中选择你认为符合情况的答案代码字母,填在题后的括号中即可;有些需要你填内容。谢谢!

1. 关于行政过程管理的整体架构与运行流程,贵校现在 ………………………… ( )

　A. 十分成熟　　　B. 基本成熟　　　C. 很不成熟　　　D. 有待建设

2. 贵校的行政过程管理体系,目前的重心在于 ………………………………… ( )

　A. 校长决策　　　B. 中层指挥　　　C. 基层执行　　　D. 系统反馈

3. 在学校工作重大决策过程中,贵校现在最薄弱的环节是 …………………… ( )

　A. 校务会议讨论　B. 教代会审定　　C. 教师大会宣布　D. 其他:_____

4. 在学校有关项目的执行中,贵校现在最关注的环节是 ……………………… ( )

　A. 落实计划　　　B. 定期检查　　　C. 小结反思　　　D. 其他:_____

5. 学校对学生学籍的管理,目前最主要的工作是 ……………………………… ( )

　A. 收集学生信息　B. 编学号分班级　C. 建立电子档案　D. 上报教育局

6. 对学校后勤服务的管理,你感到最薄弱的环节是 …………………………… ( )

　A. 有章不依　　　B. 效率不高　　　C. 人手不足　　　D. 其他:_____

7. 目前学校在行政执行过程的管理中,满意度最高的是 ……………………… ( )

　A. 项目控制管理　B. 教育过程管理　C. 学籍管理　　　D. 后勤服务管理

8. 目前学校在行政执行过程的管理中,问题最大的是 ………………………… ( )

　A. 计划不到位　　B. 目标不明确　　C. 措施不扎实　　D. 其他:_____

表4-16 初中学校行政执行过程管理评估中层干部问卷

初中学校行政执行过程管理评估中层干部问卷

你是_____处(室)主任。根据你的了解,对本问卷中的问题作答。你一般只要在题下备选答案中选择你认为符合情况的答案代码字母,填在题后的括号中即可;有些需要你先填内容。谢谢!

1. 你对学校的行政执行过程管理工作,总体感到 ……………………………… ( )

　A. 非常满意　　　B. 基本满意　　　C. 较不满意　　　D. 很不满意

2. 你对学校重要工作项目进程的管理,基本评价是 …………………………… ( )

　A. 非常有效　　　B. 基本可以　　　C. 较不理想　　　D. 很不认同

3. 你对学校学籍的动态管理情况,基本评价是 ………………………………… ( )

　A. 非常有效　　　B. 基本可以　　　C. 较不理想　　　D. 很不认同

4. 你对学校后勤服务工作的管理,基本评价是 ………………………………… ( )

　A. 非常有效　　　B. 基本可以　　　C. 较不理想　　　D. 很不认同

116

5. 你部门在执行相关任务的过程管理中,总体感觉是 …………………… ( )
   A. 非常顺畅　　　B. 基本顺畅　　　C. 较不顺畅　　　D. 很不顺畅
6. 你部门所承担的管理工作,专业能力和任务的适应性是 …………… ( )
   A. 十分适应　　　B. 比较适应　　　C. 很不适应　　　D. 无法适应
7. 目前学校在行政执行过程的管理中,满意度最高的是 ………………… ( )
   A. 项目控制管理　B. 教育过程管理　C. 学籍管理　　　D. 后勤服务管理
8. 目前学校在行政执行过程的管理中,问题最大的是 ………………… ( )
   A. 计划不到位　　B. 目标不明确　　C. 措施不扎实　　D. 其他:_____

表 4-17　初中学校行政执行过程管理评估教师问卷

初中学校行政执行过程管理评估教师问卷

　　根据你的了解,对本问卷中的问题作答。你一般只要在题下备选答案中选择你认为符合情况的答案代码字母,填在题后的括号中即可;有些需要你先填内容。谢谢!

1. 你对学校的行政执行过程管理工作,总体感到 …………………………… ( )
   A. 非常满意　　　B. 基本满意　　　C. 较不满意　　　D. 很不满意
2. 你对学校重要工作项目进程的管理,基本评价是 ………………………… ( )
   A. 非常有效　　　B. 基本可以　　　C. 较不理想　　　D. 很不认同
3. 据你所知,你校学生分班情况的基本情况是 ……………………………… ( )
   A. 随机分班　　　B. 有"特长班"　C. 分快、慢班　　D. 不清楚
4. 你对学校后勤服务工作的管理,基本评价是 ……………………………… ( )
   A. 非常有效　　　B. 基本可以　　　C. 较不理想　　　D. 很不认同
5. 依你分析,学校行政执行过程管理凡能体现高效的缘故是 …………… ( )
   A. 计划有效　　　B. 目标清晰　　　C. 措施有力　　　D. 其他:_____
6. 目前学校在行政执行过程的管理中,满意度最高的是 ………………… ( )
   A. 项目控制管理　B. 教育过程管理　C. 学籍管理　　　D. 后勤服务管理
7. 目前学校在行政执行过程的管理中,问题最大的是 ………………… ( )
   A. 计划不到位　　B. 目标不明确　　C. 措施不扎实　　D. 其他:_____
8. 进一步完善学校的行政执行过程管理工作,你的建议是:

_____

表 4-18　初中学校行政执行过程管理评估学生问卷

初中学校行政执行过程管理评估学生问卷

　　根据你的了解,对本问卷中的问题作答。你一般只要在题下备选答案中选择你认为符合情况的答案代码字母,填在题后的括号中即可;有些需要你先填内容。谢谢!

1. 学校组织你们春游或秋游等活动,除班主任外,其他带队的是 ……… ( )
   A. 教导主任　　　B. 政教主任　　　C. 总辅导员　　　D. 其他:_____
2. 如果你们同学要组织社区服务活动,一般要经过 …………………………… ( )
   A. 班主任批准　　B. 教导处批准　　C. 政教处批准　　D. 不需要批准

3. 如果你们同学要组织探究型课程社会调查,一般是由 ……………………… (　　)

A. 班主任带领　　　B. 有关老师带领　C. 推选小组长带领　D. 自己做主

4. 你所在的班级是属于同年级中的 …………………………………………… (　　)

A. 特色班　　　　　B. 快班　　　　　C. 慢班　　　　　D. 都相同的班

5. 在你的《学生成长手册》里,记录最多的是 ……………………………… (　　)

A. 学习成绩　　　　B. 老师评语　　　C. 学过的课程　　D. 其他:＿＿＿＿＿

6. 在你的《学生成长手册》里,记录最少的是 ……………………………… (　　)

A. 老师评语　　　　B. 家长留言　　　C. 学过的课程　　D. 其他:＿＿＿＿＿

7. 如果有同学在学校中发生伤病,最有效的是 ……………………………… (　　)

A. 送校卫生室　　　B. 找班主任　　　C. 找任课老师　　D. 其他:＿＿＿＿＿

8. 如果要改进学校总务处的服务管理方式,你的建议是:

＿＿＿＿＿＿＿＿＿＿＿＿＿＿＿＿＿＿＿＿＿＿＿＿＿＿＿＿＿＿＿＿＿＿＿

对上述问卷中的有些开放性问题,允许不作解答。对指标体系中的标准,还可以对照当时当地颁布的有关新的有效规定,作一定修订。

三、初中学校行政执行过程管理评估指标与标准的说明

对于上述相关指标概念的界定和评估工具使用的方法,作如下说明。

1. 关于指标与标准相关概念的简单说明

一是"校务项目跟踪管理"。这是将学校的校务工作视为项目,以及由校务部门为主所推出的一些项目任务,在实施中学校跟踪管理的情况,对项目的开展及实施全过程管理的状况予以考察。"二级指标"设计有 3 个,即"项目部门落实",指工作项目落实到具体部门的合理性与到位度;"项目进程督查",系学校职能部门对工作项目进程的管理行为与有效度;"项目成果质量",指工作项目最终结果的目标达成度与质量水平。评估时的观察渠道,一般是看档案材料,访谈有关学校成员,以及对不同层面人群的问卷调查。在问卷中不同对象有部分相同的问题,主要是意在作全面了解,寻求实证。

二是"学生学籍动态管理"。这是主要由学校教务处主管的工作任务,对于独立初中更具有现实意义。这是将学生从入校、在校学习、毕业离校的全过程,按管理的角度、对照规范要求来考察所有建档情况。"二级指标"也设计了 3 个:"学生入籍管理",是指学生学籍入校手续规范性和上报程序完备性;"学生发展管理",是指学生在学校期间各项素质发展记录与档案质量;"学生毕业管理",是指初中学生毕业后去向的校本职责和档案完整性考察。在评估时,其观测渠道既要依据学校的有关学籍档案,对照相关的教育行政部门的文件,工具文件的精神与要求,考察学校的校本行为;另外还要结合问卷与访谈,根据相关信息来实施有针对的评估。

三是"后勤服务效益管理"。这是有学校总务处为主来承担管理职责的工作范畴,意在考察学校后勤系统的服务功能发挥情况,从不同服务领域和效益角度来设计指标。其中不同的服务领域即是所设计的两个"二级指标":其一"校园物态服务",是指学校设施设备对教育教学工作的支持度;其二"社会辅助服务",是指利用校外社会资源为学校服务的有效度。另一个二级指标是对效益的考量,即"服务质量效益",是指后勤服务职责履行与有效性的实践体现。关于评估的观测渠道,基本是两个方面,一个是文本资料层面的,查阅有关计划和管理文档,以及具体的实施结果实证,考察其效益的发挥情况;另一个是实践层面的,可以通过访谈、问卷以及查阅有关报告,来具体了解这些指标的实际情况,其背后的因素等,并科学地给出评估意见。

四是"管理信息技术平台"。这是关注行政管理的现代化水平,将校务制度和执行过程的技术改进作为重要指标,对其水准与效益作考察。这个指标有别于上述三个主要是内容层面的指标,而是从技术运用的维度,其实也可以对内容性指标进行考量的视角。"二级指标"是三个具体评估考察的方面,即"管理平台先进性",指支持行政过程管理的信息化电子平台水准;"管理信息完整性",是指学校有关部门针对过程管理信息库的建设情况;"管理技术有效性",是指信息化电子平台支持管理现代化功能发挥的效益。考评的观测渠道,基本也是两方面,一个是查阅有关技术与运用效益的文档资料,考察其对指标要求的符合程度;另一个是通过访谈、问卷以及查阅有关报告,来具体了解这些指标的实际情况和其背后的因素等,并客观地给出评估意见。

2. 关于评估工具使用的简单说明

需要指出,在使用指标体系进行评估时,要针对"基本标准",而这些标准基本都有法理的依据,一般以法律与文件为准,也参考了比较成熟的理论成果。对学校实地考察中认定其达到了各指标的标准,并有一定的实证材料,即可认定其达到了"一般"或"较好"水准,具体认定还需要看程度上的差异。如果该指标已经取得一定甚至明显的成效,在相应的实证材料的证明下,则可以认定其达到"好";否则,评估结果可以认定其为"较差"。

问卷的使用与分析,信息的真实性是其关键,所以只要有评估对象的岗位或角色说明,而不需要具体署名。对有些开放性问题,可以根据问卷对象的不同,在正式使用时可做适当的修改完善。

同样,上述指标或问卷的问题是具有比较全面覆盖性的,在用于单项评估时可以考虑全部使用。但如果是实施对学校的全面评估,具体组织评估工作时,也可以选择其中的某些指标或问题,与其他模块的相关指标或问卷一起,而组合成新的评估体系,实施有选择、有重点的评估。

第五章　初中学校保障评估

　　对于初中学校的保障评估,对照学校的层面,主要关注的是办学的基础资源。这里既有常规性的办学基础资源,也有时代性的新颖资源。办一所学校,包括初中学校,首先要具有作为教育教学的最必要的基础性保障,同时,要根据时代发展的背景,顺应社会变化的趋势对未来公民的要求,由行政部门提供必要的新的基础保障。这些基础保障,一般都有立法部门制定并由行政部门具体执行的法律与法规。对于学校而言,有效利用并完善这些办学的基础资源,保障办学,是不可推卸的责任。

　　在办学保障资源的要素上,从基础的视角来考量,物质的保障、师资的保障和资金的保障,应该是最基本的。所以,本章将根据相关法规,就这3个要素,从常规需要和时代需要着眼,进行分析阐述、建立相应的评估方案的设计研究。

第一节　初中学校保障评估的法理依据和评估宗旨

　　办学最基础的资质条件就是人、物、财。对于义务教育阶段学校,国家法律就明确这些基础条件是办学最基本要求或资源。本节主要就上述办学3个方面,从有关法律法规出发,阐述评估的法理依据,以及对评估研究的基本思考。

一、关于初中学校办学条件与经费保障评估的法理依据

　　在办学的最基础条件或资源中,场所与资金的问题始终是首要的因素。学校之存在,主要是可以组织学生集中起来,组成一定的班级,开展教育教学活动。为此,在当前情况下,场所是办学条件之首。但是,学校的维持和发展也必须要由相应的资金支持,所以,办学经费同样是制约学校存在与发展的最基本的保障资源。

　　如对于办学基本条件的规定,在《义务教育法》[①]中就有如下若干条款:

　　"学校建设,应当符合国家规定的办学标准,适应教育教学需要;应当符合国

---

　　① 　参见 2006 年修订的《中华人民共和国义务教育法》,本章以下所述相关条款均系该法的具体内容。

家规定的选址要求和建设标准,确保学生和教职工安全。"(第十六条)"各级人民政府及教育行政部门依法维护学校周边秩序,保障学校安全。"(第二十三条)

对办学经费的规定,有如下若干条款:

"学校的学生人均公用经费基本标准由国务院财政部门会同教育行政部门制定,并根据经济和社会发展状况适时调整。制定、调整学生人均公用经费基本标准,应当满足教育教学基本需要。省、自治区、直辖市人民政府可以根据本行政区域的实际情况,制定不低于国家标准的学校学生人均公用经费标准。特殊教育学校(班)学生人均公用经费标准应当高于普通学校学生人均公用经费标准。"(第四十三条)

"义务教育经费严格按照预算规定用于义务教育;任何组织和个人不得侵占、挪用义务教育经费,不得向学校非法收取或者摊派费用"。(第四十九条)

地方政府根据国家法律,结合当地实际,都制定有相应的地方法规。如上海根据《义务教育法》的有关条款,制定了新的《上海市义务教育学校基本办学标准》。该标准是在原来的基础上修订的,新标准制定的时代依据是《国家中长期教育改革与发展规划纲要》、《上海市中长期教育改革与发展规划纲要》、《上海市工程建设规范:普通中小学校建设标准》(2004)等有关的研究成果。

在《上海市义务教育学校基本办学标准》中,有一段关于编制宗旨的说明:

根据《国家中长期教育改革与发展规划纲要》的精神,义务教育均衡发展的重点在区县内,所以本标准着力从学校情况来检测区县内的均衡程度,即校际间的均衡情况。同时,上海义务教育处在高位发展水平,在下一发展阶段,从实践科学发展观出发,必须实施创新驱动、内涵发展战略,重点加强软件建设,促进内涵发展,实现上海市义务教育"优质均衡"的目标,在重视硬件建设的同时,更注重软件与内涵发展。基于此,本指标框架由资源配置、内涵发展和办学质量三块内容组成。

其中"资源配置"分"办学条件"、"师资队伍"、"办学经费"三方面,规定的具体内容如表5-1。

表 5-1　上海市义务教育学校基本办学标准之资源配置标准①

办学条件	1. 2004 年后建设的学校达到 2004 年上海市普通中小学校建设标准(简称 04 标准),2004 年前建设的学校达到 1990 年上海市普通中小学建设标准(简称 90 标准)。 2. 教学设备仪器配置符合《上海市普通中小学校教学装备标准》提出的规定要求,能满足课程改革的需要。

---

① 选自《上海市义务教育学校基本办学标准》文件内容。

师资队伍	3. 生师比、班师比达到规定标准。 4. 教师学历全部达标,高一层次学历比例不断提高。 5. 教师职称结构合理。 6. 教师学科结构合理,有一定比例的非师范院校优秀毕业生从教。 ● 小学:中学高级教师比例不少于3%;初中中学高级教师比例不少于11%;中小学拥有一定比例的市、区骨干教师。
办学经费	7. 合理使用生均公用经费。 ● 教师收入分配合理。

在落实或执行时,一般还有更加具体的标准。如在上表《上海市普通中小学校教学装备标准》的初中学校内容中,教委明确不同学科的教学装备标准(参见"上海市普通中小学校教学装备标准"——初中各年级教学仪器设备标准)[①]

对于办学经费的分配,同样有明确的规定。如2011年起,上海初中学校的生均公用经费为1800元,对其支出结构有比较明确的规定,学校应该按照这个规定分配使用。教师收入分配按照义务教育阶段的有关法规,采取"绩效工资"制度,其规定同样十分明确,学校必须执行。

根据上述规定,可以梳理出有关初中办学在财、物保障方面的法理要求:

1. 学校必须充分了解初中学校办学的基本标准。学校领导和相关人员对于初中学校的办学标准熟悉在胸,对这些标准的功能价值也比较了解,这是学校的基本职责之一。

2. 保障本校具有办学的基础是学校一份主要职责。学校有责任向政府反映办学的基础保障要求,并依法管理好学校的财物资源,为这些资源发挥教育效益进行建章立制,这也是学校的基本职责之一。

3. 适应学校教育发展而实现财物资源的与时俱进。随着社会转型、知识转型而带来的教育改革与发展,使得办学条件同样需要发展提升,所以学校的这些基础资源需要与时俱进地改善,这同样是学校的基本职责之一。

二、关于初中学校办学师资保障评估的法理依据

师资对于学校办学来说,从其教育质量的视角,是更为根本的基础保障。对教师的保障特性,可以从教师的资质、权利、师德、专业素养等多个角度认识,明确其对于保障办学的具体要求。如关于教师资质与责任等,《义务教育法》的规定是:

"教师享有法律规定的权利,履行法律规定的义务,应当为人师表,忠诚于人

---

① 选自《上海市普通中小学校教学装备标准(征求意见稿)》(沪教委基〔2008〕32号)。

民的教育事业。全社会应当尊重教师。"（第二十八条）"教师应当取得国家规定的教师资格。国家建立统一的义务教育教师职务制度。教师职务分为初级职务、中级职务和高级职务。"（第三十条）

地方政府结合本地区特点，可能会制定更为具体的实施法规。如上海对于在中小学等学校的任职教师的岗位级别，根据国家有关政策，制订实施方案，颁布《上海市幼儿园、义务教育学校、普通高中、中等职业学校、教师进修院校岗位设置管理的实施办法》，其中有如下规定：①

具备教师岗位基本条件的专业技术人员，首次应聘学校教师岗位，原则上聘用到对应的教师初级、中级或高级岗位的起点等级；晋升到高一等级岗位，须在下一等级岗位工作满一定年限。

（1）五级教师岗位，须在教师高级岗位上任职不少于六年；

（2）六级教师岗位，一般应在七级教师岗位上工作三年以上；

（3）八级教师岗位，须在教师中级岗位上任职不少于六年；

（4）九级教师岗位，一般应在十级教师岗位上工作三年以上；

（5）十一级教师岗位，一般应在十二级教师岗位上工作三年以上；

（6）十二级教师岗位，一般应在十三级教师岗位上工作三年以上。

为保证包括初中学校在内的义务教育均衡发展，对教师资源的均衡期许已经成为社会的一个重要的关注点。一般来说，实现初中的均衡比之小学更有难度，这与初中知识的宽度、深度针对其学生年龄特点相关的认知规律有关，与学校所在地社区文化基础有关，也与初中教师队伍的目前现状有关。但是，借助新课程的实施，经过多年的努力，这种均衡的期望正在变为现实。如，湖南地区对初中学校教师城乡均衡性的调研有如表5-2的情况②。

表5-2　湖南初中教师素质均衡分析（"排序"是针对"均值"之高低位置）

题　项		城　市		乡　镇	
		均值	排序	均值	排序
1	精通所教学科的知识	4.326	4	4.048	4
2	很了解所教学科的课程标准	4.326	4	4.048	4
3	教学设计	4.348	3	4.085	2
4	驾驭课堂	4.439	2	4.129	1
5	经常和同事讨论教学中的问题	4.468	1	4.077	3
6	非常认同新课程理念	4.156	7	3.930	7

---

① 参见《沪教委人〔2010〕72号》文件。

② 谭玉兰、吴勇：《初中新课程实施的城乡差异研究》，《基础教育》2011年第1期第84页。

题 项		城 市		乡 镇	
		均值	排序	均值	排序
7	采用主动探索、合作交流的教学方式	4.127	9	3.835	9
8	根据实际情况开发课程资源	4.135	8	3.915	8
9	反思教学行为	4.248	6	3.959	6
10	有机会和其他学校相关教师进行交流	3.979	13	3.676	13
11	经常参加新课程方面的培训	4.000	12	3.680	12
12	每天有足够的时间进行业务学习	3.723	15	3.592	14
13	了解发展性评价、过程性评价	4.049	11	3.809	10
14	周围教师的教学能够反映三维目标	3.950	13	3.684	11
15	经常运用多媒体手段进行教学	4.064	10	3.552	15

从表中可见,差异尽管仍还存在,但总体而言并不很明显,有些差异是不同地区办学物质条件的缘故。沿海如上海地区初中教师素质的城乡均衡性更好些。

学校在关心教师发展的问题上,初中学校教师认为存在需要改进的方面。如宁波市有所初中的教师,经过对教师的调研,列出了如表5-3的几个问题[①]:

表5-3 调研报告:教师认为学校领导支持教师专业发展需要改进的问题

选项	尊重理解教师	给教师提供更多的进修机会	让教师人尽其才	改善教师工作条件	有更多的机会参与学校决策	不知道
百分比	24.7	24.7	22.2	23.5	3.7	1.2

这些来自理论界和基层教师的调研成果,同样应该成为研究和建立初中学校保障评估指标与标准的重要参考。梳理这些法理与见识,可以归纳如下几点:

1. 配备合格教师是初中学校保障义务教育和履行法律的责任。合格的教师队伍是学校办学基础保障之一;学校考察教师的合格性,将对教师是否取得资质作为学校人事制度的基础;教师本身需要符合法律,做到教书育人。

2. 初中学校保障义务教育实施需要合理的教师职称结构。教师的资质需要通过职称等指标来反映;初中学校必须根据教师的任职标准做好职称评审工作;初中学校的教师职称结构要从保障办学水平着眼,不断优化。

3. 学校必须保障初中教师的专业发展需求。为保证义务教育的最终质量,

---

① 林永建:《教师专业发展:现实离愿景还有多远》,《基础教育》2011年第1期第119页。

初中学校要有计划组织教师参加专业培训；学校要为教师发展创造多种自主学习与工作的条件；学校要让教师有一定的办学知情权和决策参与权。

三、初中学校保障评估的基本意图与主要目标

初中学段的学校，就其办学的基础条件而言，总体特征表现为相对薄弱，这是因为义务教育的小学阶段，学校物质条件和教师队伍稳定性较好，资源积累也比较理想。但初中学校除部分九年一贯制学校外，物质的保障性和教师的流失等问题客观存在，为之，对初中办学保障的评估是具有现实意义的。

概括而言，初中学校保障评估的基本意图主要是：

● 了解并评估初中学校对办学的设施设备的建设、使用、效益等保障情况，初中学校是否按照法规要求认真执行？

● 考察并评估初中学校对依照地方义务教育法规分配和使用办学经费保障学校教育教学等情况，是否存在违法违规等问题？

● 对照初中学校教育规范要求，考察并评估师资队伍建设对保障学校办学的情况，学校对教师专业发展的保障度是否合理？

对于初中学校进行保障评估研究的主要目标是：

● 收集关于初中学校保障评估的法理依据和基础理论；

● 建立一个对初中学校保障评估的指标与标准系统；

● 设计对初中学校保障评估背景信息的收集方式和内容要点；

● 拟定对初中学校保障评估的基本操作体系并组织评估的试验；

● 初步制定出对初中学校保障评估信息解释与价值判断的基本思路。

根据上述认识，我们可以理出对初中学校保障评估项目的设计与实施途径，如图5－1所示。对其中后两个目标的具体落实设想，将在第九章中介绍。

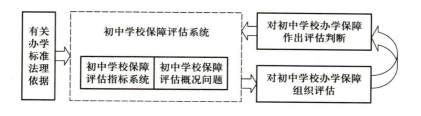

图5－1　初中学校保障评估结构与基本实施途径

第二节　初中学校物质保障的评估研究

根据办学需要，在上述法理依据指引下，对学校设施与设备，包括校园面积、

体育设施与设备、实验室和专用教室及其装备、图书馆设施和藏书情况、计算机与网络等信息技术条件等,建立相应的评估体系,为实施评估以及引导学校充分发挥保障资源的作用奠定基础。

一、初中学校设施设备等物质保障评估体系的设计思路

本评估内容,主要包括两个方面:一是根据办学的需要,在设施设备配置方面,从数量与品种上的情况考察;二是支持办学的成效,在设施设备使用方面,从其使用时的质量与频率上,所得到的效益的情况考察。对初中学校的保障评估指标与标准体系的设计,基本思路就是按这两个方面来进行。这样,就是引导初中学校必须按照法理规定先满足办学的基础保障,还要重视这些保障资源的效益能得到最大限度发挥。这也提升评估的功能和价值。

在评估方式上,同样分为指标体系的评估和"概括性问题"的评估这两种方式。对评估指标与标准体系,可以建立一些定量方式;概括性问题作为对指标体系的补充,主要对相关要素进行必要的定性了解,体现现代评价思想。

所以,具体指标与问题设计,都要围绕相关法理展开。对初中学校保障评估设计有两个层面的关注点和两个方式相结合的途径,如图5-2。

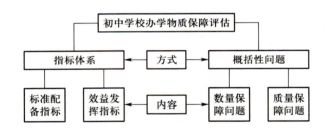

图5-2 初中学校办学物质保障评估组成结构

1. 评估指标体系结构与内容的设计

对于初中学校办学的物质保障评估指标,其结构与内容可设计如下:

指标结构主要拟分一级指标和二级指标两个层次设计,其中"一级指标"指向办学物质保障的最基本要素,包括基本设施、重要设备、软件资源等方面;"二级指标"分别在具体的一级指标下确立;部分二级指标下再设计三级指标。内容主要是对两个层次指标含义的一定说明,最终形成相应的指标体系。

对初中学校办学的物质保障评估指标体系,拟由3个一级指标和12个二级指标组成,具体如下:

Ⅰ 基本设施(办学保障中设施建设的完备性、标准性、效益性)

Ⅰ-1　校舍面积(针对初中学段的规范情况)

Ⅰ-2　教室安排(数量与面积的适应性和规范性)

Ⅰ-3　专用教室(数量与质量的覆盖度和规范性)

　　Ⅰ-3-1　理科实验室(学科满足度、规范性、效益性)

　　Ⅰ-3-2　艺术专用室(学科满足度、规范性、效益性)

　　Ⅰ-3-3　其他专用室(学科发展支持性、效益性)

Ⅰ-4　体育活动场所(数量与面积的适应性、规范性、效益性)

Ⅱ　重要设备(办学保障中设备配置的规范性、先进性、效益性)

Ⅱ-1　数学学习领域设备配置(完备性、先进性)

Ⅱ-2　自然科学学习领域设备配置(完备性、先进性)

　　Ⅱ-2-1　物理学科设备配置(完备性、先进性、效益性)

　　Ⅱ-2-2　化学学科设备配置(完备性、先进性、效益性)

　　Ⅱ-2-3　生命科学学科设备配置(完备性、先进性、效益性)

　　Ⅱ-2-4　科学学科设备配置(完备性、先进性、效益性)

Ⅱ-3　艺术学习领域设备配置(完备性、先进性)

　　Ⅱ-3-1　音乐学科设备配置(完备性、先进性、效益性)

　　Ⅱ-3-2　美术学科设备配置(完备性、先进性、效益性)

　　Ⅱ-3-3　艺术学科设备配置(完备性、先进性、效益性)

Ⅱ-4　体育与健身学习领域设备配置(完备性、先进性、效益性)

Ⅱ-5　技术学习领域设备配置(完备性、先进性、效益性)

　　Ⅱ-5-1　信息技术学科设备配置(完备性、先进性、效益性)

　　Ⅱ-5-2　劳动技术学科设备配置(完备性、先进性、效益性)

Ⅲ　软件资源(办学保障中配套资源的针对性、有效性)

Ⅲ-1　印刷软件资源(针对性、有效性)

Ⅲ-2　电子软件资源(针对性、有效性)

Ⅲ-3　其他软件资源(针对性、有效性)

对于上述各项各级指标的评估标准,主要针对并根据上海具体的有关文件,将在制定评估工具时具体展开。对于不同地区而言,具体标准是有差异的,为此,所拟定的标准,需要强调的是,这是必须达到的基准;在表达上,尽可能通式性。

2. "概括性问题"相关问卷的设计

关于初中学校办学保障评估的"概括性问题",同样根据评估信息不同来源的对象,可以组成不同内容的问卷,来获取对指标性评估的必要补充。一般而言,对初中学校保障评估的信息可以从配置者和使用者两个方面的途径,拟针对三种对象,分别设计问卷,参见表5-4。

表 5 - 4　不同信息来源的初中学校办学条件保障情况问卷设计

问卷类型	问卷主要内容	问题形式
行政问卷	（1）学校对办学设施配备的情况 （2）学校与办学设备配备的情况	选择题
教师问卷	（1）对办学设施配备与使用的情况评估 （2）对办学设备配备与使用的情况评估	选择题加开放题
学生问卷	（1）对学校教育设施完备性、先进性的感受 （2）对学校教育设备完备性、先进性的感受	选择题加开放题

　　对于具体问卷问题的设计,需要联系上述指标体系,体现两者之间的配合与呼应;从对获取信息真实性考虑,问题尽可能具体,避免设计模糊性问题。

二、评估工具——指标体系与问卷设计

　　按照上述设计思想,对于初中学校办学保障的设施设备评估工具的设计,关于指标体系评估工具,拟分设施和设备(含软件资源)两个评估表;关于概括性问题评估工具设计,凡同一信息来源对象,则都可综合在同一问卷中。

　　1. 初中学校设施设备评估标准

　　根据对办学设施的指标体系,按独立初中建制的评估标准,评估实施时,只要在相应空格中打钩,并将依据说明写在后面(表 5 - 5～表 5 - 7)。

表 5 - 5　初中学校办学条件保障评估标准 1(基本设施)

指标体系	评估标准	结果判断				案例说明
		好	较好	一般	差	
校舍面积	24～32 个班生均用地 20～26 平方米;建筑使用面积与平均照度、抗震要求均符合上海 04 标准①					
教室安排	初中各班级教室、专用教室、公共教学用房等数量面积符合上海 04 标准					

---

　　①　参见《上海市义务教育学校基本办学标准》文件内容。

指标体系		评估标准	结果判断				案例说明
			好	较好	一般	差	
专用教室	理科实验室※	数量 3~4,包括物理、化学、生物、科学等科实验室及其准备室,配置符合上海 04 标准					
	艺术等学科专用室※	数量:艺术类 2~4;史地 1~2;语音 1;信息与劳技各 2;配置符合上海 04 标准					
	其他专用室※	图书室、资料室、心理咨询室、网络控制室、多功能教室等,配置符合上海 04 标准					
体育活动场地		跑道长度、球场类型数量、课间操场地等,配置均符合上海 04 标准					

注:带※者为三级指标。

表 5-6　初中学校办学条件保障评估标准 2(重要设备)

指标体系		评估标准	结果判断				案例说明
			好	较好	一般	差	
数学学习领域设备配置		符合上海市普通中小学校教学装备标准之初中数学学科标准					
自然科学学习领域设备配置	物理学科设备配置※	符合上海市普通中小学校教学装备标准之初中物理学科标准					
	化学学科设备配置※	符合上海市普通中小学校教学装备标准之初中化学学科标准					
	生物科学学科设备配置※	符合上海市普通中小学校教学装备标准之初中生物学科标准					
	科学学科设备配置※	符合上海市普通中小学校教学装备标准之初中科学学科标准					

指 标 体 系		评 估 标 准	结 果 判 断				案例说明
			好	较好	一般	差	
艺术学习领域设备配置	音乐学科设备配置※	符合上海市普通中小学校教学装备标准之初中音乐学科标准					
	美术学科设备配置※	符合上海市普通中小学校教学装备标准之初中美术学科标准					
	艺术学科设备配置※	符合上海市普通中小学校教学装备标准之初中艺术学科标准					
体育与健身学习领域设备配置		符合上海市普通中小学校教学装备标准之初中体育学科标准					
技术学习领域设备配置	信息技术学科设备配置※	符合上海市普通中小学校教学装备标准之信息技术学科标准					
	劳动技术学科设备配置※	符合上海市普通中小学校教学装备标准之初中劳技学科标准					
重要设备总体评估							

注:带※者为三级指标。

表 5 - 7　初中学校办学条件保障评估标准 3(软件资源)

指 标 体 系	评 估 标 准	结 果 判 断				案例说明
		好	较好	一般	差	
印刷软件资源	图书拥有量、有关各学科的教学挂图、循环教材等配备符合标准					
电子软件资源	各学科电子化教学课件、课例、备课资料等配备能满足教学要求					
其他软件资源	其他保障教学教研的易损物品或资料的配备情况符合需求					

上述各表中对评估结果的"好"与"较好"可以依据使用的效益来判断。

2. 初中学校办学保障评估问卷

根据设计方案,问卷共有以下三份(表 5 - 8 ~ 表 5 - 10)。

表 5 - 8　初中学校办学保障评估行政问卷（分管校长、相关主任等）

初中学校办学保障评估行政问卷（分管校长、相关主任等）

根据你对自己学校的基本认识，对本问卷中的问题作答。你只要在题下备选答案中选择你认为符合情况的答案代码字母，填在题后的括号中即可。谢谢！

1. 你认为学校场地和设施对安排学生按课程要求学习的匹配性 ……………（　　）
　A. 很充裕　　　　B. 基本满足　　　　C. 有点捉襟见肘　　　D. 很困难
2. 根据新课程要求，学校现在最缺少的设施是 ………………………………（　　）
　A. 体育合格场所B. 创新实验室　　　C. 专用教室　　　　　D. 全都不缺
3. 学校的图书馆和阅览室目前对学生的开放主要用于 ………………………（　　）
　A. 借还图书　　　B. 上阅读课　　　　C. 读书论坛　　　　　D. 社团活动
4. 学校实验室、计算机房和劳技专用教室等对学生的开放是 ………………（　　）
　A. 仅上课时　　　B. 在教师带领下的活动C. 随时都可以　　　D. 不清楚
5. 学校的艺术类专用教室，据你所知利用率最高的是 ………………………（　　）
　A. 音乐专用室　　B. 绘画专用室　　　C. 形体专用室　　　　D. 书法专用室
6. 对于学校体育设备配置情况相对配备标准，你认为是 ……………………（　　）
　A. 十分吻合　　　B. 高于标准　　　　C. 低于标准　　　　　D. 不很清楚
7. 对于学校理科实验设备配置情况相对配备标准，你认为是 ………………（　　）
　A. 十分吻合　　　B. 高于标准　　　　C. 低于标准　　　　　D. 不很清楚
8. 对于学校艺术类教学设备的配置情况相对配备标准，你认为是 …………（　　）
　A. 十分吻合　　　B. 高于标准　　　　C. 低于标准　　　　　D. 不很清楚

注：配备标准参见《上海市普通中小学校教学装备标准（征求意见稿）》（沪教委基〔2008〕32 号）

表 5 - 9　初中学校办学保障评估教师问卷（相关学科教师）

初中学校办学保障评估教师问卷（相关学科教师）

你是_____学科教师。根据你的了解，对本问卷中的问题作答。你只要在题下备选答案中选择你认为符合情况的答案代码字母，填在题后的括号中即可。谢谢！

1. 你认为学校体育场地对安排学生体育活动有困难的是 ……………………（　　）
　A. 跑道太短、操场太小 B. 球场缺少　　　C. 器材不足　　　D. 很匹配、没困难
2. 根据办学标准，下列学校设施中，你认为符合要求的是 …………………（　　）
　A. 各种实验室　　　B. 部分实验室　　C. 各种专用教室　D. 部分专用教室
3. 根据办学要求，在下列专用设施中，学校还没有的是 ……………………（　　）
　A. 心理咨询室　　　　B. 医务室　　　　C. 史地专用室　　D. 创新实验室
4. 学校的图书馆和阅览室目前的文本资料对你学科而言 ……………………（　　）
　A. 数量可以、质量不高 B. 质量可以、数量不足　C. 都可以　　　D. 都不够
5. 你学科使用学校实验室（专用教室）进行教学的机会比例 ………………（　　）
　A. 接近 100%　　　　B. 根据课型需要都能够　C. 机会不多　D. 几乎很少
6. 对使用专用教室教学的问题，你认为还不够满意的是 ……………………（　　）
　A. 教室数量不够　　　B. 教室质量不够　C. 设备不够　　　D. 资源不够

7. 如果要完善你学科专用教室的设备配置,你认为急需解决的是:

_____

8. 如果要完善你学科专用教室的配套资源,你认为急需解决的是:

_____

表 5 – 10   初中学校办学保障评估学生问卷

初中学校办学保障评估学生问卷

根据你对自己学校的基本了解,对本问卷中的问题作答。你只要在题下备选答案中选择你认为符合情况的答案代码字母,填在题后的括号中即可。谢谢!

1. 你参加学校组织的体育活动时,对体育场地和设施感到 ……………………… (   )

A. 很满意　　　　B. 基本满意　　　　C. 基本不满意　　　　D. 很不满意

2. 如果学生自发要用学校设施开展活动,学校规定不许用的是 ……………… (   )

A. 体育场所　　　B. 实验室或专用教室 C. 图书馆　　　　D. 都可以用

3. 一个学期中,你们班到学校图书馆和阅览室上阅读课的机会 ……………… (   )

A. 每星期都有　　B. 共 6～10 次　　　C. 共 2～5 次　　　　D. 一次也没有

4. 学校的实验室、计算机房、劳技专用教室等对学生的开放是 ……………… (   )

A. 仅上课用　　　B. 有教师带领的活动 C. 随时都可以　　D. 不开放

5. 在学校学习课程中,老师带你们到专用教室上课最多的学科是 …………… (   )

A. 音乐学科　　　B. 美术学科　　　　C. 物理、化学、生物学科 D. 历史、地理学科

6. 如果要完善学校的体育场地和设备,你认为最需要改善的是:

_____

7. 如果要完善学校的理科实验室设备,你认为最需要改善的是:

_____

8. 如果要完善学校的艺术类专用教室,你认为最需要改善的是:

_____

在具体使用本评估工具时,对其标准的掌握还需要对照当时当地颁布的有关新的规定。

三、初中学校办学条件保障评估指标与标准的说明

对于上述某些概念的界定,和使用这些评估工具的方法作如下说明。

1. 关于指标与标准相关概念的说明

关于“基本设施”,这是办学的硬件资源。基本设施主要关注的是两个方面,即保障教育教学正常开展的基本设施标准和使用的效益性。对学校实施保障评估,就是需要客观地认定这两个方面的指标达成。对于初中学段多元性的学校类型而言,设施标准同样是有差异的。例如,作为完整中学中的初中和作为

九年一贯制学校中的初中,标准就有所不同;作为城区办学历史较久的老初中,和新区建设中配套的新初中,在标准上也不同。为此,这里强调的是符合有关行政颁布的标准这个原则,而没有提出具体数据标准。对于基本保障配置后的教育教学效益,就一般情况来说,其标准的确定有一定难度,因为不同评估者的视角与价值观可能不同,就会有不同的结果。所以,对本指标要素评估时,建议与问卷调查相结合,用问卷的信息来投射其所发挥的效益,这样相对就比较可靠。总体来说,基本设施的评估,在表象看具有清晰性,但从效益看,还是有一定模糊性。

关于"重要设备",这也是办学的硬件资源,但这些设备既有可长期使用的,也有易损的。根据教学需要的原则,对这类硬件的评估标准应该是十分明确的,其二级指标主要是分学习领域,涉及的学习领域有六个,即数学学习领域、科学学习领域、技术学习领域、艺术学习领域、社会人文学习领域和体育与健身学习领域。而三级指标都是分学科的。这些领域或学科的设备配备标准有相应文件所提出的标准,但这些标准的落实,可能需要一个过程。所以有的必须十分强调,是教学活动的基本保障,有的是相对软性些,通过评估促进学校逐步去完善。在具体设计上,前者更注重的是指标体系评估的刚性要求,后者则通过问卷形式来启发学校予以重视,在方略上有所不同。但是,不可否认的事实是,从保障教学的角度看,设备保障可能更需要在评估方案中强调。

关于"软件资源",最主要的是印刷品教学资源和电子化教学资源这两种,这同样是教育教学的重要保障。将来的发展趋势,可能前者会逐渐弱化,而后者会逐步强化,这是全球化、数字化时代发展的必然,也是可持续发展和保障生态环境的发展需要。所以,在课程的部分学科中,正在试验并逐步推广使用"循环教材",还正在开发"电子教材"等。在本指标中,还包括某些消耗性材料,这就划归为一种其他资源。对其标准的制定,目前还仅仅是从教学改革的需要来考虑的,因而还难有硬性标准。

2. 关于评估工具使用的简单说明

对于使用指标体系的评估,最主要的标准依据是地区性的有关规定,一般以文件为准,也有比较原则的"方案"或指导操作的"细则"等。对学校实地考察认定其达到了各指标的标准,并有一定的实证材料,即可认定其达到了"较好"标准。如果该指标已经取得一定甚至明显的成效,在相应的实证材料的证明下,则可以认定其达到"好"的一级标准;否则,评估结果可以认定其为"一般"或"差"。

关于问卷的使用,为保证真实性,只要有评估对象的岗位或角色说明,而不需要具体署名。对有些开放性问题,还可以根据对象的不同,在行文或话语体系上可做适当的修改完善。

具体组织评估工作时,上述指标或问卷问题是具有一定覆盖性的,用于单项评估是需要考虑全部使用的。但如果是实施对学校的全面评估,也可以选择其中的某些指标或问题,与其他模块的相关指标一起,组合成新的评估体系,实施有选择、有重点的评估。

第三节　初中学校师资保障的评估研究

从某种程度上讲,教师队伍是一所学校办学最重要的保障因素。无数历史事实证明,所有历史名校的"名"其实都是因为有"名师"、"大师"。初中教育教学的质量,更是与具有一支称职的师资队伍密切相关。在第一节的分析中,已经明晰了师资保障的评估要义和要点,这是设计评估指标与确立标准的基本依据。本节将围绕师资保障的评估,研究其指标与标准,以及概括性问题的设计。

一、初中学校师资保障评估体系的设计思路

师资保障,应该主要包括这几个层次:其一是保障教育的基本需要,在满足学生接受班级教学方面,是师资数量角度的保障;其二是保障教学质量的基础,在满足课程计划落实方面,是从师资若干结构方面看的保障;其三是保障教师的专业发展需要,在满足教育教学的提高方面,是师资队伍专业能力提升的保障。对这些指标的标准确立,都有一定法规的依据。其实,也是从基础保障和发展保障这两个方面来思考的。对初中学校的师资保障评估指标与标准体系设计,基本就是按不同层次和不同方面的思路来设计。这样,就是引导初中学校根据自己的校情,以学生发展为本,来规划师资队伍的建设,从基础保障到发展保障,促进学校的办学质量在基础保证的前提下持续发展。

评估的方式同样分为指标体系评估和"概括性问题"评估这两种。对评估指标体系,可以建立一些定量标准,也需要有一些定性的要求;概括性问题作为一种必要补充,主要对相关要素进行背景信息收集,使评估工作更完善。

对于具体指标与问题设计,都将围绕相关法理和针对不同对象展开。对初中学校保障评估的具体进行,设计有两个层面的关注点和两个方式相结合的途径。如图5-3。

1. 关于评估指标体系结构与内容的设计

对于初中学校的师资保障评估指标,其结构与内容拟设计如下:

指标结构分一级指标和二级指标两个层次来设计。其中"一级指标"指向初中学校教师队伍保障视角的不同层次,如编制保障、结构保障、专业发展保障等方面;"二级指标"是一级指标下所确立的具体结构性要素,内容主要是对于指标含义的说明,最终形成相应的指标体系。

对初中学校师资保障评估指标体系,总体主要由3个一级指标和10个二级

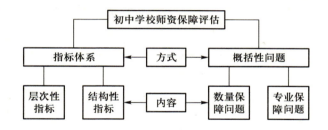

图 5 - 3 初中学校师资保障评估组成结构

指标组成,而对教师职称还设计了三级指标。总体结构如下:

Ⅰ 教师编制(办学保障中师资的配备数量、学历规范等)

 Ⅰ-1 生师比例(学生—教师配备情况)

 Ⅰ-2 班师比例(班级—教师配备情况)

 Ⅰ-3 学历达标(教师学历达标和高学历情况)

Ⅱ 师资结构(保障课程实施对师资结构的完整性、合理性)

 Ⅱ-1 性别结构(平衡性、合理性)

 Ⅱ-2 年龄结构(合理性、发展性)

 Ⅱ-3 职称结构(合理性、发展性)

  Ⅱ-3-1 高级教师比例(合理性、先进性)

  Ⅱ-3-2 中级教师比例(合理性、发展性)

  Ⅱ-3-3 初级教师比例(基础性、合理性)

 Ⅱ-4 学科结构(完备性、科学性)

Ⅲ 专业发展(师资质量层次对教育教学保障的科学性、有效性)

 Ⅲ-1 骨干教师拥有比例(学科分布、效益发挥)

 Ⅲ-2 名师及其后备拥有比例(学科分布、效益发挥)

 Ⅲ-3 专业比赛获奖情况(学科分布、获奖层次)

对于上述指标的评估标准,主要从我国《义务教育法》和一些地区规定出发,都有一定的法理根据,这将在制定评估工具时具体阐明。对于不同地区,具体的行政标准可能会有差异,为此,所拟定的标准,主要强调的是必须体现的通则;对有些标准,则仅供参考。

2. 关于"概括性问题"问卷的设计

关于初中学校师资保障评估的"概括性问题",根据评估信息不同的来源,可以组成不同内容、不同对象的问卷,来收集关于指标性评估的背景资料。一般而言,对初中学校师资保障评估的问卷,从数量和专业两个方面着眼,针对四种不同对象,分别设计问卷,参见表5-11。

表 5 - 11　不同信息来源的初中学校师资保障情况问卷设计

问卷类型	问卷主要内容	问题形式
分管领导问卷	（1）学校师资基本的配备情况 （2）关于教师专业发展的规划	选择题
年级组长问卷	（1）教师对课程实施的适应情况 （2）学生对教师业务能力的反映	选择题加开放题
教研组长问卷	（1）对不同层次教师的专业评估 （2）学科建设与发展的教师保障分析	选择题加开放题
人事干部问卷	（1）不同视角的教师队伍结构情况 （2）对不同教师来源的结构分析	选择题加开放题

　　对具体问卷问题的设计，将与上述指标体系既有联系，也有区别，体现两者的配合与呼应；问题尽可能明确而简便，以保证获取信息的真实性，以及评估者解答问题时能科学并有针对。

二、评估工具——指标体系与问卷设计

　　按照上述设计思想，对于初中学校师资保障的评估，具体拟分为指标与标准体系和概括性问题两个工具。其中指标标准一份，对概括性问题评估工具设计，根据不同信息来源对象，各设计一份不同内容的问卷。

　　1. 初中学校师资保障评估指标标准

　　根据对师资保障的指标体系，初中学校的评估标准如表 5 - 12。

表 5 - 12　初中学校办学条件保障评估标准 4（师资保障方面）

一级指标	二级指标	基本标准	评估意见			案例依据
			优良	合格	不合格	
教师编制	生师比例	符合初中学校学生—教师的配备比例要求，学科齐全				
	班师比例	符合初中学校班级—教师的配备比例要求，学科齐全				
	学历达标	符合初中教师学历的任职规范要求，有高学历教师				

136

一级指标	二级指标	基本标准	评估意见			案例依据
			优良	合格	不合格	
师资结构	性别结构	各学科与年级中,男女教师的比例协调、合理				
	年龄结构	各学科与年级中,不同年龄教师比例协调、合理				
	职称结构1(高级教师比例)※	高级教师占全体任职教师的比例不小于11%				
	职称结构2(中级教师比例)※	中级教师占全体任职教师的比例不小于40%				
	职称结构3(初级教师比例)※	初级教师教龄层次合理,占全体任职教师40%以下				
	学科结构	学科结构合理,有一定比例的非师范院校优秀毕业生从教				
专业发展	骨干教师拥有比例	不少学科有一定量的区、市级骨干教师				
	名师及其后备拥有比例	学校有区或市级学科带头人,或名师后备人选				
	专业比赛获奖情况	教师在区级、市级教师专业竞赛中有获等第奖				
总体评估						

注:带※者括号内为三级指标。

上述各表中的评估结果,凡符合基本标准者为"合格",高于基准者为"优良",低于基准者为"不合格"。

2. 初中学校师资保障的评估问卷

根据设计方案,问卷共有四份(表5-13~表5-16)。

表5-13 初中学校师资保障评估分管领导问卷

初中学校师资保障评估分管领导问卷

根据你对自己学校的基本认识,对本问卷中的问题作答。你只要在题下备选答案中选择你认为符合情况的答案代码字母,填在题后的括号中即可。谢谢!

1. 目前学校对各门学科任职教师的配备情况是 ………………………… ( )
  A. 完全到位　　B. 个别学科还缺　C. 一些新学科还缺　D. 不少学科还缺

2. 根据新课程要求,学校现在最缺少师资的课程是 …………………… ( )
  A. 基础型课程　B. 拓展型课程　　C. 探究型课程　　　D. 都不缺

3. 根据课程计划,学校现在最缺少师资的学科群是 …………………… ( )
  A. 文科类　　　B. 理科类　　　　C. 体艺类　　　　　D. 都不缺

4. 根据学校发展,在各类教师中目前最缺少或不满意的是 …………… ( )
  A. 青年教师　　B. 骨干教师　　　C. 市、区学科带头人　D. 都可以

5. 在校本培训促进教师专业发展方面,你认为最有效的群体是 ……… ( )
  A. 年级组　　　B. 综合教研组　　C. 分科教研组　　　D. 备课组

6. 对支持教师参加培训活动,你认为最有效的形式是 ………………… ( )
  A. 市级培训　　B. 区级培训　　　C. 校本培训　　　　D. 师徒带教

7. 关于师资队伍建设方面的规划,你学校对这项工作一般是 ………… ( )
  A. 3~5年一个规划 B. 2~3年一个规划 C. 只有年度计划　　D. 还没有规划

8. 如果学校有师资队伍建设规划,你认为需要知晓度的范围是 ……… ( )
  A. 全校都知晓　B. 职能部门知晓　C. 全体教师知晓　　D. 有关教师知晓

表5-14 初中学校师资保障评估年级组长问卷

初中学校师资保障评估年级组长问卷

根据你对自己学校的基本了解,对本问卷中的问题作答。你只要在题下备选答案中选择你认为符合情况的答案代码字母,填在题后的括号中即可。谢谢!

1. 你所在的年级是 ……………………………………………………… ( )
  A. 六年级(预备)　B. 七年级(初一)　C. 八年级(初二)　D. 九年级(初三)

2. 你目前所在的年级,在教师安排方面最缺少的是 …………………… ( )
  A. 文理学科教师　B. 体艺技教师　　C. 跨学科综合教师 D. 全都不缺

3. 你目前所在的年级,班主任队伍中的年龄结构是 …………………… ( )
  A. 全部是青年　　B. 中青年为主　　C. 中老年为主　　　D. 老中青比较均衡

4. 你目前所在的年级,班主任队伍中的职称结构是 …………………… ( )
  A. 初级职称为主　B. 中级职称为主　C. 高级职称为主　　D. 比较均衡

5. 如果实施小班化教学,你所在年级的教师配备是 …………………… ( )
  A. 能够满足　　　B. 基本满足　　　C. 少量缺少　　　　D. 缺少很多

6. 通过对学生意见的了解,你认为本年级教师的业务能力 …………… ( )
  A. 学生全部认可　B. 多数学生认可　C. 少数学生认可　　D. 不很清楚

7. 对于年级组促进教师专业发展的措施,所采取的主要是组织 …………………… (　　)

A. 理论学习　　　B. 外出参观　　　C. 经验介绍　　　D. 其他:_____

8. 为促进年级组教师整体发展,你认为需要加强的工作或措施是 …………… (　　)

A. 教育科研　　　B. 实践反思　　　C. 资源积累　　　D. 其他:_____

表 5 - 15　初中学校师资保障评估教研组长问卷

初中学校师资保障评估教研组长问卷

根据你对自己学校的基本了解,对本问卷中的问题作答。你只要在题下备选答案中选择你认为符合情况的答案代码字母,填在题后的括号中即可。谢谢!

1. 你的学科是_____,你学科所在的教研组是一个 ………………… (　　)

A. 单学科教研组　　　B. 跨学科教研组　　　C. 多学科教研组　　　D. 跨校教研组

2. 你所在的教研组教师中,老中青的比例大约是 ………………………… (　　)

A. 各占三分之一　　　B. 两头大中间小　　　C. 两头小中间大　　　D. "金字塔"型

3. 你所在的教研组教师中,高中初职称的比例大约是 ………………… (　　)

A. 各占三分之一　　　B. 两头大中间小　　　C. 两头小中间大　　　D. "金字塔"型

4. 根据你的基本判断,你所在教研组中,骨干教师的占比是 …………… (　　)

A. 少于 10%　　　B. 10% ~ 20%　　　C. 20% ~ 30%　　　D. 大于 30%

5. 你所在的教研组中,骨干教师的分布特点是 …………………………… (　　)

A. 全部是青年　　　B. 中青年为主　　　C. 中老年为主　　　D. 老中青比较均衡

6. 你所在的教研组中,适应教学手段现代化的教师比例 ……………… (　　)

A. 十分少　　　B. 近半数　　　C. 大多数　　　D. 占全部

7. 你所在的教研组教师中,有无被命名为下列水平的教师 ……………… (　　)

A. 市学科带头人　　　B. 区学科带头人　　　C. 区骨干教师　　　D. 校学科带头人

8. 在推进学科队伍建设中,你教研组最重要与迫切的问题是 …………… (　　)

A. 业务水平　　　B. 教学理念　　　C. 培训机会　　　D. 其他:_____

表 5 - 16　初中学校师资保障评估人事干部问卷

初中学校师资保障评估人事干部问卷

根据你对自己学校的掌握情况,对本问卷中的问题作答。你只要在题下备选答案中选择你认为符合情况的答案代码字母,填在题后的括号中即可。谢谢!

1. 学校在教师配备数量方面,根据编制规定的切合程度是 …………… (　　)

A. 符合标准　　　B. 有些超编　　　C. 尚有缺编　　　D. 结构性缺编

2. 学校现有教师队伍中,根据岗位职称编制规定的切合程度是 …………… (　　)

A. 符合标准　　　B. 高级教师超编　　　C. 中级教师超编　　　D. 中高级缺编

3. 学校现有高级教师队伍中,对照岗位职称编制规定的情况是 ………… (　　)

A. 5 级有____位　　　B. 6 级有____位　　　C. 7 级有____位　　　D. 总体:____

4. 学校现有中级教师队伍中,对照岗位职称编制规定的情况是 ……………… (　　)

　　A. 8 级有____位　　　B. 9 级有____位　　　C. 10 级有____位　　D. 总体:____

5. 对照学校发展需要,学校教师队伍中的基本情况是 …………………… (　　)

　　A. 特级教师已有____位 B. 无特级教师　　　C. 研究生学历教师有____位

　　D. 无研究生学历教师

6. 最近三年,你学校所进编的新教师中,学历水平是 ……………… (　　)

　　A. 学士为主　　　　　B. 硕士为主　　　　　C. 博士为主　　　D. 三者均衡

7. 最近三年,你学校退休或流出的教师中,职称层次是 ……………… (　　)

　　A. 高级教师为主　　　B. 中级教师为主　　C. 初级教师为主　D. 不称职教师占多

8. 最近三年,你学校所进的教师中,比例最多的是 ……………… (　　)

　　A. 高师毕业生　　　　B. 综合大学毕业生 C. 本市其他学校教师　D. 外地教师

9. 对于学校现有的教师配置情况,相对而言,最大的问题是 …………… (　　)

　　A. 高端教师少　　　　B. 骨干教师少　　　C. 青年教师少

　　D. 其他:_____

10. 对于学校促进青年教师的成长的举措,你认为还需要加强的是 ……… (　　)

　　A. 外派培训　　　　　B. 校本培训　　　　　C. 实践带教

　　D. 其他:_____

三、师资保障评估指标及标准和工具使用的说明

对于师资保障评估的研究,本节涉及指标及标准研制和评估工具,与前一节法理依据相吻合,兹简要说明如下。

1. 关于相关概念的简要说明

对于"教师编制",这是办学保障的硬性指标之一。其中包含的"生师比例"和"班师比例"是数量指标,"学历达标"是质量指标。初中学校的人员编制是政府人事部门颁布的,这个问题其实还包括管理人员编制、技术人员编制和后勤人员编制等。但随着体制、机制的改革,管理与后勤的编制问题相对变化大些,而技术人员(主要是教师)的编制就相对会稳定些。所以,本指标主要指向教师的编制,从与学生的匹配性、与班级的匹配性来考察。具体标准可能具有地域的和时期的差异,需要根据相关的文件。学历达标是对教师任职资质的考察,同样是具有时期特征的可发展的指标。

对于"师资结构",这是办学保障也是办学质量的重要指标。学科分布结构是保障因素,职称分布结构是质量因素。根据新课程实施对教师合理组合的要求,一个是学科及课程的全覆盖,不同学科(课程)都需要相应的专业教师配备;另一个是教师来源的多元,除高师毕业生外,应该吸收综合性大学毕业生,试图从优势互补的角度整体完善教师队伍。对于职称结构,这里既有教师职称的现

实,还有在政策导向下的教师岗位结构标准（相关文件），所以，在两者之间进行的比较评估，就可以考察师资保障的情况。除此以外，还有教师在性别和年龄方面的合理结构的指标，这对办学而言同样是需要考量的保障因素。

对于"专业发展"指标，针对师资力量情况，这是办学质量的保障因素之一。包括不同层次教师的拥有数和占比情况，高端教师和骨干教师在不同学科的分布情况，教师的专业发展成果等。对于初中学校的教师专业发展情况评估，从指标设计和标准拟定方面，旨在用这种"标杆"加以引导，既是对学校师资水平的现状认定，并在此基础上规划队伍建设工作，也是对教师的专业促进，明确不同层次教师的发展方向与目标。

2. 关于评估工具使用的简要说明

在使用师资保障评估指标体系时，注意掌握两个原则：一个是最基础的保障原则，要根据有关国家编制的规定；一个是促进发展的保障原则，要依据学校的现状与发展规划对照。针对初中学校的教师任职要求，无论是基础保障还是发展保障，基本符合国家规定或学校规划者，就是合格水准，否则就是不合格；然后再进一步考察结构与成果的实际情况，有一定的实证材料证明高于规定或规划的要求，具有比较满意的程度，即可认定其达到了"优良"标准。在根据具体指标的评估时，还需要联系相关的问卷情况，进行综合考虑。在使用问卷评估的过程中，对问卷对象的岗位或角色需要明确，与具体问题内容如果不清楚者，则可以不做解答。对有些开放性问题，也可以根据对象的不同，在行文或话语体系上做适当的修改完善。

本指标或问卷问题主要是用于单项评估的，对所需要考察的指标要点具有较广的覆盖度，这是为了考虑其使用时信息的完整性。但在具体组织评估工作时，如果是实施对学校的全面评估，也可以选择其中的某些指标或问题，与其他模块的相关指标一起，组合成新的评估操作体系，实施有选择、有重点的评估。

第四节　初中学校经费保障的评估研究

经费保障也是办学最基础的保障因素。根据相关法理依据，对初中学校办学经费保障性的评估，包括收支情况与效益发挥等，建立相应的评估体系，以引导学校充分发挥经费保障资源的作用。

一、初中学校经费保障评估体系的设计思路

初中学校的经费保障，主要有这样几个视角：一是考察学校经费的到位度。这是属于来源保障问题，评估的作用既是对教育财政完善行政机制的促进，也是对学校重视财政拨款以保障学校办学与正常运行的督促。二是考察学校对经费

分配及使用来保障办学的成效。这其实是从管理的视角来评估保障的效果。

从学校经费的动态性能看,资金流动主要是进与出,即收入与支出,并体现为基本平衡,这是促进办学效益的基础保障。实施国家《义务教育法》以后,对初中学校来说,其经费的收入总体比较清晰,对学生的学杂费和课本费均实现了免费制,除政府财政拨款的收入外,其他收入项目一般就减少了许多,这为指标的设计就提出了相应的依据。从保障的角度分析经费支出,主要有最基本的维持性质的保障,以及指向学校发展需要的保障,从投入物、人、事等出发设计一些评估指标,并以问卷的内容来作一些补充。

为此,评估的方式同样分为指标体系评估和"概括性问题"评估这两种。对评估指标体系,采取一些定量与定性相结合的思路;对概括性问题,主要是对相关要素背景信息的收集,作为指标的必要补充,使评估工作更完善。

对于具体指标与问题设计,都将围绕相关法理和针对不同对象展开。对初中学校经费保障评估,可以设计两个层面的关注点和两个方式相结合的途径。如图5-4。

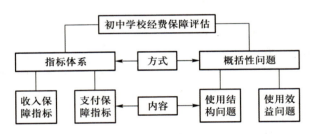

图5-4 初中学校经费保障评估组成结构

1. 关于评估指标体系结构与内容的设计

对于初中学校的经费保障评估指标,其结构与内容拟设计如下:

评估的"一级指标",指向初中学校办学过程中与经费相关的三个大视角:收入、使用、效益;"二级指标",分别针对收入、使用和效益的具体项目。内容主要是对于指标含义的说明,也是对标准制定的指导。

这样,对初中学校经费保障评估指标体系,设计有3个一级指标和12个二级指标;对保障教育、教学和课程改革,还有3个三级指标。总体结构如下:

Ⅰ　经费收入(办学保障中财政经费来源的稳定性、及时性等)

　　Ⅰ-1　生均公用经费(对照政府最近文件标准的落实情况)

　　Ⅰ-2　教工人员经费(符合教职工编制及工资标准的人员经费)

　　Ⅰ-3　教育专项经费(教育与课程改革、基建、重大设备添置等专项经费)

　　Ⅰ-4　预算外收入(社会资助、其他渠道等方面的经费来源)

Ⅱ　经费使用(保障学校运行和发展经费的合理性、规范性)

Ⅱ-1 教职员工分配(绩效工资及其他分配的规范性、合理性)

Ⅱ-2 学生经费保障(规范性、合理性、完善性)

Ⅱ-3 设施设备、图书资料保障(合理性、发展性)

Ⅱ-4 符合课改需要(合理性、发展性)

    Ⅱ-4-1 课程资源建设经费(合理性、先进性)

    Ⅱ-4-2 师资培训经费(合理性、发展性)

    Ⅱ-4-3 项目研究经费(合理性、发展性)

Ⅱ-5 其他专项经费使用(预算科学性、使用合理性)

Ⅲ 效益体现(经费使用过程中整体效益的体现性、规范性)

Ⅲ-1 学校发展效益(预算及其执行、有效益实证)

Ⅲ-2 教师发展效益(预算及其执行、有效益实证)

Ⅲ-3 学生发展效益(预算及其执行、有效益实证)

对指标评估标准的确定,主要依据我国《义务教育法》和一些地区教育行政规定,参见第一节所阐述的有关"法理根据"。对于不同地区,具体的行政标准可能也会有差异。所以拟定的基本标准,首先强调的是必须体现通性通则要求;而对其中有些指标的标准,则仅供参考。

2. 关于"概括性问题"问卷的设计

初中学校经费保障评估的"概括性问题",根据评估信息不同的来源,需要组成不同内容、不同对象的问卷,以有针对地收集关于指标性评估的背景资料。一般而言,对初中学校经费保障评估的问卷,主要有三种不同对象,分别设计的问卷,参见表5-17。

表5-17 不同信息来源的初中学校经费保障情况问卷设计

问卷类型	问卷主要内容	问题形式
分管领导问卷	(1)学校财政收入与支出的基本情况 (2)在经费使用效益方面的基本情况	选择题
总务主任问卷	(1)学校目前经费来源的结构特点 (2)学校建设与发展的经费保障分析	选择题加开放题
财务人员问卷	(1)财政拨款的到位度和预算执行情况 (2)对不同项目经费使用的结构分析	选择题加开放题

在问卷具体设计时,既要与上述指标体系有联系,也要有区别,重点要询问不同指标背后的实际情况。问题设计要明确而简便,以保证获取信息的真实性,使调研对象对解答问题时能理解并有针对答案。

二、评估工具——指标体系与问卷设计

初中学校经费保障的评估工具,分为指标与标准体系和概括性问题两种。

其中指标标准体系一份;概括性问题评估工具设计,根据信息来源对象,依据上述设计思想,设计为不同内容的三份问卷。

1. 初中学校经费保障评估指标标准

根据对经费保障 3 个一级指标和 12 个二级指标组成的指标体系,初中学校的评估标准如表 5 - 18。

表 5 - 18   初中学校办学条件保障评估标准 5(经费保障方面)

一级指标	二级指标	基本标准	评估意见			案例依据或说明
			优良	合格	不合格	
经费收入	生均公用经费	符合教育财政对生均公用经费要求,入账规范				
	教工人员经费	据学校教职工编制和工资标准,人员经费规范入账				
	教育专项经费	根据学校教育发展要求,对专项经费申请与入账规范				
	预算外收入	有相关法规的允许,学校的预算外收入账目清晰规范				
经费使用	教职员工分配	绩效工资发放规范及时,其他分配项目有依据、较合理				
	学生经费保障	符合义务教育法和教育行政规定,支出规范合理				
	设施设备、图书资料保障	支持设施设备资料图书建设需要,支出规范合理				
	符合课改需要1(课程资源建设经费)※	支持课程资源开发与建设,能按预算执行				
	符合课改需要2(师资培训经费)※	支持教师进修培训需要,本项支出按预算执行				
	符合课改需要3(项目研究经费)※	支持课改项目研究需要,本项支出按预算执行				
	其他专项经费使用	根据学校事业需求的其他各专项经费按预算执行				

144

一级指标	二级指标	基本标准	评估意见			案例依据 或说明
			优良	合格	不合格	
效益体现	学校发展 效益	预算合理、执行规范,有实际效益的体现				
	教师发展 效益	预算合理、执行规范,有实际效益的体现				
	学生发展 效益	预算合理、执行规范,有实际效益的体现				
总体评估						

注:带※者括号内为三级指标。

2. 初中学校经费保障的评估问卷

根据设计方案,问卷共有三份(表5－19～表5－21)。

表5－19　初中学校经费保障评估分管领导问卷

初中学校经费保障评估分管领导问卷

根据你对自己学校的基本认识,对本问卷中的问题作答。你只要在题下备选答案中选择你认为符合情况的答案代码字母,填在题后的括号中即可。谢谢!

1. 近几年学校从教育财政下拨的生均公用经费 ………………………………… (　　)

A. 逐年增加　　　B. 逐年减少　　　C. 每年均一样　　　D. 多少有波动

2. 近几年,教育财政下拨经费相对学校需求的情况 ……………………………… (　　)

A. 及时并满足　　B. 及时但不满足　C. 满足但不及时　　D. 不及不满足

3. 学校现在除教育财政外,预算外收入的情况是 ………………………………… (　　)

A. 校办企业收入　B. 校舍出租收入　C. 其他赞助　　　　D. 都没有

4. 学校对财政生均公用经费的使用,感到相对最紧张的是 …………………… (　　)

A. 业务费　　　　B. 公务费　　　　C. 设备添置费　　　D. 维修费

5. 对发放教师绩效工资的方案,你认为贵校的调整权限应该要 ……………… (　　)

A. 加大学校权限　B. 保持　　　　　C. 下放(年级组)　　D. 上交(区县教育局)

6. 在学校各项业务专用经费中,你认为最难保障的是 ………………………… (　　)

A. 教师培训经费　B. 课题研究经费　C. 展示宣传经费　　D. 教研活动经费

7. 如果学校有社会资助的经费,你最希望其投入的方面是 …………………… (　　)

A. 奖励学生　　　B. 奖励教师　　　C. 改善办学条件　　D. 组织境外考察

8. 如果学校调整预算有增加经费,你认为最需要使用的项目是 ……………… (　　)

A. 补贴学生经费　B. 补贴设备维修　C. 补贴教师培训　　D. 建设专用教室

表 5 - 20　初中学校经费保障评估总务主任问卷

初中学校经费保障评估总务主任问卷

　　根据你对自己学校的基本了解,对本问卷中的问题作答。你只要在题下备选答案中选择你认为符合情况的答案代码字母,填在题后的括号中即可。谢谢!

　　1. 你学校近年办学经费来源,增幅最大的是 ……………………………………（　　）

　　A. 财政拨款　　　　B. 教育附加　　　　C. 社会资助　　　　D. 其他渠道

　　2. 你学校目前各项经费收入中,比例最大的是 ………………………………（　　）

　　A. 教师工资　　　　B. 生均公用经费　　C. 基本建设经费　　D. 其他专项经费

　　3. 在所有公用经费的分配中,你感到比较紧张的是 …………………………（　　）

　　A. 业务费　　　　　B. 公务费　　　　　C. 设备添置费　　　D. 设施维修费

　　4. 在公务费的各项开支中,你校占比最多的是 ………………………………（　　）

　　A. 办公经费　　　　B. 水电费　　　　　C. 公用差旅费　　　D. 会务费

　　5. 对设备添置经费的保障使用,你校占比最多的是 …………………………（　　）

　　A. 实验仪器　　　　B. 文体设备　　　　C. 图书资料　　　　D. 信息化设备

　　6. 目前学校的设施修缮经费,最主要的是用于 ………………………………（　　）

　　A. 教室设备维修　　B. 建筑墙体维修　　C. 教学设备维修　　D. 校园环境美化

　　7. 对照学校发展规划或计划,近期最需要经费保障的项目是 ………………（　　）

　　A. 人员工资　　　　B. 教改实验　　　　C. 设施建设　　　　D. 其他:_____

　　8. 和以往几年比较,你认为学校专项经费使用最有效益的是 ………………（　　）

　　A. 设施完善　　　　B. 设备添置　　　　C. 教育改革　　　　D. 其他:_____

表 5 - 21　初中学校经费保障评估财务人员问卷

初中学校经费保障评估财务人员问卷

　　根据你对自己学校的基本了解,对本问卷中的问题作答。你只要在题下备选答案中选择你认为符合情况的答案代码字母,填在题后的括号中即可。谢谢!

　　1. 你的财务岗位是_____,所承担的工作主要是 …………………………（　　）

　　A. 定期报表　　　　B. 分类做账　　　　C. 现金进出　　　　D. 财务审计

　　2. 你学校向上级财政部门交年度预算,一般情况是 …………………………（　　）

　　A. 前一年递交　　　B. 年初递交　　　　C. 新年开学递交　　D. 上级催了才交

　　3. 下拨的年度公用经费,到达学校的时间一般是在每年的 …………………（　　）

　　A. 一二月份　　　　B. 三四月份　　　　C. 七八月份　　　　D. 其他时间

　　4. 根据预算下拨的专项经费,一般到达学校时间是批准后 ………………（　　）

　　A. 一个月内　　　　B. 两个月内　　　　C. 三个月内　　　　D. 近年底

　　5. 对预算专用项目的经费使用,被审定为最规范的是 ………………………（　　）

　　A. 修缮项目　　　　B. 科研项目　　　　C. 装备项目　　　　D. 其他:_____

　　6. 你校的业务费使用中,执行得最为规范的是 ………………………………（　　）

　　A. 教学经费　　　　B. 实验经费　　　　C. 文体经费　　　　D. 其他:_____

7. 你校的公务费使用中,执行得最为规范的是 ……………………………… (　　)

A. 差旅经费　　B. 会务经费　　C. 交通经费　　D. 其他:＿＿＿＿＿＿

8. 对提高学校经费使用效益,你认为最迫切要解决的问题是 ……………… (　　)

A. 管理到位　　B. 服务到位　　C. 指导到位　　D. 其他:＿＿＿＿＿＿

三、对于经费保障评估指标及标准和工具使用的说明

对于经费保障评估的研究,本节涉及指标及标准研制和评估工具,与前一节法理依据相吻合,兹简要说明如下。

1. 关于相关概念的简要说明

"经费收入",这是办学保障的基础,包含的指标有四个,其中"生均公用经费"和"人员工资经费"是硬性指标,是由财政下拨的。教育财政的保障是政府的行为,但具体数据的依据是学校核算提出的,所以学校也是这个项目经费保障的当事人。"教育专项经费"是根据初中学校发展或完善办学的需要,主要着眼于基本建设和提升质量等方面的要求,专项内容另列预算后送审,经批准后方能产生。"预算外收入"对一般学校来说是很少的,甚至是没有的。但由于历史或地域环境的不同,也有一些学校是存在并在产生效益,所以同样需要进行评估。这种评估主要通过账目查阅来获取信息。

"经费使用"是经费保障的落实指标,其包含的子项比较多,本方案列出5个二级指标、3个三级指标。为方便将二级和三级指标均列在指标评估体系表的同一层次,用※号表示其三级指标的属性。其中对有些需要特别说明。"教职员工分配"包括了国家核定的"绩效工资",以及具有一定标准的评价后的其他分配。"支持课程改革的经费"是提高学校课程领导力的保障之一,包括对课程资源建设、教师培训和课题项目开展等范畴的支持,在促进学校内涵发展的要求下,值得通过评估来促进保障。"其他专项经费"一般是需要事先预算通过后才能产生的,所以对预算执行情况进行评估就显得更有意义。

对于"效益体现"指标,主要是考察经费投入后的效益,有的可以即时评估,有的即时难以有效果反映,需要看后效,当场评估就比较难。这里从"发展"的视角,主要分学校层面、教师层面和学生层面,设计评估的基本标准。其中符合预算规定为合格,有比较好的效益者,可以评为优良。

2. 关于评估工具使用的简要说明

经费保障评估指标体系的使用,同样注意掌握两个标准:即基础标准和效益标准。对照初中学校的办学法规要求,经费的收入和使用,凡符合基础标准者,就是合格水准,否则就是不合格;凡是有实证材料证明高于标准者,有比较满意

的结果,即可认定其达到了"优良"标准。

　　在根据具体指标的评估时,还需要联系相关的问卷情况,进行综合考虑。在使用问卷评估的过程中,不同层面的问卷对象,因为岗位或角色的不同,对具体问题内容的理解也可以不同,可以从自己的实际认识出发做答;不清楚者则可以不做解答。对有些开放性问题的使用,也可以根据实际需要(如答题者的性别),在行文或话语体系上做适当的修改完善。

　　和前几个模块的评估一样,本指标或问卷问题主要是用于单项评估,对所需考察的指标要点具有较广的覆盖度,这是为了考虑其使用时信息的完整性。但在具体组织评估工作时,如果是实施对学校的全面评估,也可以选择其中的某些指标或问题,与其他模块的相关指标一起相整合,组合成新的评估操作工具体系,实施有选择、有重点的评估。

第六章　初中学校环境评估

"环境"(Environment),顾名思义,即"周围的境况与条件"。对其定义有二:其一,影响生物机体生命、发展与生存的所有外部条件的总体。其二,在某一给定时刻系统所遭受的所有外界条件及其影响的综合①。但"环境"一词其实具有多层次、多视角的含义。广义地说,是指"人们所在的周围地方与有关事物,一般分为自然环境与社会环境"。狭义的概念,都是根据具体的研究领域(如学科)和关注的主体(或系统)而理解的。对环境概念的这些一般性理解,与《现代汉语词典》等许多工具书和文献具有一致性。

本书所关注的主体是初中学校,而学校中的所有师生员工从道义上说,也是主体。为此,对初中学校的环境评估,就将从学校的内部环境(包括物质环境和人文环境)、外部环境(包括政策环境和校际环境),以及学校对外交流的环境这三个方面着眼,研究相关的评估内容与范畴。而在此前,本章先就建立初中学校环境评估体系的法理依据进行梳理,拟从法规和理论两个角度来讨论。

第一节　初中学校环境评估的法理依据和评估宗旨

学校环境是办学的重要基础条件之一。在相关的法律文件中,对学校环境有明确规定,尤其是对义务教育阶段的学校环境,例如我国的《义务教育法》中,可以说是十分清晰的。而在有关的教育研究文献中,对学校环境的理论也不少。本节将从法理依据、理论借鉴和意图目标等方面,对初中学校的环境评估体系的研究探索作一个基本思路的勾画。

一、初中学校环境评估的法理依据

根据对不同教育文件的考察,我们可以得到基本认识:学校环境其实是一个比较复杂的概念范畴。首先,在《义务教育法》中,涉及学校的办学环境,有这样几个内容:

一、"学校建设,应当符合国家规定的办学标准,适应教育教学需要;应当符合国家规定的选址要求和建设标准,确保学生和教职工安全。"(第十六条)

---

① 见百度百科网站"环境"词条解释。本段其他环境引言同此(http://baike. baidu. com/view/13655. htm)。

二、"各级人民政府及其有关部门依法维护学校周边秩序,保护学生、教师、学校的合法权益,为学校提供安全保障。"(第二十三条)

三、"学校应当建立、健全安全制度和应急机制,对学生进行安全教育,加强管理,及时消除隐患,预防发生事故。

县级以上地方人民政府定期对学校校舍安全进行检查;对需要维修、改造的,及时予以维修、改造。"(第二十四条)

这主要是注重了义务教育阶段学校环境的安全性,包括学校选址、建设标准、周边秩序、管理机制等。在国家未成年保护法中也有相似的学校环境要求。

各地方法规也有相应的落实条例。如上海,制定了关于实施国家义务教育法的办法,并根据时代发展与社会现状做定期修订,在2009年修订的"上海市实施《义务教育法》办法"中,就有涉及学校环境的部分内容①:

一、"市和区、县人民政府应当合理配置义务教育资源,缩小城乡之间、区域之间、学校之间办学条件和办学水平的差距,促进义务教育均衡发展。"(第七条)

二、"学校应当建立健全与家长的联系制度,建立家长委员会,对涉及学生权益的重要事项,应当听取家长委员会的意见。"(第十七条)

三、"市和区、县人民政府在组织编制或者批准城市总体规划和控制性详细规划时,应当按照国家和本市有关规定,制定、调整学校设置规划,合理布局。

本市健全和完善教育公建配套制度。新建居民区根据规划需要设置学校的,应当与居民区的建设同步进行。"(第二十七条)

四、"市教育行政部门应当统筹规划本市教育教学设施设备的配置,促进城乡之间、区域之间教育教学设施设备的均衡。

区、县人民政府及其教育行政部门应当均衡配置本行政区域内学校的教育教学设施设备。"(第三十三条)

五、"市和区、县教育行政部门应当推动城乡之间、区域之间、学校之间教育设施和设备、课程、师资等资源共享,提高资源使用效益。"(第三十七条)。

从中,我们可以看出,这里注重的是创设一个对实施义务教育公平的环境。在上海市对这种环境进行评估与督导的规范性设计中,也在2011年制定了相应的文件,其中第19—26条对"环境公平"体现的指标要求如下(表6–1)。②

---

① 参见《上海市实施〈中华人民共和国义务教育法〉办法(2009年修订)》。
② 《上海市教育委员会、上海市人民政府教育督导室关于开展义务教育均衡发展督导、考核和评估的实施意见》(2011年2月)。

表6-1　基于义务教育均衡发展的学校环境公平督导、考核和评估要求

环境公平	教育普及水平	常住人口适龄儿童义务教育的覆盖情况(19)
		区域内残疾儿童少年义务教育普及率(20)
		区域内进城务工人员随迁子女进入公办学校比例(21)
		区域内义务教育阶段学校就近入学比例,以及义务教育完成率(22)
	对口支援	中心城区与远郊区县对口支援、帮扶结对、委托管理等情况(23)
		区域内学校间的合作交流,以及优质资源共享辐射状况(24)
	社会经济背景	区域内人均 GDP(25)
		区域内人均财政支出(26)

上述内容中特别关注的,也是对义务教育学校强调有一个公平的环境。这些都是本章需要依据或参考的最基本的法理。

二、初中学校环境评估的理论借鉴

在理论界,对学校环境的研究主要是宏观层面的,一个是缺少对专门学段如初中学校环境的全面研究,一个是缺少体现评估要求的具体指标化要素的专门视角。但有些内容或研究成果对本课题还是具有一定借鉴意义的。

关于对学校环境组成的认识,可以形成共识的是,学校环境有几个维度考察。如关注空间区位,有校内环境和校外环境之分;如关注性质领域,有物质(硬)环境和人文(软)环境之分;如关注时间前后,有历史环境、目前环境和未来环境之分。在这些不同维度的环境指标下,还有一些次一级的相关指标。

近来在对学校教育的研究中,学校环境指标分析的理论与经验较为盛行。

关于对学校环境的分析方法,比较有影响的是"SWOT"模式,其含义的表达是:关注影响学校发展的最大问题,其要素主要是四个,即"优势"(Strengths)、"劣势"(Weakness)、"机会(机遇)"(Opportunities)、"威胁(限制)"(Threats),简称为"SWOT"。"SWOT分析法"原来用于企业战略分析,借用到对学校进行优劣势分析,是环境分析的一个基础性工作。在对各要素进行基础分析后还要整合,考察学校内部有哪些优势和劣势,学校外部又存在着哪些机遇和限制,这可以说是对学校环境基本的研究与认识。不少学校在思考今后发展时就进行过这样的基础分析。

如果从优势、劣势、机会(机遇)和威胁(限制)四个维度来分析,将具体情况分别列入表格中,建构SWOT矩阵,再逐一进行交叉性分析,在认清环境的基础上,从而寻求最佳的对策,确定行动方案,这既是学校的工作思路,也可以是考察一所学校的办学环境的思路。表6-2是这个矩阵模式的内容：

表6-2 学校环境条件"SWOT分析法"

指标体系		S （优势）	W （劣势）	O （机会/机遇）	T （威胁/限制）
外部环境分析	政策环境				
	经济环境				
	社会环境				
	科技环境				
输入条件分析	资源				
	政策				
	利益相关方需求				
内部条件分析	发展战略				
	组织制度				
	学校文化				
	管理能力				
	课程、教学、德育				

在一些关于学校环境问题的研究文本中，还涉及更多的范畴。

如中国台湾学者冯朝霖（政治大学教育系）在一项研究中，提出对学校环境评估要包括九个范畴：① 安全的校园环境；② 人性化的校园氛围；③ 平等与公正的对待；④ 权利维护与权力申诉；⑤ 尊重多元与个别差异；⑥ 民主党参与和学习；⑦ 教师专业自主的发展；⑧ 学生学习权的维护；⑨ 人权教育的条件，共153条具体项目[①]。

又如山东枣庄市环境育人星级学校评估标准，包括了"组织领导"、"物质环境建设"、"文化环境建设"、"队伍与制度文化建设"、"文化活动建设"等。

有的学校还注重了网络环境对学校教师、学生发展的影响问题。总之，相对法规层面，理论与实践层面对学校环境的评估研究可能更丰富，而且不仅从安全角度，还有更多的关注范畴。这是研究本评估模块值得借鉴的资源。但是，对于上述表述的内容，有些已经在保障等模块的评估章节中有所体现，本章重点讨论的是未被涉及的对初中学校有较大影响的若干重要环境内容的评估。

综合上述法理和理论层面对学校环境评估的基本要义，可以归纳如下：

---

① 参见各级学校人权环境评估项目之建构与研究成果报告（http://wenku.baidu.com/view/4f780220dd36a32d737581cc.html）。

- 对初中学校的环境评估最重要的是关注安全环境。无论国家法律还是地方条例，都非常强调学校环境首先是安全境况，包括对校园的安全，以及对教师与学生的安全，这是最重要的评估关注点。
- 初中学校的环境评估需要涉及校内外等多个视角。对学校环境评估内容的考察，从其影响源考虑，可以有多个视角。其中主要的是空间的因素和内容范畴的因素，这是环境评估指标与标准设计的重点。
- 对学校环境评估的功能既是认定也是促进其改善。通过环境评估指标及其标准的引导，学校在接受评估的同时，明确符合标准与否的具体要素，不仅是对学校的一种认定，更是找到完善改进的方向和目标。

三、初中学校环境评估的基本意图与主要目标

关于初中学校的办学环境，就其外部环境尤其是政策环境来说，应该是比较理想的，无论具体要素还是其公平性，都得到了政策的基本保证。但在现实中，不同初中学校由于区位因素，外部环境的差异和不尽如人意还是客观存在的。对于其内部环境而言，重点不在物质环境，而是人文方面的各种环境要素，这应该是要关注的重点。为此，一般和重点兼顾的评估思路，是促进初中学校环境建设到位和发展、完善的不可或缺的举措，开展对初中学校环境评估的现实意义可以说是比较显然的。

根据上述分析，对于初中学校环境评估的基本意图可以概括为以下几点：

- 了解并评估初中学校关于办学环境的关照、营造、完善、规划等实际情况，以促进初中学校按照有关法规要求认真执行与落实。
- 考察并评估初中学校以安全要素为重点的办学环境，在维护学校和师生的安全性方面，促使周边环境和校园环境能够符合正常办学的要求。
- 根据初中学校办学规范要求，考察并评估对学校环境建设和环境育人方面的评估指标的落实情况，促进初中学校对照指标标准进一步规划环境建设，提高办学质量。

关于初中学校进行环境评估的研究，最终的主要目标是：

- 收集并分析关于初中学校环境评估的法理依据和若干基础理论，为设计初中学校环境评估体系提供基本依据；
- 建立一个针对初中学校分项目的环境评估指标与标准系统，为在初中学校开展环境评估提供基本的操作方案；
- 设计对初中学校开展环境评估的背景信息的收集方式和内容要点，以问卷的方式启发初中学校有关人员关注环境建设工作的不断完善；
- 拟定对初中学校环境评估的基本操作体系并组织评估的试验，以及对初中学校环境评估的信息解释与价值判断的基本思路，并完善对初中学校环境评

估的研究成果。

　　根据上述认识,我们可以理出对初中学校环境评估项目的设计与实施途径,以图6-1来表示。对其中后一个目标的具体落实设想,将在第九章中阐述。

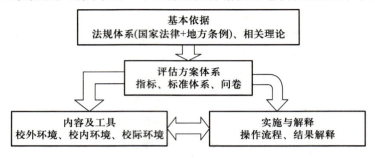

图6-1　初中学校环境评估结构与基本实施途径

第二节　初中学校内部环境的评估研究

　　学校环境是校园文化的组成部分,是学生成长和教师发展的重要条件,也是学校开展各种教育教学活动的重要保障。学校环境,包括显性的物理环境和隐性的心理环境,前者如校园建筑、校园布局、校园美化绿化等;后者如校风,人际关系、集体舆论等精神氛围,物理环境是心理环境发挥作用的物质基础,而心理环境是校园环境的核心内容,两者相互作用、相互影响、相互渗透,构成了一个完整的有机联系的校园整体环境。

一、初中学校内部环境评估体系的设计思路

　　对于初中学校的环境评估,关于指标体系的内容设计,可以有以下几个视角设想:一是学校的物质环境方面,一般有两个层次,基础或基本的层次是安全要求的环境设施,较高层次是具有育人功能的环境氛围。二是学校的人际环境方面,一般也有两个层次:基础层次,是拥有安全性的民主制度环境;较高层次,是师生间教育教学和谐的关系。三是学术氛围方面,基础层次是学校的学术发表平台,包括校刊性质的或网络电子的;较高层次是对师生学生或专业发展成就的认可和奖励等机制环境。

　　在评估的方式上,同样既有指标体系的评估方式,也有"概括性问题"评估方式。根据对初中学校环境建设的法理依据,除相关的评估指标外,作为补充,还要拟定一些需要考察的问题组成问卷,对相关对象进行必要的了解,体现定量评估与定性评估相结合的思想。

　　所以,对初中学校环境的评估,应该有两个层面的关注点和两个方式相结合

的途径来进行。而具体指标与问题,将围绕相关法理展开,如图6-2。

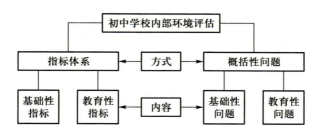

图6-2 初中学校内部环境评估的组成示意图

1. 关于评估指标体系的结构与内容设计

对于初中学校环境建设的评估指标,其结构与内容可设计如下:

指标的结构设计,分为"一级指标"和"二级指标"两个层次,其中"一级指标"主要指向学校环境要素的较高层次,如物理环境、文化环境、人际环境等方面;"二级指标"分别对应一级指标,确立具体的项目。内容主要是对两个层次指标含义的一定说明,最终构成指标体系。

对初中学校环境建设的评估指标体系,拟由4个一级指标和12个二级指标组成,具体如下:

Ⅰ 学校物化环境(学校基础设施的安全性、先进性)

  Ⅰ-1 教育活动场所(各种专用教室等安全性、先进性)

  Ⅰ-2 体艺活动场地(操场、球场及设施安全性、充足性)

  Ⅰ-3 卫生设施设备(餐饮、保健等设施设备安全性、便捷性)

Ⅱ 学校文化设施(文化环境设施的科学性、教育性)

  Ⅱ-1 走廊、橱窗布置(布局合理性、内容教育性)

  Ⅱ-2 校园绿化美化(布局合理性、知识指导性)

  Ⅱ-3 户外专题活动设施(科技、德育、美育等配套设施科学性、先进性)

Ⅲ 学校人际环境(体现以人为本的民主性、制度化)

  Ⅲ-1 民主制度建设(民主制度等对优化人际关系的支持性)

  Ⅲ-2 和谐课堂建设(教育教学过程尊重人格、师生关系和谐)

  Ⅲ-3 师生精神面貌(仪容仪表、尊师守纪等文明行为)

Ⅳ 学校学术氛围(对学术的尊重性、平等性,重视学术发展)

  Ⅳ-1 学术发表平台建设(学术性校刊、网站网页建设)

  Ⅳ-2 各种学术活动开展(定期的、专题的师生学术性活动)

  Ⅳ-3 尊重学术发展(对学术成就的奖励或支持性)

根据上述评估指标和内容体系的设计思路,再进行具体评估工具的设计。

2."概括性问题"相关问卷的设计

关于初中学校环境要素评估的"概括性问题",根据评估信息源的对象不同,拟制定不同内容的问卷,作为对指标性评估的必要补充。一般而言,对初中学校环境要素评估的信息可以有以下几个途径,拟分别设计问卷,参见表6-3。

表6-3 不同信息来源的初中学校环境要素情况的问卷设计

问卷类型	问卷主要内容	问题形式
领导问卷	(1)学校对校园物化环境建设的整体情况 (2)学校对文化与人际环境营造的整体情况	选择题加开放题
教师问卷	(1)对学校环境建设总体情况的基本感受 (2)对教学教育中人际环境的实践感受	选择题加开放题
学生问卷	(1)学校环境对自己发展和需求的支持性 (2)学校环境对师生群体需求的支持性	选择题加开放题

对于具体的问卷问题设计,从效益要求着想,内容可以兼顾本章其他内容;从对获取信息真实性考虑,需要避免设计模糊性问题。

二、评估工具——指标体系与问卷设计

按照上述设计思想,对于初中学校环境要素与建设的评估,拟用两种工具:一是指标及标准体系评估工具;二是概括性问题评估工具。

1. 初中学校环境现状与建设评估标准

根据对指标体系的设想,设计的标准评估如表6-4。

表6-4 初中学校环境现状与建设的评估标准

一级指标	二级指标	基本标准	评估意见			案例依据
			优良	合格	不合格	
学校物化环境	教育活动场所	教室与实验室达标;传达室,各项安全措施,围墙,道路,供水、供电设施完善安全				
	体艺活动场地	有满足学生室外活动的操场及体艺活动场地,安全使用制度健全				
	卫生设施设备	食堂、饮水设施安全卫生,消毒打扫检查制度到位,排污设施符合环境要求				

一级指标	二级指标	基本标准	评估意见			案例依据
			优良	合格	不合格	
学校文化设施	走廊、橱窗布置	建有校内广播电视站和文化走廊、阅报栏、宣传橱窗等设施,并积极发挥作用				
	校园绿化美化	校园绿化有整体规划、设计合理,四季有绿,常年有花,布置有特色,校园整洁				
	户外专题活动设施	校园内有艺术文化等活动设施,有符合教育环境需要的雕塑、浮雕、景墙等				
学校人际环境	民主制度建设	重大校务注重民主,考核的方案与结果公示、公开,能发挥教代会作用				
	和谐课堂建设	面向全体学生,注重因材施教,尊重学生权益,关注学生全面发展				
	师生精神面貌	班子团结,干群和谐,教师群体心理素质好,尊师爱生,人际氛围良好				
学校学术氛围	学术发表平台建设	有供师生发表作品的专业校刊,有学校网站和专题网页,能定期更新				
	各种学术活动开展	校园学术交流覆盖不同知识和技术领域,活动定期组织学术展示、民主气氛浓				
	尊重学术发展	注重良好学术环境建设,对学术成果有评价、表彰、奖励等激励机制				
总体评估						

实施评估,可在相应空格中根据实情评估打钩,并将依据说明写在后面。

2. 初中学校环境现状与建设评估的若干问卷

根据设计方案,本评估项目问卷共有以下三份(表 6 - 5 ~ 表 6 - 7)。

表 6-5　初中学校环境现状与建设评估领导问卷（分管校长或中层干部）

初中学校环境现状与建设评估领导问卷（分管校长或中层干部）

根据你对自己学校的基本认识,对本问卷中的问题作答。你一般只要在题下备选答案中选择你认为符合情况的答案代码字母,填在题后的括号中即可。谢谢!

1. 学校的门卫及安保部门人员对学校安全的职能要求和重视度 …………（　）
　A. 很了解并到位　　B. 基本了解及到位　　C. 了解但不到位　　D. 不理想

2. 学校现在各种教室和学习活动室的安全性能 ……………………………（　）
　A. 全部合格　　　　B. 少量不合格　　　　C. 少量合格　　　　D. 全都不合格

3. 学校的理科实验室和劳技专用室设备环境安全规范 ……………………（　）
　A. 符合要求　　　　B. 基本符合要求　　　C. 有较多问题　　　D. 有严重问题

4. 学校的饮水设施、食堂卫生、校园保洁等制度及执行情况 ………………（　）
　A. 十分良好　　　　B. 比较好　　　　　　C. 基本可以　　　　D. 尚不理想

5. 校园的文化环境建设,据你所知目前的基本情况是 ………………………（　）
　A. 各方面都很好　　B. 布局不够好　　　　C. 美化不够好　　　D. 知识化不够好

6. 对于学校目前的人际环境情况,你的基本评价是 ………………………（　）
　A. 十分和谐　　　　B. 有时欠和谐　　　　C. 有些部门欠和谐　D. 不很和谐

7. 对于学校目前的学术民主氛围的建设,据你的判断是 …………………（　）
　A. 重视并理想　　　B. 重视但欠理想　　　C. 基本理想但欠重视　D. 不重视不理想

8. 如果要对学校的环境建设进行规划,你认为最需要加强的是…………（　）

表 6-6　初中学校环境现状与建设评估教师问卷

初中学校环境现状与建设评估教师问卷

根据你的了解,对本问卷中的问题作答。你一般只要在题下备选答案中选择你认为符合情况的答案代码字母,填在题后的括号中即可;有些需要你先填内容。谢谢!

1. 学校所有的设施设备中,你认为目前还存在一些安全隐患的是…………（　）
　A. 教室实验室　　　B. 体育活动场　　　　C. 门卫等工作　D. 没有隐患,都很好

2. 根据你的认识,对学校的文化环境建设项目最为理想的是………………（　）
　A. 绿化布局　　　　B. 橱窗布置　　　　　C. 走廊美化　　D. 其他:＿＿＿＿＿

3. 根据以往经验,学校一旦出现安全等问题,应急措施 ……………………（　）
　A. 能及时到位　　　B. 基本到位　　　　　C. 不够到位　　D. 基本没有

4. 学校对教师提出的办学、教育等方面意见,基本表现是 …………………（　）
　A. 定期听取,十分重视　B. 能听,部分采纳　C. 能听,不采纳　D. 都不够

5. 学校对教师的学术交流和成果展示要求,基本上 ………………………（　）
　A. 有平台,机会很多　B. 有平台但机会少　C. 平台不够　　D. 几乎都没有

6. 对于教师在学术上取得的成果,学校的态度一般是 ……………………（　）
　A. 表彰并奖励　　　B. 表彰不奖励　　　　C. 奖励不表彰　D. 不表彰不奖励

7. 如果要对学校的物态环境建设提建议,你认为急需解决的是:

＿＿＿＿＿＿＿＿＿＿＿＿＿＿＿＿＿＿＿＿＿＿＿＿＿＿＿＿＿＿＿＿＿＿＿＿

8. 如果要对学校的人际与学术环境建设提建议,你认为急需解决的是:

＿＿＿＿＿＿＿＿＿＿＿＿＿＿＿＿＿＿＿＿＿＿＿＿＿＿＿＿＿＿＿＿＿＿＿＿

表 6 − 7　初中学校环境现状与建设评估学生问卷

初中学校环境现状与建设评估学生问卷

根据对学校的基本了解,对本问卷中的问题作答。你一般只要在题下备选答案中选择你认为符合情况的答案代码字母,填在题后的括号中即可;部分题你需填写内容。谢谢!

1. 参加学校的体育活动、室外教育活动等,对设施的安全感到 …………………（　　）

　A. 很放心　　　B. 基本放心　　　C. 基本不放心　　　　D. 很不放心

2. 对学校的校园环境,你认为最为满意的项目是………………………………（　　）

　A. 校园绿化　　B. 宣传橱窗　　C. 走廊布置　　　D. 其他:＿＿＿＿＿

3. 日常到学校图书馆、阅览室、实验室等进行自主学习,学校是 …………（　　）

　A. 支持并有指导B. 支持但无指导C. 不支持不反对　　D. 不允许

4. 课堂教学过程中,老师们对学生与老师、同学之间的不同意见是 ………（　　）

　A. 鼓励发表　　B. 允许发表　　C. 有时允许有时反对发表D. 不允许发表

5. 在学校中发表学生的学习感想或文章,发表形式和渠道一般是………（　　）

　A. 班级小报　　B. 校办刊物　　C. 校园网络　　　D. 其他:＿＿＿＿＿

6. 如果要完善学校的体育活动环境,你认为最需要改善的是:

＿＿＿＿＿＿＿＿＿＿＿＿＿＿＿＿＿＿＿＿＿＿＿＿＿＿＿＿＿＿＿＿＿＿＿＿

7. 如果要完善学校的学生生活环境,你认为最需要改善的是:

＿＿＿＿＿＿＿＿＿＿＿＿＿＿＿＿＿＿＿＿＿＿＿＿＿＿＿＿＿＿＿＿＿＿＿＿

8. 如果要完善学校的校园文化环境,你认为最需要改善的是:

＿＿＿＿＿＿＿＿＿＿＿＿＿＿＿＿＿＿＿＿＿＿＿＿＿＿＿＿＿＿＿＿＿＿＿＿

在具体使用本评估工具时,对其标准的掌握还需要对照当时当地颁布的有关新的规定。

三、初中学校内部环境评估指标与标准的说明

对于上述某些指标概念的界定和评估工具使用的方法,作如下说明。

1. 关于指标与标准相关概念的简单说明

一是"学校物化环境"。对学校而言,物化的环境是最为基础的实体环境。这里主要指的是基础设施以及大型设备,由此构成一种校园的学习环境。对学校环境的评估,根据法规要求,关注的重点是其安全性;而作为一种环境,其实也是一种隐性的课程资源,所以还需要关注其先进性。能体现既安全又先进特征的学校环境,对所有学校成员都是重要的基础条件。本章所谓的这些环境包括实体环境的各种教育活动场所、体育活动的场地,还有各种卫生保健设施等,也包括利用这些环境资源的有效制度及其执行。所以,评估的关注点,除了安全与先进外,还有建立在充足和便捷基础上的效益性。对于学校"物化环境"指标及评估标准的理解,需要从这几个方面来认识。

二是"学校文化设施"。学校不可没有文化的气息,而文化设施其实是一种视觉文化。视觉的文化是实在的可感并易感的文化,所以文化设施其实也是学

校内部的基本环境要素。本章关注的校园文化设施主要有三个方面,即供给学生可阅读或欣赏的文化设施,包括橱窗、走廊等所反映的文化;绿化工程等美化校园的视觉环境设施,使学校产生一种欣欣向荣的情境;一些专题性的师生活动场所,如"外语角"、"艺术沙龙"、"咖啡吧"等设施。因为这些环境设施都承载有文化的元素,所以对学校成员都有一定的文化影响力,是一种教育资源。对校园文化设施的评估,可以有三个视点:一是其使用的安全性,这是最基本的;二是内容的科学性,作为学校的基础要求;三是教育性,要具有一定的育人功能。

三是"学校人际环境"。和谐的人际环境是学校发展的重要条件,是学校的软实力表征。根据马斯洛的"需求层次理论","生理需要"、"安全需要"、"归属和爱戴需要"是基本的,这也是一个单位最基础的人际环境;然后才是"尊重、理解的需要"、"审美需要"和"自我实现的需要"。所以,作为学校(当然包括初中学校)民主制度的建立、和谐课堂氛围的营造、每一个师生积极向上、文明举止等精神面貌等,不仅是学校需要加强的软实力,也是其中每一个成员的基本需要。对学校人际环境的评估,说到底,就是促进学校的这种实力的提升,营造一个全员舒畅的基本的人文环境。

四是"学校学术氛围"。这是作为学校的一个必要的表征,也是一种比较有品位的软环境。这里的学术氛围其实是上述马斯洛需求层次理论中较高层次相应的需求环境,是促进学校学术发展和实力增强的保障条件之一。在这个指标下,设计的 3 个二级指标都是比较显性的要素,如学术平台,包括校刊校报,或者是校园网站等;学术活动,包括其开展的数量和体现的质量等;学术促进机制,是表现了对学术的尊重,在一个知识分子成群的学校,这应该是非常需要的环境,而对一个发展中的学生来说,这同样也是一种潜移默化的文化环境。对上述两种指标的评估,都需要也可以用实证来印证,判断其与标准的距离关系。

2. 关于评估工具使用的简单说明

在使用指标体系进行评估时,所针对的是"基本标准",这些标准主要依据地区性的有关规定,一般以文件为准,也有参考比较科学的"研究成果"或一些相关的理论。对学校实地考察认定其达到了各指标的标准,并有一定的实证材料,即可认定其达到了"合格"水准。如果该指标已经取得一定甚至明显的成效,在相应的实证材料的证明下,则可以认定其达到"优良"的一级标准;否则,评估结果可以认定其为"不合格"。

在使用问卷进行评估时,最关键的是真实性,所以只要有评估对象的岗位或角色说明,而不需要具体署名。对有些开放性问题,可以根据问卷对象的不同,在正式使用时可做适当的修改完善。

应该指出,上述指标或问卷问题是具有比较全面覆盖性的,在用于单项评估是可以考虑全部使用。但如果是实施对学校的全面评估,具体组织评估工作时,也可以选择其中的某些指标或问题,与其他模块的相关指标或问卷一起,组合成新的评估体系,实施有选择、有重点的评估。

第三节　初中学校外部环境的评估研究

学校的外部环境是指学校生存、发展所依赖的宏观环境,包括教育政策环境、教育发展趋势影响、社会教育资源分布、周边学校竞争状况,还包括学校所处的社区环境等。学校必须实事求是地分析与认识学校赖以生存、发展的宏观环境,这是学校是否具备战略性思维能力的重要体现。对初中学校而言,外部环境影响到课程实施、生源质量、特色建设等多方面,对义务教育阶段最终的质量提升也是一个不可忽视的重要因素。

一、初中学校外部环境评估体系的设计思路

初中学校属于义务教育,其外部环境的不同要素或指标,在具体表现上可能是有差异的。如政策环境,一般说具有义务教育法的根本保证,在校际维度上看与其他学校基本相同或相似,都是有经费、师资、设施等最基本的公平性保障,即法治环境、经济环境;还有是相关的体制环境(学校与上级主管部门的关系、学校发展的自主权等),而从初中学校具体情况看,后者的环境在不同学校之间可能还是有差异的。社会文化环境,包括区域或社区文化特点、人口分布、其他地域性资源等,校际的差异可能会更大些。为了分析的方便,本节关于初中学校的外部环境,将从政策支持环境、社区周边环境、社会资源环境这三个方面来建立一些相应的指标,指标的基本指向,既有一般共通性的,也有差异性的。

在评估的方式方面,将同样分为指标体系评估和"概括性问题"评估这两种。评估指标的标准制定,主要是着眼于一些定性的要求,在有可能的情况下也尝试用定量标准;概括性问题作为一种指标评估必要补充,主要对相关要素进行背景信息收集与分析,以完善评估工作。

对于具体的指标与问题设计,都将依据相关法理、理论和针对不同对象展开。对初中学校外部环境评估的具体进行,途径方面是两个层面的关注点和两个方式的结合,如图6-3。

1. 关于评估指标体系结构与内容的设计

对于初中学校外部环境的评估指标,在结构与内容上拟设计如下:

指标的结构分为一级指标和二级指标两个层次来设计。其中"一级指标"是指向初中学校外部环境的三个不同视角,即"政策支持环境"、"社区周边环境"和"社会资源环境";"二级指标"分别对应一级指标下来确立的具体结构性要素,内容主要是细化一级指标的不同含义,形成相应的指标整个体系。

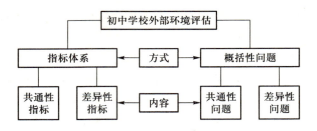

图 6-3　初中学校外部环境评估组成结构

对初中学校外部的社区与周边环境,在"社区生态环境"二级指标下设计了若干个三级指标,关注的是不同的环境要素。总体结构如下:

Ⅰ　政策支持环境(学校受国家与地区政策影响以及政治背景影响等)

　Ⅰ-1　保障性政策环境(物质、生源等保障的政策支持)

　Ⅰ-2　发展性政策环境(纵向行政关系的顺畅情况)

　Ⅰ-3　相关性政策环境(横向行政部门的关心支持情况)

Ⅱ　社区周边环境(家庭、社区参与学校管理、多元沟通的教育环境)

　Ⅱ-1　校门附近环境(安全性、整洁性、有序性)

　Ⅱ-2　学校周边环境(企业污染情况、交通污染情况等)

　Ⅱ-3　社区生态环境(各种社区生态对学校、学生的影响)

　　Ⅱ-3-1　社区自然环境(大气、水质、绿化等影响环境)

　　Ⅱ-3-2　社区文化环境(图书、剧场、网吧等文化设施)

　　Ⅱ-3-3　社区人口环境(居民文化活动、消闲方式的影响)

　Ⅱ-4　家庭教育环境(家长对学校教育改革的支持与配合情况)

Ⅲ　社会资源环境(社会实践环境与校外教育基地的确立与利用)

　Ⅲ-1　科普教育场馆资源(支持科技教育教学的资源拥有情况)

　Ⅲ-2　文艺活动场馆资源(支持文艺教学活动的资源拥有情况)

　Ⅲ-3　校外教育基地建设(提供学生社会实践的基地拥有情况)

　Ⅲ-4　社会宣传舆论环境(支持学校教育发展的舆论宣传情况)

上述各级指标的评估标准确定,主要依据国家《义务教育法》、一些地区性规定,以及一些成熟的科学理论,作为相应的法理根据,将在制定评估工具时做具体阐明。总体情况是,针对义务教育发展的巩固提高、均衡发展和减负增效这三个关键改革要求,从外部环境需要创设的配套和支持着眼,有最基本的标准,也有顾及学校差异发展的标准。这些标准,有些仅供参考,在结合不同学校组织具体评估时可以改造。

2. 关于"概括性问题"问卷的设计

关于初中学校外部环境评估的"概括性问题",同样是根据评估信息不同的来源,而组成不同内容、不同对象的问卷,以收集关于指标性评估的背景资料。

根据一般情况,对初中学校外部环境评估的问卷,从数量和专业两个方面着眼,针对四种不同对象,分别设计问卷,参见表6-8。

表6-8 不同信息来源的初中学校外部环境情况问卷设计

问卷类型	问卷主要内容	问题形式
分管领导问卷	(1)学校政策环境的支持情况 (2)优化学校外部环境的设想或规划	选择题加开放题
年级组长问卷	(1)社区各种环境生态的影响情况 (2)学生社会实践活动的环境支持情况	选择题加开放题
教师问卷	(1)社会教育资源支持学科教学的情况 (2)学科教学改革利用社会资源的情况	选择题加开放题
学生问卷	(1)社会实践活动中对外部环境的评价 (2)家长对学校教育改革的关心支持	选择题加开放题

从表6-8的设想表明,在设计问卷的具体问题方面,与上述指标体系既有联系,也有区别,体现两者的配合与呼应;对不同问卷对象所关注的内容也有不同,以保证获取信息的真实性,以及受评估者解答问题时能科学并有针对性。

二、评估工具——指标体系与问卷设计

根据上述的设计思想,对初中学校外部环境的评估,具体拟分为指标与标准体系和概括性问题两种工具。其中指标与标准评估工具一份,对概括性问题评估工具设计,根据不同的信息来源对象,设计有四份不同内容的问卷。

1. 初中学校外部环境评估指标标准

根据对初中学校外部环境评估的指标体系,依据相关法理,确定评估的标准。在确立标准时,标准按"基本要求"表述,在具体评估后所产生的结果意见,可以有四个等级。外部环境的优劣标准较难确立,根据法理确立的只能是"基准",供评估参考,如表6-9。

表6-9 初中学校外部环境的评估指标标准

一级指标	二级指标	基本标准	评估意见				案例依据
			优秀	良好	一般	较差	
政策支持环境	保障性政策环境	具有对学校物质保障、生源保障等基本的政策支持					
	发展性政策环境	上下级教育行政的关系顺畅,对学校发展关心支持					
	相关性政策环境	与教育外行政系统的沟通良好,对学校关心支持,及对学生发展去向能正确引导					

一级指标	二级指标	基本标准	评估意见				案例依据
			优秀	良好	一般	较差	
社区周边环境	校门附近环境	校门外街道安全、整洁,无乱设摊,不影响有序上放学					
	学校周边环境	工商企业各种污染、交通噪声等有控制,治安情况良好,对学校无不良影响					
	社区生态环境1(社区自然环境)※	大气、水质、绿化等环境较好,学校环境安全有保障					
	社区生态环境2(社区文化环境)※	图书、剧场、网吧等文化设施管理规范,对学校学生无不良影响					
	社区生态环境3(社区人口环境)※	社区居民的文化活动、消闲方式健康,文明程度较高					
	家庭教育环境	家长对学校教育定位与学生发展去向的认同与配合,家校关系比较融洽					
社会资源环境	科普教育场馆资源	支持学校科技教育教学的资源较丰富,有结对关系					
	文艺活动场馆资源	支持学校文艺教学活动的资源较丰富,有良好关系					
	校外教育基地建设	有学生社会实践多种基地,能定期联络、开展活动					
	社会宣传舆论环境	具有支持学校教育发展的良好舆论宣传环境					
总体评估							

注:带※者括号内为三级指标。

上述标准引导学校要创建安全、文明、和谐、高雅的校园,为学校教书育人和学生成长创建良好的环境。提醒学校要定期排查本地区(特别是环境复杂地带学校)及周边影响师生人身财产安全和正常教育教学秩序的突出问题。

2. 初中学校外部环境的评估问卷

根据评估设计的方案,问卷共有以下四份(表 6 - 10 ~ 表 6 - 13)。

表6－10　初中学校外部环境评估分管领导问卷（分管校长、相关主任等）

初中学校外部环境评估分管领导问卷（分管校长、相关主任等）

根据你对自己学校环境的基本认识,对本问卷中的问题作答。你只要在题下备选答案中选择你认为符合情况的答案代码字母,填在题后的括号中即可;部分题你需填写内容。谢谢!

1. 对学校增强校舍场地、设施等安全方面建设,上级教育行政支持 ………… （　　）
A. 很及时很到位　B. 很及时欠到位　C. 不及时但到位　D. 不理想
2. 对学校有无危险建筑物,上级有关部门定期来校排查 ………………… （　　）
A. 每学期多次　　B. 每学期一次　　C. 一年一次　　　D. 只打电话了解
3. 有关改善学校办学环境的申请报告,上级部门的审批情况 …………… （　　）
A. 总是同意　　　B. 多数同意　　　C. 很少同意　　　D. 其他:＿＿＿＿＿
4. 在对学校周边环境问题进行协调时,比较理想的行政部门是 ………… （　　）
A. 环保部门　　　B. 公安部门　　　C. 环卫部门　　　D. 其他:＿＿＿＿＿
5. 在对学校周边环境问题进行协调时,比较不理想的行政部门是 ……… （　　）
A. 环保部门　　　B. 公安部门　　　C. 环卫部门　　　D. 其他:＿＿＿＿＿
6. 目前学校的外部环境中,最让贵校不放心的是 …………………………… （　　）
A. 网络环境　　　B. 食品安全　　　C. 治安隐患　　　D. 其他:＿＿＿＿＿
7. 目前学校的周边环境中,最让贵校感到成问题的是 …………………… （　　）
A. 交通噪声　　　B. 商业设摊　　　C. 空气污染　　　D. 其他:＿＿＿＿＿
8. 编制或实施完善外部环境的学校规划,你认为关键是 ………………… （　　）
A. 只要政府作为　B. 需要完善立法　C. 监督检查到位　D. 不很清楚

表6－11　初中学校外部环境评估年级组长问卷

初中学校外部环境评估年级组长问卷

根据你对自己学校的基本了解,对本问卷中的问题作答。你只要在题下备选答案中选择你认为符合情况的答案代码字母,填在题后的括号中即可;部分题你需填写内容。谢谢!

1. 你所在的年级是 ……………………………………………………………… （　　）
A. 六年级（预备）　B. 七年级（初一）　C. 八年级（初二）　D. 九年级（初三）
2. 据你所了解,你年级的学生对校外生活比较向往的是……………………… （　　）
A. 看文艺展演　　B. 参观科普场馆　C. 网吧娱乐　　　D. 其他:＿＿＿＿＿
3. 你年级的学生,上学或放学途中是否关注下列街景 …………………… （　　）
A. 彩票投注　　　B. 地摊学具　　　C. 烧烤食品　　　D. 盗版音像
4. 你目前所在的年级,学生上学和放学交通方式最多的是 ……………… （　　）
A. 坐家长私车　　B. 家长陪乘公交　C. 自己乘公交　　D. 自己步行
5. 你年级现在组织社会实践活动比较多的内容是 ………………………… （　　）
A. 社区服务　　　B. 参观场馆　　　C. 社会调查　　　D. 春游秋游
6. 你年级如组织社会实践活动,比较集中的去向是 ……………………… （　　）
A. 农村考察　　　B. 科普场馆　　　C. 文化场馆　　　D. 其他:＿＿＿＿＿
7. 目前组织学生参加社会实践活动,最满意的资源环境是…………………… （　　）
A. 社区街道部门　B. 科技场馆　　　C. 德育基地　　　D. 其他:＿＿＿＿＿
8. 目前组织学生参加社会实践活动,最不满意的资源环境是…………………… （　　）
A. 社区街道部门　B. 科技场馆　　　C. 德育基地　　　D. 其他:＿＿＿＿＿

表 6 – 12　初中学校外部环境评估教师问卷（包括班主任）

初中学校外部环境评估教师问卷（包括班主任）

你是＿＿＿＿＿＿＿＿＿学科教师；根据你的了解对本问卷作答。你只要在题下备选答案中选择你认为符合情况的答案代码字母，填在题后的括号中即可；部分题你需填写内容。谢谢！

1. 据你了解，对学生布置的作业量，家长的希望是 ……………………………（　　）
   A. 越多越好　　　B. 越少越好　　　C. 1～2 小时内　　D. 2～3 小时内
2. 组织学科考试后，你感觉家长对自己孩子最关心的是……………………………（　　）
   A. 成绩名次　　　B. 成绩高低　　　C. 存在问题　　　D. 没有关心
3. 学校组织社会实践时，你学科布置的相应任务是……………………………（　　）
   A. 完成单元作业　B. 考察社会知识　C. 探究有关问题　D. 其他：＿＿＿＿
4. 目前一些社会教育资源，对你学科的教学而言是……………………………（　　）
   A. 关系紧密　　　B. 关系不大　　　C. 都没有关系　　D. 有关系但不能利用
5. 结合学科教学，你学科最希望利用的社会教育资源是……………………………（　　）
   A. 综合博物馆　　B. 专业博物馆　　C. 校外活动营地　D. 其他：＿＿＿＿
6. 对博物馆、科技馆等教育资源，你认为最理想的利用方式是 ……………………（　　）
   A. 参观拓展知识　B. 观察提出问题　C. 完成相关作业　D. 其他：＿＿＿＿
7. 结合学科教学改革，你认为对校外环境与资源的利用最大的困难是：

　＿＿＿＿＿＿＿＿＿＿＿＿＿＿＿＿＿＿＿＿＿＿＿＿＿＿＿＿＿＿＿＿＿＿＿＿＿＿＿

8. 如果要完善利用社会资源环境促进教学改革，你认为最急需解决的是：

　＿＿＿＿＿＿＿＿＿＿＿＿＿＿＿＿＿＿＿＿＿＿＿＿＿＿＿＿＿＿＿＿＿＿＿＿＿＿＿

表 6 – 13　初中学校外部环境评估学生问卷

初中学校外部环境评估学生问卷

根据你对自己学校的基本了解，对本问卷中的问题作答。你只要在题下备选答案中选择你认为符合情况的答案代码字母，填在题后的括号中即可；部分题你需填写内容。谢谢！

1. 你走出学校参加社会实践活动，对实践点的学习环境感到……………………（　　）
   A. 很满意　　　　B. 基本满意　　　C. 基本不满意　　D. 很不满意
2. 你对学校附近的各种场所，感到有兴趣、很希望去的是 ……………………（　　）
   A. "卡拉 OK"　　B. 网吧　　　　　C. 图书馆　　　　D. 其他：＿＿＿＿
3. 一个学期中，你们班走出学校参观博物馆等地方的机会是……………………（　　）
   A. 每星期 1 次　　B. 每 2 星期 1 次　C. 每月 1 次　　　D. 其他：＿＿＿＿
4. 结合学习任务，老师带领你们到各种社会场馆最多的学科是……………………（　　）
   A. 音乐、美术　　B. 文科　　　　　C. 理科
5. 对学校老师组织到各种社会场馆活动，你感到最好的场馆是……………………（　　）
   A. 博物馆　　　　B. 科技馆　　　　C. 图书馆　　　　D. 其他：＿＿＿＿
6. 对学校老师组织到各种社会场馆活动，你感到最差的场馆是……………………（　　）
   A. 博物馆　　　　B. 科技馆　　　　C. 图书馆　　　　D. 其他：＿＿＿＿
7. 据你的感觉，对老师布置的作业量，家长的希望是 ……………………………（　　）
   A. 越多越好　　　B. 越少越好　　　C. 1～2 小时内　　D. 2～3 小时内
8. 组织学科考试后，你感觉家长对自己最关心的是……………………………（　　）
   A. 成绩名次　　　B. 成绩高低　　　C. 存在的问题　　D. 没有关心

三、初中学校外部环境评估指标与标准的说明

对一些相关指标系统的概念界定和评估工具使用方法,作如下说明。

1. 关于指标与标准相关概念的简单说明

一是"政策支持环境"。对学校外部的政策环境而言,主要指的是法律条文的关照、教育行政部门的支持、其他行政部门的关心等有利于学校基础保障以及整体发展的资源环境。对于政策支持环境下的学校评估,法规要求所制约的主要是政府部门和行政职责,关注的重点是其保障性;初中学校作为义务教育阶段的学校属性,决定了其体制环境的优越性,所以设计指标和标准时,重点只关注了设施和生源等问题,这是办学最基本的支持环境。当然还有教师等其他指标因素需要考虑,而这些在第五章中体现比较多,为不重复就不作重点了。但是,对于纵向的教育内部上下级之间的关系,是学校和教育行政双方都需要的,列为一个政策环境指标,以期引起重视。横向和其他教育外的行政部门关系,从政府层面分析支持学校的政策环境,在当前看也是十分重要的。

二是"社区周边环境"。相比较,社区周边环境对学校的影响可能更大些,不同学校间的差异也大些。不少地区成立了学校及周边环境综合治理领导或工作机构,所关注的周边环境包括:治安问题,交通道路安全,网吧等文化娱乐场所违规经营,校区附近占道经营、违章搭建,校车问题,环境卫生(含油烟、噪音),食品安全,不健康文化产品及非法出版物,彩票投注点及专营场所,影响到校内安全的其他外部隐患,寄宿制学校特有的安全措施等。综观这些要素,本节作了一定的归纳,从环境生态的角度分为"自然环境"、"文化环境"和"人口(素质)环境"。针对指标在拟定标准时还有一些困难者,就在相应的问卷中予以体现。考虑到家庭也是事实上的外部环境,所以将家庭教育的因素列入了本节的一级指标中。

三是"社会资源环境"。这里更主要的是从"资源"的角度来分析,对学校教学活动的一种外部环境支持要素。初中学校的新课程实施需要丰富学生的学习经历,需要借助一些真实的情境来帮助学生引发问题探究,以及建构知识概念,所以这些环境资源是学校教育内涵发展的需要。对于社会资源环境的利用的评估可以有两个视角和灵感层面。从视角看,对这些社会环境本身的教育功能价值要予以评估,并通过评估促进其优化;其次对学校利用社会资源的理念和行为需要评估,通过评估提高利用效益。从层次看,有学科性或者学习领域的利用层次,还有学校综合实践活动的利用层次。所以在指标的设计方面,可以说体现了这样的思想。

2. 关于两种评估工具使用的简单说明

使用指标体系进行评估,提出的只有"基本标准",这些标准主要依据地方

法规或教育文件,同样也参考较为科学成熟的"研究成果"或一些相关的理论。对学校实地考察认定其达到了各指标的基本标准,并有一定的实证材料,即可认定其达到了"良好"或"一般"水准。如果该指标已经取得一定甚至明显的成效,在相应的实证材料的证明下,也可以认定其达到"优秀"的一级标准;具体评估时建议对出现"较差"结论需有具体说明。

使用问卷进行评估,以反映真实为关键,要引导答卷对象克服心理障碍,不署名而说真话。对有些开放性问题,可以根据问卷对象的不同,在正式使用时可做适当的修改完善。需要说明的是,关于家长的问题,在教师问卷和学生问卷上有相同的问题,这是为了便于对照分析。指标或问卷问题是具有比较全面覆盖性的,在用于单项评估时可以考虑全部使用,但如是实施对学校的全面评估,具体组织评估工作时,可选择其中的某些指标或问题,与其他模块的相关指标或问卷一起,对本节问卷可有重点选择,而组合成新的评估体系。

第四节 初中学校对外合作交流环境的评估研究

在一个充分信息化社会里,学校与学校之间的各种合作交流也已经成为促进学校发展的一种重要外部环境。从交流的不同视角,校际交流就有不同类型。如着眼交流的紧密程度,有结对交流和松散交流的不同;着眼交流的空间范围,有就近交流、境内交流和境外交流等不同;着眼交流的对象类型,有同质学校交流和异质学校交流的不同;着眼交流的内容范畴,有专题交流和综合交流的不同等,合作亦然。不同的合作与交流,都需要一种环境氛围,需要心理的响应和情感的投入。交流环境评估的指标与标准可以从这些关系中确立一个操作的体系。

一、初中学校对外合作交流环境评估体系的设计思路

对于初中学校对外的合作交流环境评估,在指标体系的内容设计方面,如果以空间范围为主视角,兼顾交流或合作各方的关系,可以有三个层面的设想:一是就近结对交流的环境,属于比较紧密型或经常性的合作交流伙伴关系,环境氛围一般应该是比较融洽的。二是境内的不同地域间的校际交流环境,这种校际交流带有跨地域的特性,是互相学习共同发展提高的一种举措。三是同境外学校的交流环境,是具有拓宽办学视野,拓展教师学生知识视野的功能和价值,对于沿海发达地区来说,正在不断发展中。评估的视角,一个是常态化的合作交流所需要的环境,一个是专题性的合作交流所需要的环境。

评估的方式设计,同样分指标体系的评估和"概括性问题"评估这两种。根据对初中学校对外合作交流环境的现实,评估的指标体系还是不够成熟的,而指标体系的对应标准,更不是成熟的,这里重要的是提出这个评估范畴进行研究,

相信在经过一段时间探索后,能够逐渐趋向成熟。但是,在指标体系外,还要拟定一些需要考察的问题组成问卷,进行必要的了解,体现本项评估定量与定性相结合的思想。

所以,对初中学校对外合作交流的环境评估,同样有两个层面的关注点和两个实施方式的视角相结合的途径来进行。而具体指标与问题,以及标准是需要深入研究的,评估的结构如图6-4。

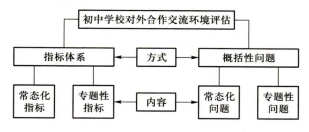

图6-4 初中学校对外合作交流环境评估的组成示意

1. 关于评估指标体系的结构与内容设计

对于初中学校对外合作交流环境的评估指标,其结构与内容的设计是:

指标结构,分为"一级指标"和"二级指标"两个层次,其中"一级指标"主要是交流的空间维度,兼顾紧密程度,拟定为三个。"二级指标",是分别对应一级指标,再确立具体的子项。内容则是对两个层次指标含义的具体说明,构成整体性的指标体系。

对初中学校对外合作交流环境的评估指标体系,拟由3个一级指标和9个二级指标组成,具体如下:

Ⅰ 学区结对交流(共享就近或同区学校资源的规范性、效益性)

　Ⅰ-1 捆绑式结对(对共享资源的责任性、规范性和有效性)

　Ⅰ-2 托管式结对(对共享资源的目标性、规范性和有效性)

　Ⅰ-3 联盟式结对(对共享资源的自觉性、互惠性和有效性)

Ⅱ 境内交流环境(不同地域间交流的必要性、有效性)

　Ⅱ-1 协议式交流(具有一定的结对意义,成为制度化的交流)

　Ⅱ-2 专题式交流(根据实际需要,在某些专题或学习领域的交流)

　Ⅱ-3 项目式交流(根据学校发展需要,就某些课题项目的交流)

Ⅲ 境外交流环境(拓展视野,理解多元文化的交流必要性、有效化)

　Ⅲ-1 学术性交流(支持教育教学的经验与理论共享的交流)

　Ⅲ-2 培训性交流(支持教师专业发展的教师定期交流)

　Ⅲ-3 培养性交流(支持学生素质完善的学生定期交流)

根据上述评估指标和内容的设计思路,再进行具体标准的拟定、评估工具的设计,将在下面进行阐述。

2. "概括性问题"相关问卷的设计

关于初中学校对外合作交流评估的"概括性问题",根据评估信息源的对象不同,拟制定不同内容的问卷,作为对指标性评估的必要补充。对初中学校对外合作交流环境评估的信息,有以下三个途径,拟分别设计问卷,参见表 6 – 14。

表 6 – 14　初中学校对外合作交流环境评估的问卷设计

问卷类型	问卷主要内容	问题形式
领导问卷	（1）学校对外合作交流环境的整体架构 （2）学校对外合作交流工作的主要成效	选择题加开放题
教师问卷	（1）对学校对外合作交流环境的基本感受 （2）对学校对外合作交流环境的完善建议	选择题加开放题
学生问卷	（1）对参与学校对外交流的基本感受 （2）对发展学校对外交流的希望与建议	选择题加开放题

问卷的具体问题设计,主要体现对指标的补充,了解交流或合作的成效。从效益的要求着想,内容可以注意与本章其他内容有区别;从对获取信息真实性考虑,要避免设计模糊性问题。

二、评估工具——指标体系与问卷设计

按照上述设计思想,对于初中学校对外合作交流环境的评估,将用两种工具:一是指标及标准体系评估工具,二是概括性问题评估工具。

1. 初中学校对外合作交流环境的评估标准（表 6 – 15）

表 6 – 15　初中学校对外合作交流环境的评估指标标准

一级指标	二级指标	基本标准	评估意见				案例依据
			优秀	良好	一般	较差	
学区结对交流	捆绑式结对	有"联姻"的规范章程,管理一体化,质量保障同担					
	托管式结对	输出入的资源共享机制完备,对质量有定期分析					
	联盟式结对	有备忘录功能的责任制,有结对的项目任务和效益					
境内交流环境	协议式交流	结成"姐妹"学校,有协议制约,有多种定期交流					
	专题式交流	有某教育领域或学科定期交流,共享资源有积累					
	项目式交流	能根据需要开展项目合作或交流,有成效反映					

一级指标	二级指标	基本标准	评估意见				案例依据
			优秀	良好	一般	较差	
境外交流环境	学术性交流	有共同发展愿景,注重学术层面的定期交流					
	培训性交流	教师之间有互派交流,具有互相培训、服务等职能					
	培养性交流	学生之间有活动交流,课程方面可借鉴,学生有得益					
总体评估							

评估意见在相应的空格中打钩,并在"案例依据"中作简单说明。

2. 初中学校对外合作交流环境评估的问卷

根据设计方案,问卷的对象有三种,具体内容为以下 3 份(表 6 - 16 ~ 表 6 - 18)。

表 6 - 16 初中学校对外合作交流环境评估分管领导问卷

初中学校对外合作交流环境评估分管领导问卷

根据你对学校发展的基本思想,对本问卷中的问题作答。你只要在题下备选答案中选择你认为符合情况的答案代码字母,填在题后的括号中即可;部分题你需填写内容。谢谢!

1. 关于学校对外合作交流的开展,主要是基于……………………………………(　　)
A. 上级领导规定　　B. 其他单位要求　　C. 学校发展需要　　D. 其他:_____

2. 关于学校对外合作交流的项目,现状是…………………………………………(　　)
A. 有学区结对交流B. 有境内交流　　C. 有境外交流　　D. 都没有

3. 学校如有学区结对的交流项目,你感到需要强化的是………………………(　　)
A. 试卷交流　　　B. 课题合作　　C. 教学切磋　　D. 其他:_____

4. 学校如有境内交流项目,你感到需要加强的是………………………………(　　)
A. 资源共享　　　B. 交流考察　　C. 课题合作　　D. 其他:_____

5. 学校如有与境外交流项目,你感到需要加强的是……………………………(　　)
A. 学术交流　　　B. 教师培训交流　C. 学生活动交流　D. 其他:_____

6. 你对学校发展对外合作交流的成效,感到总体……………………………(　　)
A. 十分理想　　　B. 基本理想　　C. 不够理想　　D. 尚无开展

7. 你对学校开展对外合作交流工作,感到需要创设的环境是:
A. 资金到位　　　B. 领导支持　　C. 教师欢迎　　D. 其他:_____

8. 学校发展对外合作交流,你认为目前最需要发展的是……………………(　　)
A. 学区结对　　　B. 境内交流　　C. 境外交流　　D. 其他:_____

表 6－17　初中学校对外合作交流环境评估教师问卷

初中学校对外合作交流环境评估教师问卷

　　根据你对学校发展的基本了解,对本问卷中的问题作答。你只要在题下备选答案中选择你认为符合情况的答案代码字母,填在题后的括号中即可;部分题你需填写内容。谢谢!

　　1. 如果学校要发展对外合作交流项目,你的态度是……………………………（　　）
　　A. 十分支持　　　B. 基本认可　　　C. 可有可无　　　　　D. 基本反对
　　2. 你认为和外校建立一定的联系,最有价值的是……………………………（　　）
　　A. 扩大学校影响B. 帮助学校发展C. 享用教学资源　　　D. 其他:＿＿＿＿＿＿
　　3. 你认为和外校进行一定的交流,最值得交流的是……………………………（　　）
　　A. 教学设计　　　B. 考试题目　　　C. 经验反思　　　　　D. 其他:＿＿＿＿＿＿
　　4. 学校如发展对外合作交流,你认为目前最需要发展的是……………………（　　）
　　A. 学区结对　　　B. 境内交流　　　C. 境外交流　　　　　D. 其他:＿＿＿＿＿＿
　　5. 如果学校组织教师到外校参加培训,你最希望到……………………………（　　）
　　A. 附近名校　　　B. 外省名校　　　C. 境外名校　　　　　D. 其他:＿＿＿＿＿＿
　　6. 对学校发展对外合作交流有无建议?（□有;□没有）有者,建议是:
　　＿＿＿＿＿＿＿＿＿＿＿＿＿＿＿＿＿＿＿＿＿＿＿＿＿＿＿＿＿＿＿＿＿＿＿＿＿＿

表 6－18　初中学校对外合作交流环境评估学生问卷

初中学校对外合作交流环境评估学生问卷

　　根据你对学校发展的基本愿望,对本问卷中的问题作答。你只要在题下备选答案中选择你认为符合情况的答案代码字母,填在题后的括号中即可;部分题你需填写内容。谢谢!

　　1. 自己学校学生到外校、外校学生到本校的活动,你感到　…………………（　　）
　　A. 学校经常组织　B. 自己参与有收获　C. 不清楚　　D. 其他:＿＿＿＿＿＿
　　2. 对学校组织与外校的合作交流,你的基本态度是…………………………（　　）
　　A. 十分支持　　　B. 自己参与有支持　C. 无所谓　　D. 其他:＿＿＿＿＿＿
　　3. 据你所知,学校组织和其他学校一起"多校联考"情况　…………………（　　）
　　A. 经常组织　　　B. 很少组织　　　　C. 没有组织　　D. 不知道
　　4. 如果组织与其他学校的交流活动,你最有兴趣的是…………………………（　　）
　　A. 夏令营活动　　B. 体育竞赛　　　　C. 学习交流　　D. 其他:＿＿＿＿＿＿
　　5. 如果让你去外校参加交流,你最希望到的地方是…………………………（　　）
　　A. 本市的学校　　B. 外省的学校　　　C. 港澳的学校　D. 外国学校
　　6. 对学校发展对外合作交流有无建议?（□有;□没有）有者,建议是:
　　＿＿＿＿＿＿＿＿＿＿＿＿＿＿＿＿＿＿＿＿＿＿＿＿＿＿＿＿＿＿＿＿＿＿＿＿＿＿
　　＿＿＿＿＿＿＿＿＿＿＿＿＿＿＿＿＿＿＿＿＿＿＿＿＿＿＿＿＿＿＿＿＿＿＿＿＿＿

三、初中学校对外合作交流环境评估指标与标准的说明

对指标系统中相关概念的界定,以及评估工具使用方法,说明如下:

1. 对指标与标准相关概念的简单说明

"学区结对交流"是指学区内或本区内学校结对交流。由于义务教育均衡发展的诉求日益提高,一定区域内部优质教育资源需要提倡共享,学校尤其是初中学校间结对发展的现象正在兴起。按照目前比较多的形式,这种结对发展的模式主要有三种,一是"捆绑式",几所学校组织成办学联合体,包括优质的师资等所有资源实行法定的共享,教育教学质量统合评估,最为紧密的结对;二是"托管式",由某优质初中来管理一所或若干"薄弱初中",两者同享管理经验和教学资源,一方输出、一方输入;三是"联盟式",根据学校间在某些项目或学科发展的共同需要,比较松散的结对。所以评估的指标根据现状这样设计。

"境内交流环境"是指内地不同地区学校之间的交流,可以说这是更广意义上对义务教育均衡发展的一种照应。由于国家组织省市之间全面结对的政策,东部沿海地区与中、西部内陆地区开展部门结对、资源互补地发展,形势在不断发展中,教育系统也参与其中。其实这种交流对双方学校都是有益的,在交流中都有向对方学习经验的机会,都有反思自己而提升能力的结果,所以应该是双赢的措施。这种交流按照方式内容,可以有"协议式"的关系、"专题式"的关系和"项目式"的关系,都可以在不同层次或层面上得到发展因素。所以,在评估指标设计方面,就基本依据这样的视角确定,形成上述表格中的指标体系以及相应的基本标准的阐述。

"境外交流环境"包括与港澳台地区的学校交流,以及与国外学校的交流。早在 20 世纪 80 年代,邓小平就提出教育要三个面向,即"面向世界、面向未来、面向现代化"。进入新世纪后,这种大视野的交流发展很快,从学校走向世界、教师走向世界,到学生也走向世界,势头颇猛。这种交流的结果使得各种教育文化的交流同样得到体现,学校教学改革的国际化和特色化同时发生,对教育发展是一种不小的推动力,初中学校尤其是一些先行先试的初中学校可以说也踊跃参与其中。根据实际情况,这类交流可以分为学术性的、师资培训性的、学生活动性的等几种,故而评估指标就按此设计。

2. 关于两种评估工具使用的简单说明

应该说明的是,对外合作交流只是一种提倡,不是必要的规定,所以本评估项目是供部分初中和地区使用。使用指标体系进行评估,表中只有"基本标准",同样是参考标准。对学校实地考察认定其达到了各指标的基本标准,并有一定的实证材料,即可认定其达到了"良好"或"一般"水准。如果该指标已取得一定甚至明显的成效,有相应的实证材料的证明,也可以认定其达到"优秀"标

准;具体评估时建议少用或不用"较差"的结论。

问卷评估要以反映真实为关键,要提倡真话。对有些开放性问题,可以根据问卷对象的不同,在正式使用时可做适当的修改完善。对于有些评价问题,领导问卷和教师问卷有相同的,这是同样为了便于对照分析。指标或问卷问题是具有比较全面覆盖性的,在用于单项评估时可以考虑全部使用,但如是实施对学校的全面评估,具体组织评估工作时,可选择其中的某些指标或问题,与其他模块的相关指标或问卷一起,对本节问卷可有重点选择,而组合成新的评估体系。

第七章　初中学校教育过程评估

　　教育过程是教育者根据教育目标、任务和学生身心发展的特点,通过指导学生有目的、有计划地掌握文化科学知识和基本技能,发展学生智力和体力,形成科学世界观及培养道德品质、发展个性的过程,也是一所学校影响学生最主要和基本的环节,涉及教育的内容、教育的方法、教育的制度等。其中,课程教学是学校教育工作的中心。对初中学校教育过程的评估,需要根据不同着眼点来考量不同的评估对象。

　　对于学校教育过程的评估,考察视角拟针对教育的层面、课程的层面、教学的层面和校本研修的层面。本章的主要内容即涉及这些方面的情况。

第一节　初中学校教育过程评估的法理依据和评估宗旨

　　对于"教育过程",可有如下几种不同的理解:

　　(1)一个人贯穿一生接受各方面教育影响的过程。即从一个自然人转化为社会人,从不甚成熟的社会人到发展成熟的社会人的过程。

　　(2)在整个学校教育期间,通过实施教育影响,引导、促进受教育者向预定教育目标要求转化的全过程。这主要是针对从幼年到青少年的全日制学校教育,但现代学校教育则不限年龄。

　　(3)关注某特定教育项目,从提出某个特定的具体教育目标到这一目标实现的过程,可以包括一个学期或一个阶段的一系列教育活动过程。

　　(4)关注具体的教育事件,即一次具体的教育活动从开始到结束的过程,如一堂课教学过程或一次班级主题会的活动过程。

　　教育过程更要关注德育、智育、体育、美育等方面的综合,是对教育活动运行过程的最高概括;它与各种领域教育过程的关系是一般和特殊的关系。各种领域教育过程主要以其特定的教育目标要求的不同而区别,由于教育目标与任务不同,所依据的规律也不同;同时各种领域的教育过程又依其所具有的共同要素和一般规律而相互联系。其中教学过程是时空占比为多的一种学校教育过程。本节将从国家法律与政策、行政性文件等层面来阐述。

一、明确有关素质教育过程方向的法规要点

　　在国家2006年颁布的新《义务教育法》中,第五章阐述的是教育教学相关

法规,明确了义务教育的素质教育功能,其中有些是必须要贯彻的要求。

"教育教学工作应当符合教育规律和学生身心发展特点,面向全体学生,教书育人,将德育、智育、体育、美育等有机统一在教育教学活动中,注重培养学生独立思考能力、创新能力和实践能力,促进学生全面发展。"(第三十四条)

"国务院教育行政部门根据适龄儿童、少年身心发展的状况和实际情况,确定教学制度、教育教学内容和课程设置,改革考试制度,并改进高级中等学校招生办法,推进实施素质教育。"(第三十五条)

"学校应当把德育放在首位,寓德育于教育教学之中,开展与学生年龄相适应的社会实践活动,形成学校、家庭、社会相互配合的思想道德教育体系,促进学生养成良好的思想品德和行为习惯。"(第三十六条)

"学校应当保证学生的课外活动时间,组织开展文化娱乐等课外活动。社会公共文化体育设施应当为学校开展课外活动提供便利。"(第三十七条)

这里强调,义务教育阶段学校教育必须体现素质教育的特征,这是国家法律的约束,已从政府倡导转变为国家的意志,表达了国家与民族的长远利益。所以,对素质教育,不仅仅是一种教育观念的转变,而且经过多年的实践已经获得全社会的普遍接受,上升为人民的普遍意愿和国家意志,成为社会各方面和教育工作者必须践行的法定义务,当然也是学校教育过程中必须贯彻落实的要求。任何部门和个人不得违反法律规定向学校提出与素质教育不符的要求;学校和教师也不得有违反素质教育的办学行为。

推行素质教育是学校教育过程要贯彻的法规。在不同时期,素质教育的内涵是发展的。在20世纪90年代初,强调素质的全面性,包括思想政治素质、文化科学素质、身体心理素质、劳动技能素质等,兼顾学生的个性发展;21世纪初,对"素质"的具体含义已经写入教育文件,指出素质教育要"以德育为核心,以创新精神和实践能力为重点";而在国家教育改革与发展规划纲要中,明确素质教育的内涵包括"德育为先、能力为本、全面发展"三个方面,其中能力是指"学习能力、创新能力、实践能力"。所以,推进素质教育需要有时代的高度,并要把整个教育过程纳入依法推进素质教育、依法保障素质教育、依法规范素质教育的轨道,把每个学生素质发展的目标落到实处。

二、指导教育过程趋向规范的有关文件

在国家法律法规下,还有政策性规定,也是学校教育的重要导向。

1. 有关教育的文件

如上海提出在中小学推进"民族精神教育"和"生命教育",颁发了《上海市学生民族精神教育指导纲要》和《上海市中小学生生命教育指导纲要》即简称的"两纲",需要贯穿在学校教育的过程中。其中对学科落实两纲的要求,专门发

了文件,即《上海市中小学各学科教学进一步贯彻落实"两纲"的实施意见》。①
该文件提出如下几个落实的要求:

一是各学科要形成教育合力,既要突出学科各自特点,又要关注学科之间的内在联系,根据学科、学段和学生的认知特点,探寻学科落实"两纲"的横向和纵向的有机联系;各学科要结合各自学科中的民族精神教育和生命教育的显性与隐性内容,重点突破三维目标中"情感、态度与价值观"在课堂教学中的落实;各学科要深入挖掘各自学科中的民族精神教育和生命教育的内涵,积极探索落实"两纲"的有效途径和方法,使学科教学与"两纲"无缝衔接。

二是要探索学科课程标准和"两纲"的有机结合点,把"两纲"的具体要求落实到教学设计、教学实施和教学评价等过程中;要根据"实施意见"把"两纲"落实到单元和课的教学中;关注学生的学习方法,突出学生的体验、实践、习得和养成;要注意教学中预设与生成的关系,随机、灵活地把"两纲"融入到教学之中。

三是要加强教研、科研和德研三位一体的课题攻关;要结合学校实际、教师实际和学生特点,开展落实两纲的资源研究、课(案)例研究;对"两纲"中的重点、难点问题要进行专项课题研究;通过个案研究,总结经验,探索规律,形成质量高、操作性强的实践研究成果。

四是要在校本教研、校际教研、区域教研等各种不同范围和不同类型的教研活动中,精心组织各种研究课、展示课和评比课,开展专题研讨,通过专业引领、同伴互动和自我反思,提升广大教师的育德能力。

五是要在课堂教学评价和学业质量评价中,把"两纲"的达成度作为学校、教研组、教师、学生的重要考评指标,并发挥好评价指标的导向作用,促进学科贯彻落实"两纲"健康发展。

这个文件的意义在于将教育目标与教育过程结合起来,对学校提高教育效益是一个实践性的导向。

2. 有关课程的文件

有关课程的文件主要是国家的课程方案和课程标准,前者是整体设计的课程文件,后者是针对具体学科(科目)的课程文件。这些文件尤其是其中的"课程实施建议"部分对教育过程的法理做出了规定。

国家教育部颁布的《义务教育课程设置实验方案》(2007)中,对"实施要求"包括如下几点:

(1)本课程计划安排国家课程所规定的课程门类、教学内容、教学要求和课时分配,体现了国家对义务教育的基本要求,是各级教育部门和小学、初级中学组织安排教学活动的依据,是编定教学大纲和编写教材的依据,也是督导、评估

---

① 《上海市中小学各学科教学进一步贯彻落实"两纲"的实施意见》,上海辞书出版社 2009 年。

学校教学工作的依据。各省、自治区、直辖市教育委员会、教育厅（局）在本计划的指导下，可结合本地区的实际情况进行适当调整，并对地方安排课程的课程设置、课时分配等做出明确规定。调整后的课程计划，报国家教育委员会备案，各地学校必须严格执行。

（2）本课程计划适用于全日制小学和初中，包括小学五年、初中四年的"五四"学制，小学六年、初中三年的"六三"学制和九年一贯制，也适用于小学五年、初中三年的过渡学制。

九年一贯制的课程安排，可参照"五四"学制执行；"五三"学制的课程安排，可参照"五四"学制的小学部分和"六三"学制的初中部分执行。

（3）各地在实施本课程计划时，要认真组织指导学制、课程、教材、教学方法和考试、考查的改革试验。承担县（区）以上改革实验任务的学校，确需变动课程计划，须经批准。批准权限由各省、自治区、直辖市教育委员会、教育厅（局）规定。

（4）初级中等职业技术学校的课程计划，由各省、自治区、直辖市教育委员会、教育厅（局）根据不同职业技术的需要另行制定。

民族小学、初级中学的课程计划，由有关省、自治区、直辖市教育委员会、教育厅（局）参照本课程计划的精神，结合民族地区的实际自行制订，并报国家教育委员会备案。

（5）农村复式教学点（班）、简易小学和非全日制小学，按本课程计划全面开设各学科尚有困难的，可适当减少学科门类，或只开设思想品德、语文、数学、常识，或只开设语文、数学，但都必须加强德育，积极创造条件开展文娱、体育活动。各级教育部门要根据本课程计划的精神采取切实措施对这些学校、教学点（班）进行指导和管理。

上海对九年义务教育和普通高中制定了连贯的课程方案①，其中"课程实施"的内容是：

（1）加强课程的研究和开发，设计和组织实施学校课程计划。

● 学校要根据各阶段课程结构的总体要求，充分利用所赋予的课程自主权，加强课程的研究和开发，尤其要加强拓展型课程和研究型课程的研究与开发，为学生提供丰富的、可供选择的高质量学校课程。

● 鼓励学校在遵循课程基本设计思想的前提下，选择与整合各类课程，形成体现本地区和本校特色的学校课程计划，合理而有序地安排课程，增强课程对学校和学生的适应性。

● 加强课程实施的过程管理。学校要通过专家咨询、质量监控、课程听证、

---

① 上海市教育委员会：《上海市普通中小学课程方案》（2004 年）。

课程评价等多种途径,动态把握课程实施情况,并及时做出科学合理的调整。

（2）改革教学过程,促进学生学习方式的改善。

● 精心组织教学内容。教师要处理好预设内容与生成内容、知识与能力、智能发展与人格发展等之间的关系:

教师要通过对教学内容的"问题化"组织,将教学内容转化为符合学生心理特点的问题或问题情境,激发学生的学习兴趣,促进学生的自主探究与合作交流。

教师要通过对教学内容的"操作化"组织,将"做"、"想"、"讲"有机结合,帮助学生内化学习内容。

教师要通过对教学内容的"结构化"组织,加强学习领域、科目、模块或主题之间的整合,注重各章节或单元中教学内容之间的相互联系,帮助学生形成良好的认知结构。

● 精心组织教学过程。教师要充分发挥情感因素在教学中的作用,与学生建立平等合作的关系,确立学生在学习中的主体地位:

教师要通过教学情境的创设,以任务驱动学习,激活学生的已有经验,指导学生体验和感悟学习内容。

教师要通过教学策略的运用,引导学生通过主动参与,建构知识、积累经验、丰富学习经历,鼓励学生主动地、富有个性地学习。

教师要通过学习团队的组织,指导学生开展合作学习,引导学生逐步形成共同的学习理想与目标,积极的互赖与信任,良好的合作动机与个人责任。

教师要通过评价,帮助学生发现个人的学习成就和意义,指导学生检查和反思学习过程,激励学生更有效地开展学习。

● 充分利用教育资源。教师要充分利用学校、社会和网络教育资源,密切学校教学与社会生活的联系。

（3）大力推进信息技术在课程实施中的有效应用。

● 充分利用数字化课程资源和信息化环境,构建数字化的学习平台,促进课程与信息技术的整合。

● 利用信息技术,创新教与学的方式,改变训练手段,提高教学效益。

上述两个不同层级的课程文件,前者比较注重宏观层面的要求,后者更关注了课程实施中的教学要求。但对教学层面更具体的要求,还需要参考或根据专门的教学文件精神。

3. 有关教学的文件

有关教学的文件一般都针对问题,比较具体,注重实践操作。如上海市教育委员会转发市教研室的《关于中小学教学工作的若干意见》,包含了:"关于加强中小学课程管理的几点意见"、"关于加强中小学教学常规的几点意见"、"关于加强中小学校本教研工作的几点意见"、"关于中小学拓展型课程建设与实施的几点意见"、"关于中小学研究型课程实施的几点意见"、"改进中小学基础性课程课堂教学的几点意见"等六个具体文件,对学校的课程实施和课堂的改进就具有直接的指导性。其中有关教学的要求,基本要义有如下几点:

● 正确制定和落实好教学目标。要确立教学目标的整体观:根据有关学习领域的目标定位,以及相关学科《课程标准》对学生学习的要求,注意在"知识与技能、过程与方法、情感态度价值观"三个维度来整体把握……要提高教学目标的有效性:结合教学内容和形式,针对学生实际,注意在全面落实课程目标基础上,有所侧重地制定具体的教学目标……要注重教学要求的层次性:要根据《课程标准》的基础要求制订基本教学目标,还要根据学习内容的特点和学生的差异制订不同层次的目标要求……

● 科学把握教材和处理教学内容。要有效研究与分析好教材:一要重视教学内容在教材中的地位,注重教育价值;二要明确教材中教学内容的结构特点,注重学习过程;三要指出单元教材中的重点与难点,注重落实核心概念或与核心知识……要针对实际使用与调整好教材:处理教学内容就要从学科特点出发,注意符合认知规律,体现"抓住主线、突出重点、分散难点、安排有序"指导思路,对教材进行合理加工与提炼,还应该联系学生与学校实际对教材作合适的选择与调整……要联系学生经验补充鲜活的教学内容:针对学生的生活经验,选取一些学生能了解的社会知识充实课堂教学内容,培养学生理论知识与社会实际相联系的思想方法……

● 精心设计和不断优化教学过程。设计课堂教学过程要提高有效性:课堂教学全过程设计,从导入、方法、媒体直至小结,要按《课程标准》要求,强调其有效性……要重视对学生问题意识和问题能力的培养:以"学生发展为本"为理念。注意精心设计学习问题,注意培养学生的质疑能力、问题解决能力,以及创新精神和实践能力……要注意师生民主和教学互动:教师要成为学生学习的激励者和促进者,注意加强师生之间、生生之间的交流和互动,体现教学民主,营造和谐课堂……要有机整合信息技术:要根据教学内容与要求的需要,正确运用现代技术,使抽象概念直观形象,改革和创新教学模式,提高课堂教学效率,实现学生思维的创新……

● 不断完善作业系统和练习环节。要创新作业与练习的设计思路:根据新课程要求,丰富作业类型,包括纸笔作业、口语交际作业、综合实践作业、实验操作作业、小组合作作业等;个性化作业、表现性作业……作业要与学生学习实际紧密相关:体现学生发展的需要,重视基础性、增加选择性、体现时代性;通过"变式"练习,沟通知识间内在联系,发展学生思维能力,以点带面,举一反三,触类旁通……要完善作业操作系统:一要有差异地布置作业,让学生都有适合自己的作业;二要注重对作业的批改过程,捕捉到学生作业思维的痕迹,了解学生解答作业中思维的水平与质量;三要注重对作业的科学讲评,注意分层要求,分类指导,做到讲解清晰、切合逻辑,分析学生也反思教师自己……

- 强化教学评价对教学的诊断性和导向性。要将评价贯穿于教学全过程:根据《课程标准》对学生课堂学习行为实施科学评价,充分肯定学生不同程度的进步,激励引导学生改进学习、增强信心、提高效益……要注意评价的客观性和多元性:关注作业练习、实践表现、对学习过程参与程度;允许学生自我反思,学生互相评价;用好《学生成长记录册》,引入家长评价,使评价体现客观性,激励学生综合素养的提高……要注意实践评价的层次化和个别化:关注学生学习基础的差异,设计不同水平的评价标准,实施有层次评价,引导学生找到适合自己发展的目标……

从上述依据的介绍中,关于初中学校教育过程的评估研究,我们可以得到一些基本的认识:

- 对初中学校教育过程评估最核心的依据是素质教育法规。首先是国家法律对有关条款,十分明确地规定,要将素质教育落实到实处,必须要在学校的教育过程中,在学校教育的各个领域中,有相应的体现。

- 初中学校不同领域的教育过程评估都需要落实素质教育要求。对学校教育过程评估点的选择,要有多领域视角,尤其是德育系统、课程系统和教学系统等,都需要对照一定的行政文件,建立相应的指标,研制一定的标准,这是引导学校对教育过程的重视,成为落实素质教育要求的关键。

- 对初中学校教育过程评估需要有整体与细节兼顾的思路。学校的教育过程是一个复杂的实施系统,既有整体的制度、思想层面,又有局部的不同领域操作性的层面,评估就需要在整体与局部细节结合的思路上设计指标和标准。

三、初中学校教育过程评估的基本意图与主要目标

教育过程的实质表现,是一种有目的地传递、学习人类文化,促使个体社会化的过程,是教育者和受教育者借助一定的教育手段为实现既定教育目标,共同参与教育活动的过程。这里涉及"教育目的"、"教育手段"、"教育者"、"受教育者"等基本要素。这些要素的关系是:教育目标是通过人类文化的传递,在促进人的发展方面所要达到的规格要求;教育手段是为实现教育目标服务的,包括教材、方法、方式、用具、设备、器材、语言等,是教育者和受教育者共同认识和使用的客体,也是相互作用的中介;教育者是向教育对象实施教育影响的人,包括个人和团体;受教育者是接受教育影响的人,包括个人和团体。

评估初中学校的教育过程,要关注在初中学校中教师群体与个体,教师与学生的关系,其核心是教育过程中的人与人的关系。对教育过程内部关系的分析

则就能进一步认识教育的本质问题。

根据上述分析与认识,对于初中学校教育过程评估的基本意图,可以概括为以下几点:

● 考察并评估初中学校体现在教育过程中的理念、目标、结构、制度、成效等实际情况,促进学校在教育过程中落实有关素质教育法规要求。

● 考察并评估初中学校在不同教育领域中,能否按照素质教育的目标要求和相关行政法规来实施教育,促使学校能够符合这些要求来提高办学有效性。

● 按照建立的评估指标与标准,考察并评估学校各种具体的教育活动过程,引导并促进初中学校不断完善教育过程,提高素质教育的实施水平。

关于初中学校教育过程评估的研究,最终的主要目标是:

● 收集并分析关于初中学校教育过程评估的法理依据和有关文件,明确设计初中学校教育过程评估体系建立的基本依据;

● 建立一个针对初中学校分项目的教育过程评估指标与标准系统,为在初中学校开展教育过程的评估提供基本的操作方案;

● 设计对初中学校开展教育过程评估的背景信息的收集方式和内容要点,以问卷方式促进初中学校有关人员关注各项教育过程的改进和完善;

● 拟定对初中学校教育过程评估的基本操作体系并组织评估的试验,以及对初中学校教育过程评估信息解释与价值判断的基本思路,并完善对初中学校教育过程评估的研究成果。

根据上述认识,对初中学校教育过程评估项目的设计与实施途径,如图7-1表示。对其中后一个目标的具体落实设想,将在第九章中阐述。

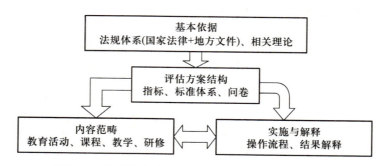

图7-1 初中学校教育过程评估结构与基本实施途径

第二节 初中学校教育活动的评估研究

广义地说,在学校层面发生的德智体美等一切教育都属于学校教育活动。但本节的内容主要是指比较综合的教育活动,主要是指学校层面的德育活动、体

182

育活动、美育活动、科技活动等,不涉及课程和较专门的学科教学,因为这些内容将在后面的小节中专门阐述。

学校的德育一般有所谓"三线一面"的结构,即"思想品德—思想政治"学科教育、班会与校会及团队活动、社会实践这三条线,加上所有学科教学和学校活动中的德育这个"面"。这就是学校大德育的概念。同时,还有将德育扩充到"教育"的层面,主张构成"学校、社会、家庭"的"三位一体"的社会大德育体系的概念。需要说明的是,有关社会大德育的评估,已经包含在第六章"学校环境评估"中;而学校大德育将在本章的第三节、第四节即课程与教学中还有涉及,所以,本节所设计的指标,指向除此以外的学校德育活动。

学校的体育、美育与科技教育,同样也有课程与教学的任务,那是一般的学科性的学习领域中的涵义。所以,本节所设计的有关指标,同样是指向除此以外的学校层面活动。

一、初中学校教育活动评估体系的设计思路

根据上述分析介绍,关于初中学校教育活动评估指标体系的内容设计,设想从以下几个维度思考:从评估范畴看,有四个,即学校的德育活动、体育活动、美育活动和科技活动;从评估的层次看,包括两个层面,即制度层面和操作层面;从评估的具体形式或项目看,可以包括普及性的全员活动、提高性可选择的个别化或社团化活动等。

对评估的方式,同样既有指标体系的评估方式,也有"概括性问题"的评估方式。根据对初中学校开展教育活动的法理依据,除制定相关的评估指标外,作为对指标体系的补充,还要拟定一些需要考察的问题组成问卷,对相关对象进行必要的了解,体现定量评估与定性评估相结合的思想。

所以,对初中学校教育活动的评估,应该从四个内容范畴的关注点和两个实施方式相联系的途径来进行。而具体指标与问题设计,将依据相关法理具体展开,如图7-2。

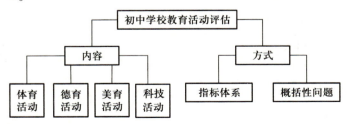

图7-2　初中学校教育活动评估的组成示意

1. 关于评估指标体系的结构与内容设计

对于初中学校教育活动的评估指标,其结构与内容可设计如下:

指标的结构设计,分为"一级指标"和"二级指标"两个层次,其中"一级指标"主要指向学校教育活动的主要领域,如德育活动、体育活动、美育活动和科技活动等方面;"二级指标"分别对应一级指标,确立具体的评估项目。内容主要是对两个层次指标含义的一定说明,最终构成指标体系。

对初中学校教育活动的评估指标体系,拟由 4 个一级指标和 15 个二级指标组成,具体如下:

Ⅰ　学校德育活动(关注相关活动的规范性、全员性、创新性和有效性)

　　Ⅰ-1　德育活动规划或计划(科学性、完备性、先进性)

　　Ⅰ-2　德育活动制度与内容(教育性、特色性、操作性)

　　Ⅰ-3　德育活动过程与方法(科学性、全员性、创新性)

　　Ⅰ-4　德育活动结果与成效(丰富性、实证性、价值性)

Ⅱ　学校体育活动(各种体育活动的规范性、全员性、安全性、有效性)

　　Ⅱ-1　体育活动规划或计划(全员性、合理性、教育性)

　　Ⅱ-2　综合性体育活动开展(诸如"运动会"之定期性、丰富性、参与性)

　　Ⅱ-3　特色体育项目活动(校本性、影响性、成效性)

　　Ⅱ-4　学生每天一小时体育活动(保障性、全员性、有效性)

Ⅲ　学校美育活动(各种艺术活动的教育性、丰富性、参与性、有效性)

　　Ⅲ-1　艺术教育的规划或计划(全员性、教育性、特色化)

　　Ⅲ-2　综合性艺术活动开展(诸如"艺术节"之定期性、丰富性、参与性)

　　Ⅲ-3　学校特色艺术项目活动(校本性、影响性、成效性)

　　Ⅲ-4　师生艺术社团活动(门类覆盖度、实施规范性、展示影响性)

Ⅳ　学生科技活动(各种技能活动的多样性、选择性、参与性)

　　Ⅳ-1　基本技能培养计划(对生活、创意等技能活动参与性、探究性、特色化)

　　Ⅳ-2　综合性科技教育活动开展(例如"科技节"之计划性、参与性、有效性)

　　Ⅳ-3　科技社团活动(类型、数量的合理性、实施的规范性)

根据上述评估指标和内容体系的设计思路,再进行具体评估工具细化设计,这部分将在下面展开。

2."概括性问题"相关问卷的设计

关于初中学校教育活动评估的"概括性问题",根据评估信息源的对象不同,拟制定不同内容的问卷,作为对指标性评估的必要补充。一般而言,对初中学校教育活动评估的信息可以有以下几个途径,拟分别设计问卷,参见表 7-1。

表 7 – 1　不同信息来源的初中学校教育活动情况的问卷设计

问卷类型	问卷主要内容	问题形式
领导问卷	（1）学校设计与实施教育活动的整体情况 （2）学校德、体、美技教育活动发展变化情况 （3）学校德、体、美、技教育活动成效情况	选择题加开放题
教师问卷	（1）对学校德育活动开展情况的基本感受 （2）对学校体育活动开展情况的基本感受 （3）对学校技艺活动开展情况的基本感受	选择题加开放题
学生问卷	（1）对学校德育活动开展情况的基本感受 （2）对学校体育活动开展情况的基本感受 （3）对学校技艺活动开展情况的基本感受	选择题加开放题

具体问卷设计，要从对获取信息真实性考虑，需要避免设计模糊性问题。

二、评估工具——指标体系与问卷设计

评估工具包括指标与标准体系评估工具和概括性问题评估工具。

1. 初中学校教育活动评估标准

根据对指标体系的设想，设计的标准评估如表 7 – 2。

表 7 – 2　初中学校教育活动的评估标准

一级指标	二级指标	基本标准	评估意见			案例依据或说明
			优良	合格	不合格	
学校德育活动	德育活动规划或计划	根据学校发展规划有专门的德育规划，每学年（学期）有操作性的具体德育计划				
	德育活动制度与内容	根据初中学生特点建立德育活动制度，有较实在和系列性的德育内容载体				
	德育活动过程与方法	德育活动的开展能重视过程设计，活动方法比较科学；体现各种资源的整合利用				
	德育活动结果与成效	学校德育活动的档案齐全，对各项活动有总结；对德育活动的有反映成效的实证				

一级指标	二级指标	基本标准	评估意见			案例依据或说明
			优良	合格	不合格	
学校体育活动	体育活动规划或计划	学校发展规划有专门的体育内容,每学年(学期)有操作性的具体体育活动计划				
	综合性体育活动开展	根据初中学生特点每学年有"体育节"或运动会,学生全员参与综合体育活动				
	特色体育项目活动	根据办学特色和学生特点,建设有学校体育特色项目;特色项目在区域有影响				
	学生每天1小时体育活动	学生日常体育活动较丰富,能保障并指导每位学生每天有1小时的体育活动				
学校美育活动	艺术活动规划或计划	学校发展规划有专门的美育内容,每学年(学期)有具体的艺术教育活动计划				
	综合性艺术活动开展	根据初中学生特点每学年有"艺术节"活动,学生艺术活动的参与率达80%以上				
	特色艺术项目活动	根据办学特色和学生特点,学校有美育或艺术方面特色项目,在区域中有影响				
	学生艺术社团活动	能根据学生的发展需要支持学生艺术社团组建和活动,社团活动开展有实证材料				
学生科技活动	基本技能培养计划	注重学生基本生活技能、工作技能、设计技能等培养,参与、探究、特色有体现				
	综合性科技教育活动开展	定期组织"科技节"等活动,学生参与率占三成以上,有效性较好				
	科技社团组织活动	社团能涉及不同技能领域,数量有一定规模,实施规范性符合科学性				
总体评估						

实施评估,可在相应空格中根据实情评估打钩。其中符合基本标准者,即可认定为"合格";实际情况比基本标准还要好者,可认定其为"优良";而相比较还不到基本标准水平者,就可认定为"不合格"。并将评估结论的综合依据说明填写在后面的空格中。

2. 初中学校教育活动评估的若干问卷

本评估项目问卷共有以下三份,分别由领导、教师和学生这三个层面的代表来完成(表 7-3～表 7-5)。

表 7-3　初中学校教育活动评估领导问卷(校长、分管校长或中层干部)

> **初中学校教育活动评估领导问卷(校长、分管校长或中层干部)**
>
> 　　根据你对自己学校的基本认识,对本问卷中的问题作答。你一般只要在题下备选答案中选择你认为符合情况的答案代码字母,填在题后的括号中即可。谢谢!
> 　　1. 学校对各项教育活动的具体部署平时在校务会议中 ……………… (　　)
> 　　A. 每月一次讨论　B. 每学期几次讨论　C. 活动前有讨论　D. 安排中层讨论
> 　　2. 现在学校在各种教育活动中,开展得比较有影响的是 ……………… (　　)
> 　　A. 德育活动　　　B. 体育活动　　　C. 美育活动　　　D. 技能教育活动
> 　　3. 学校开展的德育活动中,比较理想的项目是 ……………… (　　)
> 　　A. 升旗仪式　　　B. 系列校会　　　C. 社区服务　　　D. 其他:_____
> 　　4. 学校组织学生参加体育活动(含体育课)时间平均每天约 ……………… (　　)
> 　　A. 半小时以下　　B. 一节课　　　　C. 一小时　　　　D. 一小时以上
> 　　5. 学校组织的下列体育活动中,开展历史的比较久的项目是 ……………… (　　)
> 　　A. "体育节"　　　B. 运动会　　　　C. 单项竞技赛　　D. 其他:_____
> 　　6. 校园艺术活动中,据你所知目前最受学生欢迎的是 ……………… (　　)
> 　　A. 艺术节活动　　B. 班班有歌声　　C. 观看专业演出　D. 其他:_____
> 　　7. 下列学校教育活动中有无校本特色,有者请填具体内容 ……………… (　　)
> 　　A. 德育:_____　B. 体育:_____　C. 美育:_____　D. 技能教育:_____
> 　　8. 据你判断,对学校组织德育、体育、美育活动,学生的参与率是 ………… (　　)
> 　　A. 全体学生　　　B. 八九成学生　　C. 六七成学生　　D. 五成及以下学生
> 　　9. 如果对学校科技教育活动进行评价,你认为最值得肯定的是 ……………… (　　)
> 　　A. 能定期组织　　B. 参与率较高　　C. 特色明显　　　D. 其他:_____

表 7-4　初中学校教育活动评估教师问卷

> **初中学校教育活动评估教师问卷**
>
> 　　根据你的了解,对本问卷中的问题作答。你一般只要在题下备选答案中选择你认为符合情况的答案代码字母,填在题后的括号中即可;有些需要你先填内容。谢谢!
> 　　1. 现在学校在各种教育活动中,开展得比较受学生欢迎的是 ……………… (　　)
> 　　A. 德育活动　　　B. 体育活动　　　C. 美育活动　　　D. 技能活动
> 　　2. 学校开展的德育活动中,比较理想的项目是 ……………… (　　)

A. 升旗仪式　　B. 系列校会　　C. 社区服务　　D. 其他：＿＿＿＿＿＿

3. 学校组织学生参加体育活动(含体育课)时间平均每天约 …………………（　　）

A. 半小时以下　B. 一节课　　C. 一小时　　　D. 一小时以上

4. 学校组织的下列体育活动中,开展历史比较久的项目是…………………（　　）

A.“体育节”　　B. 运动会　　　C. 单项竞技赛　D. 其他：＿＿＿＿＿

5. 校园艺术活动中,据你所知目前最受学生欢迎的是………………………（　　）

A. 艺术节活动　B. 班班有歌声　C. 观看专业演出　D. 其他：＿＿＿＿

6. 你认为下列学校教育活动中有无特色,有者请填具体内容 …………………（　　）

A. 德育：＿＿＿　B. 体育：＿＿＿　C. 美育：＿＿＿　D. 技能教育：＿＿＿

7. 据你判断,对学校组织德育、体育、美育活动,学生的参与率是 ………………（　　）

A. 全体学生　　B. 八九成学生　C. 六七成学生　D. 五成及以下学生

8. 如果对学校科技教育活动进行评价,你认为最值得肯定的是………………（　　）

A. 能定期组织　B. 参与率较高　C. 特色明显　　D. 其他：＿＿＿＿＿

表 7－5　初中学校教育活动评估学生问卷

初中学校教育活动评估学生问卷

　　根据对学校的基本了解,对本问卷中的问题作答。你一般只要在题下备选答案中选择你认为符合情况的答案代码字母,填在题后的括号中即可;部分题你需填写内容。谢谢!

1. 对各项学校教育活动的动员组织,平时在校会或班会中 …………………（　　）

A. 每月都讲到　B. 每学期讲一二次　C. 大活动前讲到　D. 不大听讲

2. 在学校开展的各种教育活动中,你认为同学们最感兴趣的是 ………………（　　）

A. 德育活动　　B. 体育活动　　　C. 美育活动　　　D. 技能活动

3. 学校开展的德育活动中,比较理想的项目是…………………………………（　　）

A. 升旗仪式　　B. 系列校会　　　C. 社区服务　　　D. 其他：＿＿＿＿＿

4. 你参加学校组织的体育活动(含体育课)时间平均每天约 …………………（　　）

A. 半小时以下　B. 一节课　　　C. 一小时　　　D. 一小时以上

5. 校园艺术活动中,据你所知目前最受同学欢迎的是 ……………………………（　　）

A. 艺术节活动　B. 班班有歌声　　C. 观看专业演出　D. 其他：＿＿＿＿

6. 你认为下列学校教育活动中有无特色,有者请填具体内容 …………………（　　）

A. 德育：＿＿＿　B. 体育：＿＿＿　C. 美育：＿＿＿　D. 技能教育：＿＿＿

7. 据你了解,对学校组织德育、体育、美育活动,同学的参与率是 ………………（　　）

A. 全体学生　　B. 八九成学生　　C. 六七成学生　D. 五成及以下学生

8. 如果对学校科技教育活动进行评价,你认为最值得肯定的是………………（　　）

A. 能定期组织　B. 参与率较高　　C. 特色明显　　　D. 其他：＿＿＿＿＿

在具体使用本评估工具进行评估时,对标准的掌握还需要对照当时当地颁布的有关新的文本规定。

三、初中学校教育活动评估指标与标准的说明

对上述某些指标概念的界定,和评估工具使用的方法,作如下说明。

1. 关于指标与标准相关概念的简单说明

一是"学校德育活动"。学校德育,既是社会大德育的组成部分,也是学校教育工作中的核心。同时,学校德育是一个比较复杂的系统,可以说是一个渗透在学校各个领域和方面的教育因子。对于学校德育的评估,可以将德育作为一个整体,建立一个统合的评估方案,进行系统评估。这个系统中应该包括"课程"、"教学"、"综合实践活动"等载体,还应该包括为推进德育工作的一切研究工作。但这样的话,这个领域的评估体系就会十分庞大。所以,从评估设计方案的角度来考虑,本节中所提出的德育,还不是学校德育的全部,是相对显性的、狭义的学校德育活动,而在其他学校教育教学中,还应包括德育的因素。评估指标的设计同样是基于上述认识。

二是"学校体育活动"。其实,学校体育同样也是一个大的系统,也可以说是渗透在多种教育领域中。本章关注的学校体育就有几个方面,包括后面的课程领域、教学领域和教研领域中,都应该有体育的要素。但本节中的体育,也仅仅是学校中的一些体育活动。从指标设计上看,这里主要关注能够考察的方面,如学校体育活动的规划、计划,大规模的全校性体育活动即"运动会"或"体育节"等,关于学校的体育特色项目,以及"每天一小时体育活动"或"阳光体育活动"。对学校体育活动的评估,一般有三个考察点:一是管理层面的文本,二是实践层面的现场,三是效益层面的成果。至于标准的设定,都是基本要求。

三是"学校美育活动"。学校的美育也涉及很多领域,如课程是针对国家教育意志的普及要求,相关的教学活动是落实美育课程的主要渠道,但这些都将体现在后面几节中。本节美育活动,主要是学校艺术教育的规划和艺术活动,如"艺术节"。对于在艺术学习领域中不同层次的学生而言,在学校"艺术节"中可以感受美就在我们身边,审美是快乐与轻松的;对艺术有特别爱好的学生,在艺术社团中,能体验到才艺价值的存在。所以,指标设计主要考虑到这些内容。学校美育活动评估素材,也是通过这些方面呈现的。

四是"学生科技教育活动"。同样的考虑,本节的科技主要在与学校的计划层面、全校性活动层面和科技社团等。因为科技素养的培养其实还有课程与专门学科的渠道,这将在后几个节的内容中体现。

2. 关于评估工具使用的简单说明

使用指标体系进行评估的主要依据是"基本标准",这些标准主要依据国家

有关法规、地区性的有关规定。一般以相关文件为准，也有借鉴一些比较权威的"研究成果"或相关的理论。对学校实地考察后，认定其达到了各指标的标准，并有一定的实证材料，即可认定其达到了"合格"水准。如果该指标已经取得一定甚至明显的成效，在相应的实证材料的证明下，则可以认定其达到了"优良"的一级标准；否则，评估结果可以认定其为"不合格"。

在使用问卷进行评估时，关键是信息反映的真实性，所以只要有评估对象的岗位或角色说明，而不需要具体署名。对有些开放性问题，可以根据问卷对象的实际，在正式使用时可做适当的修改完善。

同样应该指出，上述指标或问卷问题是具有比较全面覆盖性的，在用于单项评估时可以考虑全部使用。但如果是实施对学校的全面评估，具体组织评估工作时，也可以选择其中的某些指标或问题，与其他模块相关指标或问卷一起，组合成新的评估体系，实施有选择、有重点的评估。

第三节　初中学校课程领导的评估研究

课程是学校教育过程中最基本的载体，学校是课程实施的基本单位。学校课程领导主要任务是编制"学校课程计划"，主要包括课程目标、课程设置、课程管理与评价等要素。虽然教学也是课程实施的范畴，但本节内容没有包括进教学，将在后一个小节中专门阐述。

初中学校课程设置的原则，需要注意体现如下几点：

一是均衡设置课程。根据德智体美等方面全面发展的要求，均衡设置课程，各门课程比例适当，并可按照地方、学校实际和学生的不同需求进行适当调整，保证学生和谐、全面发展；依据学生身心发展的规律和学科知识的内在逻辑，在小学阶段的基础上，根据九年一贯制整体设置课程的要求、不同年龄段儿童成长的需要和认知规律、时代发展和社会发展对人才的要求，课程门类逐渐增加。

二是加强课程的综合性。注重学生经验，加强学科渗透。各门课程都应重视学科知识、社会生活和学生经验的整合，改变课程过于强调学科本位的现象。设置综合课程，如在社会人文学习领域、自然科学学习领域和艺术学习领域等。还包括各种综合实践活动，使初中学生通过亲身实践，发展创新精神与实践能力，综合运用知识解决问题的能力，培养社会责任感。

三是加强课程的选择性。严格按照国家课程标准，要保证义务教育的基本质量。并根据课程方案，设置一定课时比例的地方课程和学校课程，发挥学校的创造性，办出有特色的学校。在达到九年义务教育基本要求的前提下，农村普通中学试行"绿色证书"教育，形成有农村特点的学校课程结构。城市普通中学要逐步开设职业技术课程。

以上原则要求是本章第一节有关课程的法规内容的具体化,是初中学校课程实施评估方案设计的重要思想。

一、初中课程领导评估体系的设计思路

根据上述分析说明,关于初中学校课程领导评估指标体系的内容设计,设想主要有四个层面组成:第一是课程计划的制订与执行,重点是国家课程校本化实施情况、学科课程标准的校本细化、整体结构的合理性等;第二是教材使用情况,包括征订与使用各环节,重点是规范性、合理性和有效性等;第三是校本课程的开发建设,重点考察数量是否符合学生需求、质量是否体现素质教育要求等;第四是课程资源的开发利用,包括典型课例、教学设计和课件等建设情况。

对评估的方式,同样既有指标体系的评估方式,也有"概括性问题"的评估方式。根据初中学校课程实施的法理依据,制定相关的评估指标及标准必须具有可测可评的要求;作为对指标体系评估的补充,概括性问题的问卷设计,要针对相关对象进行情况真实性的了解,体现定量与定性相结合的评估思想。

所以,对初中学校课程领导的评估,拟从四个内容范畴的关注点和两个实施方式相联系的途径来进行。针对指标的具体标准与问题设计,依据相关法理具体阐述,如图7－3。

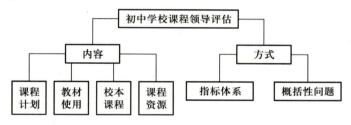

图7－3 初中学校课程领导评估的组成示意

在具体设计方面,由于课程实施评估内容比较广泛,就上述四个视角的评估,将仅就指标体系作分别的设计,即各成一个指标体系的评估方案,但对于概括性问题的设计,拟将这四个方面的内容,按不同对象分别合为一个问卷,这样在操作方面就显得便利了。

1. 关于学校课程计划评估指标体系的结构与内容设计

对于初中学校课程计划的评估指标,其结构与内容,拟作如下设计:

指标的结构设计,分为"一级指标"和"二级指标"两个层次,其中"一级指标"主要指向对国家课程校本实施的重点要求,如课程计划、课程结构、学生的课程负担等方面;"二级指标"分别对应一级指标,确立具体的评估项目,内容主要是对两个层次指标含义的一定说明,最终构成指标体系。

初中学校给予课程领导的评估指标体系,拟由3个一级指标和10个二级指

标组成,具体如下:

Ⅰ 课程计划制定(规范性、合理性、创新性和有效性)

    Ⅰ-1 课程背景和课程目标(科学性、全面性、先进性)

    Ⅰ-2 课程设置和课时安排(规范性、均衡性、合理性)

    Ⅰ-3 课程实施和课程管理(科学性、全员性、有效性)

Ⅱ 课程结构安排(教育性、科学性、选择性、有效性)

    Ⅱ-1 各类规定课程的构成(规范性、教育性、先进性)

    Ⅱ-2 综合课程与分科课程的比例(科学性、合理性、综合性)

    Ⅱ-3 必修课程与选修课程的比例(科学性、合理性、选择性)

    Ⅱ-4 各类课程育人功能的体现(教育性、科学性、有效性)

Ⅲ 课程负担表现(科学性、合理性、均衡性、差异性)

    Ⅲ-1 课程总量负担情况(科学性、合理性、规范性)

    Ⅲ-2 不同课程负担情况(合理性、丰富性、均衡性)

    Ⅲ-3 不同学生负担情况(针对性、差异性、有效性)

2. 关于教材使用评估指标体系的结构与内容设计

对于初中学校对教材使用的评估指标,其结构与内容,拟作如下设计:

在指标的结构设计方面,分为"一级指标"和"二级指标"两个层次,其中"一级指标"主要指向规范性使用教材的重点方面,如订购教材合法性、管理教材规范性、教辅材料有控性、校本教材科学性等方面;"二级指标"分别对应一级指标,确立具体的评估项目,内容主要是对两个层次指标含义的一定说明,最终构成指标体系。

初中学校教材使用方面的评估指标体系,拟由4个一级指标和10个二级指标组成,具体如下:

Ⅰ 依法订购教材(规范性、合理性、有效性)

    Ⅰ-1 教材订购规范性(根据教育行政颁发用书目录)

    Ⅰ-2 教材订购合理性(合乎课程计划与学校需要)

    Ⅰ-3 教材订购有效性(教师教学用书的订购与使用)

Ⅱ 规范管理教材(科学性、有效性)

    Ⅱ-1 教材管理科学性(教材按不同课程要求的管理)

    Ⅱ-2 教材管理有效性(教材按不同版本时间的整合)

Ⅲ 控制教辅材料(规范性、合理性、针对性)

    Ⅲ-1 学生学辅材料规范性(对照文件规定控制学辅材料)

    Ⅲ-2 教师教辅材料的合理性(根据教学需要控制教辅材料)

Ⅳ 校本教材建设(教育性、科学性、有效性)

    Ⅳ-1 校本教材教育性(注重教材的教育价值)

Ⅳ－2　校本教材科学性(注重教材的科学标准)

　　Ⅳ－3　校本教材有效性(注重教材的校本特色)

　3.关于校本课程评估指标体系的结构与内容设计

　　关于初中学校校本课程建设评估指标,其结构与内容,拟作如下设计:

　　对指标的结构设计,同样分为"一级指标"和"二级指标"两个层次,其中"一级指标"主要是反映校本课程的关键要求,如数量针对学生需要的匹配性、内容针对课程要素的品质性、科目针对学校理念的特色性等方面;"二级指标"分别对应一级指标,确立具体的评估视角,内容主要是对这两个层次指标含义的一定说明,最终构成指标体系。

　　初中学校校本课程方面的评估指标体系,拟由3个一级指标和10个二级指标组成,具体如下:

　　Ⅰ　校本课程设置数量(满足性、覆盖性、选择性、有效性)

　　　Ⅰ－1　设置数量满足度(保障教学班和全体学生的合理需求)

　　　Ⅰ－2　学习领域覆盖度(覆盖不同学习领域的内容反映)

　　　Ⅰ－3　不同层次选择性(满足不同学习层次的选择需要)

　　　Ⅰ－4　需求变化有效性(针对不同学期实际效用的动态调整)

　　Ⅱ　校本课程建设质量(规范性、科学性、教育性)

　　　Ⅱ－1　课程建设规范性(合乎课程方案和学校规划或计划)

　　　Ⅱ－2　课程建设科学性(符合课程理论和课改理念)

　　　Ⅱ－3　课程建设教育性(支持学生形成核心价值观)

　　Ⅲ　校本课程特色体现(地域性、时代性、校本性)

　　　Ⅲ－1　校本课程地域特色(体现学校地域的文化特色)

　　　Ⅲ－2　校本课程时代特色(体现价值理念的当代特色)

　　　Ⅲ－3　校本课程校本特色(体现办学思想的学校特色)

　4.关于课程资源建设评估指标体系的结构与内容设计

　　对初中学校课程资源建设的评估指标,其结构与内容,拟作如下设计:

　　评估指标的结构设计,分"一级指标"和"二级指标",其中"一级指标"主要是指向课程资源建设的基本要素,例如优秀课例(包括教学实录和录像课)的建设、优质教案的积累、教学课件的设计、作业系统改进的成果等方面;"二级指标"分别对应一级指标,确立具体的评估视点,内容主要是对两个层次指标含义的一定说明,最终构成指标体系。

　　初中学校课程建设方面的评估指标体系,拟由4个一级指标和12个二级指标组成,具体如下:

　　Ⅰ　优秀课例建设(覆盖度、品质度、有效性)

　　　Ⅰ－1　不同学科覆盖度(覆盖的学科、覆盖的内容单元等)

Ⅰ-2 课改理念品质体现(按照优质标准的质量体现)

Ⅰ-3 适应使用有效性(对校本教研与课堂改进的效用)

Ⅱ 优质教案积累(规范性、共享性、发展性)

Ⅱ-1 教学设计规范性(符合课标、针对教材、教研成果)

Ⅱ-2 教案资源共享性(分工设计、共同反思、资源共享)

Ⅱ-3 教案质量发展性(数量发展、质量提升、动态生成)

Ⅲ 教学课件设计(科学性、有效性、发展性)

Ⅲ-1 课件设计科学性(体现课改理念、符合学科内涵)

Ⅲ-2 课件使用有效性(具有课堂提效、思维提质功效)

Ⅲ-3 课件改进发展性(体现积件特点、便于分解生成)

Ⅳ 作业系统改革(多样性、选择性、解释性)

Ⅳ-1 作业类型多样性(体现支持学生多种素养的培养)

Ⅳ-2 作业布置选择性(体现针对不同学生的基础差异)

Ⅳ-3 作业价值解释性(体现对功能、结果等多种解释)

根据上述评估指标和内容体系的设计思路,再进行后面的具体评估工具细化设计。

5. "概括性问题"相关问卷的设计

关于初中学校课程领导评估的"概括性问题",将涉及课程计划、教材使用、校本课程和课程资源建设均统合在一份问卷,根据评估信息源的对象不同,拟制定不同的问卷,作为对指标性评估的必要补充。一般而言,对初中学校课程实施评估的信息可以有以下几个途径,拟分别设计问卷,参见表7-6。

表7-6 不同信息来源的初中学校课程领导情况的问卷设计

问卷类型	问卷主要内容	问题形式
领导问卷	(1)学校课程实施的整体设计与开展情况 (2)学校国家课程校本化实施的基本情况 (3)学校对教材使用的基本情况 (4)关于校本课程建设与改进的基本情况 (5)关于课程资源建设的基本情况	选择题加开放题
教师问卷	(1)对学校国家课程校本实施的基本感受 (2)对学校关于教材使用情况的基本感受 (3)对学校开展校本课程建设的基本感受 (4)对学校课程资源开发利用的基本感受	选择题加开放题

问卷类型	问卷主要内容	问题形式
学生问卷	（1）对学校各类课程开设情况的基本感受 （2）对学校介绍教辅材料情况的基本感受 （3）对学校支持社团课程建设的基本感受 （4）对学校满足学生课程需求的基本感受 （5）对教师教学课件质量体现的基本感受	选择题加开放题

关于具体问卷的内容设计，从效益要求着想，有些问题的设计与问卷组合，可以兼顾本章其他内容一并考虑；同时从对获取信息真实性考虑，需要避免设计模糊性问题。

二、评估工具——指标体系与问卷设计

按照上述设计思想，对于初中学校课程领导的评估，可用两种工具：一是评估工具，二是概括性问题评估工具。

对于"指标及标准体系"的评估工具，为分析需要，将依据本节的研究思想，分为"学校课程计划"、"教材使用"、"校本课程的开发与设置"、"课程资源建设"等方面，分别设计；对概括性问题的问卷设计，则从便于操作的角度，将这四个方面的内容，分别针对不同了解对象，合为一个问卷来设计。

1. 初中学校课程计划的评估标准

根据对指标体系的设想，设计的评估标准如表7-7。

表7-7　初中学校课程计划的评估标准

一级指标	二级指标	基本标准	评估意见			案例依据或说明
			优良	合格	不合格	
课程计划制定	课程背景和课程目标	根据国家课程方案或计划制定学校课程计划；结合校情确立课程实施目标				
	课程设置和课时安排	根据国家课程计划设置学校的课程，严格按照计划安排各学科课时和总课时				
	课程实施和课程管理	建立学校的课程实施方案，对各类课程的实施有管理与检查的制度				

一级指标	二级指标	基本标准	评估意见			案例依据或说明
			优良	合格	不合格	
课程结构安排	各类规定课程的构成情况	根据国家课程方案开设各类课程,不同课程的结构比例符合相关要求				
	综合课程与分科课程的比例	根据初中阶段课程设置要求开设综合与分科课程,开设年段与比例合理科学				
	必修课程与选修课程的比例	根据初中阶段课程设置要求开设必修与选修课程,覆盖年段与比例合理规范				
	各类课程育人功能的体现	学校课程总体能按照课程方案的育人要求实施,落实有关育人文件有校本措施				
课程负担表现	课程总量负担情况	不随意开设课程,学科课程的总课时符合计划要求,其他规定课程量符合计划				
	不同课程负担情况	基础、拓展和探究三类课程对学生负担比较均衡合理,考试学科学习要求恰当				
	不同学生负担情况	根据不同学生的基础和发展需要,有不同学习要求安排,作业分层、负担合理				
总体评估						

2. 初中学校教材使用评估标准

根据指标体系的设想,对本内容设计的评估标准如表 7 - 8。

表 7 - 8　初中学校教材使用评估标准

一级指标	二级指标	基本标准	评估意见			案例依据
			优良	合格	不合格	
依法订购教材	教材订购规范性	对照教育行政部门颁发的教材目录订购教材				
	教材订购合理性	根据课程计划学科设置的要求及学校需要订购教材				
	教材订购有效性	学生与教师教学用书发挥的教与学功效能够体现				
规范管理教材	教材管理科学性	能够按不同课程要求订用教材,循环教材管理到位				
	教材管理有效性	对不同版本、不同年份出版的教材能建档管理				
控制教辅材料	学生学辅材料规范性	学生学辅材料能符合有关文件规定,严格控制				
	教师教辅材料合理性	教师教辅材料能根据需要,注重核心功能,合理控制				
校本教材建设	校本教材教育性	校本教材建设能注重素质教育功能体现,发挥较好				
	校本教材科学性	校本教材内容没有科学性问题,有利学生拓展知识				
	校本教材有效性	选用或自主开发校本教材具有校本特色,使用有效				
总体评估						

3. 初中学校校本课程建设评估标准

根据对指标体系的设想,设计的评估标准如表 7 - 9。

表7-9 初中学校校本课程建设评估标准

一级指标	二级指标	基本标准	评估意见			案例依据或说明
			优良	合格	不合格	
校本课程设置数量	设置数量满足度	科目设置数大于教学班数,能保障学生合理需求				
	学习领域覆盖度	内容能覆盖不同学习领域,支持学生素质全面发展要求				
	不同层次选择性	针对不同层次和兴趣的学生需求设置科目,满足可选择要求				
	需求变化有效性	能根据社会发展与学生实际调整设置科目,有动态机制				
校本课程建设质量	课程建设规范性	符合国家课程方案对课程的要求,符合学校课程计划				
	课程建设科学性	符合课程理论和课程改革理念,符合相关学科科学思想				
	课程建设教育性	根据初中学生认知特征,能支持学生形成核心价值观				
校本课程特色体现	校本课程地域特色	能反映学校所在地域的文化特色,支持联系实际的学风				
	校本课程时代特色	能反映当代社会的核心价值观,体现与时俱进要求				
	校本课程校本特色	能反映学校办学思想,支持学校特色的发展				
总体评估						

4. 初中学校课程实施资源开发评估标准

根据指标体系的设想,对本内容设计的评估标准如表7-10。

表 7 –10　初中学校课程实施资源开发评估标准

一级指标	二级指标	基本标准	评估意见			案例依据
			优良	合格	不合格	
优秀课例建设	不同学科覆盖度	能覆盖不同学习领域不同学科,涉及不同教学单元				
	课改理念品质体现	能体现学生发展为本理念,符合素质教育要求				
	适应使用有效性	对改进课堂教学、支持校本教研有帮助和促进作用				
优质教案积累	教学设计规范性	符合课程标准,针对教材要求,体现教研成果				
	教案资源共享性	反映分工合作的集体智慧,能体现资源的共享				
	教案质量发展性	数量不断增加,质量不断提升,有动态生成发展机制				
教学课件设计	课件设计科学性	体现促进探究的课程改革理念,符合学科知识内涵				
	课件使用有效性	能提高课堂教学效率,促进学生思维活跃与教学互动				
	课件改进发展性	能体现便于分解组合的积件特点,便于创新生成				
作业系统改革	作业类型多样性	兼顾书面、口头、实践以及长、短等多种作业设计要求				
	作业布置选择性	能针对学生差异,提供不同层次和可以选择的作业				
	作业价值解释性	体现对教学要求功能解释、作业水平与问题结果解释				
总体评估						

评估实施时,只要在上述各表相应空格中打钩,并将依据说明写在后面。

实施评估,可在相应空格中根据实情评估打钩。其中符合基本标准者,即可认定为"合格";实际情况比基本标准还要好者,可认定其为"优良";而相比较还不到基本标准水平者,就可认定为"不合格"。并将评估结论的综合依据说明填写在后面的空格中。

5. 初中学校课程实施评估的若干问卷

本评估项目问卷共有以下三份,分别由领导、教师和学生这三个层面的代表来完成(表7-11~表7-13)。

表7-11　初中学校课程领导评估领导问卷(校长、分管校长或中层干部)

初中学校课程领导评估领导问卷(校长、分管校长或中层干部)

根据你对学校的基本认识,对本问卷中的问题作答。你一般只要在题下备选答案中选择你认为符合情况的答案代码字母,填在题后的括号中即可,有些要先填内容。谢谢!

1. 学校对各类课程实施的整体规划建设,目前情况是……………………(　　)

A. 有整体规划　B. 仅国家课程计划　C. 仅校本课程计划　D. 其他:＿＿＿＿＿＿

2. 学校在各类功能课程实施中,开展得比较规范理想的是……………(　　)

A. 基础型课程　B. 拓展型课程　　C. 探究型课程　　D. 其他:＿＿＿＿＿

3. 学校对国家课程的实施,采取校本化方案情况是…………………(　　)

A. 调整课时　B. 调整内容　　C. 调整要求　　D. 其他:＿＿＿＿＿＿

4. 学校订购学生用书,除依据"教材用书目录"外,还根据………………(　　)

A. 教师推荐　B. 家长要求　　C. 学生需要　　D. 其他:＿＿＿＿＿＿

5. 对可选择的校本课程,据你所知目前最受学生欢迎的是………………(　　)

A. 考试类科目　B. 艺体类科目　　C. 科技类科目　　D. 其他:＿＿＿＿＿

6. 目前校本课程对学校特色的支持度,你认为…………………………(　　)

A. 比较理想　B. 初步体现　　C. 没有体现　　D. 其他:＿＿＿＿＿＿

7. 据你了解,学校的课程资源最缺少的是……………………………(　　)

A. 优秀课例　B. 优质教案　　C. 教学课件　　D. 其他:＿＿＿＿＿

8. 如果对学校课程实施工作进行总结,你认为最需要加强的是:

＿＿＿＿＿＿＿＿＿＿＿＿＿＿＿＿＿＿＿＿＿＿＿＿＿＿＿＿＿＿＿＿＿＿

表7-12　初中学校课程领导评估教师问卷

初中学校课程领导评估教师问卷

根据你的了解,对本问卷中的问题作答。你一般只要在题下备选答案中选择你认为符合情况的答案代码字母,填在题后的括号中即可;有些需要你先填内容。谢谢!

1. 你目前在学校任教及自己的基本情况是:

A. 学科＿＿＿＿　B. 年级＿＿＿＿　C. 其他课程＿＿＿＿　D. 教龄＿＿＿＿

2. 现在学校关于国家课程的实施,对你学科的要求主要是………………(　　)

A. 增减课时　B. 调整教学内容　C. 调整学习要求　　D. 其他:＿＿＿＿＿

---

3. 除了统编教材外,你学科还让学生准备了相关的 ………………………………… (　　)

A. 教学参考资料　　B. 其他版本教材　　C. 阅读材料　　　　D. 其他:_____

4. 对于学生的学习,从巩固知识的角度,你一般还向学生推荐 ………………… (　　)

A. 几本教辅书　　B. 一本教辅书　　C. 自编辅助材料　　D. 其他:_____

5. 目前的校本课程建设中,你所参与的工作主要是 ………………………………… (　　)

A. 参与科目设计　　B. 参与教材编写　　C. 参与讨论完善　　D. 都没有参与

6. 你认为学校开设的校本课程,所存在的主要问题是 …………………………… (　　)

A. 不受学生欢迎　　B. 没有学校特色　　C. 缺少联系实际　　D. 其他:_____

7. 据你所知,你学科在实施各类课程中,最缺少的教学资源主要是 ………… (　　)

A. 优秀课例　　　　B. 优质教案　　　　C. 教学课件　　　　D. 其他:_____

8. 如果对学校课程实施工作进行评价,你认为今后最需要加强的是:

_____

表 7 - 13　初中学校课程领导评估学生问卷

初中学校课程领导评估学生问卷

　　根据对学校的基本了解,对本问卷中的问题作答。你一般只要在题下备选答案中选择你认为符合情况的答案代码字母,填在题后的括号中即可;部分题你需填写内容。谢谢!

1. 你现在是初中_____年级,在学校中一个星期的总课时是 ………………… (　　)

A. 34 或 35 节　　　B. 36 ~ 38 节　　　C. 39 ~ 42 节　　　D. 43 节以上

2. 在学校学习中,你感到课时最不够的学科是 ………………………………………… (　　)

A. 知识考试学科　　B. 音体美学科　　C. 劳技及信息学科　　D. 都没有

3. 在学校读的教材中,你感到老师调整内容较多的是 …………………………… (　　)

A. 知识考试学科　　B. 音体美学科　　C. 劳技及信息学科　　D. 都没有

4. 你现在使用的教辅和练习书,其来源主要是 ………………………………………… (　　)

A. 老师推荐　　　　B. 家长买的　　　　C. 自己选购　　　　D. 学校收费集体订购

5. 对学校设置的校本课程中,你一般喜欢选择的科目是 ……………………… (　　)

A. 帮助考试的　　　B. 走进社会的　　　C. 实践体验的　　　D. 其他:_____

6. 你是否参加拓展型课程学习? 有,是_____,感到 ………………………… (　　)

A. 很满意　　　　　B. 还可以　　　　　C. 不满意　　　　　D. 没有参加

7. 你是否参加研究性学习? 如果有,你研究的内容或课题是 ………………… (　　)

A. 还没有　　　　　B. 有,内容是:_____

8. 如果对学校现在开设的课程或组建的社团还没有满足你的需要,你的建议是:

_____

在具体使用本评估工具进行评估时,对标准的掌握还需要对照当时当地颁布的有关新的文本规定。

三、初中学校课程领导评估指标与标准的说明

对上述某些指标概念的界定和评估工具使用的方法,作如下说明。

1. 关于指标与标准相关概念的简单说明

首先,学校的课程实施,在现在意义上看,应该是属于"学校课程领导力"的层面。我国台湾学者认为,课程需要在学校层面进行重建。"学校层面的课程重建"就是结合校情的课程领导。这种重建的观念模型有三个要点:一是"知识再概念化"。什么知识最有价值?是"知识"间的超链接不断创造的知识,是知识、信息、网络的有机统一体,已经成为"超文本知识",这是本质与效用的概念。二是"权力再结构化"。谁是课程的支配者?教师甚至学生都不是传统的"特别权利关系"下的"乖乖儿",而有可发挥的专业自主权,这是协同合作体的概念。三是"文化再生"。受何种"文化场"影响?包括课程改革的驱动,以行动研究为导向,校内外价值的协调与仲裁,学习型组织等,涉及众多文化观,这是多元整合的概念。① 所以,这里将课程实施的指标设计从以下几个方面思考。

一是"国家课程校本化"。国家课程是学校课程实施的主体,是国家意志在教育领域的具体反映,对于义务教育阶段的初中学校,更是学校课程实施工作的核心。从根本上说,国家课程校本化工作包含众多的内容。而从一个学校视角的大的方面来看,主要是涉及对课程计划的执行与课程标准的落实(着重在对量的把握)、课程结构的合理体现(着重在不同课程比例方面)、课程实施对学生健康成长的影响(着重在课程的功能合理性上)。这几个方面其实还是学校对于国家课程方案的理解深度的反映,是一所学校对课程政策执行力的表现。所以,本节对国家课程校本化的评估,所设计的一级指标就包括了上述这三个,这是从学校层面上考虑的课程领导力的核心要素内容。

二是"教材使用"。到目前为止,在人们眼里,课程的主要代表似乎还是以教材为主。事实上,教材也是课程系统的一个关键要素,所以课程实施必须关注教材使用环节。教材使用有多个层面的评估点,其实本章的其他(如教学、教研)和本节的其他领域(校本课程、课程资源等),都可以涉及教材使用的问题。但这里所关注的主要是在课程层面、重点在管理层次的内容。所以,对"一级指标",设计的是教材订购的"合法"性问题、教材管理的"规范"性问题、教辅材料的"控制"问题、校本教材的"建设"问题,主要是从法规、合理、科学、有效等几个视角来考察的。

---

① 陈伯璋、许添明:《学校本位经营的理念与务实》,九州出版社 2006 年版第 118 ~ 121 页。

三是"校本课程建设"。在初中学校的课程实施中,根据国家的课程方案和课程计划,学校有一定的课程开发与设置权限,这就是"校本课程"的来历。对于校本课程来说,最大的价值在于支持学生个性发展的需求和学校特色的建设。所以,在对本范畴的评估研究中,这里设计了三个"一级指标",即"设置数量"、"建设质量"和"特色体现"。前一个主要是针对学生需求的,后一个主要是针对学校特色建设的,中间一个是关于兼顾两者的质量指标。在具体细化方面,考虑了照顾学生差异性、课程的品质性和特色的表现性等。这里很重要的一个视角,还关注了教育功能的问题。

四是"课程资源开发"。课程资源对一所学校的课程实施来说,是一种保障条件。本节关注的课程资源,是基于新课程背景下和现代技术支持下的现代资源,有纸质化的资源,也有电子化的资源;有出版物,也有在网络平台上的信息。在具体设计方面,本节的课程资源评估"一级指标"为四个,分别是"优秀课例的建设"、"优质教案的积累"、"教学课件的设计"和"作业系统的改革"。对课例,一要优秀(观念新、模式新、技术新),二要有学科覆盖度。对教案,主要是要在积累基础上不断发展改进。对课件,主要关注对课题教学的提效功能。对作业,则突出类型多样、布置有别,还要体现价值上的解释性。

2. 关于评估工具使用的简单说明

与前所有评估工具的使用要求一样,使用指标体系进行评估的主要依据是"基本标准",这些标准主要依据国家课程法和地区性的相关规定,一般以相关文件为准,也有借鉴一些比较科学的教育"研究成果"或一些相关的理论。在对学校实地考察后,认定其达到了各指标的标准,并有一定的实证材料,即可认定其达到了"合格"水准。如果该指标已经取得一定的甚至明显的成效,在相应的实证材料的证明下,则可以认定其达到了"优良"的一级标准;否则,评估结果可以认定其为"不合格"。

必须明确,在使用问卷进行评估时,关键是信息反映的真实性,所以只要有评估对象的岗位或角色说明,而不需要具体署名。对有些开放性的问题,可以根据问卷对象的实际,在正式使用时可做适当的修改完善。

同样应该指出,上述指标或问卷问题是具有比较全面覆盖性的,在用于单项评估时可以考虑全部使用。但如果是实施对学校的全面评估,具体组织评估工作时,也可以选择其中的某些指标或问题,与其他模块相关指标或问卷一起,组合成新的评估体系,实施有选择、有重点的评估。

第四节　初中学校教学过程的评估研究

狭义的教学过程只关注课堂,而今天对课堂的理解也已经有了很大的拓展。

当然,课堂教学始终是学校教学工作最基本的渠道。

按照传统对课堂教学过程的一般理解,其结构呈现是紧密联系的若干环节体系,教学引入(激发学习动机)—新内容教学(引导学生领会知识)—课堂练习(发展知识价值)—教学小结(梳理概念和总结学习要求)—布置作业(巩固)。其功能的实质,是表现为帮助学生综合提高各种素养的主要渠道,包括知识与技能的掌握、在学习经历中掌握方法、情感态度价值观的逐步完善等,即在间接经验与直接经验相结合的情境下,知、情、意得到统一培养。如果我们把课堂理解为能够发挥这种功能的所有场所或地方,这就是"大课堂"的概念。

但是,从保障的角度,还应该有对教学过程管理的任务。所以,本节所设计的相关评估指标,需要既关注教学过程的基本要素和功能体现,也需要关注对其管理的功效与作用。

一、初中学校教学过程评估体系的设计思路

初中学校教学过程评估指标体系的内容设计,对照上述分析,可以有下几个维度的思考。

从评估的范畴看,主要有三个:一是学科教学计划,二是学校教学的常规,三是各科或各学习领域的课堂教学。从评估的具体细节看,一是主要关注到主要教学环节,从备课、上课、作业、辅导等方面来考察;二是主要关注到课堂教学设计中若干要素,如教学的目标、内容、方法、手段、评价等。

对评估的方式,同样既有指标体系的评估方式,也有"概括性问题"的评估方式。根据对初中学校实施教学的有关法理依据和文件要求,除制定相关的评估指标外,还要拟定一些需要考察的背景问题,作为对指标体系的必要补充,对相关人员进行必要的了解,体现定量评估与定性评估相结合的思想。

所以,对初中学校教学过程的评估,应该从三个内容范畴的关注点和两个实施方式相联系的途径来进行。而具体指标与问题设计,将依据相关法理与文件的要求具体展开,如图7-4。

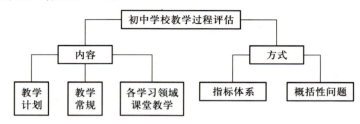

图7-4 初中学校教学过程评估的组成示意

1. 关于初中学校学科教学计划评估指标体系的结构与内容设计

学科教学计划的内容一般包括五个方面:分析基本情况,明确学期教学目

标,拟定教学进度,提出教学实施中应注意的问题,安排教学业务研修活动。当然在具体的教学实施过程中,是允许教师根据学生与学校实际适时调整教学计划的,但是,从学校教学过程的管理角度,教学计划还是具有重要指导意义的。在实际的计划制定中,其中分析教学条件和提出注意问题往往有相关性,与目标确立也有相关性。所以评估指标的设计,可以对这有些内容进行组合。

这样,指标的结构层次同样可分为"一级指标"和"二级指标"两个。其中"一级指标"主要指向学科教学计划的基本内容要素,如条件分析、目标确立、进度安排、活动拟定等方面;"二级指标"分别对应一级指标,特别要关注科学性和操作性,关注确立具体的项目,内容主要是对两个层次指标含义的一定说明,最终构成指标体系。

对初中学校学科教学计划的评估指标体系,拟由 4 个一级指标和 12 个二级指标组成,具体如下:

Ⅰ　教学条件分析(客观性、合理性、针对性)
　　Ⅰ－1　上位计划要求(依据学校教育教学计划,明确相关学科教学重点)
　　Ⅰ－2　以往经验提炼(客观分析上学期或学年教学质量,归纳主要经验)
　　Ⅰ－3　潜在问题分析(针对学生基础,对可能存在的问题和困难做估计)
Ⅱ　阶段目标确立(合理性、明确性、操作性)
　　Ⅱ－1　目标确定合理性(是否针对要求与问题,符合实际,有实现可能性)
　　Ⅱ－2　目标阐述明确性(是否指向明确的结果,行为动词层次清晰并可测)
　　Ⅱ－3　目标体现可行性(是否体现要求与对象的一致性,能够指导其实现)
Ⅲ　教学进度安排(有序性、科学性、整体性)
　　Ⅲ－1　纵向进程有序性(根据学期教学工作规律,教学任务衔接阶段进程)
　　Ⅲ－2　横向关系科学性(对应学校教学工作重点,合理展开阶段相关工作)
　　Ⅲ－3　针对目标整体性(对照目标设计学校课表,具有相关性和整体效应)
Ⅳ　研修活动配合(实践性、创新性、有效性)
　　Ⅳ－1　体现实践价值(能否针对倾向性、共同性的学科教学重点与难

题）

      Ⅳ-2   形式内容创新（能否体现时代性、互动性的教研活动内容与形式）

      Ⅳ-3   任务分工明确（能否有助合作性、共享性的研修机制形成与发展）

根据评估指标和内容体系的设计思路，再进行具体评估工具设计。

2. 关于初中学校教学常规评估指标体系的结构与内容设计

对"教学常规"的理解应该有多个视角和层次。从学校的角度看，教学常规管理一般要涉及"教学计划"、"备课要求"、"课堂教学"、"作业布置与批改"、"实验或实践活动指导"、"辅导"、"课外活动"、"学业考核"、"校本教研"等。从教师的角度，尽管上述要求都要落实到教学与教研行为中，但可能更主要的是与课堂教学直接相关的那些要素。本节设想是从比较狭义的角度来设计，将有些内容纳入后面的教研范畴，将在下一节中展开。

对初中学校课堂教学常规的评估指标，主要关注的是通识性备课、上课、作业、辅导等基本环节，所以这些环节应列为一级指标。由于上课这一环节比较复杂，涉及不同学科的不同特点，所以将其单独建立一个"目"，将于下面进行具体展开阐述。同时，从素质教育的基本要求和课程改革的理念来看，对于不同学生的学习行为及其结果的关注，应该在评估中得到一定体现。为此，对于初中学校教学常规的评估指标，其结构与内容可设计如下：

指标的结构层次，分为"一级指标"和"二级指标"两个。其中"一级指标"主要指向学校教学常规的基本环节，如备课环节、作业环节、辅导环节等方面；"二级指标"分别对应一级指标，特别要学生因素，关注确立具体的项目，内容主要是对两个层次指标含义的一定说明，最终构成指标体系。

对初中学校教学常规的评估指标体系，拟由 3 个一级指标和 12 个二级指标组成，具体如下：

Ⅰ   备课环节（对备课总体要求的把握与实践情况）

      Ⅰ-1   教师备课态度（钻研课程标准、教材和学情分析等水平）

      Ⅰ-2   单元备课质量（针对课堂环节的教学设计或教案质量）

      Ⅰ-3   备课过程方法（个人与集体备课互动生成方式、教案规范积累等）

      Ⅰ-4   备课改进措施（对备课行为与成果的质量反思、改进机制）

Ⅱ   作业环节（作业系统的整体完善机制及实践情况）

      Ⅱ-1   作业设计（与课程标准及学生实际的针对性、一致性、创新性）

      Ⅱ-2   作业布置（关注学生及体现功能的合理性、选择性、有效性）

      Ⅱ-3   作业批改（关注学生作业全过程的诊断性、分析性、科学性）

Ⅱ－4　作业讲评(关注不同学生与问题的针对性、指导性、启发性)

Ⅲ　辅导环节(针对以学生发展为本的辅导思想与方法)

Ⅲ－1　辅导基础管理(对学生现状了解的准确性、完整性,辅导责任感)

Ⅲ－2　辅导主要内容(符合不同对象与问题的辅导针对性、合理性)

Ⅲ－3　辅导基本方法(如集体或个别、课内或课外等适切性、启发性)

Ⅲ－4　辅导成效体现(对提高学生学习水平与质量的结果体现)

根据评估指标和内容体系的设计思路,再进行具体评估工具设计。另有关于上课环节的评估,拟总体反映在下面"课堂教学评估"的范畴中。

3. 关于初中学校课堂教学评估指标体系的结构与内容设计

关于初中学校课堂教学评估的指标结构与内容设计,可以从教师的"教"和学生的"学"这两个课堂生命体的行为方面来考虑。在具体表现上,指标的设计拟作通式层面反映,在涉及评估工具及标准的拟定时,首先也是通式思想的展示。而在具体实施评估时,可以在某些"二级指标"的层面上,可以结合不同学科或者学习领域的差异来进行修订完善。

目前,对课堂教学价值判断的理论流派,主要有三种,即"多元智能理论"、"建构主义理论"和"后现代主义理论"。多元智能理论主张各种智能只有领域的不同,而没有优劣之分和轻重之别。因此,每个学生都具有可资发展的潜力,只是表现的领域不同而已。这需要教师在以促进学生发展为终极关怀的参照下,从不同视角、不同层面去看待和培养每一个学生。建构主义强调的是人的主体能动性,即要求学习者积极主动地参与教学,在与客观教学环境相互作用的过程中,学习者自己积极地建构知识框架。人在认识世界的同时认识自身,人在建构与创造世界的同时建构与创造自身。后现代主义重视多元性和过程性,认为每个学生都具有鲜明个性,教学不能以绝对统一的尺度去度量学生的学习水平和发展程度,要给学生的不同见解留有一定的空间。即承认多元基础上,让学生成为知识的探索者和发现者,课堂教学不仅要注重结果,更要注重过程。

根据传统的"以教为本"的通常认识,在"一级指标"的设计方面,按惯例为"教学目标"、"教学内容"、"教学过程"、"方法手段"、"教师教学基本功"、"教学效果"等。但是,如果按照以学生发展为本的素质教育要求,需要将学生的学习作为课堂新的观察重点,以体现"以学评教"的新理念。所以,目前课堂教学的评估正在转型。

关注课堂中学生的学习行为的评估,主要是关注学生在课堂教学中多种素养提高或发展的情况,及其具体发展过程。关注学生针对目标的达成度及其过程,还要看学生是否处于课堂的主体地位等课堂情况,包括:① 学生的学习时间和兴趣。在课堂上,学生的活动时间应保证尽可能多;学习兴趣能被激发,达到教学共振。② 学生的学习方式与过程。发现式、探究式认知活动;合作交流、参与互动,能联系实际体验知识、感悟道理、思维活跃,活动有效。③ 学生的学习素养。善于倾听、理解他人的发言,并能抓住要点;能很好地与他人沟通;能发现问题、质疑发问,发表不同见解,勇于创新、乐于创新等。④ 学生的学习效果。基础知识扎实,能力培养落实,形成基本技能,目标达成度高等。

为此,本节对初中学校课堂教学评估通式指标,在兼顾这些流派和师生教学不同视角的基础上设计,拟有 5 个一级指标,20 个二级指标,具体组成如下:

Ⅰ 目标制定与达成(规范性、差异性、有效性)

    Ⅰ-1 注重全面育人(知识技能、过程方法、情感态度价值观三者兼顾)

    Ⅰ-2 根据课程标准(依据课程标准分析基本教材的目标体现程度)

    Ⅰ-3 基于学情分析(针对学生基础、性向的共性与个性差异体现)

    Ⅰ-4 学生发展表现(在目标预设的引导下学生各种素养的提高表现)

Ⅱ 内容处理与消化(合理性、教育性、有效性)

    Ⅱ-1 对教材的处理(能否抓住主线、突出重点、分散难点、安排有序)

    Ⅱ-2 对教材的调整(能否根据课程标准和学生实际对教材作一定调整)

    Ⅱ-3 对教材的补充(能否依据学生认知规律适当补充生活中、社会性的新内容)

    Ⅱ-4 学生实际收获(学生对课堂学习内容消化吸收的总体与差异情况)

Ⅲ 过程设计与响应(科学性、有序性、有效性)

    Ⅲ-1 重视有效导入(体现导入环节科学性、启发性、简约性、有效性)

    Ⅲ-2 引发问题探究(教师提问有效性与学生质疑意识与能力的表现)

    Ⅲ-3 注重教学互动(在问题启发下教与学之间互动的频度与科学性)

    Ⅲ-4 体现教学机智(能否根据学生课堂表现对教学设计作灵活调整)

    Ⅲ-5 学生参与响应(在合理有序的进程中学生的参与积极性、主动性)

Ⅳ 技术创新与感受(新颖性、启发性、有效性)

Ⅳ-1 熟练运用技术(对各种现代技术掌握与运用的流畅性、科学性)

Ⅳ-2 正确展示内容(根据内容特点与学习难点体现针对性、启发性)

Ⅳ-3 学生感受表现(学生对媒体与技术运用过程的关注度、感悟度)

Ⅴ 学习方法与绩效(先进性、探究型、有效性)

Ⅴ-1 基本学习方法(切合初中学生的听、说、写、做等基本方法培养)

Ⅴ-2 合作探究体验(符合课程改革理念的合作学习、探究学习等体现)

Ⅴ-3 思维过程反映(学习过程中反映的学生思维品质与能力水平)

Ⅴ-4 学习素养提升(体现在提问、解答、作业等活动中的学习素养)

具体评估时,将根据不同学习领域对涉及指标的内容设计作相应调整。

4. "概括性问题"相关问卷的设计

对于初中学校教学过程评估的"概括性问题",将对教学计划、教学常规和课堂教学等方面的感受与评价合在一起,分别根据评估信息源的对象不同,拟制定不同内容指向或话语模式的问卷,作为对指标性评估的必要补充。一般而言,对初中学校教学过程评估的信息主要可以有以下几个途径,拟分别设计问卷,参见表 7-14。

表 7-14 不同信息来源的初中学校教学过程评估的问卷设计

问卷类型	问卷主要内容	问题形式
领导问卷	(1) 学校规范教学计划工作的整体情况 (2) 学校对教学常规管理的基本情况 (3) 学校对课堂教学的总体要求与措施 (4) 关于课堂教学改进的有关规划或制度	选择题加开放题
教师问卷	(1) 对学校教学管理制度和学情的了解 (2) 对学校在教学常规的了解与实践情况 (3) 对本学科课堂教学基本规范的了解 (4) 联系学科参与学校教学改革的情况	选择题加开放题
学生问卷	(1) 关于在学校学习学业负担的基本感受 (2) 对不同学科课堂教学情况的基本感受 (3) 对学校课堂教学改革变化的基本感受 (4) 对自己在校学习取得成就的基本评价	选择题加开放题

关于具体问卷的内容设计,从效益要求着想,有些问题的设计与问卷组合,可以兼顾本章其他内容一并考虑;同时从对获取信息真实性考虑,需要避免设计模糊性问题。

二、评估工具——指标体系与问卷设计

按照上述设计思想,对于初中学校教学过程的评估,同样可用两种工具:一是评估工具,二是概括性问题评估工具。

对于"指标及标准体系"的评估工具,为分析的需要,将依据本节的研究思想,分"教学计划"、"教学常规"和"课堂教学"三个方面。对于"课堂教学",拟根据不同学习领域归纳出共通的要素,设计为一个通式,在具体评估时,则可从不同学科分别设计二级指标;对概括性问题的问卷设计,则从便于操作的角度,将这三个方面的内容,分别针对不同了解对象,合为一个问卷来设计。

1. 初中学校学科教学计划评估标准

根据指标体系的设想,对本内容设计的评估标准如表 7 – 15。

表 7 – 15 初中学校学科教学计划评估标准

一级指标	二级指标	基本标准	评估意见			案例依据
			优良	合格	不合格	
教学条件分析	上位计划要求	能依据学校教育教学计划,明确相关学科教学重点				
	以往经验提炼	能客观分析上学期或学年教学质量,归纳主要经验				
	潜在问题分析	能针对学生基础,对可能存在的问题和困难做估计				
阶段目标确立	目标确定合理性	能针对要求与问题,并符合实际,有较好实现可能度				
	目标阐述明确性	能指向明确的结果,目标的表达动词层次清晰并可测				
	目标体现可行性	能体现要求与对象之间的一致性,能够指导其实现				

一级指标	二级指标	基本标准	评估意见			案例依据
			优良	合格	不合格	
教学进度安排	纵向进程有序性	能根据学期教学工作规律,教学任务衔接阶段进程				
	横向关系科学性	能对应学校教学工作重点,合理展开阶段相关工作				
	针对目标整体性	对照目标设计学校总课表,具有相关性和整体效应				
研修活动配合	体现实践价值	能够针对倾向性、共同性的学科教学重点与难题				
	形式内容创新	能够体现时代性、互动性的教研活动内容与形式				
	任务分工明确	能够有助合作性、共享性的研修机制形成与发展				
总体评估						

2. 初中学校教学常规评估标准

根据对指标体系的设想,设计的评估标准如表 7 – 16。

表 7 – 16　初中学校教学常规的评估标准

一级指标	二级指标	基本标准	评估意见			案例依据或说明
			优良	合格	不合格	
备课环节	教师备课态度	能够在钻研课程标准、研究教材、分析学生情况的基础上进行备课,观念先进				
	单元备课质量	能在分析基础上设定目标、处理内容与运用方法手段设计教学流程,教案文本规范				
	备课过程方法	个人与集体互动备课,注意收集相关资料,合理设计媒体,不断积累优秀教案				
	备课改进措施	有反思教学的习惯,并根据实践完善备课和教案,学校有改进备课的相关制度				

一级指标	二级指标	基本标准	评估意见			案例依据或说明
			优良	合格	不合格	
作业环节	作业设计	根据课程标准,理解教材特点、分析学生实际设计作业,有针对、有创新、有层次				
	作业布置	根据学生实际,控制作业总量,布置符合不同学生水平与需要的合理作业				
	作业批改	关注学生作业全过程,全面了解作业情况,对作业有诊断、有分析、有评语				
	作业讲评	能针对不同学生的作业实际进行讲评,对学生巩固学习具有指导性和启发性				
辅导环节	辅导基础管理	能经常了解和准确分析学生基础水平和能力状况,掌握实情实施辅导,责任心强				
	辅导主要内容	能针对不同学生、不同问题开展辅导,辅导要求合理,对学生帮助比较明显				
	辅导基本方法	能根据存在的问题,采取集体或个别的、课内或课外的辅导,对学生有相应启发				
	辅导成效体现	注意考核辅导的结果,根据情况调整辅导内容与丰富,注重辅导的质量效益				
总体评估						

3. 初中学校课堂教学评估标准

对于初中学校课堂教学的评估,有几个关键点:一是要关注是否注意精心设计学习问题,注意培养学生的质疑能力、问题解决能力,以及创新精神和实践能力;二是要注意师生之间的交流和互动,体现教学民主,体现和谐的课堂氛围;三是要注意和信息技术整合的有机与有效,提高课堂教学效率;四是对学习巩固环节能通过作业注意引导学生进行探究体验与合作交流。这些要点都将课堂中的教与学联为一个共同体,融合在课堂的整体过程中。

在具体制定评估标准时,根据上述指标体系的设计,需要在通式的基础上,对不同学习领域实施部分下位指标作具体调整,以更符合不同学科的特性。如:"语言文学学习领域"要整体把握课文,增强听说读写环节,培养语文素养;"数学学习领域"要注重科学有效的巩固练习,培养数学推理能力;"社会科学学习领域"要加强联系社会生活的学习能力培养;"自然科学学习领域"要突出科学探究环节,注重实验教学;"技术学习领域"要强化创新设计与实践动手能力的培养;"艺术学习领域"要注重审美的实践体验,培养健康的审美素养;"体育与健身学习领域"要加强群体健身活动和合作意识培养。下列即通式评估方案,各"学习领域"科根据不同特点在二级指标与基准方面作一些调整。

根据对指标体系的设想,设计的通式评估标准如表7-17。

表 7-17　初中学校课堂教学(通式)评估标准

一级指标	二级指标	基本标准	评估意见			案例依据或说明
			优良	合格	不合格	
目标制定与达成	注重全面育人	知识与技能、过程与方法、情感态度与价值观三维整合				
	根据课程标准	根据课程标准内容要求分析教材,重视其教育价值				
	基于学情分析	根据学生年龄特点、共同基础和个性差异,目标有针对性				
	学生发展表现	在三维目标引导下,学生整体素质表现都有一定提高				
内容处理与消化	对教材的处理	能体现抓住主线、突出重点、分散难点、安排有序要求				
	对教材的调整	能根据课标要求与学生基础对教材做相应款项调整				
	对教材的补充	能根据学生认知规律,适当补充社会生活中的新内容				
	学生实际收获	学生理解学习内容,能用所学知识解释或解决一些问题				

一级指标	二级指标	基本标准	评估意见			案例依据或说明
			优良	合格	不合格	
过程设计与响应	重视有效导入	能体现导入环节的科学性、启发性、简约性和有效性				
	引发问题探究	教师提问有效,学生质疑的意识与能力有较好表现				
	注重教学互动	能在问题启发下开展有目的的教学互动,频度效度合理				
	体现教学机智	能根据学生的课堂表现,对预设教案做科学灵活调整				
	学生参与响应	在合理有序的教学过程中,学生参与比较积极主动				
技术创新与感受	熟练运用技术	对各种现代技术掌握与运用水平能体现流畅性、科学性				
	正确展示内容	能根据内容特点与学习难点开展演示,有针对性、有启发性				
	学生感受表现	学生对媒体与技术运用过程较关注,对展示过程有感悟				
学习方法与绩效	基本学习方法	注重培养切合初中学生的听、说、写、做等学习方法				
	合作探究体验	有符合课程改革理念的合作学习、探究学习等体现				
	思维过程反映	学习过程中学生的思维品质与能力水平有提高的反映				
	学习素养提升	体现在提问、解答、作业等活动中的学习素养达到要求				
总体评估						

以上表格用于评估实施时,只要在相应空格中打钩,并将依据说明写在后面。

4. 初中学校教学过程评估的若干问卷

根据设计方案,本评估项目问卷共有以下三份,分别由领导、教师和学生这三个层面的代表来完成表 7-18 ~ 表 7-20。

表 7-18　初中学校教学过程评估领导问卷(校长、分管校长或中层干部)

> **初中学校教学过程评估领导问卷(校长、分管校长或中层干部)**
>
> 　根据你对学校的基本认识,对本问卷中的问题作答。你一般只要在题下备选答案中选择你认为符合情况的答案代码字母,填在题后的括号中即可;有些要先填内容。谢谢!
>
> 　1. 学校对规范全校教学工作,在改革思想的落实方面……………………… (　　)
>
> 　A. 仅开会提要求　B. 仅宣布制度　　C. 仅定期检查　　D. 以上都有
>
> 　2. 自己学校在规范教学工作方面,你认为最大的困难是……………………… (　　)
>
> 　A. 缺少衡量标准　B. 转变教师行为　C. 没有鼓励机制　　D. 其他:_____
>
> 　3. 学校的教学常规管理制度,目前贯彻得比较理想的是……………………… (　　)
>
> 　A. 备课环节　　B. 上课环节　　　C. 作业与辅导环节　D. 以上所有环节
>
> 　4. 学校对执行教学常规的情况,在检查的制度方面,采取的是　……………… (　　)
>
> 　A. 学校定期检查　B. 教师自我检查　C. 教研组检查　　D. 其他:_____
>
> 　5. 学校对执行教学常规的情况,在检查的频度方面,采取的是　……………… (　　)
>
> 　A. 每学年一次　　B. 每学期一次　　C. 每学期多次　　D. 其他:_____
>
> 　6. 目前学校对课堂教学改革的总体要求,你认为实际体现情况是……………… (　　)
>
> 　A. 比较理想　　B. 初步体现　　　C. 没有体现　　　D. 其他:_____
>
> 　7. 据你分析,在改进课堂教学方面,你校最大的问题是　………………………… (　　)
>
> 　A. 教师观念与能力B. 考试不配套　　C. 管理不到位　　D. 其他:_____
>
> 　8. 对学校教学工作的进一步改进,你认为最需要加强的是:
>
> _____

表 7-19　初中学校教学过程评估教师问卷

> **初中学校教学过程评估教师问卷**
>
> 　根据你的了解,对本问卷中的问题作答。你一般只要在题下备选答案中选择你认为符合情况的答案代码字母,填在题后的括号中即可;有些需要你先填内容。谢谢!
>
> 　1. 你目前在学校任教及自己的基本情况是:
>
> 　A. 学科:_____　B. 年级:_____　C. 职称:_____　D. 教龄:_____
>
> 　2. 据你所知,学校关于教学工作的制度,主要是针对　……………………… (　　)
>
> 　A. 全校层面的　　B. 不同学科的　　C. 不同年级的　　D. 其他:_____
>
> 　3. 对学校的教学常规管理要求,你和你的同事了解得……………………… (　　)
>
> 　A. 十分清楚　　B. 基本清楚　　　C. 不很清楚　　　D. 其他:_____

4. 贵校学生基础是否均衡,如不均衡,你一般采取的措施是 …………………… （　　）
A. 放慢速度加课　　B. 分层教学　　　C.分类辅导　　　D. 其他:_____

5. 你的学科在执行教学常规方面,你感到最为满意的是…………………… （　　）
A. 备课环节　　　　B. 上课环节　　　C. 作业与辅导环节D. 以上所有环节

6. 在备课中使你最为费力和纠结的内容是 …………………… （　　）
A. 确定教学目标　　B. 处理教学内容　C. 设计教学媒体　D. 其他:_____

7. 据你认为,你学科的课堂教学改革,最需要改变的是 …………………… （　　）
A. 学生学习方式　　B. 教学技术手段　C. 教师教学理念　D. 其他:_____

8. 关于加强对学困生的了解和辅导,你认为…………………… （　　）
A. 可按学校规定做　B. 学校没有规定　C. 有些教师做到　D. 没有教师做到

表 7-20　初中学校教学过程评估学生问卷

初中学校教学过程评估学生问卷

根据对学校的基本了解,对本问卷中的问题作答。你一般只要在题下备选答案中选择你认为符合情况的答案代码字母,填在题后的括号中即可;部分题你需填写内容。谢谢!

1. 你现在是初中____年级,你平均每天完成课外作业的时间是…………………… （　　）
A.1 小时以下　　　B.1~2 小时　　　C.2~3 小时　　　D.3 小时以上

2. 在完成课内和课外作业中,你采用的方法一般是…………………… （　　）
A. 独立完成　　　　B. 和同学商量　　C. 向老师请教　　D. 其他:_____

3. 在学校各门学科中,你感到最喜欢的是_____,原因是 …………………… （　　）
A. 老师讲得好　　　B. 教材内容好　　C. 自己有兴趣　　D. 其他:_____

4. 在学校各学科中,你感到最不喜欢的是_____,原因是 …………………… （　　）
A. 老师讲不好　　　B. 教材不够好　　C. 自己没兴趣　　D. 其他:_____

5. 对学校的课堂教学方式,你一般最喜欢的是…………………… （　　）
A. 参与互动讨论　　B. 老师精彩讲解　C. 自己实践体验　D. 其他:_____

6. 你是否感到近来课堂教学方式有变化,表现为…………………… （　　）
A. 学生参与讨论　　B. 多用电化教学　C. 强化作业练习　D. 没有变化

7. 对于学习有一定困难的同学,你认为老师的态度大多是 …………………… （　　）
A. 更注意辅导　　　B. 通知家长　　　C. 让同学帮助　　D. 关心不够

8. 你现在除了在学校教师指导下学习外,还采用的途径是 …………………… （　　）
A. 请家教指导　　　B. 请家长帮助　　C. 请同学帮助　　D. 其他:_____

9. 你对自己的成绩满意度是_____,如果不够满意,你希望老师: …………………… （　　）
A. 降低要求　　　　B. 放慢速度　　　C. 个别辅导　　　D. 其他:_____

在具体使用本评估工具进行评估时,对标准的掌握还需要对照当时当地颁布的有关新的文件要求与规定。

三、初中学校教学过程评估指标与标准的说明

对上述某些指标概念的界定和评估工具使用的方法,作如下说明。

1. 关于指标与标准相关概念的简单说明

教学工作是学校的中心工作,对教学过程的评估是学校教育过程评估的重要内容。按照一般的理解,学校的教学过程是有不同层面和不同内容的。比如,在最高层面上,应该是教学计划(应源于教学发展规范),包括学校的教学计划和学科教学计划。教学计划重点考虑的有两个方面或两个维度的因素,即时间安排的维度和具体工作内容与要求的纬度。对于时间维度,主要依据学校的"行事历";对于内容与要求维度而言,主要根据上级课程计划(课程标准),以及教育与教研机构的安排。其次,是教学常规。教学常规的基本要素,主要是围绕课堂教学对教师教学行为所提出的规范,也有人称之为教学环节,主要有备课、上课、作业、辅导、复习与考试、分析与总结等六个方面,还有的将促进教学改革的教育科研也作为常规要素之一。第三,是课堂教学。这是最基本和基础的学校教学工作,从评估关注的角度,主要是流程上的基本环节,如目标及落实、内容及处理、方法及手段、作业或问题背景下学生的学习活动等。本节即按照上述认识,对指标与标准进行了相应的设计研究。

一是关于"学科教学计划"。学科教学计划通常是在学科课程标准、教材和学校"教学计划"(其依据是教育行政部门颁发的课程实施计划)的共同框架下制订的。它一旦制订,就具有"准法规"的性质,是学校对一个学科教学管理的基本依据。

二是"教学常规管理"。尽管大家对教学常规概念的理解存在一定差异,对其要素组成也有不同的认识与意见,但对几个最基本的常规(或环节)还是有着一定共识的,如备课、上课、作业、辅导等。这几个方面的常规是学校教学中最基本的形态任务,所以都必须纳入学校教学过程评估的范畴。但在具体安排时,这里将"上课"的常规另立一个项目,是因为其本身是一个复杂系统,影响因素比较多,需要特别关注,尽管在逻辑上可能有问题,而在评估的操作上看,有其一定的合理性。为此,这里就只从其他三个常规(环节)着眼,设计相应的评估指标和标准体系。"一级指标"就是由"备课环节"、"作业环节"、"辅导环节"所组成。

三是"课堂教学"。如上所述,初中学校的课堂教学是义务教育教学质量的保障,影响因素众多,可关注的方面与层次也较多。这里主要关注了其课堂流程中的几个主要内容。对于课堂教学来说,目前都非常重视学生主体作用的发挥,

以建设一种新的课堂文化。所以,在对本范畴的评估研究中,设计的指标组成中注意强调教学的融合或合作的特征,将教师的"教"与学生的"学"体现在所有的"一级指标"中,如"目标制定与达成"、"内容处理与消化"和"过程设计与响应"、"技术创新与感受",还强化了"学习方法与绩效"。这里有一个很重要的视角,是充分体现了教学理念的发展要求。

2. 关于评估工具使用的简单说明

同样,与其他评估工具的使用要求一样,使用指标体系进行评估的主要依据是"基本标准",这些标准主要依据国家课程法和地区性的相关规定,一般以相关文件为准,也有借鉴一些比较科学的教育"研究成果"或一些相关的理论。在对学校实地考察后,认定其达到了各指标的标准,并有一定的实证材料,即可认定其达到了"合格"水准。如果该指标已经取得一定的甚至明显的成效,在相应的实证材料的证明下,则可以认定其达到了"优良"的一级标准;否则,评估结果可以认定其为"不合格"。

在使用问卷进行评估时,关键是信息反映的真实性,所以只要求有评估对象的岗位或角色说明,而不需要具体署名。对有些开放性的问题,可以根据问卷对象的实际,在正式使用时可做适当的修改完善。

应该指出,上述指标或问卷问题是具有比较全面覆盖性的,在用于单项评估时可以考虑全部使用。但如果是实施对学校的全面评估,具体组织评估工作时,也可以选择其中的某些指标或问题,与其他模块相关指标或问卷一起,组合成新的评估体系,实施有选择、有重点的评估。

第五节　初中学校校本研修工作的评估研究

所谓校本研修,概括地说,就是为了改进学校的教育教学,提高学校的教育教学质量,从学校的实际出发,依托学校自身的资源优势、特色进行的教育教学研究。也可以理解为,以学校为基地,以教师为主体,以课程实施中学校所面临的各种具体教学问题为对象,关注学生学习生活,挖掘科研潜能,从而促进教师专业成长的一种研修制度,体现教研与进修两个方面的结合。

一种共识是:校本研修的生命力在于学校,可以从五个方面来认识与理解,其一,以新课程实施中的具体问题为对象。研修工作必须将重心下移到学校、自下而上地发现新情况、研究新问题、设计新措施。其二,以学校为基地,以教师为主体。校本研修必须坚持"为了学校、基于学校和在学校中进行"的基本准则。校本研修的主体应该是而且只能是教师。其三,以行动和反思为主要研究形式。校本研修必须"为了行动研究、基于行动研究、在行动中研究",这里的行动是教学行动与研修行动的统一体。反思是行动研究的最有效方式和最基本环节。其四,以教研人员的专业引领为支撑。校本研修应加强专业研修人员的引领、参与和指导,避免同水平重复和低层次徘徊。其五,以系列化的相应制度为保障,建立并健全包括教育行政部门管理制度、教研与进修部门指导制度和学校组织开展校本研修的制度在内的体系,推进上下联动、系统运作的制度创新。

无疑,校本研修的基本任务与功能是时代所赋予的,其价值也是值得关注与评价的。上述分析可以为校本研修评估指标与标准的设计提供基本思路,所以,本节所设计的有关指标,是基于以上的基本认识。

一、初中学校校本研修评估体系的设计思路

根据上述分析介绍,关于初中学校校本研修评估指标体系的内容设计,依据校本研修的若干基本要素,从能够照应一般初中学校的实际,设想可有三个:即研修的基本渠道、研修的主要内容、研修的效益体现。应该说,关注这三个方面的依据,主要原因除了能够照应学校实际外,还有对校本研修的一种引导。因为初中学校当中,在校本研修方面的不均衡发展还比较明显,还有相当一部分初中学校,还缺少对校本研修工作的有效开展,因此评估体系的一些基本思路,指标和标准的提出,对这些学校就具有指导和影响性。

对评估的方式,同样既有指标体系的评估方式,也有“概括性问题”的评估方式。根据对基层学校开展教研和进修工作的法理依据,除制定相关的评估指标外,作为对指标体系的补充,还需要拟定一些需要考察的问题组成问卷,对相关对象进行必要的了解,体现定量评估与定性评估相结合的思想。

所以,对初中学校校本研修的评估,设想将从以下图示的三个关注点和两个实施方式相联系的途径来进行。而具体指标与问题的设计,将依据相关法理具体展开,如图7-5。

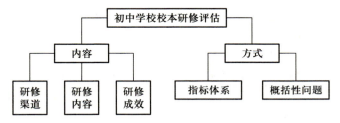

图7-5　初中学校校本研修评估体系的组成示意

1. 关于评估指标体系的结构与内容设计

对于初中学校校本研修的评估指标,其结构与内容可设计如下:

指标的层次结构,分为“一级指标”和“二级指标”两个级别,其中“一级指标”就是指向学校教研与进修的主要任务,即“研修基本渠道”、“研修主要内容”、“研修效益体现”这三个方面;“二级指标”则分别对应一级指标,确立具体

的评估项目或指向,内容主要是对两个层次指标含义的一定说明,最终构成指标体系。

据此,关于初中学校校本研修的评估指标体系,拟由 3 个一级指标和 12 个二级指标组成,具体如下:

    Ⅰ 校本研修基本渠道(行动路线的广域性、先进性、创新性)

        Ⅰ-1 专业引领(校内外相关专家、专著学习对教师的专业引领)

        Ⅰ-2 同伴互助(在教研组、备课组或其他形式下教师互相启发)

        Ⅰ-3 自我反思(以规范与先进理念对照本人教学行为做深度分析)

        Ⅰ-4 科研驱动(针对教学突出问题组织教师参与课题项目研究)

    Ⅱ 校本研修主要内容(问题指向的针对性、科学性、有效性)

        Ⅱ-1 政策理论学习(学习教育、课程、教学等相关政策理论)

        Ⅱ-2 典型课例分析(选择典型课例开展集体分析、交流研究)

        Ⅱ-3 学习外校经验(学习校外教学改革先进单位个人的经验)

        Ⅱ-4 展示总结交流(校内或组内开展专题展示研讨交流经验)

    Ⅲ 校本研修效益体现(成果呈现的多元性、优质性、长效性)

        Ⅲ-1 教学质量提高(学科教学质量取得大面积提高的具体表现)

        Ⅲ-2 教学经验积累(学科教学经验有一定积累并层次有所提高)

        Ⅲ-3 教师专业发展(各学科教师的个体发展与群体发展较明显)

        Ⅲ-4 指导学生成就(对不同发展需要学生专业指导有一定成就)

根据上述评估指标和内容体系的设计思路,再进行具体评估工具细化设计,这部分将在下面展开。

2."概括性问题"相关问卷的设计

关于初中学校校本研修评估的"概括性问题",根据学校相关成员的层次,以及评估信息源的对象不同,可制定不同内容的问卷,作为对指标性评估的必要补充。一般而言,对初中学校校本研修评估的信息渠道可以有以下几个,拟分别设计问卷,参见表 7-21。

表 7-21 不同信息来源的初中学校校本研修情况的问卷设计

问卷类型	问卷主要内容	问题形式
领导问卷	(1)学校推进校本研修的整体方案与机制 (2)学校分学年或学期校本研修计划情况 (3)学校组织校本研修各方面的成效情况	选择题加开放题
教研组长问卷	(1)对校本研修实施渠道情况的基本评价 (2)对校本研修内容设计情况的基本评价 (3)对校本研修成效与问题表现基本评价	选择题加开放题

问卷类型	问卷主要内容	问题形式
教师问卷	（1）对本人参加校本研修活动的需求分析 （2）对学校组织校本研修情况的基本感受 （3）对优化学校校本研修工作的意见建议	选择题加开放题

关于具体问卷的内容设计，从效益要求着想，问题可以兼顾本章其他内容；从对获取信息真实性考虑，需要避免设计模糊性问题。

二、评估工具——指标体系与问卷设计

按照上述设计思想，对于初中学校校本研修工作的评估，可用两种工具：一是指标及标准体系评估工具，二是概括性问题评估工具。

1. 初中学校校本研修评估标准

根据对指标体系的设想，设计的标准评估如表 7－22。

表 7－22　初中学校校本研修的评估标准

一级指标	二级指标	基本标准	优良	合格	不合格	案例依据或说明
校本研修基本渠道	专业引领	根据学校教学改进需要，请校内外相关专家，组织专著学习对教师有专业引领				
	同伴互助	有计划地在教研组、备课组或通过其他形式，组织教师互相启发的交流研讨				
	自我反思	教师能自觉地以规范要求与先进理念对照本人教学行为做深度分析，形成文化				
	科研驱动	学校能定期或经常针对教学突出问题组织教师参与课题项目研究，有一定成果				

一级指标	二级指标	基本标准	评估意见			案例依据或说明
			优良	合格	不合格	
校本研修主要内容	政策理论学习	能定期组织教师学习教育、课程、教学等相关政策理论,有记录、有收获				
	典型课例分析	能根据教学改革需要经常选择典型课例开展集体分析、交流研究,并促进教改				
	学习外校经验	每学年能组织教师外出学习校外教学改革先进单位个人的经验,及时组织交流				
	展示总结交流	每学期能针对实际组织校内或组内开展专题展示研讨,交流经验,总结提高				
校本研修效益体现	教学质量提高	基于课程标准的学科教学质量有逐年提高,取得大面积提高有具体表现				
	教学经验积累	各学科教学经验有一定积累并层次有所提高,教师教学经验能定期汇编成册				
	教师专业发展	各学科教师在原有水平上的个体发展与群体发展都较明显,在校内外有相应体现				
	指导学生成就	教师对不同发展需要学生的专业指导有一定成就,在相关平台的展示中有成果				
总体评估						

实施评估,可在相应空格中根据实情评估打钩。其中符合基本标准者,即可认定为"合格";实际情况比基本标准还要好者,可认定其为"优良";而相比较还

不到基本标准水平者,就可认定为"不合格"。并将评估结论的相关依据说明填写在后面的空格中。

2. 初中学校校本研修评估的若干问卷

根据设计方案,本评估项目问卷共有以下三份,分别由分管领导、教研组长和教师这三个层面的代表来完成(表7－23～表7－25)。

表7－23　初中学校校本研修评估领导问卷(校长、分管校长、教导主任等)

初中学校校本研修评估领导问卷(校长、分管校长、教导主任等)
根据你对自己学校的基本认识,对本问卷中的问题作答。你一般只要在题下备选答案中选择你认为符合情况的答案代码字母,填在题后括号中即可;有些需先填内容。谢谢!
1. 贵校推进校本研修的顶层设计,最高文本是体现于学校的…………………(　　)
A. 发展总规划　　B. 教育工作规划　　C. 教学专题计划　　D. 学期工作计划
2. 关于校本研修的制度建设,贵校的目前情况是…………………………………(　　)
A. 制定后没变化　　B. 近年有修订　　C. 刚研制试行　　D. 暂时还没制定
3. 贵校目前对各学科校本研修活动提出的核心要求是保障…………………………(　　)
A. 活动的数量　　B. 活动的质量　　C. 教师的参与　　D. 其他:＿＿＿＿＿
4. 贵校对教师参加校本研修活动的要求,目前强调的任务是………………………(　　)
A. 集体备课　　B. 考试分析　　C. 课题研究　　D. 其他:＿＿＿＿＿
5. 对各学科的校本研修情况,贵校目前的管理措施是………………………………(　　)
A. 每年检查　　　B. 每学期检查　　C. 随机抽查　　D. 其他:＿＿＿＿＿
6. 现在贵校的校本研修活动中,你认为最有成效的内容是……………………………(　　)
A. 备课说课　　　B. 教学展示　　　C. 课例反思　　　D. 其他:＿＿＿＿＿
7. 据你的判断,贵校在推进校本研修中,成效最明显的是……………………………(　　)
A. 教学质量提高　　B. 教学资源丰富　　C. 教师专业提升　　D. 其他:＿＿＿＿＿
8. 如果对学校的校本研修工作进行总结,你认为今后最需要加强的是:
＿＿＿＿＿＿＿＿＿＿＿＿＿＿＿＿＿＿＿＿＿＿＿＿＿＿＿＿＿＿＿＿＿＿＿＿

表7－24　初中学校校本研修评估教研组长问卷

初中学校校本研修评估教研组长问卷
根据你的了解,对本问卷中的问题作答。你一般只要在题下备选答案中选择你认为符合情况的答案代码字母,填在题后的括号中即可;有些需要你填写内容。谢谢!
1. 你是＿＿＿＿＿教研组长,你组织校本研修的内容是…………………………(　　)
A. 领导规定的　　B. 自己决定的　　C. 大家提出的　　D. 临时讨论的
2. 近来你们的下列校本研修方式中,开展得最多的是………………………………(　　)
A. 听专题报告　　B. 听课与评课　　C. 小课题研究　　D. 集体备课
3. 根据你的体验与分析,在校本研修中最为有效的是………………………………(　　)
A. 展示研讨　　　B. 教学反思　　　C. 试卷分析　　　D. 其他:＿＿＿＿＿

4. 在学校近年来组织的各种研修活动中,效果最差的项目是……………… (　　)

A. 专题报告　　　B. 外出考察　　　C. 教学展示　　　D. 其他:_____

5. 各类校本研修内容中,据你所知最受教师欢迎的是……………… (　　)

A. 分析教材　　　B. 学习课标　　　C. 研究考试　　　D. 其他:_____

6. 你认为校本研修工作的开展,对教研组带来最大的收益是……………… (　　)

A. 教师专业发展　B. 教学资源丰富　C. 教研文化形成　D. 其他:_____

7. 根据你的认识,目前学校的校本研修活动中,问题最明显的是……………… (　　)

A. 还没有　　　B. 有,是_____

8. 如果对校本研修工作进行改进,你认为今后最需要加强的是:

_____

表 7-25　初中学校校本研修评估教师问卷

初中学校校本研修评估教师问卷

根据你对学校的基本了解,对本问卷中的问题作答。你一般只要在题下备选答案中选择你认为符合情况的答案代码字母,填在题后的括号中;有些问题需你填写内容。谢谢!

1. 你任教本学科已____年;平时参加校本研修活动,你主要是……………… (　　)

A. 听领导安排　　B. 自己有需要　　C. 学习些经验　　D. 其他:_____

2. 对于下列各种校本研修活动,你最希望采取的方式的是……………… (　　)

A. 聆听报告　　　B. 外出学习　　　C. 同伴互助　　　D. 展示研讨

3. 对于下列各种校本研修活动,你最希望研究的内容的是……………… (　　)

A. 课程开发　　　B. 课题研究　　　C. 疑难讨论　　　D. 教学设计

4. 学校组织的下列校本研修中,你认为最有效的是……………… (　　)

A. 专题报告　　　B. 外出考察　　　C. 教学展示　　　D. 其他:_____

5. 学校组织的下列校本研修中,你认为最无效的是……………… (　　)

A. 专题报告　　　B. 外出考察　　　C. 教学展示　　　D. 其他:_____

6. 你认为参加学校的校本研修活动后,对自己最大的帮助是……………… (　　)

A. 拓展理论视野　B. 学到实践经验　C. 体验科研方法　D. 其他:_____

7. 根据你的认识,目前学校的校本研修活动中,问题最明显的是……………… (　　)

A. 还没有　　　B. 有,是:_____

8. 如果对校本研修工作进行改进,你认为今后最需要加强的是:

_____

在具体使用本评估工具进行评估时,对标准的掌握还需要对照当时当地颁布的有关新的文本规定。

三、初中学校校本研修工作评估指标与标准的说明

对上述一些指标概念的界定和评估工具使用的方法,作如下说明。

1. 关于指标与标准相关概念的简单说明

一是"校本研修基本渠道"。校本研修作为对学校教育过程的保障,主要是保障教育教学的质量。目前,在学校推进校本研修的渠道方面,采用比较多的是三个方面,即"专业引领"、"同伴互助"和"自我反思"。在课程改革不断深化的背景下,学校一线教师对新课程理解、课堂改进要求、校本课程开发等新事物是需要学习的,需要从新的高度来认识教育教学,这是"专业引领"的功能,而具体可以听专家报告和学习专著等;在改革实践中,不同教师的经验共享也是教师都希望的形式,而且大家熟悉、比较随意,这就是"同伴互助"的价值;而更有实效的是教师自己的领悟与消化,这就需要"自我反思"。另外,学校都重视引导教师提高课题项目的研究,以科研引领教研,这也是学校促进教师专业发展和教学质量提高常用的方式。所以,对于学校"校本研修基本渠道"指标及评估标准的理解,需要从上述三个方面来认识。

二是"校本研修主要内容"。其实,学校的校本研修内容是非常广泛的。在上海曾经开展的一个校本研修调研中,关于活动内容设计为九项:即"疑难讨论、教材分析、教学设计、学习课改、专题研讨、听课评课、课题研究、统一进度、课程开发"等。但是,我们知道,许多内容在实践中往往是交叉融合的,所以对校本研修内容指标的设计,要做到逻辑上十分清晰,是有一定困难的。经过考察与研究,这里将校本研修的内容主要归纳为四个:"政策理论学习"、"典型课例分析"、"学习外校经验"、"展示总结交流",将学校校本研修的主要内容,放到一定的考察点上:一是顶层的文本精神,二是值得分析的实践课例,三是"他山之石",四是总结经验成果开展交流共享。至于有些其他内容,在具体阐述标准时,已经渗透于这些内容指标之中。

三是"校本研修效益体现"。学校的一切教育教学活动,其根本是为了学生素质的发展。同时,学校教育的特点是通过教师的发展、学科的建设来带动学生发展的;学生的发展又是有差异的。校本研修的功效,其实与学校其他教育教学活动的目标是一致的。所以,在进行校本研修效益的评估指标设计时,就从这几个方面设想,拟定了针对学生(两个)、针对教师和针对学科的共四个二级指标,分别是"教学质量提高"(大面积学生层面)、"教学经验积累"(学科建设层面)、"教师专业发展"(教师层面)和"指导学生成就"(学生个性层面)。当然,这些结果不一定都体现为校本研修的因素,但从影响力的角度考察,应该与校本研修有不小的相关性。

2. 关于评估工具使用的简单说明

同样,使用指标体系进行评估时的主要依据是"基本标准",这些标准主要依据国家有关法规、地区性的有关规定,一般以相关文件为准,也有借鉴了比较科学的、成熟的教育"研究成果"或一些相关的理论。对学校实地考察后,认定其达到了各指标的标准,并有一定的实证材料,即可认定其达到了"合格"水准。如果该指标已经取得一定甚至明显的成效,在相应的实证材料的证明下,则可以认定其达到了"优良"的一级标准;否则,评估结果可以认定其为"不合格"。

　　在使用问卷进行评估时,关键是信息反映的真实性,所以只要求有评估对象的岗位或角色说明,而不需要具体署名。对有些开放性问题,可以根据问卷对象的实际,在正式使用时可做适当的修改完善。

　　同样应该指出,上述指标或问卷问题是具有比较全面覆盖性的,在用于单项评估时可以考虑全部使用。但如果是实施对学校的全面评估,具体组织评估工作时,也可以选择其中的某些指标或问题,与其他模块相关指标或问卷一起,组合成新的评估体系,实施有选择、有重点的评估。

第八章 初中学校教育绩效评估

教育绩效是教育结果的反映。学校的教育绩效是一所学校办学水平与质量的最终反映,涉及学生的满意度、社会的认可度、对同行的引领度、对社会的贡献度等。反映学校教育绩效的主体对象,除学生和学校本身外,教师同样也是比较重要的反映者。关于教师素质发展成效的评估,本书已经在第五章即学校保障中有所阐述,为此,本章的重点是学校与学生为反映主体的绩效评估,以及部分的教师素质发展的绩效评估。对初中学校教育绩效全面评估,需要根据不同着眼点,考量不同的评估对象。

对于学校教育绩效的评估,在学校层面的考察视角包括了横向的比较和纵向的发展这两个方面;对教师层面,主要关注点是专业发展的结果;对学生层面,主要关注其综合素养的状况。本章的主要内容即涉及这些方面的情况。

第一节 初中学校教育绩效评估的法理依据和评估宗旨

对于学校教育绩效的基本认识,有几个需要讨论的问题。一是对绩效的价值判断取向,即办学的社会价值,遵循素质教育的方向。二是绩效的范畴或结构,即从纵向看,有所谓"输入环节"、"过程环节"与"输出环节"的绩效体现;从横向看,有制度因素、人本因素、物态因素等。三是绩效的区位层次,也即责任层面的指标,在学校的不同职级上,对绩效的责任担当也有所不同。

本节,首先有必要针对上述问题对照有关法规及文件等提出的要求。

一、有关保障与提高教育绩效的国家教育法规

最根本的是对照《义务教育法》中的相关要求,在其"总则"和第五章即"教育教学"中都有一定的阐述。

义务教育必须贯彻国家的教育方针,实施素质教育,提高教育质量,使适龄儿童、少年在品德、智力、体质等方面全面发展,为培养有理想、有道德、有文化、有纪律的社会主义建设者和接班人奠定基础。(第三条)

这可以看作绩效衡量的对象与方向。

教育教学工作应当符合教育规律和学生身心发展特点,面向全体学生,教书育人,将德育、智育、体育、美育等有机统一在教育教学活动中,注重培养学生的独立思考能力、创新能力和实践能力,促进学生全面发展。(第三十四条)

这是绩效的表现方面。

国务院教育行政部门根据适龄儿童、少年身心发展的状况和实际情况,确定教学制度、教育教学内容和课程设置,改革考试制度,并改进高级中等学校招生办法,推进实施素质教育。

学校和教师按照确定的教育教学内容和课程设置开展教育教学活动,保证达到国家规定的基本质量要求。

国家鼓励学校和教师采用启发式教育等教育教学方法,提高教育教学质量。(第三十五条)这些可以说是对绩效过程要求的规定。

另外,在《国家中长期教育改革和发展规划纲要(2010—2020年)》中,也有相应的内容涉及绩效的一些具体要求。

(1)提高义务教育质量。建立国家义务教育质量基本标准和监测制度。严格执行义务教育国家课程标准、教师资格标准。深化课程与教学方法改革,推行小班教学。配齐音乐、体育、美术等学科教师,开足、开好规定课程。大力推广普通话教学,使用规范汉字。

(2)推进义务教育均衡发展。均衡发展是义务教育的战略性任务。建立健全义务教育均衡发展保障机制。推进义务教育学校标准化建设,均衡配置教师、设备、图书、校舍等资源。切实缩小校际差距,着力解决择校问题。加快薄弱学校改造,着力提高师资水平。实行县(区)域内教师、校长交流制度。

(3)减轻中小学生课业负担。过重的课业负担严重损害儿童少年身心健康。减轻学生课业负担是全社会的共同责任,政府、学校、家庭、社会必须共同努力,标本兼治,综合治理。把减负落实到中小学教育全过程,促进学生生动活泼学习、健康快乐成长。

上述法规性要求是有关学校教育绩效的顶层设计要求。这是进行初中学校的绩效评估研究的重要指导思想。

二、检验和提高学校教育绩效的有关指导文件与理论阐述

相关文件多为地方性的实施意见,或者由各级政府颁发的规划精神。

在《上海市中长期教育改革和发展规划纲要(2010—2020年)》关于义务教育的部分中,提出了以下要求。

为了每一个学生的终身发展,就是要求未来上海的教育,着眼于学生长远发展和社会文明进步的需要,全面实施素质教育,使所有学生的个性特长得到发展,潜能得到激发,创新意识、创新精神和实践能力显著增强,终身学习意识和能力显著增强,为学生的终身发展奠定良好基础,为经济社会发展培养大量高素质劳动者和大批高水平优秀人才。

提高每所学校的办学质量。加大对财力困难地区和相对薄弱学校的支持力

度,探索建立义务教育学校之间的协作机制,鼓励优质教育资源向新城镇和郊区延伸,推进薄弱学校委托管理,缩小学校之间的办学水平差距,促进义务教育学校优质均衡发展,缓解择校矛盾。改革学校评价制度,鼓励和支持不同基础的学校都有明显进步,增强学校主动发展的意识和持续提高的能力。加强公办初中学校内涵建设,提高师资队伍整体水平,增强学校管理能力,全面提高教育教学质量。

在《关于进一步推进上海市义务教育均衡优质发展的实施意见》关于义务教育的部分中,有以下具体要求。

改革义务教育质量综合评价方法。树立全面教育质量观,建立基于教学过程的教学质量综合评价体系,加强对学生思想道德、学习经历、学习过程、基本学业水平和身心发展状况等的评价,促进学生品德素养、身心健康、学习能力、实践能力和创新精神等方面的协调发展。

在《上海市中小学各学科教学进一步贯彻落实"两纲"的实施意见》中,[①]该文件提出如下几个落实的要求。

要"将学科落实'两纲'实施情况纳入到学校、教师和学生的评价体系之中。在课堂教学评价和学业质量评价中,把'两纲'的达成度作为学校、教研组、教师、学生的重要考评指标,并发挥好评价指标的导向作用,促进学科贯彻落实'两纲'健康发展。"

我国台湾地区对教育绩效问题的研究也比较深入,在《教育绩效责任研究》一书中,对教育绩效的评估指标制订提出一些原则[②]:以改善为目的,以标准为基础,明订权责,结合各项要素,建立学校能力,报告信息容易取得,建立适当奖励制度,不以单一测验分数为依据,界定所需材料,重视学生个别需求,获取大众支持,等等。除了这11个原则外,在该专著中,还提出这样的一个指标的"内涵架构图",如图8-1[③]。

在上述指标内容中,关注"输出层面"的有11个具体指标。关于学生表现的是"课业学习表现"、"生活行为表现"、"身心健康状况"等3个指标;关于教师表现的是"研习进修成效"、"专业成就表现"、"教学评鉴结果"、"家长满意度"等4个指标;关于学校表现的是"校园安全"、"计划、活动办理成效"、"学校评鉴结果"、"家长满意度"等4个指标。

当然,由于本书在第三~七章中,图8-1涉及的指标有许多已经在相关内容中有一定包含或体现,例如在"教育管理"、"教育保障"、"教育过程"等章,就

---

① "两纲"是指"民族精神教育纲要"和"生命教育纲要"。文引自《上海市中小学各学科教学进一步贯彻落实"两纲"的实施意见》,上海辞书出版社2009年版。

② 吴清山,黄美芳,徐纬平:《教育绩效责任研究》,九州出版社2006年版第15~16页。

③ 吴清山,黄美芳,徐纬平:《教育绩效责任研究》,九州出版社2006年版第108页。

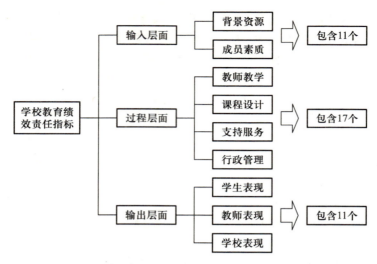

图 8-1 "学校教育绩效责任指标"内涵架构图

分别有对管理、教师专业素质、教学、课程等方面的内容。但本章关注的是最后的教育质量即教育的绩效,所以还是有不同的侧重。

近年来,一项全球范围特别是在经济合作组织内所进行的国际学生评价项目值得借鉴,即 Programme for International Student Assessment,简称为"PISA"。该项目从 2000 年开正式始实施,按"阅读素养"、"数学素养"、"科学素养",每三年一次侧重某一项素养的测试评估,九年一个轮回。

PISA 的理念是什么? 其报告中指出:"15 岁的青少年不可能在学校里学习到成年以后所需的一切知识和技能,因此,学校教育必须为终身学习奠定稳固的知识基础。"其实,其核心是注重学生面向未来发展的基础素养,而且为终身学习奠基的能力或素养是多维度的,这可以说是推动此项目的宗旨与特色。

PISA 2003 测评领域概况如表 8-1。PISA 2006 的同类概述基本也如此,变化很小。

表 8-1 关于 15 岁(初中毕业)学生三种素养的解释

测评领域	数学	科学	阅读
定义及 其特征	"明确数学在世界上的作用,并能理解其作用,能做出理由充分的判断,利用并运用数学满足作为一个有建设性的,关心社会、善于思考的公民的生活需要"(OECD,2003e)	"利用科学知识,识别科学问题并能得出有根据地结论,以便能理解自然界及人类活动造成的变化,并有助于做出相关的决策"(OECD,2003e)	"理解,使用和思考书面文本的能力,以达到个人目标,增长知识、发挥潜力并参与社会"(OECD,2003e)

测评领域	数学	科学	阅读
内容维度	相关的数学领域群和概念群： ●数量； ●空间和形状； ●变化和关系； ●不确定性	科学知识和概念的各种领域，比如： ●生物多样性； ●力和运动； ●生理变化	阅读材料的形式： ●连续文本包括不同种类的散文，如记叙文、说明文、议论文； ●非连续性的文本包括图表、表格和目录
过程维度	"能力群"定义数学所需要的技能： ●再现（简单的数学运算）； ●连续（运用多个观念解决直接的问题）； ●反思（更广泛的数学思维）。与这些过程相关的任务难度一般不断增加，但每个群的任务评分有重叠部分	使用科学知识及理解的能力，获得、解释和处理证据的能力： ●描述、解释和预测科学现象； ●理解科学研究； ●解释科学证据和结论	阅读任务或过程的类型： ●提取信息； ●解释文本； ●对文本进行反思和评价。PISA 的重点是为了学习而阅读，而不是为了阅读而学习，因此并没有对学生最基本的阅读技能进行测评
情境维度	情境按其与个人生活的距离不同而变化，由近及远分别有 ●个人的； ●教育和职业的； ●当地的和更大社区的； ●科学的	科学的背景，关注科学在以下几个方面的作用： ●生命与健康； ●地球和环境； ●技术	文本的使用场合： ●私人的（比如，私人信件）； ●公共的（比如，官方文件）； ●职业的（比如，报告）； ●教育的（比如，与学校相关的阅读）

PISA 还有一些特点，如内容注重通识和通用能力的掌握，具有一定的跨学科性；测试命题技术回应宗旨思想，充分体现对能力的综合考察；对学生的能力水平评价采取的是程度判断；水平的解释性还基于对学生学习情况的问卷了解[①]。

由此，可以得到一些基本的认识：

● 初中学校教育绩效评估的核心是学校素质教育成果和学生全面发展。要实现从"办学校"到"办教育"的行为转型，关键是要对学校绩效的评估指标的重构，要以实施素质教育为导向，关注学校的素质教育成果表现，以及学生全面素质发展的表现。

● 初中学校教育绩效评估需要关注从输入、过程到输出的全部教育要素。学校教育绩效是一个全程性的全面衡量，所以需要对照素质教育要求，考量学校

---

① 经济合作与发展组织：《面向明天世界的学习——国际学生评估项目（PISA）2003 报告》，上海教育出版社 2008 年版。

包括有生命的师生因素、教育载体的课程因素、影响教育的保障因素等,从这些因素的输入到输出,以及中间的过程,作全面性的评估。

● 关于初中学校教育绩效评估的本章要点是各种教育的结果。学校教育绩效是一个复杂的多元体系。根据全书的结构特点,本章评估的重点是指向办学成就,包括学生发展、教师发展、学校发展的终结性成果,在具体的考察点上,需要有不同对象的满意度反映,如学生、家长、社会和同行等,需要从这些因素结合的角度来设计相应的指标和标准。

三、初中学校教育绩效评估的基本意图与主要目标

关于学校绩效的评估,从其责任担当的角度,大致有这样几种思路:分别是注重其目标、过程、背景、结果等,着重点与评估方式有所不同,如表8-2。

表8-2 学校教育绩效评估的几种关注点以及方法

关注点	目标	过程	背景	结果
评估思路	注重自我约束	注重检查管理	注重原因分析	注重最终成果
评估方式	测验—解释—调节	定期检测（每学年）初态—中态—末态	档案袋考察座谈—问卷—分析	指标体系＋档案袋档案—测验—座谈

综合上述视角与方法,学校教育绩效的最有力表现是在其结果;就其方法看,是多种评估方法的结合。所以,本章的评估重点定位在针对初中学校办学成效的结果。

就初中学校办学成效的观察对象而言,按照一般的经验,就是从学校本身的发展表现、教师专业发展的表现到学生素质完善的表现等三个方面。评估信息的来源,需要包括领导、教师、学生与家长,主要考量对学校的满意度。

根据上述分析,对初中学校教育绩效评估的基本意图,可概括为以下几点:

● 了解并评估初中学校教育绩效在学生素质全面发展方面各项指标的实际反映,以促进初中学校按照有关素质教育的要求办学。

● 了解并诊断初中学校教育绩效在教师专业素养方面若干指标的实际反映,根据教育改革和新课程的要求,以指标与标准引导教师专业发展,促使初中学校的教育质量提升,相关的教师专业发展要求得到广泛认同。

● 针对初中学校的办学方向要求,考察并评估对学校办学绩效相关评估指标的实际情况,促进初中学校对照指标标准进一步规划教育改革与发展,提高办学质量。

对于初中学校基于教育绩效的评估研究,最终的主要目标是:

● 收集分析关于初中学校教育绩效评估的法理依据和若干相关理论,为初中学校教育绩效评估体系的设计提供基本依据;

- 建立针对初中学校教育绩效评估相关项目的指标与标准系统,为初中学校开展教育绩效的评估提供基本的操作方案;
- 设计对初中学校开展教育绩效评估的背景信息的收集方式和内容要点,以问卷的方式启发初中学校有关人员关注教育质量的不断提升;
- 拟定对初中学校教育绩效评估的基本操作体系并组织评估的试验,以及对初中学校教育绩效评估的信息解释及价值判断的基本思路,完善初中学校教育绩效评估的研究成果。

据此,初中学校教育及评估的设计与实施途径,以图8-2来表示。对其中后一个目标的具体落实设想,将在第九章中阐述。

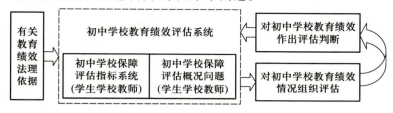

图8-2 初中学校教育绩效评估结构与基本实施途径

第二节 初中学校学生综合素质的评估研究

根据教育方针与课程目标等要求,关注学生的素质有不同的视角。有从关注不同的学习领域(如语言文学、数学与自然科学、人文与社会科学、技术与艺术、体育、社会实践等)中的学业成绩者,有从关注学生"素养",如国际学生学业评价项目(PISA)的角度,提出初中学生面向未来发展需要三种基本素养,即"阅读素养"、"数学素养"、"科学素养"的成绩者;还有从关注学生"素质教育"结构的角度,践行"德育为先、能力(学习能力、创新能力、实践能力)为重、全面发展(德、智、体、美)"的要求者。从这些视角出发建立相应的评估指标,都能够为实施评估以及引导学校按照实施素质教育的办学方向发展奠定基础。

一、初中学校学生综合素质评估体系的设计思路

对于初中学生的素质评估,可以综合上述引言中的几个视角,建立一个新的指标体系。以"素质教育"的全面发展要求为主线,将不同教育领域和PISA的三种学业素养整合,从"品德修养"、"学业水平"、"身心素质"、"审美能力"等方面来设计。其中学习领域和PISA的评估思路与要求,主要就在"学业水平"的环节中体现。

对于评估方式,同样分为指标体系的评估和"概括性问题"的评估这两种方式。对评估指标与标准体系,可以建立一些定量方式;概括性问题作为对指标体

系的补充,主要是对相关要素从横向比较和纵向发展的角度,进行必要的定性了解,以体现现代评价思想。

关于具体指标与问题设计,都必须围绕相关法理展开。对初中学校学生综合素质评估的具体方案,根据三个视角的整合点和两个方式相结合的途径思路设计,如图 8-3。

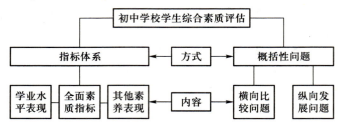

图 8-3 初中学校学生综合素质评估组成结构

1. 评估指标体系结构与内容的设计

对于初中学生综合素质的评估指标,其结构与内容可设计如下:

指标结构主要拟分一级指标和二级指标两个层次设计,其中"一级指标"指向素质全面发展的最基本要素,包括品德修养、学业水平、身心素质、审美能力等;"二级指标"分别在具体的一级指标下确立;部分二级指标下再设计三级指标,内容主要是对两个层次指标核心含义的一定说明,最终形成相应的指标与标准体系:

对初中学生综合素质评估的指标体系,拟由 4 个一级指标和 12 个二级指标组成,具体如下:

Ⅰ 品德修养(道德品行素养的方向性、水准度、发展性)

　　Ⅰ-1 法规意识(对遵纪守法的意识与认识)

　　Ⅰ-2 道德行为(规范遵守"中学生守则"的表现)

　　Ⅰ-3 社会责任(主动参与社会公益活动的表现)

Ⅱ 学业水平(学习素养和通用能力方面的具体成就与表现)

　　Ⅱ-1 阅读素养(面向未来发展的阅读基础与发展能力)

　　　　Ⅱ-1-1 阅读理解水平(对各种类型文本阅读的正确性与熟练程度)

　　　　Ⅱ-1-2 阅读应用水平(对文本信息的阅读技能与解释能力)

　　　　Ⅱ-1-3 阅读迁移能力(将阅读理解迁移到对其他问题的解决)

　　Ⅱ-2 数学素养(面向未来发展的数学基础与发展能力)

　　　　Ⅱ-2-1 数学理解水平(对各种属性概念理解的正确性与掌握

程度）

Ⅱ-2-2 数学应用水平（对数学问题的运算技能与熟练能力）

Ⅱ-2-3 数学迁移能力（将数学理解迁移到对其他问题的解决）

Ⅱ-3 科学素养（面向未来发展的科学基础与发展能力）

Ⅱ-3-1 科学理解水平（对不同领域科学知识概念理解的正确性与掌握程度）

Ⅱ-3-2 科学应用水平（对相关科学问题的推导能力与熟练程度）

Ⅱ-3-3 科学迁移能力（将科学理解迁移到对其他问题的解决）

Ⅱ-4 技能素养（面向未来发展的技能基础与发展能力）

Ⅱ-4-1 基本动手能力（对基本动手操作的实践技能的掌握情况）

Ⅱ-4-2 实验设计能力（针对学习或探究活动需要的实验设计能力情况）

Ⅱ-4-3 信息技术素养（在数字化平台上开展有效学习的技术素养）

Ⅲ 身心素质（体能与心理素质的健康水平与发展基础）

Ⅲ-1 身体形态与生理机能（生长发育、体型、机体代谢功能等情况）

Ⅲ-2 身体素质与运动能力（运动中若干基本素质和能力的表现）

Ⅲ-3 心理发育与适应能力（本体感知等能力和对外部刺激的适应）

Ⅳ 审美素养（关于欣赏或鉴赏层面上审美综合素养的体现）

Ⅳ-1 审美的情感体验（艺术欣赏过程中的情感体验的素质）

Ⅳ-2 审美的感知理解（欣赏不同艺术的知识感知与技能表现）

Ⅳ-3 审美的实践创造（通过艺术鉴赏实践激发出的创作尝试）

对于上述各项各级指标的评估标准，主要根据有关权威性文件，在评估工具设计时具体展开。由于不同地区的具体标准可能存在差异，为此，这里所拟定的标准，强调的还是必须具有基准特征的表现，并尽可能体现通式要求。

2."概括性问题"相关问卷的设计

关于初中学校学生素质评估的"概括性问题"，同样根据评估信息不同来源的对象，可以组成不同内容的问卷，来获取对指标性评估的必要补充。一般而言，对初中学校学生综合素质的信息可以从校内和校外两个方面的途径，拟针对四种对象，分别设计问卷，参见表8-3。

表8-3　不同信息来源的初中学校学生综合素质情况问卷设计

问卷类型	问卷主要内容	问题形式
校长问卷	（1）对于本校学生综合素养的总体评估 （2）对于本校学生素质结构的基本认识 （3）对于本校学生素质发展的问题判断	选择题加开放题
教师问卷	（1）对本校相关学生学业水平的基本评估 （2）对本校学生其他素质情况的比较认识 （3）对本校学生素质薄弱环节的问题判断	选择题加开放题
学生问卷	（1）对学校各种学生评价指标的关注与感受 （2）对本人学业素养横向比较的自我感受 （3）对本人学业素养纵向发展的自我感受	选择题加开放题
家长问卷	（1）对孩子学校学生整体质量综合满意度 （2）对自己孩子受学校教育后素质满意度 （3）对自己孩子在素质发展上的问题认识	选择题

对于具体问卷问题的设计，需要联系上述指标体系，体现两者之间的配合与呼应；从对获取信息真实性考虑，问题尽可能具体，避免设计模糊性问题。

二、评估工具——指标体系与问卷设计

按照上述设计思想，对于初中学校学生综合素质评估工具的设计如下，对于指标体系评估工具，按照指标的类别，拟分不同素质维度设计成一个统一评估表；关于概括性问题评估工具设计，凡同一信息来源对象，则将综合在同一问卷中。

1. 初中学校学生综合素质评估标准

根据对学生综合素质的指标体系，其评估指标与标准设计如表8-4。

表8-4　初中学校学生综合素质评估标准

指标体系		评估基准	结果判断				案例说明
一级	二级		好	较好	一般	差	
品德修养	法规意识	对于国家法律法规基本了解；具有遵纪守法的意识，对非法行为等有判断能力					
	道德行为	能规范遵守"中学生守则"，有符合标准的道德行为表现；能自觉抵御与批评不道德行为					
	社会责任	能够参加各种社会公益活动，对社会需求能关注，对需关注的社区问题有关心与爱心					

指标体系		评估基准	结果判断				案例说明
一级	二级		好	较好	一般	差	
学业水平	阅读素养1（阅读理解水平）※	能阅读多种连续文本（记叙文、说明文、议论文）和非连续文本（图表、清单等）					
	阅读素养2（阅读应用水平）※	能结合具体任务进行阅读,如检索信息、解释内容、反思与评价文本等					
	阅读素养3（阅读迁移能力）※	能够联系具体的使用场合或情境进行迁移,根据阅读理解来解释所面临的问题					
	数学素养1（数学理解水平）※	能理解相关数学领域与概念,如:数量、空间和形状、变化与关系、不确定性等					
	数学素养2（数学应用水平）※	具有一定数学技能,如简单运算、运用多个观念解决问题,反思性数学思维等					
	数学素养3（数学迁移能力）※	能将对数学的理解与掌握迁移到对实际问题的解决,并提出自己的思路					
	科学素养1（科学理解水平）※	能掌握或理解最主要的若干基本科学领域的知识,以及关于科学本身的知识					
	科学素养2（科学应用水平）※	能关注科学在个人、社会、全球情境中的应用,能用科学概念解释一些问题					
	科学素养3（科学迁移能力）※	能根据任务在探索中识别科学议题、科学解释现象,运用科学证据说明归纳某些观点					
	技能素养1（基本动手能力）※	根据学习生活需要的基本动手操作实践技能的掌握较好					
	技能素养2（实验设计能力）※	针对学习或探究活动需要进行实验设计操作能力符合要求					

指标体系		评估基准	结果判断				案例说明
一级	二级		好	较好	一般	差	
学业水平	技能素养3（信息技术素养）※	利用数字化平台开展有效学习的技术素养比较顺畅					
身心素质	身体形态与生理机能	体格生长发育、体型外表与姿势符合要求；机体新陈代谢功能与器官系统工作效能较好					
	身体素质与运动能力	运动表现的速度、耐力、灵敏、协调性较好；跑、跳、投、攀爬等运动能力表现符合要求					
	心理发育与适应能力	本体感知能力与意志、个性、判断，适应环境如抗寒、抗热、抗病等能力符合要求					
审美素养	审美的情感体验	在艺术欣赏过程中能激发相应的情感，在艺术体验过程中能形成一定的审美思想					
	审美的感知理解	结合听觉艺术、视觉艺术学习，能形成知识感知与审美技能，对审美对象有一定的实践理解					
	审美的实践创造	能在艺术欣赏或鉴赏的过程中感悟审美对象（作品等）等主要内涵，有创作尝试的冲动					
综合评估							

注：带※者括号内为三级指标。

评估实施时，只要在相应空格中打钩，并将依据说明写在后面。在具体使用本评估工具时，对其标准的掌握还需要对照当时当地颁布的有关新的规定。

2. 初中学校学生综合素质评估的问卷

根据设计方案，对学生综合素质了解的问卷共有以下四份（表8-5～表8-8）。

表8-5 初中学校学生综合素质评估校长问卷（亦可为分管校长等）

初中学校学生综合素质评估校长问卷（亦可为分管校长等）

根据你对自己学校的基本认识，对本问卷中的问题作答。你只要在题下备选答案中选择你认为符合情况的答案代码字母，填在题后的括号中即可；有些需要先填内容。谢谢！

1. 对照素质教育要求,你认为贵校学生群体符合程度大致为 ……………………… (　　)
A. 90% 以上符合　　B. 80%~90% 符合　　C. 70%~80% 符合　　D. 70% 以下符合
2. 从总体看,贵校学生的素质结构中,你最满意的是 ……………………… (　　)
A. 品德修养　　　　B. 学业水平　　　　C. 身心健康　　　　D. 审美素养
3. 从贵校学生品德修养的反映,你认为最满意的年级是 ……………………… (　　)
A. 六年级学生　　　B. 七年级学生　　　C. 八年级学生　　　D. 九年级学生
4. 与当地的其他初中学校比较,贵校学生的学业水平处在 ………………… (　　)
A. 最高层次　　　　B. 较高层次　　　　C. 中间层次　　　　D. 较低层次
5. 与以往学年度比较,贵校学生的学业水平总体表现为 ……………………… (　　)
A. 稳定在高位　　　B. 逐年有提高　　　C. 近年有下降　　　D. 始终在低位
6. 在贵校学生的身心素质表现方面,最值得你骄傲的是 ……………………… (　　)
A. 整体都很健康　　B. 每年有"尖子"　　C. 特长生多　　　　D. 其他:_____
7. 在贵校学生的审美素养表现方面,最值得你骄傲的是 ……………………… (　　)
A. 普遍有艺术气质　B. 多种特长生　　　C. 某类尖子生　　　D. 其他:_____
8. 你认为贵校学生综合素质的表现与学校文化的相关度及原因是 ………… (　　)
A. 很高　　　　　　B. 较高　　　　　　C. 不高　　原因:_____

表 8-6　初中学校学生综合素质评估教师问卷(随机抽样)

初中学校学生综合素质评估教师问卷(随机抽样)

你是_____年级任教教师;根据你了解,对本问卷中的问题作答。你只要在题下备选答案中选择你认为符合情况的答案代码字母,填在题后的括号中即可;有些需要先填内容。谢谢!

1. 对照素质教育要求,你认为贵校学生群体符合程度大致为 ……………………… (　　)
A. 90% 以上符合　B. 80%~90% 符合　C. 70%~80% 符合　D. 70% 以下符合
2. 从总体看,贵校学生的素质结构中,你最满意的是 ……………………… (　　)
A. 品德修养　　　　B. 学业水平　　　　C. 身心健康　　　　D. 审美素养
3. 根据你与学生接触的经验,贵校目前学生品行与以往比较是 ……………… (　　)
A. 逐步提高　　　　B. 逐年退步　　　　C. 没有变化　　　　D. 很不稳定
4. 学校目前各年级学生的学业水平,其他校横向比较最优越的是 ………… (　　)
A. 六年级学生　　　B. 七年级学生　　　C. 八年级学生　　　D. 九年级学生
5. 学校目前贵年级学生的学业水平,与其他校横向比最不优越的是 ……… (　　)
A. 阅读素养　　　　B. 数学素养　　　　C. 科学素养　　　　D. 其他:_____
6. 贵校学生的学业水平表现,分层次要求看,最差的是 ……………………… (　　)
A. 概念理解水平　　B. 梳理归纳水平　　C. 解释问题水平　　D. 知识迁移水平
7. 如果要进一步提高贵校学生的身心素质,你认为急需要解决的是:
_____
8. 如果要进一步提高贵校学生的审美能力,你认为急需要解决的是:
_____

表 8-7　初中学校学生综合素质评估学生问卷

初中学校学生综合素质评估学生问卷

　　根据你对自己学校的基本了解,对本问卷中的问题作答。你只要在题下备选答案中选择你认为符合情况的答案代码字母,填在题后的括号中即可;有些需要先填内容。谢谢!

　　1. 你认为学校对我们评价时,老师最重视的是我们学生的……………………（　　）

　　A. 品德素养　　B. 学习成绩　　C. 身心素质　　D. 其他:_____

　　2. 在学校学习中,感到自己提高最大的领域是…………………………………（　　）

　　A. 思想品德　　B. 学习成绩　　C. 身体素质　　D. 艺术素养

　　3. 如果要对你的品德素养进行评价,自己感到最满意的是…………………（　　）

　　A. 遵纪守法　　B. 关心集体　　C. 社会服务　　D. 其他:_____

　　4. 如果要对你的学业水平进行评价,自己感到最满意的是…………………（　　）

　　A. 考试成绩　　B. 联系实际　　C. 归纳运用　　D. 其他:_____

　　5. 如果要对你的身体心理素质进行评价,自己感到最满意的是………………（　　）

　　A. 每天锻炼　　B. 体育成绩　　C. 不怕挫折　　D. 其他:_____

　　6. 如果要对你的艺术素养进行评价,自己感到最满意的是…………………（　　）

　　A. 热爱艺术　　B. 有一特长　　C. 喜欢创作　　D. 其他:_____

　　7. 如果和你的同学比较,你认为自己在学校的成就最值得骄傲的是………（　　）

　　A. 进步较快　　B. 成绩较好　　C. 品行优秀　　D. 其他:_____

　　8. 如果和你的同学比较,你认为自己最需要弥补的是………………………（　　）

　　A. 全面发展　　B. 个性特长　　C. 集体观念　　D. 其他:_____

表 8-8　初中学校学生综合素质评估家长问卷

初中学校学生综合素质评估家长问卷

　　根据你对自己孩子学习的基本了解,对本问卷中的问题作答。你只要在题下备选答案中选择你认为符合情况的答案代码字母,填在题后的括号中即可。谢谢!

　　1. 你对自己孩子在学校的学习,最满意的成就是孩子…………………………（　　）

　　A. 很懂事　　　　B. 成绩好　　　　C. 身体棒　　　　D. 有爱好

　　2. 进初中学校学习以来,你孩子在家的表现变化最大的是……………………（　　）

　　A. 懂得感恩　　　　　　　　B. 学做家务

　　C. 认真读书　　　　　　　　D. 看不出,没明显变化

　　3. 你孩子回家完成课外家庭作业的时间,一般每天平均在………………………（　　）

　　A. 1~2 小时　　B. 2~3 小时　　C. 3~4 小时　　D. 多于 4 小时

　　4. 你孩子每天平均晚上的睡眠时间,大致在……………………………………（　　）

　　A. 不到 7 小时　　B. 7~8 小时　　C. 8~9 小时　　D. 多于 9 小时

　　5. 根据你了解,你孩子和其他孩子素质有区别,最主要因素是 ………………（　　）

　　A. 教师关心不同　　B. 学校要求不同　　C. 家庭教育不同　　D. 能力基础不同

　　6. 你的孩子在家或者在其他场所,与你或家人的沟通情况是……………………（　　）

　　A. 每天都有沟通　　B. 隔几天才沟通　　C. 隔几周才沟通　　D. 基本不沟通

7. 对于孩子健康成长和理想发展,你认为对他最大的付出是⋯⋯⋯⋯⋯ ( )

   A. 为孩子请家教　　B. 自己为孩子补课　　C. 进行心理辅导　　D. 其他:_____

8. 如果孩子与你有沟通,一般情况是⋯⋯⋯⋯⋯⋯⋯⋯⋯⋯⋯⋯ ( )

   A. 家长主动　　　　B. 孩子主动　　　　　C. 孩子有求于家长　D. 家长有求于孩子

9. 如果孩子对家长的沟通不感兴趣,你认为最大的原因是⋯⋯⋯⋯⋯ ( )

   A. 家长要求太高　　B. 学习压力太大　　　C. 孩子情绪不良　　D. 其他:_____

三、初中学校学生综合素质评估指标与标准的说明

学生综合素质的指标是按照以"德智体美全面发展"等为主要维度,兼顾时代进步对学生素质要求发展为指导思想而设计的。对于有关概念的界定,以及使用这些评估工具的方法作如下说明。

1. 关于指标与标准中相关概念的说明

关于"品德修养",这主要是德育绩效的反映。应该说,对学生德育绩效的评估是一个相当有难度的工作,因为这种绩效往往是隐性的或滞后的。一般方法就是通过行为折射来反映,所以需要尽量采用外显行为的指标设计方法。这里的二级指标有三个,即"法规意识"、"道德行为"与"社会责任"。其中法规意识主要指向较高的层面但同时又是最基本的品行要求,观察点是对相关法规的了解程度,以及有无违法违纪现象来反向推断。道德行为主要以"中学生守则"内容要求为标准来考察,并注意到对自己与别人不良行为的态度。社会责任主要观察学生在各种社会实践活动中的表现,以及在不同学校活动中的表现。

关于"学业水平",这主要是智育绩效的反映。本指标主要借鉴了经合组织(OECD)的国际学生评价项目(PISA)的结构,因为这是针对初中学生(15 岁)通识性的综合素养的评估,比较符合当代学生的发展需要。二级指标与 PISA 的设计一致,分为"阅读素养"、"数学素养"、"科学素养"与"技能素养",其内涵界定也参考了 PISA 项目的研究成果,包含了内容、过程、情境等不同维度,相对我国推进的课程改革,其培养目标和课程目标尽管表述的话语有所差异,但应该说与此也有一定的相通性。在观测点上,借鉴该项目的实践经验,大多是比较明确的,有文本的反映,也有背后的情况了解。在标准设计上,体现为基于基本标准的程度评价,这是具有一定的现实性、科学性与可行性的。

关于"身心素质",这主要是体育也包括心理辅导绩效的反映。对初中学生的身体素质和心理素质,目前的认识与以往是有差别的。因为是平民普及的体育定位,今天的体育目标已经从竞技功能转向健身功能,从学校体育转向终身体育,对其指标设计就带来一定的制约。在心理素质上,关注到共性与个性的兼顾,对各种环境的适应等。为此,这里设计的二级指标分别为"身体形态与生理

机能"、"身体素质与运动能力"与"心理发育与适应能力",这都是体现了上述转型的指导思想。在观测点考虑方面,较多的是可直接测量的,也有行为折射的,基本上是具有可行性的。

关于"审美素养",这主要是美育绩效的反映。初中学生的审美能力,总体而论是一个欠成熟的发展阶段,是从形象审美到兼有抽象审美的转变、从一般性欣赏到逐步具有鉴赏能力的转变,所以是一个人生发展的关键期。所设计的二级指标有"审美的情感体验"、"审美的感知理解"与"审美的实践创造",以分别考查学生艺术欣赏过程中的情感体验、欣赏不同艺术中的知识感知与技能表现、通过艺术鉴赏实践激发出的创作尝试等素质。这些指标中,有些是比较明显的,有些还是比较隐性而难以直接考察的,需要借助一些现场来进行生态观察。

2. 关于评估工具使用的简单说明

对于针对指标体系的评估标准,基本依据是国家法律和地区性的有关规定,有的是政府文件、指导实施的"纲要细则"等,也具有一定权威性的理论。对学校实地考察认定需要对照各指标的标准,借助一定的实证材料,即可认定其达标的程度。如果该指标已经取得明显的成效,在相应的实证材料的证明下,则可以认定其为"好"或"较好";其他情况可以相应认定为"一般"或"差"。

关于问卷的使用,为保证真实性,只要有评估对象的岗位或角色说明,而不需要具体署名。对有些开放性问题,还可以根据对象的不同,在行文或话语体系上可做适当的修改完善。

具体组织评估工作时,上述指标或问卷问题是具有一定覆盖性的,用于单项评估时可以考虑全部使用。但如果是实施对学校的全面评估,也可以选择其中某些指标或问题,与其他模块的相关指标一起,组合成新的评估体系,实施有选择、有重点的评估。

第三节　初中学校教师发展表现的评估研究

对于初中学校教师的一般评估,在本书第 5 章的保障评估中已经有所涉及,本节关注的是教师专业发展的结果表现。美国部分地区对教师绩效的评估有专门的"教师评鉴"指标;根据《中华人民共和国教师法》的第五章有关内容,学校或者其他教育机构应当对教师的政治思想、业务水平、工作态度和工作成绩进行考核(第 22 条),其实就明确了要对教师的成绩评鉴问题。我国台湾的学者曾建议,在学校绩效评估时应该包括"输出层面"中的教师表现,例如教师"研习进修成效"、"专业成就表现"、"教学评鉴结果"、"家长满意度"等。可以说,这些都对设计教师发展表现评估指标具有一定的借鉴意义。

一、初中学校教师发展表现评估体系的设计思路

对于初中学校教师专业发展表现的评估,主要注重个体的评估。从可操作的角度,拟参考上述引言中台湾学者的建议,再做一定调整和具体细化,建立一个指标体系。在一级指标的设计方面,将从"研修成效"、"科研成效"、"育人成效"、"持续发展基础"等几个方面来设计。其中"育人成效"是直接关系到学生利益的指标,其他三个是教师本身发展的具体表现。根据这四个方面的核心内涵,设计具体的评估观测点(即二级指标),综合建立一个指标体系。

评估方式的设想,同样分指标体系的评估和"概括性问题"的评估这两种方式。对评估指标与标准体系,可以建立一些定量方式;概括性问题作为对指标体系的补充,主要是对相关要素从横向比较和纵向发展的角度,进行必要的定性了解,以体现现代评价思想。

具体指标与问题设计,都必须围绕相关法理展开。对初中学校教师发展表现评估的具体方案,根据两个视角(四个方面)和两个方式的途径来设计,如图 8 − 4。

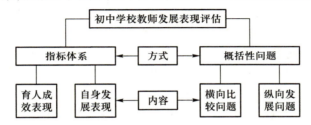

图 8 − 4 初中学校教师发展表现评估组成结构

1. 评估指标体系结构与内容的设计

对于初中教师发展表现的评估指标,其结构与内容可设计如下:

指标结构主要拟分一级指标和二级指标两个层次设计,其中"一级指标"指向教师专业发展表现的最基本标志,根据上述思想,分别为"研修成效"、"科研成效"、"育人成效"和"持续发展基础";"二级指标"分别在具体的一级指标下确立。内容主要是对两个层次指标核心含义的一定说明,最终形成相应的指标与标准体系。

对初中教师发展表现评估的指标体系,拟由 4 个一级指标和 12 个二级指标组成,具体如下:

Ⅰ 研修成效(参加各级研修活动的针对性、有效性)

   Ⅰ−1 完成研修课程(完成针对本人教学需要的研修课程)

   Ⅰ−2 达成研修学分(达成按规定的研修学分,包括通识学分与专业学分)

   Ⅰ−3 最终结果表现(获得有关研修机构的认可或奖励)

Ⅱ 科研成效(参与各级课题研究项目的成效度)

    Ⅱ-1 完成研究课题(个人或参与集体校级及以上课题研究的成果)

    Ⅱ-2 公开发表论文(个人或与他人合作在公开刊物上发表的论文)

    Ⅱ-3 获得科研奖励(是否获得成果的奖励或工作成效的奖励)

Ⅲ 育人成效(所指导的学生在各种活动中取得的成果)

    Ⅲ-1 对教育的投入程度(根据学生整体特点对教育有效性的探索态度)

    Ⅲ-2 关注学生差异发展(针对学生的差异开展分类分层指导的成效)

    Ⅲ-3 其他领域育人成果(包括德育、艺术、体育等领域的育人成果)

Ⅳ 持续发展基础(针对教师持续发展所需要的专业基础)

    Ⅳ-1 课程建设能力(具有对课程调整、完善、开发等基础能力)

    Ⅳ-2 自我反思能力(具有反思自我的能力,包括经验提炼、问题分析等能力)

    Ⅳ-3 技术提升能力(具有与时俱进的现代技术掌握与运用能力)

对于上述各项各级指标的评估标准,主要根据有关法规文件和权威理论,将在评估工具设计时具体展开。具体标准还应该考虑区域性与时代性的差异,为此,这里所拟定的标准,强调的首先是基准性的表现,并尽可能体现通式要求。

2.“概括性问题”相关问卷的设计

关于初中学校教师发展表现的评估,设计“概括性问题”,同样要根据评估信息不同来源的对象,而组成不同内容的问卷,来获取对指标性评估的必要补充。一般而言,对初中学校教师专业发展表现的信息可以从校内和校外两个不同方面的途径,拟针对四种对象,分别设计问卷,参见表8-9。

表8-9 不同信息来源的初中学校教师发展表现情况问卷设计

问卷类型	问卷主要内容	问题形式
校长问卷	(1) 对本校教师专业发展表现的总体评估 (2) 对本校教师专业发展表现的领域分析 (3) 对本校教师专业发展表现的变化比较	选择题加开放题
教师问卷	(1) 对本人在专业发展方面的自我评估 (2) 对本校教师专业发展表现的优势认识 (3) 对本校教师专业发展表现的问题判断	选择题加开放题
学生问卷	(1) 对所在学校教师发展表现的知晓度 (2) 对所在学校教师发展表现的认可度 (3) 对学校不同教师发展表现的建议、希望	选择题加开放题
家长问卷	(1) 对孩子学校教师专业表现综合满意度 (2) 对孩子学校不同教师发展差异认可度 (3) 对孩子学校教师发展的建议、希望	选择题

对于具体问卷问题的设计,需要联系上述指标体系,体现两者之间的配合与呼应;从对获取信息的真实性考虑,问题尽可能具体,避免设计模糊性问题。

二、评估工具——指标体系与问卷设计

按照上述设计思想,对于初中学校教师专业发展表现评估工具的具体设计如下表所示,对于指标体系评估工具,拟按照指标的类别,将分不同领域维度设计成一个统一的评估表;关于概括性问题评估工具的设计,凡同一信息来源对象,则综合在同一问卷中。

1. 初中学校教师发展表现评估标准

根据对学校教师发展表现的指标体系,其评估指标与标准设计如表 8 – 10。

表 8 – 10 初中学校教师发展表现评估标准

指标体系		评估基准	结果判断				案例说明
一级	二级		好	较好	一般	差	
研修成效	完成研修课程	能根据教师专业发展的有关规定参加各级教师研修,所修习课程符合相关要求					
	达成研修学分	能根据教师专业发展的有关规定参加教师的培训活动,所获学分符合相关要求					
	最终结果表现	能在教师研修(培训)活动中按规定完成各种任务,获得相关证书或奖励					
科研成效	完成研究课题	能主动承担或参加校级及以上的研究课题,并按照计划完成所有研究任务,有结题报告					
	公开发表论文	能根据教师职务任职要求,每学期或学年在公开教学教育杂志上发表 1 篇及以上的论文					
	获得科研奖励	能顺利完成有关课题研究或文章发表的任务要求,经评审有价值认定,并获一定奖励					

指标体系		评估基准	结果判断				案例说明
一级	二级		好	较好	一般	差	
育人成效	对教育的投入程度	在学校能根据学生整体特点在教育方式、方法上进行有效探索,其教育态度获得学生认可					
	关注学生差异发展	能够针对学生的差异、分析原因而开展分类分层指导,不同学生的发展取得一定的成效					
	其他领域育人成效	能按照学校安排担任班主任、科技或艺术辅导员等工作,在该领域有教育成果					
持续发展基础	课程建设能力	具有对国家课程校本化实施有效处理、校本课程开发等能力,对课程执行力具有一定基础					
	自我反思能力	自觉反思自己的教育教学,善于按扬长避短或扬长补短的思路,主动促进自己的专业发展					
	技术提升能力	能紧跟时代发展与工作需要提高自己的教学技术素养,用数字化平台发展现代教学能力					
综合评估							

在进行评估时,只要在相应空格中打钩,并将依据说明写在后面。在具体使用本评估工具时,对其标准的掌握还需要对照当时、当地颁布的有关新的规定。

2. 初中学校教师专业发展表现评估的问卷

了解教师专业发展的问卷应有四份,其中家长问卷将与下节学校评估合卷(表 8 - 11 ~ 表 8 - 13)。

表 8 - 11 初中学校教师发展表现评估校长问卷(亦可为分管校长等)

初中学校教师发展表现评估校长问卷(亦可为分管校长等)

根据你对自己学校的基本认识,对本问卷中的问题作答。你只要在题下备选答案中选择你认为符合情况的答案代码字母,填在题后的括号中即可;有些需要先填内容。谢谢!

1. 对照教师专业发展要求,你对贵校教师群体发展的成效……………………… ( )

A. 非常满意   B. 基本满意   C. 基本不满意   D. 很不满意

2. 对贵校教师专业发展表现,相对而言你最为满意的是………………………………（　　）

A. 研修成效　　　B. 科研成效　　　C. 育人成效　　　D. 持续发展基础

3. 对贵校教师研修成效的反映,你认为最满意的项目是………………………（　　）

A. 所修课程有效　B. 培训形式有效　C. 教师积极性高　D. 落实实践有效

4. 对贵校教师科研成效的反映,你认为最满意的是………………………………（　　）

A. 课题项目丰富　B. 针对实际有效　C. 论文发表较多　D. 获奖层次较高

5. 与以往学年度比较,贵校教师的育人成效总体表现为……………………………（　　）

A. 稳定在高位　　B. 逐年有提高　　C. 近年有下降　　D. 始终在低位

6. 在贵校教师的持续发展能力方面,最值得你放心的是…………………………（　　）

A. 课程建设能力　B. 行为反思能力　C. 技术运用能力　D. 其他:_____

7. 贵校教师专业发展表现,相对其他学校最具有特色的是………………………（　　）

A. 总体层次高　　B. 个别项目强　　C. 个别教师强　　D. 其他:_____

8. 你认为贵校教师专业发展绩效表现需要进一步提升的主要问题是:

_____

表 8－12　初中学校教师发展表现评估教师问卷(随机抽样)

初中学校教师发展表现评估教师问卷(随机抽样)

你是_____学科教师。根据自我感受对本问卷中的问题作答。你只要在题下备选答案中选择你认为符合情况的答案代码字母,填在题后的括号中即可;有些需要先填内容。谢谢!

1. 下列教师研修的项目中,你自己参加最多并较感兴趣的是…………………（　　）

A. 教研活动　　　B. 专家报告　　　C. 课题研究　　　D. 其他:_____

2. 下列教师发展成效表现中,你感到自己得益最大的是……………………………（　　）

A. 研修活动　　　B. 课题研究　　　C. 跟随专家学习　D. 外出考察

3. 如果要对你的研修成效进行评价,自己感到最满意的是………………………（　　）

A. 教学设计　　　B. 教学展示　　　C. 课程收获　　　D. 其他:_____

4. 如果要对你的科研成效进行评价,自己感到最满意的是………………………（　　）

A. 课题数量　　　B. 课题质量　　　C. 论文数量　　　D. 论文质量

5. 如果要对你的育人成效进行评价,自己感到最满意的是………………………（　　）

A. 研究学生　　　B. 指导竞赛　　　C. 学生成绩　　　D. 其他:_____

6. 如果要对你的发展基础进行评价,自己感到最满意的是………………………（　　）

A. 课程能力　　　B. 专业视野　　　C. 自我反思　　　D. 其他:_____

7. 如果和你的同事比较,你认为自己在专业发展上最值得骄傲的是………………（　　）

A. 提高较快　　　B. 学识较宽　　　C. 层次较高　　　D. 其他:_____

8. 和你的同事比较,你认为专业发展最需要弥补的是……………………………（　　）

A. 课程能力　　　B. 科研能力　　　C. 反思能力　　　D. 其他:_____

表 8 – 13　初中学校教师发展表现评估学生问卷

初中学校教师发展表现评估学生问卷

　　根据你对自己老师的基本了解,对本问卷中的问题作答。你只要在题下备选答案中选择你认为符合情况的答案代码字母,填在题后的括号中即可;有些需要先填内容。谢谢!

　　1. 相对知道的其他学校,你认为自己学校的老师总体水平是………………………（　　）
　　A. 全都最好的　　　B. 多数是好的　　　C. 少数是好的　　　D. 全都不很好
　　2. 据你判断,在你学校的各科老师中,水平最高的是 ………………………（　　）
　　A. 语文老师　　　　　　　　　　　　B. 数学老师
　　C. 外语老师　　　　　　　　　　　　D. 其他:＿＿＿＿＿老师
　　3. 你认为老师水平高低最主要的标志应该是能 ………………………（　　）
　　A. 提高我们成绩　　B. 提高我们兴趣　　C. 教会我们方法　　D. 其他:＿＿＿＿
　　4. 如果你是某个学生社团的成员,你最希望指导教师要具有…………………（　　）
　　A. 多种学科知识　　B. 热情指导能力　　C. 启发探究手段　　D. 联系实际水平
　　5. 学校目前教师指导你们学习的水平,相比以往你觉得是………………………（　　）
　　A. 越来越高　　　　B. 越来越低　　　　C. 始终很高　　　　D. 始终不高
　　6. 你认为学校教师在指导学生的学习活动中,最好的是………………………（　　）
　　A. 指导应付考试　　B. 指导学科竞赛　　C. 指导社团活动　　D. 其他:＿＿＿＿
　　7. 如果老师也需要去进一步学习,你希望老师要增强的能力是:
　　＿＿＿＿＿＿＿＿＿＿＿＿＿＿＿
　　8. 如果编写学生使用的指导书,你最希望老师编写的内容是:
　　＿＿＿＿＿＿＿＿＿＿＿＿＿＿＿

三、初中学校教师发展表现评估指标与标准的说明

　　教师发展表现的指标设计是从学校教育绩效中教师能力体现的角度出发,并且根据时代进步对教师素质持续发展的要求拟定的。对于有关指标概念的界定,以及如何使用上述评估工具的方法作如下说明。

　　1. 关于指标与标准中相关概念的说明

　　关于“研修成效”,这主要是作为教师接受培训等输入环节所反映的绩效。社会已经进入了一个终身学习的时代,教师的教育绩效必须要有一个符合时代的标志,这就需要教师不断接受研修,每隔一个五年的教育发展规划中也有这样的规定。这里考虑的二级指标有三个,即“研修课程的完成”、“研修学分的达成”与“研修的终结水平”。其中前两个对教师的职责规定,有基准要求,后一个是结果表现,是程度要求。观察点可以是对根据教师在研修中的文本与记录材料,也可以根据学校管理者的档案反映来考察。

　　关于“科研成效”,这主要是作为教师开展高端研究所表现的绩效。本指标主要借鉴了一般对教育科研结果的评价思路,比较符合实际。二级指标也与一般科研成果的评估要素一致,有“完成的课题项目”、“发表的论文情况”与“科研

获奖的情况"等。在内涵界定上,充分考虑了教师科研的特点。如课题,是从其数量与质量两个方面来理解;论文,是从不同级别刊物的发表来衡量的;课题的获奖也是可以有不同级别的,这都有一定的现实性。在观测点上,都可以根据明确的实证材料,通过文本反映,还可以进行更深入的情况了解。所以,无论是基准评价还是程度评价,都有一定的现实性、合理性与可行性。

关于"育人成效",这主要是作为教师教育与指导学生等输出环节的绩效。对教师而言,育人的成效是最终的价值体现,是最基本的绩效。由于教师教育的绩效从基础条件和过程方法等,已经在以前的保障、过程等评估的章节中涉及,为此,这里主要就考虑学生的收获,来折射教师的成效。设计的二级指标分别为"对教育的投入程度"、"指导学生竞赛成效"与"其他领域的指导效果",这都在一定程度上避开了前面的指标,更符合本章的内容。对观测点的建议,较多的是从一些材料直接取得实证,也有一些是行为折射的,如德育与艺术等学生的成效,但基本上是具有评估的可行性的。

关于"持续发展基础",这主要是作为教师能否具有发展后劲的绩效反映。作为一所理想的学校,应该考虑与时俱进的时代需要,尤其是对教师专业发展的要求。在终身学习社会里,又身处数字化的年代,学校应该更具有敏感性,持续发展的基础应该是所有成员的必需。本节对此所设计的二级指标,有教师的"课程建设能力"、"自我反思能力"与"技术提升能力",以分别考察学校教师在提高学校课程领导力、执行力中的基础,不断联系时代实际主动反思自己教学和改进教学的素养,以及适应教育教学信息化要求的能力基础。这三个指标主要靠教师个体的自我评估来引导发展,也可以从"受众"即学生的角度来折射其成效,需要借助一些背景问题的答案来分析。

2. 关于评估工具使用的简单说明

对于针对指标体系的评估标准,基本依据是国家法律和地区性法规,其中还有政府文件、实施意见等,也是具有一定权威性的理论。对学校实地考察认定需要对照各指标的标准,借助一定的实证材料,即可认定其达标的程度。如果该指标已经取得明显的成效,在相应的实证材料的证明下,则可以认定其为"好"或"较好";其他情况可以相应认定为"一般"或"差"。

关于问卷的使用,为保证真实性,只要有评估对象的岗位或角色说明,而不需要具体署名。对有些开放性问题,还可以根据对象的不同,在行文或话语体系上做适当的修改完善。

具体组织评估工作时,上述指标或问卷问题是具有一定覆盖性的,用于单项评估可以考虑全部使用。但如果是实施对学校的全面评估,也可以选择其中某些指标或问题,与其他模块的相关指标一起,组合成新的评估体系,实施有选择、有重点的评估。

第四节　初中学校办学质量的综合评估研究

作为九年义务教育的最终学段,初中学校的办学绩效显然是一个重要考量点。如前所述,学校教育绩效的体现有多个维度指标,包括前两节的内容。本节是从学校整体的角度切入,在关注办学质量的层面上,分析初中学校的教育绩效。根据前面的阐述,这个整体性绩效的体现,包括了两个领域的视角,一个是校内的自评视角,针对教育教学和管理等目标,有可以衡量的具体内容与指标;另一个是校外的他评视角,如社会的认可度、家长的满意度等,是一种相对模糊的指标要素。对于初中学校办学质量的评估思路,基本就按照这样的认识来设计与实施。

一、初中学校办学质量评估体系的设计思路

对于初中学校办学质量的评估,主要从两个角度着眼,按四个方面绩效具体设计其评估指标。所谓两个角度,即从学校内部和学校外部来着眼;四个方面即一级指标的具体内容。这个一级指标体系的组成,就是办学的"教育有效度"、"团队和谐度"、"社会认同度"和"家长满意度"等。其中前两个指标主要体现校内因素,后两个指标主要体现外界评价。根据上述四个方面的核心内涵,设计具体的评估观测点(即二级指标),综合组成一个评估指标体系。

对于评估方式的设想,仍分指标体系的评估和"概括性问题"的评估这两种方式。对评估指标与标准体系,可以建立一些定量方式;概括性问题作为对指标体系的补充,主要是对相关要素从横向比较和纵向发展的角度,以对现状的形成与价值进行必要的分析,以更具体地回应社会认同与家长满意这两个指标。

具体指标与问题设计,都必须围绕相关法理展开。对初中学校办学质量评估的具体方案,根据上述两个视角(四个方面)和两个方式的途径来设计,见图 8 - 5:

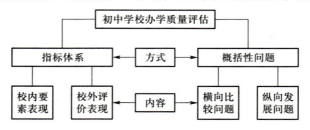

图 8 - 5　初中学校办学质量评估组成结构

1. 评估指标体系结构与内容的设计

如上所述,对于初中办学质量的评估指标,其结构与内容可设计如下:

指标结构主要拟分一级指标和二级指标两个层次设计,其中"一级指标"分别

指向学校内外的一些最基本的标志,即"教育有效度"、"团队和谐度"、"社会认同度"和"家长满意度";"二级指标"分别在具体的一级指标下确立。内容主要是对两个层次指标核心含义的一定基准性的说明,最终形成相应的指标与标准体系:

综上所述,对初中办学质量评估的指标体系,拟由4个一级指标和12个二级指标组成,具体如下:

 Ⅰ 教育有效度(体现在培养对象身上的办学成效)
  Ⅰ-1 历届学生合格率(基于课程标准的学生学业水平合格情况)
  Ⅰ-2 特长学生成功感(在展现个性特长的平台上,有关学生机会获得)
  Ⅰ-3 全体学生幸福感(不同层次与性向的学生在学校学习中的感受)
 Ⅱ 团队和谐度(体现在学校成员各层次间的和谐程度)
  Ⅱ-1 文明组室覆盖度(学校基层组室文明建设的成效状况)
  Ⅱ-2 领导班子感召力(学校领导班子对全校成员的影响度与号召力)
  Ⅱ-3 功能处室执行力(在制度规范下各功能处室主动工作的自觉性)
 Ⅲ 社会认同度(在同类学校中享有的声誉以及对社会的影响)
  Ⅲ-1 教育行政评价(上级教育行政有关处室对本校的认可程度)
  Ⅲ-2 同类学校评价(其他初中学校初中段对本校的认可程度)
  Ⅲ-3 社区综合评价(学校所在社区对学校综合的认可程度)
 Ⅳ 家长满意度(家长层面对学校办学水平与质量的评价)
  Ⅳ-1 学校条件满意度(家长对学校办学条件及其实效性的评价)
  Ⅳ-2 绩效责任满意度(家长对学校各级部门工作满意度的评价)
  Ⅳ-3 教育产出满意度(家长对学校毕业生质量与去向满意度评价)

对于上述各项各级指标的评估标准,主要根据有关法规文件和权威理论,将在评估工具设计时具体阐述。对具体标准的制定,还应该考虑区域性与时代性的差异,为此,这里所拟定的标准,强调的首先是基准性的表现,并尽可能体现出通式性要求。

2."概括性问题"相关问卷的设计

关于初中学校办学质量的评估,设计"概括性问题",同样要根据评估信息不同来源的对象,而组成不同内容的问卷,来获取相关补充信息。对初中学校办学质量的评价信息可以从校内和校外两个不同方面的途径,拟针对四种对象,分别设计问卷,参见表8-14。

上述具体问卷的问题设计,是回应前面评估指标体系的重要因素,体现了两者之间的配合与呼应;从对获取信息真实性考虑,问题尽可能具体,避免设计模糊性问题。

表 8 – 14　不同信息来源的初中学校办学质量情况问卷设计

问卷类型	问卷主要内容	问题形式
校长问卷	（1）对本校总体办学质量与效益的自我评估 （2）对本校总体办学质量与效益的领域分析 （3）对本校总体办学质量与效益的发展比较	选择题加开放题
教师问卷	（1）对本校推进文明组室建设成效性评估 （2）对本校各级干部感召力领导成效评估 （3）对本校中层各功能部门工作绩效评估	选择题加开放题
学生问卷	（1）对所在学校学习的信心与荣誉感 （2）对所在学校各门学科成绩的满意度 （3）对在校学习经历体验与方法掌握自评	选择题加开放题
家长问卷	（1）对孩子学校办学质量知晓度与满意度 （2）对孩子学校教育效益知晓度与满意度 （3）孩子学校对周边其他学校影响力评价	选择题

二、评估工具——指标体系与问卷设计

按照上述设计思想,对于初中学校办学总体质量评估的工具设计,有如下几点设想:对于指标体系评估工具,拟按照指标的类别,分不同领域维度设计成一个统一的评估表;关于概括性问题评估工具的设计,凡同一信息来源对象,则综合在同一问卷中。其中家长问卷与上一节教师绩效评估合为一卷。

1. 初中学校办学质量评估标准

根据对学校办学质量评估的指标体系,其评估指标与标准设计如表 8 – 15。

表 8 – 15　初中学校办学质量评估标准

指标体系		评估基准	结果判断				案例说明
一级	二级		好	较好	一般	差	
教育有效度	历届学生合格率	以基于课程标准的学业水平测试为准,初中学生的学业合格率能达到100%					
	特长学生成功感	能为有特长的学生搭建成长的平台;以权威竞赛成绩为准,特长学生有成功感					
	全体学生幸福感	能促进不同学生实现不同程度与方向的发展,全校学生都有比较满意的幸福感					

指标体系		评估基准	结果判断				案例说明
一级	二级		好	较好	一般	差	
团队和谐度	文明组室覆盖度	能在学校各层面推进文明组室的建设,达标的"文明组室"占全校组室的比例不低于50%					
	领导班子感召力	领导班子具有较强领导力,针对学校办学目标能引导教职员工积极行动,乐于奉献					
	功能处室执行力	学校中层各有关职能处室能自觉规范地执行学校计划、完成学校任务,并有相应的实效					
社会认同度	教育行政评价	由教育行政部门主持的各项督导评审中,学校都有较好的成绩,获得区级及以上的荣誉称号					
	同类学校评价	在条件相等的同类学校中享有较高的声誉,某些特色项目或学科具有领先的区域优势					
	社区综合评价	能成为社区单位中的模范,在推动社区文明建设与发展中能发挥较为明显的示范作用					
家长满意度	学校条件满意度	对学校安全措施、办学条件和利用效益比较满意,对孩子在学校学习与生活比较放心					
	绩效责任满意度	在与学校的联系接触中,对学校各职能处室与人员的办事效率认可					
	教育产出满意度	从自己孩子等反映,对学校教育教学等方面的成效较满意,升入高一级学校后学生发展有后劲					
综合评估							

评估实施时,只要在相应空格中打钩,并将依据说明写在后面。在具体使用本评估工具时,对其标准的掌握还需要对照当时当地颁布的有关新的规定。

2. 初中学校办学质量评估的问卷

了解学校办学质量的问卷为四份,其中家长问卷已与教师发展评估合卷(表8-16~表8-19)。

表8-16 初中学校办学质量评估校长问卷

初中学校办学质量评估校长问卷

根据你对自己学校的基本认识,对本问卷中的问题作答。你只要在题下备选答案中选择你认为符合情况的答案代码字母,填在题后的括号中即可;有些需要先填内容。谢谢!

1. 对照其他同类学校的情况,你认为贵校办学质量的地位处于 ……………… ( )
   A. 最高层次　　　B. 较高层次　　　C. 一般层次　　　D. 较低层次
2. 对照学生的输入基础,你认为贵校的教育效益相比其他学校 ……………… ( )
   A. 明显很高　　　B. 中等偏高　　　C. 中等偏低　　　D. 明显不高
3. 下列教育领域中,你认为贵校的质量与水准最高的是 ……………… ( )
   A. 师生品德修养　B. 课堂教学质量　C. 体育健身水平　D. 科普艺术素养
4. 下列教育领域中,你认为贵校的效率与效益最高的是 ……………… ( )
   A. 师生品德修养　B. 课堂教学质量　C. 体育健身水平　D. 科普艺术素养
5. 在贵校的中层行政部门中,你认为执行力最有绩效的是 ……………… ( )
   A. 德育组织部门　B. 教学管理部门　C. 后勤服务部门　D. 工会组织
6. 对贵校的办学质量与效益评价,你最重视的是 ……………… ( )
   A. 上级领导评价　B. 本校师生评价　C. 社会声誉　　　D. 家长意见
7. 贵校办学质量的提高,最使得你感到有问题或困难的是 ……………… ( )
   A. 学生来源　　　B. 教师能力　　　C. 管理水平　　　D. 其他:_____
8. 你认为贵校教育绩效与办学质量要进一步提升的基本思路是:

   _____

表8-17 初中学校办学质量评估教师问卷

初中学校办学质量评估教师问卷

你属于_____组;根据自我感受对本问卷中的问题作答。你只要在题下备选答案中选择你认为符合情况的答案代码字母,填在题后的括号中即可;有些需要先填内容。谢谢!

1. 你所在的组室争创文明组室或先进集体的结果是 ……………… ( )
   A. 争创成功　　　B. 争创之中　　　C. 没有争创　　　D. 学校没有组织
2. 在能够获得上级有关部门嘉奖的集体中,你感到最多的是 ……………… ( )
   A. 年级组　　　　B. 教研组　　　　C. 学生集体　　　D. 其他:_____

---

3. 在下列拥有学校荣誉的学校领域中,你觉得级别最高的是 ……………………… ( )

A. 德育领域　　　B. 教学领域　　　C. 科研领域　　　D. 其他:_____

4. 在下列拥有学校荣誉的学校领域中,你觉得最名副其实的是 ……………… ( )

A. 德育领域　　　B. 教学领域　　　C. 科研领域　　　D. 其他:_____

5. 如果要对贵校领导班子的感召力进行评价,你认为可以打 ………………… ( )

A. 满分　　　　　B. 较高分　　　　C. 较低分　　　　D. 差分

6. 从对外校最有影响力的角度看,你认为贵校首推 …………………………… ( )

A. 学校管理经验　B. 教师教学水平　C. 体艺特色项目　D. 其他:_____

7. 据你分析,贵校在投入较大但成效不高的项目中,最明显的是 …………… ( )

A. 德育活动　　　B. 体艺活动　　　C. 教学活动　　　D. 其他:_____

8. 与他校相比,你认为贵校综合办学质量的地位处于 ……………………… ( )

A. 最高层次　　　B. 较高层次　　　C. 一般层次　　　D. 较低层次

表 8－18　初中学校办学质量评估学生问卷

初中学校办学质量评估学生问卷

根据你对自己学校的基本了解,对本问卷中的问题作答。你只要在题下备选答案中选择你认为符合情况的答案代码字母,填在题后的括号中即可;有些需要先填内容。谢谢!

1. 相对知道的其他学校,你认为自己学校的教育水平是属于 …………………… ( )

A. 最好的　　　　B. 较好的　　　　C. 较差的　　　　D. 最差的

2. 据你所知,你们学校各门学科中,教学质量最好的是 …………………… ( )

A. 语文学科　　　B. 数学学科　　　C. 外语学科　　　D. 其他:_____学科

3. 据你所知,你们学校各门学科中,教学质量最差的是 …………………… ( )

A. 语文学科　　　B. 数学学科　　　C. 外语学科　　　D. 其他:_____学科

4. 你在学校的学习中,对自己各门学科取得的成绩感到 ………………… ( )

A. 都很满意　　　B. 多数满意　　　C. 多数不满意　　　D. 都不满意

5. 你在学校的学习中,相比以往你觉得最大的提高是 …………………… ( )

A. 丰富了知识　　B. 掌握了方法　　C. 提高了成绩　　D. 拓宽了视野

6. 你认为你们学校在全区甚至全市,最出名的特色的是 ………………… ( )

A. 考试成绩好　　B. 体育活动好　　C. 艺术活动好　　D. 其他:_____

7. 对你们学校获得的荣誉项目奖牌中,你觉得最有价值的是:

_____

8. 如果你们学校的荣誉中有不够名副其实者,你认为是:

A. 没有　　　　　B. 有,是:_____

表 8 - 19　初中学校办学质量（含教师素质）评估家长问卷

初中学校办学质量（含教师素质）评估家长问卷

　　根据你对自己孩子学校的基本了解，对本问卷中的问题作答。你只要在题下备选答案中选择你认为符合情况的答案代码字母，填在题后的括号中即可；有的需要先填内容，谢谢！

1. 你对自己孩子学校的老师，在教育教学能力上感到 ……………………………（　　）
　　A. 很满意　　　　B. 比较满意　　　C. 不满意　　　　D. 很不满意
2. 对孩子学校的各类老师中，你感到最满意的是 ………………………………（　　）
　　A. 班主任　　　　B. 任课老师　　　C. 辅导员　　　　D. 其他：_____
3. 自己孩子学校的老师中，你感到最有教育教学能力的是 …………………………（　　）
　　A. 语文老师　　　B. 数学老师　　　C. 外语老师　　　D. 其他：_____老师
4. 你希望老师对自己孩子做到但目前没有做到的工作是 …………………………（　　）
　　A. 沟通思想　　　B. 辅导学习　　　C. 关心身体　　　D. 其他：_____
5. 根据你的了解，你孩子的学校在本区中是属于 …………………………………（　　）
　　A. 最好初中之一　B. 较好初中之一　C. 较差初中之一　D. 最差初中之一
6. 如果你对孩子的学校很满意，你最满意的内容是 ………………………………（　　）
　　A. 考试的成绩　　B. 有特色项目　　C. 良好的校风　　D. 其他：_____
7. 如果你对孩子的学校很满意，你最满意的原因是 ………………………………（　　）
　　A. 校长好　　　　B. 学生好　　　　C. 老师好　　　　D. 其他：_____
8. 你认为你孩子的学校可以让其他学校学习的主要内容是 ………………………（　　）
　　A. 学校管理　　　B. 教学水平　　　C. 校风建设　　　D. 其他：_____
9. 针对你对孩子的了解，认为其最适合的毕业去向是 ……………………………（　　）
　　A. 海外留学　　　B. 升入高中　　　C. 进入职校　　　D. 其他：_____

三、初中学校办学质量评估指标与标准的说明

　　初中学校办学质量的评估指标设计是参照学校教育绩效的有关内容，并估计教育发展对义务教育提出的新要求。对于有关指标概念的界定和如何使用上述评估工具的方法，作如下说明。

　　1. 关于指标与标准中相关概念的说明

　　关于"教育有效度"，这主要关注的是对教育对象（学生）达成教育目标的绩效问题。学校教育的主要任务是培养学生，九年义务教育的最终成效，一个很重要的指标就是考察毕业生的质量。为此，设计的二级指标是"历届学生合格率"、"特长学生成功感"与"全体学生的幸福感"这三个指标。关注学生出口"合格率"应该是基础教育的最核心的视点，但还应该正视学生的差异，学校要让一部分有特长的学生也有一种成功感，最终使得全体学生都能够热爱学习、热爱学校，感到幸福。观察点主要是根据学校的有关档案，也可以从学校不同成员的有

关反映来进行具体考察。

关于"团队和谐度",这主要是将学校文化氛围建设的表现作为一种绩效来考察。评估"和谐"是一个有难度的问题,因为价值观的不同可以有不同的理解,就会设计出不同的指标。从可操作的角度出发,这里设计了"文明组室覆盖度"、"领导班子感召力"与"功能处室执行力"等3个二级指标。在内涵界定上,都关注了初中学校内部的运行特点,运行顺畅了,学校办学效益就自然会理想些。如:关注学校基层组室文明建设的成效状况;关注学校领导班子对全校成员的影响度与号召力;关注在制度制约下个功能处室主动工作的自觉性等,这些指标的观测点应该是比较清晰的。这样,无论从基准评价还是程度评价的角度来实施,都具有一定的现实性、合理性与可行性。

关于"社会认同度",这可能是作为一所初中学校更重要的办学绩效。这里的定位是指"在同类学校中享有的声誉以及对社会的影响",这也是学校评估最为瞩目的一个指标。设计的二级指标也有3个,分别为"教育行政部门的评价"、"同类学校的评价"与"社区综合评价",从不同的层面来考察对一所初中学校的认可程度。在观测点的选择上,首先建议看学校的荣誉称号,包括内容与等级,是专项者还是综合者等;其次还可以从平面媒体和视频媒体对学校的宣传关注的具体内容,以及报道内容的渠道等;当然还需要直接从外部其他有关人士的访谈中获取信息,尽可能从实证材料的分析,以实证方法来实施评估。有些也可以从学校自己提供的材料中进行分析,主要是都应该具有评估的真实性。

关于"家长满意度",这主要是从家长的层面来考察初中学校的办学绩效。当今的家庭,往往在"独生子女"的背景下,家长对学校的教育绩效是十分在乎的。同时,学校教育也需要家庭教育的配合与支持,所以家长关注自己孩子的学校是一个较普遍的现实。本节对此所设计的二级指标,有"学校条件的满意度"、"绩效责任的满意度"与"教育产出的满意度",既关注了基础现实,如"绩效责任",也关注了实际效益,如"条件"和"产出",包括对自己孩子的不同去向。基本的观测点,主要可以考虑召开家长座谈会的渠道来得到有关信息,也可以从教育"受众"即学生的角度来折射家长的认识,需要在一些背景问题的答案中来分析并归纳这些评估意见。

2. 关于评估工具使用的简单说明

对于针对指标体系的评估标准,基本是依据了国家法律和地区性法规,其中还有政府文件、实施意见等,也有是具有一定权威性的理论与比较成熟的项目。对学校实地考察认定需要对照各指标的标准,借助一定的实证材料,即可认定其达标的程度。如果该指标已经取得明显的成效,在相应的实证材料的证明下,则可以认定其为"好"或"较好";其他情况可以相应认定为"一般"或"差"。

关于问卷的使用,为保证真实性,只要有评估对象的岗位或角色说明,同样不需要具体署名。对一些开放性的问题,还可以根据对象的不同,在行文或话语体系上可做适当的修改完善。

　　具体组织评估工作时,上述指标或问卷问题是具有一定覆盖性的,用于单项评估可以考虑全部使用。但如果是实施对学校的全面评估,也可以选择其中某些指标或问题,与其他模块的相关指标一起,组合成新的评估体系,实施有选择、有重点的评估。

第九章　初中学校教育评估的基本规程

　　本章根据对初中学校教育评估的指导思想,在研制"六维"评估指标的基础上,从对初中学校开展综合性、操作性教育评估的工作需要,对评估的基本原则和操作要求、不同维度评估指标与标准的实施规程等,进行实践性的探索。

　　初中学校教育评估的实施,按一般操作思路主要应有两个维度进行。其一是时间的维度,着眼于学校从基础到发展的变化,分时段开展评估;其二是评估者即评估主体的维度,可以分学校自评、专家等外部评估、教育行政部门的审定性评估等。当然还有方法的维度、技术的维度等,本章将这些维度的表达纳入上述主要维度来设计。为了指导评估的实践与操作,本章还另列一节,根据《上海市义务教育阶段学校办学基本标准》的精神,研究并提供一个实施评估操作时参考运用的设计示例。

第一节　关注初中学校发展性的评估规程

　　随着义务教育均衡发展的国家意志的落实,对初中学校教育发展的投入不断增长,就要求学校科学规划可持续发展的目标与任务。一般在一个规划期间,为保障学校发展的科学性、方向性、有效性,对学校教育进行跟踪评估,具有十分重要的意义。从发展的角度考察一所学校的教育,设计为初态—中态—末态这三阶段的评估方式,就能体现比较客观的解释性。本节将按阶段设计的思路,就此不同时段所进行的评估,展开一些规程研究与具体阐述。

　　从评估工作的展开看,这种评估大致需要的流程如图9-1。

图9-1　初中学校办学的发展性评估流程

　　以下即对该流程中的主要环节,包括学校基础分析和三个阶段评估的规程要求做简要分析。而对学校规划的编制、申报与组织预审等环节暂将不作展开。

一、基础分析——初中学校办学基础

　　关于初中学校的办学基础,是指办学以来所积累的现有基础,需要考察三个层面的基础:第一个是学校的办学资质,是否具有作为初中学校的基本法规保障,是否具有政府注册的法人地位;第二个是学校的办学基本条件,指教育资源

环境等方面的保障,涉及硬件性的办学条件和经费支持、软件性的师资队伍和管理制度等;第三个是目前的办学质量或水平,指学校的办学水准、教师的教学水准、学生的学业水准,包含特色表现以及获得荣誉等。

按照通常的要求,对初中学校的上述三个层面的基础情况,可以分十个方面来进行具体分析。

(1)学校沿革,包括学校资质、办学理念、培养目标、区域环境等(参见本书第三章"定位评估"中的相关内容),主要是分析初中学校办学的合法性、方向性、效益基础等。

(2)学校规模,包括校舍面积、教师基本情况、生源情况等,主要对校舍的功能结构、教师的各种结构、生源的背景结构等对照办学要求进行分析,判断学校的效益愿景。

(3)学校领导班子情况,包括职务、学历、职称、分工情况等,主要分析学校领导力层面的基础状况,可以从个体对岗位的适应度,以及班子群体对岗位适应度这两个方面来考察。

(4)骨干教师基本情况,包括骨干教师人数与学科分布情况等,主要分析教师结构中相对高端者的占比情况,这些高端教师的区位特征,以及在不同学科之间的均衡程度等。

(5)教育教学基础管理,包括学校领导参与指导、管理制度、教学常规、研修制度等,主要分析学校各级领导对教育教学的投入程度及有无机制的保障,在管理层面有无制度性的保障等。

(6)教育科研与主要研究项目,包括课题级别、主要成果等,主要对学校教育教学质量与发展潜力的基础条件进行分析,以教科研作为反映的一个侧面,考察初中学校的后继发展力基础。

(7)学生社团活动,包括社团数量、名称、领域分布情况等。主要对初中学校学生素质发展的深入分析,关注学生的自主学习与探究能力,既反映了学生的群体性差异情况,也反映了学校的特色发展基础。

(8)教育教学业绩,包括教师的论文著作、教学评比获奖情况,学生参赛获奖结果等。这是从另一个侧面来考察学校的办学基础水准,主要分析已经取得的业绩,分别从教师、学生两个方面,以"获奖"的数量与质量为指标,判断其目前的办学效益基础。

(9)教育经费,包括收入与支出情况,主要从经费来往动态平衡的角度来分析初中学校的基础保障情况,考察的是一所学校的经费情况,而反映的是学校背后的政府是否有力支持的环境基础。

(10)设施设备使用情况,包括各类专用教室使用、图书馆资源利用等。这也是一个从办学效益的视角进行分析的指标。

关于上述第(2)到第(10)的分析内容,先行由学校填写相关指标表格来反映(有关表格参见本章附录)。具体评估时,即根据表格内容对照相关标准,进行有针对的分析。

二、初态基础评估——初中学校规划评估

从发展性评估的意图看,对初中学校初态的教育评估需要基于其基础分析,但更需要考察其面向未来的发展规划。促进学校科学并可持续发展,是开展评估工作的最高功能体现。所以,这里将对初中学校的初态评估,着眼对其发展规划的考量,并将一个发展周期的办学质量,对照发展规划,作为整个进程中评估的核心对象,这就为评估工作提供了可操作的主要载体与实施思路。

初态评估一般有三个阶段:即准备阶段、评审阶段、反馈阶段。其基本规程及各环节要求如图9-2。

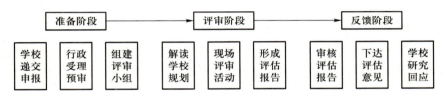

图9-2 初中学校教育初态评估的基本流程

兹将上述各阶段的具体内容与要求分析如下:

1. 准备阶段

(1)学校工作。学校要在对本校办学基础情况分析的基础上,组织编制发展规划;在学校规划被相关程序要求通过后,向上级教育行政部门提出接受评估的申请,并提交相关材料。一般提交的文本包括:① 学校教育评估申请报告;② 学校办学情况基础分析;③ 学校3~5年的发展规划(一式5份或电子稿)。其中学校申请报告的要求可参见第三节有关设计案例。

学校发展规划的主要内容包括以下几个模块:发展理念与总体目标、科研或实验项目、德育工作、课程与教学、教师队伍建设、学校管理,即一个总纲加五个具体发展领域。各领域的表述至少需要涉及四个方面:基础现状、发展目标、主要落实措施、进程计划。

(2)区域教育行政部门工作。教育行政部门在受理学校的评估申请报告后,要先对规划进行原则性初审,主要就发展方向和核心内容项目针对有关法理规定进行考量把关,如需要调整或修改则提出相关意见返回学校;其次派评审联络组有关人员与学校及时联系,具体指导与安排评审工作任务;第三要根据专家库的名单组建专家评审组,由联络组负责联系和安排初态评估的事宜。

(3)评审联络组(或评估中介)工作。在和学校交换意见后安排具体到校

的评估活动计划,根据评估要求设计打印所有评估文件与表格,指导学校在评估前一周将学校发展规划等材料分送专家供了解;将评估的日程安排送学校和专家组各成员,沟通交通方式等事项。

(4)评审小组工作。阅读学校的发展规划和有关材料;经组长的协调对评审的内容领域进行有侧重的分工,一般可以分为发展目标与学校管理、科研或实验项目、课程与教学、德育与教师发展等,如果专家数量充足,还可以细分;准备在具体评审时需要学校补充说明的若干问题。

2. 评审阶段

(1)评估内容与观测点。评估内容包括上述学校发展理念与目标,以及各具体发展领域。评估观测点包括学校发展规划、各项基础分析材料、学校报告(汇报)等文本,相关的学校档案和其他实证材料,以及访谈问卷的结果等。

(2)评估方式。这主要包括:听取学校介绍(校长报告、分领域报告等),教学观察(听课、参与教研活动等),问卷与访谈(学生、教师、家长等问卷、有关领导个别访谈等),实地视察(学校设施设备及其利用等)。

(3)评估日程安排。评估日程一般可安排两天,具体参加对象、时间、地点等要和学校协商决定,最好能将上述内容设计成日程安排表。

第一天上午,按程序主要有以下几个内容:

评审项目主持单位(教育行政部门或中介机构)介绍专家评审组名单;

专家评审组组长主持校长汇报会(校长汇报 + 专家问题及互动);

专家评审组组织家长(社区代表)座谈或问卷;

专家评审组成员组织有关访谈或查阅材料。

第一天下午,可以开展的评估活动:

专家评审组成员分头进行教学观察(听课或参加教研活动);

专家评审组有关成员实地视察,组织访谈;

专家评审组成员继续查阅并分析材料。

第二天上午,可以开展的评估活动:

专家评审组碰头会,初步交流考察情况,商议进一步了解有关学校信息;

专家评审组成员继续分头进行教学观察(听课或参加教研活动);

专家评审组有关成员继续实地视察,组织访谈;

专家评审组成员继续查阅并分析材料;

专家评审组成员撰写分领域评审报告。

第二天下午,可以开展的评估活动:

专家评审组全体成员分析汇总评估意见;

专家评审组全体成员投票表决,形成初步评审总意见;

交流沟通会,专家评审组与学校交换原则性意见。

3. 反馈阶段

在到校评审后的两周内,专家评审组经过讨论,形成某学校初态评审报告。评审报告的结论分为同意、基本同意、不同意三种。

反馈过程可参考图9-3。

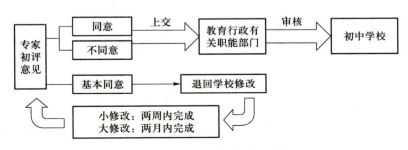

图9-3 初评意见反馈路线

报告的结论为同意或不同意者,可直接将报告上交教育行政部门审核。报告的结论为基本同意者,可有两种情况:存在一般性问题的,属小修改;存在较大问题的,属大修改。修改完成后,重新送交专家评审组审议,得出同意或不同意两个结论,再走第一种路线。由中介机构主持评审工作者,专家评审组报告一般交中介机构,再由中介机构最终上交教育行政部门。

三、中态过程评估——初中学校中期评估

对初中学校教育状况的中期评估,主要是针对学校建设与发展规划的实施,在总结经验与分析存在问题的基础上提出建议,以不断完善与发展办学理念、办学行为和发展规划,促进学校健康发展。

1. 评估内容

中期评估的基本内容有三个方面:

第一是规划所确定的目标落实度、达成度,以及调控情况。目标落实度是指所确定的目标是否转变为可操作的行为,分解到相应的部门或个人;目标达成度是指所确定的阶段目标是否基本达到、达到或提前达到;调控情况是指对所确定的目标设定根据实际做了调整,或者是否增加了一些目标等。

第二是规划实施过程中的基本做法和基本经验。基本做法是指为实现规划所确定的目标,学校采取了哪些措施、做了哪些具体工作;基本经验是指规划实施过程中的体会和收获,对此作一些提炼。

第三是规划实施过程中还存在什么困难、问题和后继的设想。对规划实施中的困难和问题,既要从外部因素进行分析,也要从学校内部因素进行分析,更要从教育思想与学校管理的角度来分析;后继设想主要是阐述下一步将采取哪

些具体措施来实现规划所确定的目标。

2. 评估方式与程序

中期评估的方式基本有两种。

一是集中展示评估。就是组织一批初中学校,在自评与申报的基础上,集中开会交流展示,专家评估组成员和若干学校校长一起参加。其程序是:校长先做中期自评汇报(30 分钟,有书面报告和 PPT 展示),专家评估组与校长互动(30 分钟,提问与解答);专家根据汇报与互动情况进行分析研讨和表决,形成学校中期评审报告。

二是到校现场评估。有专家评估组(四人及以上成员组成)到学校进行检查,方法有校长汇报(40 分钟,有书面报告和 PPT 展示)、查阅资料、个别访谈、师生座谈、课堂观察等。通过检查对学校规划的阶段工作作出评价,对规划的今后实施提出建议,包括是否需要延期后组织终期评估等。到校现场评估活动的时间为一天,具体日程安排由专家评估组与学校协商。专家当天分领域写出评估意见,此后评估组写出"中期评估报告"。

3. 学校自评工作和专家评审要求

学校自评工作和专家评审要求是指两者的具体任务。

学校自评工作的主要任务有:

(1)通过初审的学校,在学校发展规划和核心课题或教育教学改革实验项目实施一年以后,根据教育行政部门的有关文件,接受专家组的中期评审。

(2)学校撰写通过实施发展规划、实践核心课题或实验项目,推进素质教育的阶段性成果报告。报告内容与结构参考中期评估内容。

(3)学校需要向专家组提交的书面资料主要有学校发展规划补充意见、经修改的核心课题或教育教学改革实验项目计划、阶段性成果报告。

专家评审的主要任务有:

(1)听取校长汇报:初审以来学校实施学校发展规划和核心课题或教育教学改革实验项目的阶段性成果。

(2)个别访谈:访谈学校领导、教师与学生,听取对学校一年来学校发展、课题项目实施的意见。

(3)查阅资料:重点查阅学校发展规划各领域实施过程的档案文本,以及课题项目的进程,了解学校初评以来在项目实施方面的情况。

(4)听课:了解课堂教学以及规划要求、课题项目相关落实情况。

(5)意见反馈:评审小组与学校反馈交流评审汇总的情况。

4. 中期评估的结果处理

中期评估的结果处理主要有以下几点:

(1)专家组成员按分工撰写分项目报告与中期评审报告,并对学校的进一步落实发展规划和推进课题项目等提出意见与建议。

（2）中审结论分为"好"、"较好"、"一般"与"差"。

（3）中期评估报告在评审结束后，由教育行政部门下发学校。

（4）学校针对中期评估报告的要求与建议，结合学校实际，进一步推进规划落实，或者调整规划有关内容与要求，完善规划和课题项目，促进学校健康发展和目标有效达成。

四、末态绩效评估——初中学校总结性评估

对初中学校的末态评估是针对一个规划周期的结束，考察学校关于规划目标的绩效达成、核心课题或实验项目的成果和推进素质教育的发展等情况。

其基本规程如下：

1. 末态评估的准备

（1）通过中审的学校一年后，由学校提出接受上级教育行政部门终期评审的申请。学校也可以申请推迟终期评审时间，但要说明原因。

（2）末态评审前，由教育局推进中小学素质教育实验工作小组召开相关学校校长会议，布置终期评审工作要求。

（3）学校撰写完成推进和实施素质教育的总结报告或实验项目成果报告。

（4）学校向专家组提交以下书面材料：学校发展规划、修订的规划实施报告、素质教育实验项目成果报告。（需提早一周，使专家事先能够有所了解。）

（5）由教育局推进中小学素质教育实验工作小组组建各校专家评审小组。

2. 末态评审主要内容

末态评审主要内容包含学校发展规划的整个实施结果，主要分：

（1）学校管理情况（依法办学、发展规划或计划、运行机制等）

（2）德育工作情况（德育工作机制、成效、校园文化建设等）

（3）课程教学情况（课程计划、教学常规、课程开发、课堂改进等）

（4）师资队伍情况（师德建设、校本研修、教师发展等）

（5）教科研或实验项目（课题设计、课题实施、课题成果等）

（6）学生发展情况（思想品德、学业水平、身心健康、审美素养等）

（7）办学特色情况（办学特色明显度、特色项目建设等）

3. 末态评审一般程序

末态评审同样需要安排两天时间，一般采取以下形式：

（1）听取校长汇报：学校落实素质教育法规、推进素质教育为目标的发展规划过程与成果，课题研究或实验项目的实施情况等。

（2）个别访谈：访谈学校领导、教师与学生，重点了解中审以来学校发展与办学成果情况。

（3）问卷调查：分别进行教师、学生、家长问卷调查，了解推进素质教育的实践成果，包括学校、教师、学生发展情况。

（4）查阅资料：查阅与实施《学校发展规划》相关的资料，重点了解学校中审以来学校发展与办学成就情况。

（5）听课：了解课堂教学，考察项目实施在课堂的表现，从侧面了解教师的教学、学生素质的发展等基本情况。

（6）意见反馈：评审小组与学校交流评审情况。

注：具体安排可视当日情况作适当变动。

4. 末态评审结果处理

（1）专家组成员按分工撰写分项目报告与总结性评审报告，并对学校在推进素质教育方面归纳出成绩与经验、提出主要问题与改进建议。

（2）末态评审结论分为"良好"、"合格"或"不合格"，对于"不合格"者，要责成学校整改；整改建议经教育局讨论后，通知学校。

（3）末态评审报告在评审结束后一周后形成，上交教育行政部门，经审定后，由教育行政部门下发学校。

下面是上海某区组织对学校末态总结性评估日程安排的操作性案例（表9-1）。

表9-1 初中学校末态总结性评审日程安排表

（　　年　月　日——　　年　月　日）

学校：

日期	时间	内容	对象	专家负责人	学校联络员	地点
/星期	8:30—9:00	评审组预备会	评审组专家			
	9:00—10:30	学校初（终）审汇报会	评审组专家、学校领导、教育署领导等（汇报时间在40分钟内）			
		社区、家长座谈会	社区代表、家委会及家长代表8~12人			
	12:15—12:40	学生座谈会	学生、干部8~12人			
	12:30—13:30	教师座谈会	教师8~12人			
	下午	访谈	有关领导			
	下午	查看资料				

日期	时间	内容	对象	专家负责人	学校联络员	地点
/ 星期	8:30—11:30	评审工作				
	13:00—15:00	评审组汇总	评审组专家			
	15:00—16:30	评审反馈沟通会	评审组专家、学校领导			

说明:1. 评审工作日程的具体安排表由联络员与评审组、学校商定。

　　　2. 课堂观察、实地考察、个别访谈、查阅资料、汇总等工作由评审组自行安排。

　　　3. 教师调查问卷、学生调查问卷、家长调查问卷由区督导室提前调查。

学校需上交材料:

（请提前一周送交区素质教育实验校工作组联络人员）

（1）学校发展规划（计划）;

（2）实验课题项目实施方案;

（3）学校自评汇报（报告）;

（4）教职工花名册（包括姓名、性别、年龄、学历、职称、职务、任教学科与班级等）;

（5）全校课程计划和课程表（评审二天）、作息时间表。

注:初评日程安排同上,但学校还需提供办学基本情况表（参见本节一）。

上述内容将在第三节的实践案例设计中再做具体分析介绍。

第二节　关注初中学校多元评价主体的评估规程

实施评估主体的多元性是现代评估工作领域的一个基本原则。为了减少评估的误差,对评估对象必须收集不同来源的评价信息,分析源于不同价值观的不同判断,借助一些技术、根据评估指导思想,最终综合成一个意见,这是当代评估的基本要求。初中学校同样需要多元主体的评估参与者。

按照一般的做法,现代评估主要有内部评估和外部评估两个方面。作为评估主体,初中学校的内部评估就是一般意义上的"学校自评"。而外部评估一般就是指专家评估,家长与社会的评估和主管部门的评估。本节将主要就学校自评、专家的专业评估和主管部门的审定性评估做一些分析和阐述。

一、学校主体的自我评估

学校自评一般是依据主管部门制定的指标体系和评估方案进行,也可以根据一定项目要求,自己拟定评估方案。就评估的功能指向而言,核心是考察现状与目标的距离,以引导评估对象主动按照目标要求改进与发展。所以,对照目标是评估的基本思路。其中,绩效性评估对照的是水平目标,发展性评估对照的是规划目标。而这些目标一般都是按照一定的分领域进行制定的,对照评估要注重在实证基础上,反映的成绩与问题就能够体现出发挥评估功能的价值。以下以发展性评估为例进行简要分析。

关于发展性评估的学校自评,可以学校为评估主体,建立自评组织,并依据学校发展规划,研制学校自评指标体系,构建自评运行机制,包括定期对学校发展规划实施绩效进行自我评估,总结成功经验,寻求改进举措,调整、充实学校发展规划。

1. 初中学校的自评工作任务或环节

一是形成性的自我评估:每学年对学校发展规划阶段性目标达成度作出价值判断,并充分运用评估结果,改进学校管理,调整发展规划,确保规划实施的有效性,为学校发展目标的实现奠定基础。

二是终结性的自我评估:学校在发展规划实施年限期满后,对学校整体发展目标达成度进行全面的价值判断,对学校的发展态势及绩效作出客观评价,为学校制订新一轮发展规划提供可靠依据。

三是评审的基本环节:根据素质教育办学标准的评审程序,撰写并递交自评报告与相关材料,以供专家评审时参阅,并作为上级教育行政部门所属评估领导小组审议认定的参考依据。

2. 初中学校自评的基本内容与材料

(1)自评报告。自评报告基本内容包括规划制定、修改完善与实施过程、自评过程、主要进展、基本经验、问题分析与发展思考等。自评报告要突出重点、亮点以及创新之处。报告应经全体教师或教代会通过,为全体教工了解并达成共识。

(2)分领域自评表。经组织座谈会、个别访谈、问卷调查、对照材料等,在对信息进行收集、整理、分析、归纳与综合的基础上,根据学校工作相关领域,和课题或实验项目,填写分领域自评表。

(3)新一轮发展规划文本。在学校自评基础上,制定学校新一轮素质教育的发展规划。

自评表一般有分领域的自评和综合性的汇总自评,这是两个层面的自评工作结果反映。下面是这两个层面的自评表示例(表9-2、表9-3)。

表 9 - 2　学校规范办学与规划实施目标达成度自评汇总表

学校＿＿＿＿＿＿＿＿校长＿＿＿＿＿自评日期＿＿＿＿＿

领域名称	规划目标	达成度
学校定位与依法办学		
学校管理（含运行机制）		
德育工作与校园文化		
课程计划与课程开发		
教学常规与课堂改进		
队伍建设与校本研修		
教育科研与实验项目		
学生发展与综合素质		

领域名称	规划目标	达成度
办学特色与 特色项目		
……		

总体评估 等第	优秀		良好		合格		不合格	

注:学校分领域自评表中目标达成情况汇总于此表,并在此基础上给出总体评估等第。

表 9 – 3 学校规范办学和发展规划分领域自评表

学校_____校长_____自评日期_____

领域	基本目标	达成度	备注
	1.		
	2.		
	3.		

主要成绩与经验:

存在问题与改进举措:

自评等第	优秀		良好		合格		不合格	

注:1. 达成度是指预设的阶段目标达成情况,分为提前达成、达成、基本达成与未达成四档;

  2. 目标如有调整请在备注内加以说明;

  3. 自评等第是指目标达成的综合质量,分为四个层次,对照后打钩。

二、专家团队的诊断与评估

由教育行政部门初中学校评估领导小组聘请专家,成立专家评估组。专家组对每所学校的现场评审初评和终评为期两天,中评为一天。现场评估在审阅学校提供的自评报告与相关材料基础上,将通过听取学校汇报、个别访谈、座谈会、问卷调查、实地考察、听课、巡视、查阅资料等方式,分组收集信息,形成分项评审意见、填写意见表。在讨论汇总各分项评审意见的基础上,形成专家组综合评审意见和投票表决结果,作为教育行政部门初中学校评估领导小组审议认定的参考依据。

专家评审表举例如下(表9-4)。

表9-4 初中学校分领域评估专家评审表

学校_____ ____年__月__日

领域或项目	(如:依法办学、学校管理、课程教学、教师发展、学生发展等)
工作概况	(听取校长报告,召开师生座谈会,访谈学校分管领导,听课,参阅多种相关材料等)

评审意见

成绩与经验

问题的建议:

评估等第	优秀		良好		合格		不合格	

评审专家签名:

专家评审组其他成员在讨论汇总时可补充该领域或项目的评估意见;在专家组共同讨论基础上,用一定方式(举手、无记名、记名)表决,最终形成专家组的评审意见报告。表述方式举例如下(表9-5)。

表 9 - 5 　初中学校教育评估专家组评审意见表

学校：_____　评审日期：____年____月____日

专家组组长		记录员	
专家组成员			

评审意见：

专家投票表决统计					
应到人数		实到人数		有效票数	
通过票数		不通过票数		弃权票数	
专家组评审结论					

三、教育行政的审定评估

教育行政部门的审定工作大致分四个程序：

（1）审核。对专家组评审意见的审核，主要审阅其总评审报告与投票情况，对有疑问者需要组织复评复核。

（2）审定。将审核意见及相关材料送教育行政领导班子审定，对评审的结果作出决策。

（3）公示。将对初中学校教育评估的评审结果在教育行政门户网站上进行公示，时间一般要一周。

（4）命名。经过上述过程后，在对评审结果没有异议的情况下，由教育行政命名为初中学校办学（某项目）合格（优秀）学校名称。

第三节　实施办学基本标准评估的基本流程设计示例

本节的案例是基于《沪教委基〔2011〕54 号》文件，即《上海市义务教育阶段学校办学基本标准》评估方案设计。该文件主体内容见本书附录，也可上网查阅。根据评估工作的展开，初中学校的评估方案及其实施包括以下几个方面。

一、评估实施文件的编制

在实施落实办学基本标准的初中学校教育评估中，有如下文件需要编制：

1. 制定初中学校办学基本标准评估方案

该方案主要包括：① 指导思想；② 基本原则；③ 基本要求与任务；④ 评估

标准及依据;⑤ 评估程序及相应工作;⑥ 评估方法;⑦ 管理制度等。

2. 编制初中学校办学基本标准及学校自评表

根据教委上述文件,学校可从五个领域三个大类对照标准进行自评。其表格具体设计如下,自评结论可分程度:优、良、中、差(表 9 - 6 ~ 表 9 - 8)。

表 9 - 6 初中学校办学基本标准分项评估自评表(一)

一级指标	二级指标	基本标准对照	自评结论
资源配置	设施保障	学校校舍、场地达到上海市普通中小学校建设 90 标准(2005 年前建设)或 04 标准(2005 年后建设)。班额不超过 45 人,人口导入区可适当放宽,最多不超过 50 人	
	设备保障	学校教学仪器、设备配置达到上海市普通中小学校教学装备标准,使用状况良好,能满足课程教学改革和开展素质教育活动的需要	
	师资保障	按岗位设置标准配足教职工队伍。专任教师要全部具有教师资格,本科学历达到 85% 以上,学科和职务结构合理	
	经费保障	根据相关教育经费管理规定,建立健全财务制度,规范财务管理,提高经费使用效益,不得违规收费	
学校管理	发展规划	制订了学校发展规划,规划落实有保障措施	
	管理制度	内部管理制度健全,教职工代表大会制度完善,实施校务公开和社会公示制度。实行校长负责制,落实校长全面负责、党组织保证监督、教职工民主管理的内部管理体制	
	学生社团	健全学生社团组织,能充分发挥共青团组织、少先队组织及学生会、班委会等学生组织作用,促进学生自主管理	
	学籍管理	严格执行上海市中小学学籍管理办法,平等对待每一位学生。不设立或变相设立重点班,保证学生享有均衡的受教育条件	
	安全管理	根据教育部《中小学公共安全教育指导纲要》,构建学校安全防范管理体系,建立健全安全管理制度和应急机制。制定并落实校舍、设备设施、食品、消防、治安、交通、校车等方面的安全管理制度,对学生实施安全教育,提高师生识险避险、自救互救的知识技能	
	社区、家、校联系	建立与家庭、社会沟通及资源共享的制度与机制,发挥家长委员会和社区的作用,利用现代信息技术,积极引导家长和社区参与学校管理、教育教学和办学评价等工作	

上述内容一般先由校长室填写,由教代会通过。

表9-7　初中学校办学基本标准分项评估自评表(二)

一级指标	二级指标	基本标准对照	自评结论
教育教学	课程方案	严格执行上海市中小学课程方案、学科课程标准和市教委年度教学计划,开齐课程、开足课时。结合学生需要和学校特点,制订学校课程计划,对拓展型课程、探究型课程做出合理安排,开展学校特色学科建设与特色活动	
	课程管理	制订有效实施学校课程的管理制度,形成由决策规划、组织实施、评价反馈、管理保障等组成的学校课程管理网络	
	教育工作	坚持把德育放在首位,整体规划课程教学。以"两纲"实施为主线,强化学科育人功能,开展有针对性、有实效的专题教育和社会实践活动。以学校为主阵地,促进学校、家庭和社会未成年人思想道德教育的相互衔接与融合	
	教学常规	加强教学常规管理,教师应根据课程要求和学生实际制订教学计划,优化备课、上课、作业、辅导、评价等基本环节,强化备课、上课、作业和评价的一致性,探索学与教的方式转变,切实提高课堂教学的有效性	
	课程领导	建立学校领导兼课、听课、评课制度,形成课堂教学质量常态分析与管理制度,提升学校课程领导力	
	科技与体艺活动	按课程设置方案和课程标准开展科技、体育、艺术和综合实践活动,落实"三课、两操、两活动",确保学生在校期间每天校园体育锻炼1小时	
	课程资源	积极开发校内外课程资源,充分利用现代信息技术,形成开发、选用、优化课程资源的机制,促进课程资源的校内外共享	
	教育评价	树立全面教育质量观,面向全体学生,关注个体差异,建立教育质量综合评价体系,建立关注教育教学过程、内容手段多元、旨在促进发展的校内质量保障体系	
	减负增效	严格执行有关减轻中小学生过重课业负担的规定,科学安排作息时间,精心设计作业,加强考试管理,优化教学环节,提高教学效益	

274

上述表格内容一般先由教导处(其他相应的中层部门)填写,校长室审定,再由教代会通过。

表 9 - 8　初中学校办学基本标准分项评估自评表(三)

一级指标	二级指标	基本标准对照	自评结论
教师发展	师德修养	教师应积极履行《上海市中小学教师守则》和《中小学教师职业道德规范》,坚持教书育人,加强师德修养,不断提高教育境界和使命感。尊重学生的人格与个性差异,努力建立平等民主的师生关系	
	师资培训	认真落实教育部《中小学教师继续教育规定》和《关于大力加强中小学教师培训工作的意见》,全面完成在职教师岗位培训、新任教师岗前培训和骨干教师研修提高工作	
	校本研修	建立校本研修制度,加大建设实践体验课程的力度,建立适合教师专业发展的多元研修机制,创新教师校本研训模式。依托教师教育资源联盟,促进优质研修资源共享	
	科研引领	健全学校教育科研组织,完善教育科研管理制度,鼓励教师开展优化教育教学实践的应用性教育科研	
	队伍流动	支持骨干教师和紧缺专业教师在区域内流动,有利于形成优质教师柔性流动机制	
	教师绩效	落实教师绩效工资制度,从完成教育教学任务和培养学生情况等方面综合考核教师的工作业绩,保障教师合法权益,激发教师工作热情	
学生发展	行为规范	重视并加强学校校风及班集体建设。学生综合素质评价优良,日常行为规范良好。组织学生定期参加各种社会实践活动,培养社会责任感	
	学业水平	初中学生学业水平考试合格率达到95%以上。注重对学生的学习兴趣和学习习惯培养,学生学习能力提高有体现,形成初步的创新精神和实践能力	
	体艺素养	体质健康标准合格率85%以上。落实"体育、艺术2+1项目",确保每个学生至少学习掌握两项体育运动技能和一项艺术特长。学生参加"三课、两操、两活动"表现良好,具备健康意识,形成日常锻炼的习惯	
	综合素质	家长对学生综合素质发展状况满意度较高。学生对学校的环境、生活和学习等满意度较高。学生心理健康,形成积极乐观的心态,同学关系、师生关系融洽	

上述内容一般先分别按领域由办公室和德育室（学生处）填写,校长室审核,再由教代会通过。

3. 按程序制定相应文本(表格等)

这些文本主要包括相应的学校申报表、专家评审表、访谈问卷等设计内容。其中学校申报表举例如下(表9-9)。

表9-9 办学基本标准评估初中学校申报表

学校(盖章)

学校名称			开办时间	
地址			学校类型	
电话			网址	
所属区县			所属社区	
	姓名	性别	出生年月	任现职时间	联系电话
校长					
书记					
申报理由				校长(签名) 年　月　日	
材料附件					
预审结论				负责人(签名) 年　月　日	

其他文本可参见下面内容介绍。

二、评估工具的整合与使用

根据该文件的具体精神,初中学校的办学标准有五个大领域,包括"资源配置"、"学校管理"、"课程教学"、"教师发展"、"学生发展"。对于这些指标标准的达成性评估,可以在本书第三章至第八章的内容找到设计的参考资料,对有些评估内容则需要整合。分述如下:

(1)"资源配置"的评估工具。其中指标体系评估可以参考本书第五章"初中学校保障评估"的内容,可将数表简化为一表;而问卷调查将与其他领域进行整合(表9-10)。

（2）"学校管理"的评估工具。其中指标体系评估可以参考本书第三章、第四章、第五章的部分相关内容,并整合为一表;问卷调查同样可与其他领域进行整合(表9-11、表9-12)。

（3）"课程教学"的评估工具。其中指标体系评估可以参考本书第七章"初中学校教育过程评估"的相关内容,同样可将数表简化为一表;而问卷调查将与其他领域进行整合(表9-13)。

（4）"教师发展"的评估工具。其中指标体系评估可以参考本书第五章、第七章、第八章等部分的相关内容,并整合为一表;问卷调查同样可与其他领域进行整合(表9-14)。

（5）"学生发展"的评估工具。其中指标体系评估可以参考本书第八章"初中学校绩效评估"的相关内容,同样可将数表简化为一表;而问卷调查将与其他领域进行整合(表9-15)。

表9-10 初中学校资源配置基本标准情况评估

指标体系		评估基准	结果判断		
			优质	合格	不合格
设施保障	校舍面积	24~32个班,生均用地20~26平方米;建筑使用面积与平均照度均符合上海04标准①			
	教室安排	各班级教室、实验室、专用教室、图书馆等公共教学用房的数量和面积符合上海04标准			
	体育活动场地	跑道长度、球场类型数量、课间操场地等,配置均符合上海04标准			
设备保障	理科实验设备	符合上海市普通中小学校教学装备标准之初中各相关学科配置标准,使用状况良好,能满足课程教学改革和开展素质教育活动的需要			
	艺术专用设备				
	其他专用设备	图书拥有量、各学科电子化教学课件、课例、备课资料等配备能满足教学要求,保障教学教研的易损物品或资料的配备情况符合需求			

---

① 参见《上海市义务教育学校基本办学标准》的相关内容。

指标体系		评估基准	结果判断		
			优质	合格	不合格
师资保障	教师编制	符合初中学校生－师及班－师的配备比例要求,学科齐全;符合初中教师学历任职规范要求;本科学历教师占85%以上			
	师资结构	性别与年龄结构合理;全体任职教师中,高级教师占比不少于11%,中级教师占比不少于40%,有一定比例的非师范院校优秀毕业生			
	专业发展	一些学科有一定量的区、市级骨干教师;教师在区级、市级教师专业竞赛中获等第奖			
经费保障	经费收入	生均公用经费、人员经费、其他专项经费都能落实到位			
	经费使用	绩效工资发放规范及时,支持教育教学教研的各项经费支出规范合理,符合预算			
	财务管理	根据相关教育经费管理规定,建立健全财务制度,规范财务管理,不违规收费,经费使用效益高			
资源配置总体评价					

评估时填表方法参考前面有关章节的内容。

表9-11　初中学校行政管理基本标准情况评估

指标体系		评估基准	结果判断		
			优质	合格	不合格
发展规划	基础分析	优势分析客观、较全面,与学校发展定位相关性好;对困难分析客观,重点清晰,对发展规划有启发①			
	目标内容	符合时代要求,具有相应的先进性,表述简明;符合校情与教育发展要求,目标合理,要求明确;能落实素质教育要求			
	保障措施	科学性、操作性、前瞻性均较好,对学校发展有统筹;相关制度设计齐全,对制度执行有检查,保障作用明显			

① 参见《上海市义务教育学校基本办学标准》的相关内容。

指标体系		评估基准	结果判断		
			优质	合格	不合格
管理制度	科学管理	制度建设符合法规与法定程序,对于学校事务的领导决策与集体表决有制度保障,能针对时限要求体现一定的管理效率			
	民主管理	有教代会等民主表决等相关制度,领导决策能体现民主集中等科学制度要求			
	管理技术	支持行政过程管理的信息化电子平台先进;管理信息基本都能进入相应的数据库;学校信息化电子平台对管理的支持度高			
安全管理	校园安全	教室、实验室及室外活动操场安全达标;传达室有安全措施,围墙,道路,供水、供电设施完善安全;安全使用制度健全			
	生活安全	食堂、饮水设施安全卫生,消毒打扫检查制度到位,排污设施符合环境要求;学生宿舍安全措施有落实			
	环境安全	校门外街道安全、整洁,无乱设摊,不影响有序上学放学;周边治安情况良好,社区环境安全有保障			
生源管理	学籍管理	不挑生源,学生学籍入校手续系统比较规范,按照时间与要求上报教育行政程序完备			
	学生素质档案管理	学生在校期间各项素质发展的记录规范及时,成长档案齐全、质量较好			
	学生社团	学生社团组织健全,能充分发挥共青团组织、少先队组织及学生会、班委会等学生组织作用,促进学生自主管理			
行政管理总体评价					

评估时填表方法参考前面有关章节的内容。

表 9 – 12　初中学校德育与校园文化基本标准情况评估

指 标 体 系		评 估 基 准	结 果 判 断		
			优质	合格	不合格
德育计划与工作机制	德育体制	有完整的学校德育组织,包括校级分管领导,专门德育处室机构,年级组长与班主任岗位;学校德育制度建设完善			
	德育计划	根据学校发展计划和阶段目标制定德育工作计划,目标清晰、项目具体、操作性强,检测点明;年度计划之间衔接与发展合理			
	德育机制	有对德育项目的研发机制,对德育工作的评价机制,对德育绩效的奖励机制等;机制运作中产生的作用比较明显			
德育渠道与育德成效	德育课程	根据学校课程方案开发德育课程,能发挥学科课程的育德功能;有德育特色课程,课程实施有总结反思和持续改进的机制			
	德育活动	根据初中学生特点组织德育活动,内容有时间序列,形式有不同层次,有校内外不同资源的开发利用,形成制度			
	德育成效	学校德育工作在区域中有一定的知晓度,获得不同层次的肯定或奖励;师生道德水平理想,在德育领域获得一定层次的荣誉			
校园文化与环境育人	校园文化	校园文化建设有规划或计划,建立了若干文化活动的节点制度(艺术节、体育节、科技节、读书节等);师生的参与度达80%以上			
	校风学风	学校有基于校情的"校训"、"校风"、"教风"、"学风"等,师生对上述内容知晓度、认同度均较高,有一定的实效反映			
	环境育人	学校重视校园物质文化建设,校园环境卫生、整洁,相关环境设施都有教育性标注,能发挥相应的育人功能			

280

指标体系		评估基准	结果判断		
			优质	合格	不合格
社会实践与社区服务	社会实践	学校重视组织学生参加各种社会实践活动,有长期联系的社会实践基地,按计划组织的社会实践比较规范,有成效反映			
	家校互动	学校重视家庭教育的指导,成立家长委员会;家校之间有定期沟通的渠道与制度,学校、家庭、社会能形成教育合力			
	社区服务	根据课程计划能组织学生开展社区服务,学校有明确的社区服务点,学生志愿者的服务项目有计划、有总结,学生有收获			
德育与校园文化总体评价					

评估时填表方法参考前面有关章节的内容。

表 9 – 13　初中学校课程教学基本标准情况评估

指标体系		评估基准	结果判断		
			优质	合格	不合格
课程计划与课程负担	课程目标	根据国家课程方案或计划制定学校课程思想;结合校情确立课程实施目标,并与素质教育的要求具有一致性			
	课程计划	根据国家课程计划设置学校的课程,严格按照计划安排各学科课时和总课时,落实学生每天一小时体育活动时间			
	课程负担	不随意开设课程,学科课程的总课时符合计划要求,其他规定课程量符合计划,学生学习的总量与难度控制比较合理			
课程结构与校本特色	课程构成	根据国家课程方案开设各类课程,不同课程的结构比例符合相关要求,学校课程总体能按照课程方案的育人要求实施			
	结构比例	根据初中阶段课程设置要求开设综合与分科课程,开设年段与比例合理科学,学生有自主选择课程的时空			
	校本课程	校本课程的数量能基本满足学生选择的需要;课程的品质符合改革精神;能反映学校及所在地域的文化特色,支持联系实际的学风			

指标体系		评估基准	结果判断		
			优质	合格	不合格
教学过程与教学资源	教学环节	各学科有教学计划和进度安排;规范教学全过程,有备课、上课、作业、辅导、评价等环节的基本要求,在教学中有落实			
	教学改革	落实三维教学目标,能联系学生实际处理教学内容;注重对学生的学习方法指导,体现以学定教的理念;注意运用信息技术改进教学			
	教学资源	各学科拥有一定数量的教学课例、优秀教案、教学课件、普通教具等;资源利用效益高,不断改进的机制比较合理			
教学管理与教学质量	教学领导	建立学校领导深入上课、听课、评课、研究等制度;关注教学改革,组织校本教研活动,引领教师改进课堂教学			
	管理机制	建立教学管理制度,包括教学计划管理、教学常规管理、作业管理、考试管理等;保障学校教学工作的健康科学发展			
	教学质量	对学生学习质量有跟踪机制,对群体入学基础有分析,对教学质量保障有措施,学生毕业的合格率在95%及以上			
课程教学总体评价					

评估时填表方法参考前面有关章节的内容。

表 9 - 14　初中学校教师发展基本标准情况评估

指标体系		评估基准	结果判断		
			优质	合格	不合格
师德表现	师德修养	能积极履行《上海市中小学教师守则》和《中小学教师职业道德规范》,教育投入度较高,体现教书育人,注重师德修养			
	师生关系	不断提高教师教育境界和使命感,能尊重学生的人格与个性差异,能体现平等、和谐、民主的师生关系			
	岗位流动	能根据区域教育发挥的需要,支持学校骨干教师和紧缺专业教师在区域内;教师能服从需要乐于进行岗位流动或校际流动			

指 标 体 系		评 估 基 准	结 果 判 断		
			优质	合格	不合格
教学成效	教学能力	在各级教学展示、教学评比等活动中,不少学科教师有比较满意的能力及成就表现;每年度都有教师的教学获奖			
	教学成绩	基础型课程学生各科结业成绩符合基本要求;科技、体艺等专项竞赛中,学校都有一些学生获得较好成绩			
	育人成效	能认真研究学生,按学生需求指导学生社团,有关参赛项目,指导有效,完成指导工作目标,能获得学生欢迎并有发展			
校本研修	研修渠道	能请校内外专家引领,组织专著学习;有计划地在教研组、备课组或通过其他形式组织教师进行互相启发的交流研讨			
	研修内容	能定期组织教师学习教育、课程、教学等相关政策理论;能根据教学改革需要经常选择典型课例开展集体分析、交流研究,并促进教改			
	研修效益	基于研修的学科教学质量有逐年提高;各学科教学经验有一定积累并层次有所提高,教师的教学经验能定期编辑成册			
发展效能	照顾需求	教师的教育教学业绩得到客观评价,教师合法的专业权限得到保障,教师能在安全氛围下激发发展的热情			
	科研支持	学校的教育科研组织健全,教育科研管理制度完善;教师开展优化教育教学实践的科研项目和愿望得到学校的支持			
	特色发展	教师专业水平在条件相等的同类学校中享有较高的声誉,某些学科或特色项目具有领先的区域优势			
教师发展总体评价					

评估时填表方法参考前面有关章节的内容。

表 9-15　初中学校学生发展基本标准情况评估

指标体系		评估基准	结果判断		
			优质	合格	不合格
品德修养	法规意识	对于国家法律法规基本了解;具有遵纪守法的意识,对非法行为等有判断能力			
	道德行为	能规范遵守"中学生守则",有符合标准的道德行为表现;能自觉抵御与批评不道德行为			
	社会责任	能够参加各种社会公益活动,对社会需求能关注,对需帮助的社会事项有关心与爱心			
学业水平	阅读素养	能阅读懂多种连续文本和非连续文本;能结合具体任务进行解释、反思性阅读;能根据阅读理解来解释所面临的问题			
	数学素养	能理解数量、空间和形状等数学领域的相关概念,具有运算、推理等数学技能和数学思维,能以数学方法迁移到对实际问题的解决			
	科学素养	掌握或理解若干基本科学领域的知识,能关注科学在个人、社会、全球情境中的应用,能结合任务识别科学议题、科学地解释现象			
身心素质	身体形态与生理机能	体格生长发育、体型外表与姿势符合要求,机体新陈代谢功能与器官系统工作效能较好			
	身体素质与运动能力	运动表现的速度、耐力、灵敏、协调性较好,跑、跳、投、攀爬等运动能力表现符合要求			
	心理发育与适应能力	本体感知能力与意志、个性、判断,适应环境如抗寒、抗热、抗病等能力符合要求			
审美素养	审美的情感体验	在艺术欣赏过程中能激发相应的情感,在艺术体验过程中能形成一定的审美思想			
	审美的感知理解	结合听觉艺术、视觉艺术学习能形成知识感知与审美技能,对审美对象有一定的实践理解			
	审美的实践创造	能在艺术欣赏或鉴赏的过程中感悟审美对象(作品等)等主要内涵,有创作尝试的冲动			
学生综合素养发展总体评价					

评估时填表方法参考前面有关章节的内容。

（6）访谈提纲与相关问卷。按照评估的一般要求,设计有以下几种:

① 学校领导与中层干部的访谈主要内容提纲:

• 学校发展规划的制定依据与支撑措施?

• 学校各项管理制度的覆盖领域与执行情况?

• 学校资源配置的优势与不足分析?

• 学校课程建设与教学管理的机制建设?

• 师资队伍的总体水平与发展目标?

• 对学生学业负担的控制和评价改革的措施?

② 教师、学生问卷。分别设计如下(表 9 – 16、表 9 – 17)。

表 9 – 16　初中学校办学基本标准教师问卷

初中学校办学基本标准教师问卷

　　根据你的了解,对本问卷中的问题作答。你一般只要在题下备选答案中选择你认为符合情况的答案代码字母,填在题后的括号中即可;有些需要你先填内容。谢谢!

1. 你对学校行政的各项管理工作的民主性,总体感到……………………………（　　）

A. 非常满意　　　　B. 基本满意　　　　C. 较不满意　　　　D. 很不满意

2. 目前学校在行政执行过程的管理中,满意度最高的是……………………（　　）

A. 人事管理　　　　B. 教育教学管理　　C. 财务管理　　　　D. 后勤服务管理

3. 你学科使用学校实验室(专用教室)进行教学的机会比例 ……………（　　）

A. 接近 100%　　　B. 根据课型需要都能够C. 机会不多　　　　D. 几乎很少

4. 对使用专用教室教学的问题,你认为还不够满意的是……………………（　　）

A. 教室数量不够　　B. 教室质量不够　　C. 设备不够　　　　D. 资源不够

5. 学校对教师的学术交流和成果展示要求,基本上 ……………………（　　）

A. 有平台,机会很多 B. 有平台但机会少　C. 平台不够　　　　D. 几乎都没有

6. 对于教师在学术上取得的成果,学校的态度一般是 ……………………（　　）

A. 表彰并奖励　　　B. 表彰不奖励　　　C. 奖励不表彰　　　D. 不表彰不奖励

7. 据你所知,你学科在实施各类课程中,最缺少的教学资源主要是 …………（　　）

A. 优秀课例　　　　B. 优质教案　　　　C. 教学课件　　　　D. 其他:_____

8. 你的学科在执行教学常规方面,你感到最为满意的是………………………（　　）

A. 备课环节　　　　B. 上课环节　　　　C. 作业与辅导环节 D. 以上所有环节

9. 据你认为,你学科的课堂教学改革,最需要改变的是………………………（　　）

A. 学生学习方式　　B. 教学技术手段　　C. 教师教学理念　　D. 其他:_____

10. 学校组织的下列校本研修中,你认为最无效的是 ……………………（　　）

A. 专题报告　　　　B. 外出考察　　　　C. 教学展示　　　　D. 其他:_____

11. 你认为参加学校的校本研修活动后,对自己最大的帮助是 ……………（　　）

A. 拓展理论视野　　B. 学到实践经验　　C. 体验科研方法　　D. 其他:_____

12. 根据你与学生接触的经验,贵校目前学生品行与以往比较是 …………（　　）

A. 逐步提高　　　　B. 逐年退步　　　　C. 没有变化　　　　D. 很不稳定

---

13. 如果要对你的育人成效进行评价,自己感到最满意的是 …………………… (　　)
　　A. 指导社团　B. 指导竞赛　C. 学生成绩　D. 其他:_____

14. 你所在的组室争创文明组室或先进集体的结果是 …………………… (　　)
　　A. 争创成功　B. 争创之中　C. 没有争创　D. 学校没有组织

15. 在下列拥有学校荣誉的学校领域中,你觉得最名副其实的是 …………… (　　)
　　A. 德育领域　B. 教学领域　C. 科研领域　D. 其他:_____

表 9 - 17　初中学校办学基本标准学生问卷

初中学校办学基本标准学生问卷

　　根据你的了解,对本问卷中的问题作答。你一般只要在题下备选答案中选择你认为符合情况的答案代码字母,填在题后的括号中即可;有些需要你先填内容。谢谢!

1. 你现在是初中____年级,在学校中一个星期的总课时是 ……………… (　　)
　　A. 34 或 35 节　　　B. 36 ~ 38 节　　　C. 39 ~ 42 节　　　D. 43 节以上

2. 你现在平均每天完成课外作业的时间是 ……………………………… (　　)
　　A. 1 小时以下　　　B. 1 ~ 2 小时　　　C. 2 ~ 3 小时　　　D. 3 小时以上

3. 在学校各门学科中,你感到最喜欢的是_____,原因是 ………… (　　)
　　A. 老师讲的好　　B. 教材内容好　　C. 自己有兴趣　　D. 其他:_____

4. 你认为学校对我们评价时,老师最重视的是我们学生的 ………………… (　　)
　　A. 品德素养　　　B. 学习成绩　　　C. 身心素质　　　D. 其他:_____

5. 如果要对你的品德素养进行评价,自己感到最满意的是 ………………… (　　)
　　A. 遵纪守法　　　B. 关心集体　　　C. 社会服务　　　D. 其他:_____

6. 如果要对你的学业水平进行评价,自己感到最满意的是 ………………… (　　)
　　A. 考试成绩　　　B. 联系实际　　　C. 归纳运用　　　D. 其他:_____

7. 你认为学校教师在指导学生的学习活动中,最好的是 …………………… (　　)
　　A. 指导应付考试　B. 指导学科竞赛　C. 指导社团活动　D. 其他:_____

8. 现在学校在各种教育活动中,你感到开展得最有兴趣的是 ……………… (　　)
　　A. 德育活动　　　B. 体育活动　　　C. 美育活动　　　D. 暂时都还没有

9. 课堂教学过程中,老师对学生与老师、同学之间的不同意见是 ………… (　　)
　　A. 鼓励发表　　　B. 允许发表　　　C. 有时允许、有时反对发表　　D. 不允许发表

10. 学校组织你们春游或秋游等活动,除班主任外,其他带队的是 ………… (　　)
　　A. 教导主任　　　B. 政教主任　　　C. 总辅导员　　　D. 其他:_____

11. 你对学校附近的各种场所,感到有兴趣、很希望去的是 ………………… (　　)
　　A. "卡拉 OK"　　　B. 网吧　　　C. 图书馆　　　D. 其他:_____

12. 对学校的有关管理制度,你了解到的基本渠道是 ……………………… (　　)
　　A. 大会宣布　　　B. 橱窗宣传　　　C. 老师介绍　　　D. 学校网站

13. 在你的《学生成长手册》里,记录最多的是 ……………………… （　　）

A. 学习成绩　　B. 老师评语　　C. 学过的课程　D. 其他:_____

14. 你在学校的学习中,相比以往你觉得最大的提高是 ……………… （　　）

A. 丰富了知识　B. 掌握了方法　C. 提高了成绩　D. 拓宽了视野

③ 还可进行对社区人员和家长的问卷,问卷的设计,可综合本书前面有关章节的相关内容。其中社区人员的问卷,可以参考如下几章:一是第三章第二节的问卷,主要对于办学定位情况的了解;二是第六章(环境评估的外部评估部分)和第八章(绩效评估的社会认可度部分)的相关内容。可以设计成问卷,也可以按照这些问题,通过访谈形式来进行了解。访谈需要涉及话题,需要包括对生源的组成与管理、对学校内外环境的基本评估、学校对社区教育资源的利益和作用发挥、对办学效益的认可程度等。

对于家长问卷,同样可参考有关章节,综合形成如下简单样式(表9-18)。

表 9 - 18　初中学校办学基本标准家长问卷

初中学校办学基本标准家长问卷

根据你对自己孩子学校的基本了解,对本问卷中的问题作答。你只要在题下备选答案中选择你认为符合情况的答案代码字母,填在题后的括号中即可;有的需要先填内容,谢谢!

1. 你对自己孩子学校的老师,在教育教学能力上感到 …………………… （　　）

A. 很满意　　　B. 比较满意　　　C. 不满意　　　D. 很不满意

2. 对孩子学校的各类老师中,你感到最满意的是 ………………………… （　　）

A. 班主任　　　B. 任课老师　　　C. 辅导员　　　D. 其他:_____

3. 自己孩子学校的老师中,你感到最有教育教学能力的是 ………………… （　　）

A. 语文老师　　B. 数学老师　　　C. 外语老师　　　D. 其他:_____老师

4. 你希望老师对自己孩子做到但目前没有做到的工作是 …………………… （　　）

A. 沟通思想　　B. 辅导学习　　　C. 关心身体　　　D. 其他:_____

5. 根据你了解,你孩子学校在本区中是属于 …………………………………… （　　）

A. 最好初中之一　B. 较好初中之一　C. 较差初中之一　D. 最差初中之一

6. 如果你对孩子学校很满意,你最满意的内容是 …………………………… （　　）

A. 考试的成绩　B. 有特色项目　　C. 良好的校风　　D. 其他:_____

7. 如果你对孩子学校很满意,你最满意的原因是 …………………………… （　　）

A. 校长好　　　B. 学生好　　　　C. 老师好　　　　D. 其他:_____

8. 你认为你孩子学校可以让其他学校学习的主要内容是 ………………… （　　）

A. 学校管理　　B. 教学水平　　　C. 校风建设　　　D. 其他:_____

9. 你对自己孩子在学校的学习,最满意的成就是孩子……………………………( )
A. 很懂事　　　　B. 成绩好　　　　C. 身体棒　　　　D. 有爱好

10. 进初中学校学习以来,你孩子在家的表现变化最大的是 ……………………( )
A. 懂得感恩　　　B. 学做家务　　　C. 认真读书　　　D. 看不出,没明显变化

11. 你孩子回家完成课外家庭作业的时间,一般每天平均在 …………………( )
A. 1～2 小时　　 B. 2～3 小时　　 C. 3～4 小时　　 D. 多于 4 小时

12. 你孩子每天平均晚上的睡眠时间,大致在 …………………………………( )
A. 不到 7 小时　 B. 7～8 小时　　 C. 8～9 小时　　 D. 多于 9 小时

13. 根据你了解,你孩子和其他孩子素质有区别,最主要因素是 ………………( )
A. 教师关心不同 B. 学校要求不同 C. 家庭教育不同 D. 能力基础不同

14. 你的孩子在家或者在其他场所,与你或家人的沟通情况是 ………………( )
A. 每天都有沟通 B. 隔几天才沟通 C. 隔几周才沟通 D. 基本不沟通

15. 如果孩子与你有沟通,一般情况是 …………………………………………( )
A. 家长主动　　　B. 孩子主动　　　C. 孩子有求于家长 D. 家长有求于孩子

16. 如果孩子对家长的沟通不感兴趣,你认为最大的原因是 …………………( )
A. 家长要求太高 B. 学习压力太大 C. 孩子情绪不良 D. 其他:_____

三、评估实施的分工与要求

专家组到学校现场评估活动一般可安排两天,其中第一天的活动安排有:

专家提早半小时到达学校,由组长介绍评估工作的任务,进行分工协商。每个领域安排若干名专家具体担任评审工作,并填写任务表。

专家集中听取学校报告。报告一般由校长担当,时间掌握在 40 分钟,最好有 PPT 讲稿展示;学校其他相关人员可以对校长报告作一些补充;专家对校长的报告内容可以提出问题,以进一步了解情况。

在一般情况下,专家需要进课堂观察,了解课程实施和教育教学改革的具体表现。课堂观察中需要同时关注教师的教和学生的学。课堂观察表附下。

评估专家的分工原则是按照上述文件的五个领域,任务安排参考下表(表9-19)。

表 9-19　初中学校办学基本标准评估专家组任务安排

评估领域	专家落实	访谈、座谈对象	时间安排	参加人员/地点
资源配置	专家 A 组 (1～2 人)	分管副领导、校务主任		
		人事干部		
		教师代表(部分学科)		

评估领域	专家落实	访谈、座谈对象	时间安排	参加人员/地点
学校管理	专家 B 组 (1～2 人)	校长、书记		
		工会主席、民主党派		
		教师代表(老中青)		
教育教学	专家 C 组 (2～3 人)	分管副校长、教务主任		
		教研组长(全部学科)		
		骨干教师代表(10 人)		
		学生代表(12～16 人)		
教师发展	专家 D 组 (1～2 人)	分管副校长		
		人事干部		
		教研组长、年级组长		
学生发展	专家 E 组 (1～2 人)	家长代表		
		分管副校长、德育主任		
		学生干部(8～19 人)		

上述时间安排、参加人员姓名、地点等内容,由专家组(或项目联络员)和学校协调而定。其中教研组长、年级组长、教师代表、学生代表和家长代表都是座谈会形式,其他是访谈形式。有些座谈(如学生座谈会)从节约时间的角度,可以采用笔谈或问卷的形式来进行。

关于课堂观察,需要对教师和学生行为的兼顾。

关注课堂中教师行为,主要是指教师的基本教学素养,以及对提高课堂教学质量方面效果。关注点有:① 教学思想,包括以人为本,促进发展的教学观;坚持学科与生活的联系等。② 行为素养,包括尊重学生,关注差异;注意激发学生学习兴趣。③ 教学设计能力,对教学目标制订、教学内容处理、教学过程设计、教学反馈预测等比较合理,结构与各环节衔接科学。④ 教学基本功,包括语言、板书、教具使用等规范。⑤ 教学机智,灵活处理偶发事件等。

关注课堂中学生行为,主要是指学生各种素养提高情况,目标的达成度和学生的课堂主体地位等。关注点有:① 学习时间和兴趣:学生活动时间应保证尽可能多。② 学习方式与过程:探究学习,合作交流、联系实际、思维活跃。③ 学习素养:善于倾听、发现问题、质疑发问等。④ 学习效果:目标达成度高(如95%以上学生通过努力达到目标)。具体标准如下表(表9-20)。

表 9 - 20　课堂教学观察表

学校：＿＿＿＿＿＿＿＿观察时间：＿＿＿＿年＿＿＿月＿＿＿日 第＿＿＿节
班级：＿＿＿年级＿＿＿班 学生人数：＿＿＿人 学科：＿＿＿＿＿＿＿
教师：姓名＿＿＿＿＿性别＿＿＿学历＿＿＿＿年龄＿＿职称＿＿＿＿
课题：＿＿＿＿＿＿＿＿＿＿＿＿观察人员：＿＿＿＿＿

	观察内容	观察结论	评估简述 （含典型实例）
教师活动	1. 科学性。课堂组织安排合理,语言准确清晰,板书规范;重视情境创设,善于设问,点拨思维,激发动机;关注课堂生成,能因势利导,随机应变		
	2. 整体性。面向全体,学生学习机会均等;分层施教,分层作业,重视个别指导,关注困难学生		
	3. 人文性。尊重学生,平等待人,师生关系融洽,课堂氛围良好;教学充满激情,注重情感交流;教书育人,重视德育渗透		
	4. 实践性。教学内容着眼基础,贴近学生与社会生活实际;重视体验,倡导探究;信息技术与课堂教学整合		
学生活动	5. 自主性。学习习惯良好,能认真听讲,独立思考;能较好掌握与运用所学知识与技能		
	6. 主动性。思想集中,情绪饱满;主动参与教学全过程,能大胆发表自己意见;自觉反思,积极参与评价		
	7. 合作性。尊重老师与同伴,善于倾听;能主动与教师、同伴进行交流与合作;学生参与面广		
	8. 创造性。思维活跃,能主动提出问题;质疑问难,有独特见解;勇于探究,富有新意		
总体印象:等第＿＿＿＿＿总体满意度:＿＿＿＿＿			

注:观察满意度分别以 1.0～0.90、0.89～0.80、0.79～0.60、0.60 以下表示好、较好、一般、差。总体印象分别用好、较好、一般、差表示;总体满意度为平均观察满意度,也分四个等第。

四、评估报告与结果反馈

专家的评估表可参见本章第二节之"二、专家团队的诊断与评估"中所设计的表格。

评估报告主要由专家组撰写,经教育行政部门审核。评估报告内容主要包括:

(1)评估工作的指导思想、人员组织、基本过程与结论等概况;

(2)对办学基本标准的执行主要的成绩与经验;

(3)在执行办学基本标准中存在的主要问题及分析;

(4)对学校发展的若干建议。

结果反馈工作,基本可参考本章第二节之"三、教育行政的审定评估"中的四个环节进行。

第四节 初中学校办学基本标准综合评估的操作流程说明

本节内容是针对第三节设计的评估方案,在具体实施时需要注意的若干问题来开展简单讨论的。为了体现评估的科学性和有效性,要特别重视以下问题。

一、关于权重系数的把握

如何科学使用评估指标? 这需要对具体指标进行合理的分析,有些指标对于办学主体而言是法律层面的考察点,根据基本标准是属于"刚性"的要求,必须要体现和做到的,就需要增大其权重系数,如不合格就直至采取"一票否决"的评估意见。

涉及"依法办学"的重要指标或内容,权重系数就要特别高,在对初中学校评估中,其中有一项被查实,学校就可以被评为不合格。具体内容有:

- 本校教师有偿家教现象被查实者。
- 本校教师有违规收费情况被查实者。
- 本校教师有体罚与变相体罚学生现象被查实者。
- 学校利用自己的场地面向中小学生进行社会力量办学被查实者。
- 学校违规提前招生、举行任何形式的选拔性考试被查实者。
- 学校分重点班、快慢班被查实者。
- 学校占用学生休息时间(包括节假日、双休日、寒暑假)组织集体补课被查实者。
- 学校私设小金库和账外账被查实者。
- 学校发生重大安全事故、责任事故、青少年犯罪事故者。

另外,对照政策法规,学校存在其他严重违规违法行为被查实者,也可以被评估为不合格。

对同一所初中学校的评估中,前后不同阶段的评估,同一指标的权重系数要具有一致性;同一区域内,对不同初中学校的评估,同一指标的权重系数也要具有一致性。

二、关于问卷的发放与回收

涉及评估的问卷发放和回收问题,都需要有一定科学依据和管理控制。

- 问卷的发放要求

对同一问卷的发放数量,总体要求是不少于 20 份。不同问卷的发放,则要根据问卷的具体对象,从抽样比例来决定。对有些问卷的对象,如针对学校中层干部的问卷,还需要进行全样本的调研。一般情况下,相关要求如表 9 – 21。

表 9 – 21 问卷的发放要求

问卷对象	校领导	中层干部	组长	教师代表	学生代表
样本比例	全样本	全样本	全样本	25% 左右	3% ~ 5%
问卷数量	1 ~ 5 份	3 ~ 7 份	6 ~ 15 份	20 ~ 30 份	20 ~ 40 份

- 样本的选取要求

对于学校领导、中层干部、教研组长、年级组长、专职干部等,问卷发放对象是明确的。

对于教师代表,需要兼顾如下关系:一是年龄结构合理,老、中、青都要有一定数量的代表;二是职称结构合理,初、中、高都要有一定数量的代表;三是政治面貌结构合理,共产党员、民主党派成员、无党派人士等都要有一定数量的代表;四是性别结构合理,男、女教师都占有一定的比例;五是岗位结构合理,教学岗位、教务岗位、后勤岗位等代表都有一定数量。

对于学生代表,具体要根据问卷的内容,但总体需要几个"覆盖度":年级要全覆盖;班级可随机抽样,可考虑按班级总数的一定比例,但每年级应不少于 2 个班级;男女学生都需要覆盖;学生干部与一般学生都有一定覆盖等。

- 问卷的回收要求

问卷回收数占发放数的比例在 90% 以上,就可认定其有效度,可以做统计。

在对问卷做统计时,需要分析考察答卷的可信度,对于选项有随意性,或明显不合理者,应视为"废卷",不作统计。

对问卷答案统计的结果,需要有针对地分析,总体要求是其"实证解释性"的真实存在,以及具有相应的"可比性"。

三、关于访谈(座谈)的组织策略

在组织访谈(座谈)时,对于人数及样本选取等问题,可参考上述问卷内容中的要求和方法。

对访谈对象所介绍的情况,需要具体查找相应的文档资料佐证;在没有相应的证明资料时,可视为一般参考。

对座谈或访谈中被访对象不想解答问题时,不必逼迫,可考虑换对象,或约以后交流。总之需要在比较宽松的环境下进行交流为妥。

四、关于课堂教学的观察要求

对初中学校的教育评估,一般都需要深入课堂进行观察了解。评估人员参加学校实地调研时的课堂观察(听课)一般应每位不少于 2 节,并及时填写好评价表。此外,还应该注意以下几点:

- 学科的兼顾性:学习领域需要全兼顾,学科要尽可能兼顾听到课;
- 课型的兼顾性:新课、复习课、实验课等要尽可能兼顾听到课;
- 教师的兼顾性:老、中、青等不同层次教师的课尽可能有兼顾;
- 课性的兼顾性:学校推荐课和日常随堂课都需要尽可能有兼顾;
- 年级的兼顾性:初中的不同年级都要全兼顾(9 年级也不例外)。

评估组对课堂观察的结果应该有及时的统计,可反映在评估报告中。

附录　关于初中学校基础分析的表格设计

1. 学校规模基础分析,由以下诸表来反映(表 9 – 22 ~ 表 9 – 24)。

学校:＿＿＿＿＿＿＿＿＿＿＿＿＿＿

（1）校舍面积——按当时学年度情况填写

表 9 – 22　学校校舍面积情况

学校占地面积（m²）	生均占地面积（m²）	体育用地总面积（m²）	生均体育用地面积（m²）	环形跑道（m）	直道（m）	绿化总面积（m²）	生均绿化面积（m²）	学校建筑总面积（m²）	教学用房	教学辅助用房	行政办公用房	生活用房
									间	间	间	间
									—(m²)	—(m²)	—(m²)	—(m²)

（2）教师基本情况——按当时学年度情况填写

表 9 – 23　学校教师基本情况

	在编教师人数	任课教师人数	任职资格达标（%）	学历			年龄结构						技术职称		
				学历达标率（%）	高一层次学历人数	正进修研究生人数	50 岁以上		35 ~ 50 岁		35 岁以下		中级教师人数	高级教师人数	特级教师人数
							人数	百分比（%）	人数	百分比（%）	人数	百分比（%）			
初中															
高中															
小学															
总计															

注:完全中学还需填高中情况,九年一贯制学校还需填小学情况。

（3）生源情况——按最近三个学年度情况填写

表 9 – 24　学校生源情况

学年度	预备（6 年级）		初一（7 年级）		初二（8 年级）		初三（9 年级）		合计		其他:高中部____班____人小学部____班____人
	学生数	班级数	学生数	班级数	学生数	班级数	学生数	班级数	学生数	班级数	

注:完全中学还可填高中情况,九年一贯制学校还可填小学情况。六三分段 6 年级不填。

2. 学校领导班子情况,包括现任的校级领导和中层领导人员情况,均按表格内容填写(表 9 – 25)。

294

表 9 – 25　学校领导班子情况

学校：_____

姓名	性别	出生年月	职务	担任本职时间	党派	学历	职称	分管工作	兼课情况学科周课时	社会兼职

填表人：　　　　　　　填表日期：　　　　年　　　　月　　　　日

3. 骨干教师基本情况,包括人数与学科分布,根据当学年度情况填写(表 9 – 26)。

表 9 – 26　学校骨干教师基本情况

学科／人数		语文	数学	外语	政治	历史	地理	物理	化学	生物	信息科技	劳动技术	音乐	美术	体育	其他
骨干教师	市级人数															
	区级人数															
	校级人数															

学科＼人数		语文	数学	外语	政治	历史	地理	物理	化学	生物	信息科技	劳动技术	音乐	美术	体育	其他
学科带头人	市级人数															
	区级人数															
合计																
高中或小学																

填表人：　　　　　　填表日期：　　　年　　　月　　　日

注：独立初中最下一行内容不填。"其他"指综合学科或拓展、探究课程专职教师。

4. 学校教育教学基础管理，包括领导指导教学、制度建设和研修活动，具体按下列表格内容填写（表9-27～表9-29）。

（1）领导参与、指导教育教学活动，指近三个学年度的基本情况。

表9-27　学校领导参与指导教育教学活动情况

姓名：_____　职务：_____

学年/学期	听课节数	参与评课节数	参加教研组备课组活动次数	参加学生社团活动次数	参加年级班级活动次数	教育教学分析报告专题讲座	
						内容	次数
____学年上							
____学年下							
____学年上							
____学年下							
____学年上							
____学年下							

注：此表由校长、分管校长、有关中层干部分别填写，一人一表。

（2）校本教研情况，由各教研组长、备课组长填写。

表 9 - 28　学校校本教研情况

_____教研组_____备课组

教研 活动	教研组 活动	_____周一次	主要活动 形式		
	备课组 活动	_____周_____次	主要活动 形式		
教师 听课 情况	教研组长	每学期规定 听课节数		实际人均 听课节数	
	教师	每学期规定 听课节数		实际人均 听课节数	
公开实践研究课 统计（近三学年）		市级：_____	区级：_____		校级：_____

填表人：　　　　　填表日期：　　　年　　　月　　　日

（3）教育教学基本制度，由有关中层干部填写。

表 9 - 29　学校教育教学基本制度

制度领域	制度名称	技术支持（网站）
教育管理制度		
教学管理制度		
教学常规		

填表人：　　　　　填表日期：　　　年　　　月　　　日

5. 教育科研和主要研究项目，由学校科研室主任填写（表 9 - 30）。

表 9 - 30　学校教育科研和主要研究项目情况

学年度	课题 （项目） 名称	课题 （项目） 负责人	级别				时间		是否 独立 承担	进展 情况	阶段性 （终结性） 主要成果
			全国	市	区	校	立题	结题			

填表人：　　　　　填表日期：　　　年　　　月　　　日

6. 学生社团活动情况，由德育处主任填写（表 9 - 31）。

表 9 - 31　学校学生社团情况

社团名称	校级	年级	建立时间	社团负责人		参加人数	每学期活动次数	社团活动内容与成果	指导教师
				姓名	特长				

填表人：　　　　　　填表日期：　　　年　　　月　　　日

7. 学校教育教学业绩，由学校人事干部、业务档案干事和教导处干事填写（表 9 - 32 ~ 表 9 - 37）。

（1）教师论文著作情况（近三学年）

表 9 - 32　学校教师论文著作情况

教师论文发表统计			
全国级及以上期刊	省、市级期刊	区级期刊	区级及以上论文集
（篇）	（篇）	（篇）	（篇）

教师出版著作			
著作名称	作者	出版日期	出版社

（2）教师教学评比获奖情况（近三学年）

表 9 - 33　学校教师教学评比获奖情况

类别 \ 级别	全国级及以上	省、市级	区级	备注
课堂教学类				
教学设计类				
其他类				

（3）教师获得荣誉情况（近三学年）

表9－34　学校教师获得荣誉情况

姓名	性别	获奖时间	获奖级别、等第	领域	主题名称

（4）学生各项竞赛获奖情况（近三学年）

表9－35　学校学生各项竞赛获奖情况

类别 ＼ 级别	团体			个人		
	全国级及以上	省、市级	区级	全国级及以上	省、市级	区级
学科竞赛						
科技创新						
艺术						
体育						
其他						

（5）学生获得荣誉情况（近三学年）

表9－36　学校学生获得荣誉情况

姓名	性别	所在年级	获奖时间	获奖级别、等第	获奖内容	指导教师

（6）毕业生发展情况（近三学年）

表9－37　学校毕业生发展情况

姓名	性别	毕业去向	获奖时间	获奖级别、等第	获奖内容	原班主任

8. 教育经费情况,由总务处主任或财务人员填写(表9-38)。

表9-38　学校教育经费情况

年份	收入合计	A教育经费拨款	其中专项经费	B事业收入	C所属单位缴款	D其他收入	E捐赠收入	事业支出合计	A人员经费	占支出比率(%)	生均经费/元	B公用经费	占支出比率(%)	生均公用经费(元)	C图书经费	D体育维持费

注:人员经费由事业支出表中"人员支出"与"对个人与家庭的补助支出"组成;生均经费、生均公用经费用人民币"元"表示,其余均以"万元"表示;所有数据均取报表期末累计数。

9. 学校设施设备及使用情况

(1)专用室的设备及使用情况,由专职管理人员协助填写(表9-39、表9-40)。

表9-39　学校理工劳技专用室的设备及使用情况

类别\学科	设施设备			演示实验		学生实验		备注
	间数	面积	设备是否达标	实验次数	开出率(%)	实验次数	开出率(%)	
物理								
化学								
生物								
科学								
劳技								

实验次数系近三年的学年平均数。

表 9 - 40   学校语言艺术类专用室设备及使用情况

类　别	多媒体	语言	音乐	形体	美术	书法	史地	其他
间　数								
面积（m²）								
设备是否达标								
使用情况 _____学年								
_____学年								
_____学年								

（2）图书馆设施设备及使用情况，由图书馆人员协助填写（表 9 - 41）。

表 9 - 41   学校图书馆设备及使用情况

设施设备	阅览室	学生	_____间_____座_____m²	电子阅览室	电脑_____台	图书总册数	_____册
		教师	_____间_____座_____m²		面积_____m²		其中学生用书_____册
	藏书库		_____间_____m²		设备是否齐全	报刊	_____种
使用情况	__年	年生均阅览人次：		年生均外借人次：		开放时间	阅览室 _____小时/天
	__年	年生均阅览人次：		年生均外借人次：			
	__年	年生均阅览人次：		年生均外借人次：			外借

（3）计算机设施设备及使用情况，由专用室人员协助填写（表 9 - 42）。

表 9 - 42   学校计算机设施设备及使用情况

设施设备	计算机专用室	电脑__台（其中教师用__台）		校园网	校园网终端__点		学校生机比
		_____间_____m²			设备是否齐全		
使用情况	_____年	_____节/周、间	开放时间 _____小时/周	电教覆盖率	_____年	_____%	备注： _____小时/周
	_____年	_____节/周、间			_____年	_____%	
	_____年	_____节/周、间			_____年	_____%	

填表人：　　　　　　　　　　　　　　填表日期：　　年　　月　　日

上述实际情况对照标准，就可以基本判断初中学校的达标情况。

第十章　初中学校评估实施的不同案例评析

本章主要按照第九章第三节的评估方案设计示例,也借用其他的相关研究,选择一些初中学校为评估对象组织评估,以检验该方案在操作性、解释性等方面的价值与功能。在案例的选择方面,拟从不同类型的初中学校和不同的教育领域两个角度,针对若干实例,依据评估指标与标准,加之问卷工作进行评估,重点介绍评估工作的过程,以及相关的报告文本。这些案例都是来自上海一些区域层面对初中学校评估的实例,具有操作性,在一定程度上也反映了上海初中学校办学的一些现状与发展水平。

第一节　不同类型初中学校的评估案例

根据当前初中学校最主要的三种办学类型,分别介绍教育评估的开展,并以案例的形式简单介绍评估的组织过程与基本要求,展示学校的自评报告和专家的评估报告。

一、独立初中学校教育评估案例

独立初中是初中学校群体中的大部分,无论是何种性质或目标的评估,按照要求提交一份自评报告,经过评估形成一份评审报告,这是最基本而实在的文案。其中整个评估工作的任务与流程,可参见第九章的相关内容,这里仅就上述两份报告即文案,从提供操作性经验的视角,各选择一个案例来呈现,并在最后稍作简单的评析。

案例10-1　上海某独立初中素质教育实验校创建(终评)自评报告

本校《创建素质教育实验学校规划》(以下简称《规划》)于2007年制定,2007年10月通过了专家组对规划的评审,2009年2月通过了专家组对规划实施的中期评审。《规划》实施三年来,学校在上级领导关心和专家悉心指导下,围绕"教学质量为基础,艺术科技为两翼,科学人文素养为核心,促进学生全面发展与个性发展相协调"的办学理念,在学校管理、师资建设、学生德育、课程与教学、实验项目等各项工作中不断探索和实践,及时总结与反思。

一、《规划》实施概况

1. 以《规划》作为引领,全员参与,扎实推进《规划》实施

自《规划》制定并实施以来,学校领导和全体教师把争创素质教育实验学校作为学校发展的动力和方向,把实现规划发展目标当做一个奋斗过程去实践。通过教工大会、教代会等多种形式大力宣传《规划》内容,学习和领会《规划》的精神和要求。同时,学校各职能部门围绕规划目标,认真思考,听取意见,制定工作计划,提出阶段性工作目标,制定配套措施,大胆实践,不断改进,广大教职工都积极参与到规划实施过程中去。

2. 深化办学理念,丰富学校内涵发展

学校组织全体师生认真对我校办学理念进行多次学习和研讨,并结合规划评审、中期评审时专家组提出的意见与建议,不断丰富和拓展其内涵。

三年以来,我校教师具备了较清晰的教育理念,并且参照教育宗旨与各阶段的教育目标,具备了整体、多元与国际观的教育视野。在如此广博的知识背景中,培养了自身的科学人文素养。

在教学中,我们也潜移默化地提高学生的科学人文素养,让学生拥有对环境对自然的正确的态度,有可持续发展的理念,有孜孜以求的科学探索精神,拥有科学研究的方法,拥有科学地改造世界、造福人类、建设世界、发展世界的意识与动力。

二、《规划》实施自评过程

我们根据《规划》,结合实际,认真回顾,深入分析,全面自评。

1. 组织领导,落实责任

学校成立了以校长为组长的迎接"创建区素质教育实验学校"终期评审领导小组和工作小组,组员涵盖了学校各部门负责人,并对各部门的自查自评工作作出明确的分工,确立了以学校管理、师资建设、学生德育、课程与教学和实验项目为主要方面的自评工作内容,条块结合,互相配合,扎扎实实,有序推进。

2. 广泛宣传,全员参与

在领导小组的领导下,有针对地开展各种学习活动,充分利用校园宣传栏、黑板报、校园广播、教工大会、支部大会、组室会议、班会课、国旗下讲话、家长委员会、街道社区、共建单位等多种方式,全方位宣传规划实施的具体措施和实际行动,动员全体师生积极配合学校落实好各项工作,并就自评工作进行了全面部署与广泛沟通,全校上下、学校内外就自评工作达成了共识,凝成了合力。

3. 整理资料,撰写成文

各专项自评小组在各方面支持和协助下,积极搜集整理反映我校创建工作

的各项信息和资料,从而梳理、总结、归纳各专项工作的做法、成效、经验与尚存在的问题,并撰写成文,形成规划实施终期自评报告初稿。

4. 反复修改,逐步完善

初稿形成后,学校召开各个层次的座谈会,广泛听取全校教职工的意见与建议,修改和完善自评报告,最后递交教代会审议。规划实施的自评过程是一个集思广益、民主决策的过程,同时也是对学校各项工作进行有效梳理和综合再认识的过程,一方面总结出许多成功的实践经验,另一方面也发现了一些问题,对此我们相当重视,会诊其原因,找出症结之所在,以便及时整改和完善,更好地推进学校今后的各项工作。

三、《规划》项目实施的成效

(分"学校管理"、"师资建设"、"学生德育"、"课程与教学"等部分阐述,各部分具体按"发展目标"、"实施过程"和"目标达成"表述。略。)

四、不足与发展思考

1. 学校管理机制需要不断进行改革与创新

以学校当前的发展水平为基础,在"教学质量为基础,艺术科技为两翼,科学人文素养为核心,促进学生全面发展与个性发展相协调"办学理念指导下,致力于学校的内涵建设,着力突破制约学校发展的瓶颈,不断强化办学特色,继续积累办学优势,努力把学校建设成为一所师生高素质、教学高质量、文化高品位、具有科技和艺术教育特色和良好社会声誉以及影响力的初级中学。

2. 资源的开发与利用欠缺

由于编制的限制,学科教师结构不平衡,缺少学科领军人物,区级学科带头人、骨干教师数量偏少。在学校特色方面,艺术、科技师资相对薄弱。需要投入人力、物力建设学校特色课程资源库,出台实现教育教学资源共享的激励机制,促进教师专业发展。

3. 德育的实效性还未达到一定的高度

德育课程化尚未形成完整的体系,课程元素的体现还不够充分,在加强家校沟通与合作方面尚需发挥合力的功能。需要进一步强化"人人都是德育工作者"、"处处都是德育工作室"的理念,形成德育工作齐抓共管的良好局面。不断加强班主任队伍的培养和优化,提高班主任班级基础管理的能力。继续深入开展艺术、科技特色的校本研究和课程实施,多组织一些学生喜闻乐见的活动,寓教育目标于活动内容之中,进一步提高德育课程的实效性。

4. 课程的开发与实施未能充分满足学生的需求

艺术、科技特色教育的理念、方法以及对艺术与科学的态度在基础性课程的课堂教学过程中尚有待于进一步渗透,对拓展型、探究型课程的开设过程的有效监控与评价机制还有待改进与完善。在校本课程的开发中,要从本校的实际出发,合理考虑学生的个性需求和全面发展,逐步完善三类课程,在优质高效地完成国家课程,夯实学生基础文化知识的前提下,深化艺术、科技特色的校本课程。

5. 信息技术的广泛应用还不均衡

由于教学观念的局限,部分教师至今仍沿袭传统的教学方式,与新课程标准的新思路、新策略、新方法存在差异,不能熟练运用信息技术手段来拓展课堂教学的时间与空间。需要加强和提高教师在教学实践中的合作学习与经验反思,将先进的教育教学理论转化为常态下的课堂教学行为,促进教师的专业化发展,提高教师实施新课程的能力和水平。

6. 部分教师的教科研意识还比较薄弱

对于教科研价值的认识还不够,参与课题研究的教师力量也比较薄弱。需要有效推动教师在课堂教学中有意识地进行行动研究。同时要强化制度来规范教科研工作,使教科研工作更加规范化、制度化、科学化,完善教科研成果的评定和奖励制度,促使将教科研的成果转化为课堂教学实际效能以此提高教学质量,提升学校教育教学综合实力。

案例 10 - 2　上海某独立初中素质教育实验校(终评)评审报告

受区教育局委托,按照《××区中小学素质教育实验校评估方案》,评审专家组于 2010 年 12 月 21 日至 22 日,对上海市××中学进行了终结性评审。评估重点是学校的基础管理、课程改革、实验项目与学校创建成效。现将本次评审情况报告如下。

一、评审过程

本次评审专家组由市、区专家组成,分为依法办学、行政管理、队伍建设、课程与教学、德育、实验项目六个专题。评审期间,专家组听取了以校长为首的领导班子的汇报;分别召开了学生、教师、社区家长等座谈会 5 个,72 人参加;访谈干部、教师、项目组人员共 15 人次;听课 10 节(其中被评为好课 1 节、较好课 7 节、一般课 2 节);还查阅了有关资料。在专家组汇总的基础上,最后与学校领导交换了意见。

二、评审结论

经评委表决,一致同意通过上海市××中学素质教育实验校终结性评审。评审等第为较好。其中"依法办学"为"较好+"、"课程建设"为"较好-"、"教学"为"较好"、"管理"为"较好"、"德育"为"好-"、"教师发展"为"较好-"、

"实验项目"为"较好"。

三、总体评价与建议

（一）素质教育实验校创建规划目标达成总体良好

1. 学校努力贯彻"以人为本，和谐发展"管理理念，建立完善的规章制度，在规范管理的同时注重人文关怀，以科学和人文素养培养为重点，全面实施素质教育，逐步形成科技和艺术教育特色。能结合绩效工资实施深化人事制度改革，精简干部岗位，推进评议考核，强化责任意识。坚持教代会制度，加强民主管理。创建工作促进了办学水平提高，初三毕业生合格率保持高位稳定。学校校园文化建设，艺术教育和科技教育的特色进一步发展；还取得区青少年创新大赛一等奖。规划设定的管理目标基本达成。

2. 学校重视德育工作，强化行为规范教育。以课程设计的思路扎实落实"两纲"教育要求，组织系列专题教育和实践活动。开设心理课，注重发挥环境育人的功能。学生文明礼貌，进步显著。学生铜管乐队在各类比赛中获奖。学校重视与社区和部队的共建，加强班主任队伍建设。学校在行为规范教育和法制教育等方面得到社会认可，规划的德育目标基本达成。

3. 学校重视师德建设，开展"满意工程"，不断健全教师发展的各项制度，制定个人发展计划，认真开展校本培训。学校重视引进青年教师，组织学习沙龙，加大培养力度。对骨干教师的梯队建设和完善教师成长的电子评价系统已有新的设想。教师队伍认真负责，关心全体学生，质量意识较强。近三年编写论文集两册，校本教材一册，新评 3 名高级教师，1 名学科带头人，完成研究生班学业和双学位进修各 1 名。

4. 学校能依据市教委《关于加强中小学课程管理的若干意见》精神，努力构建学校的课程实施体系。在基础型课程校本化实施中，学校注意既奠定学生的发展基础，又注意体现学校"教学质量为基础，艺术科技为两翼，科学人文素养为核心"的策略，能针对学情实际组织具体实施；校本课程建设努力在拓展和探究两个类型上做文章，已经形成了以"水生命"为代表的科技和以"铜管乐"为代表的艺术两大特色，贯穿学校四个年级，积累了一定经验；其他如环境、心理等专题教育和学科拓展也受到重视，项目较为丰富，对"促进学生全面发展与个性发展相协调"办学目标有一定支撑。

5. 学校在加强教学管理方面，能根据区有关文件精神，结合校情制定相应制度，尤其对教学常规和课堂改进，有相应的具体措施。如"集体备课制度"，强调要分析学情，确立适切的教学目标，精心组织教学内容，选择恰当的教学方法；注意不同层次教师的教学实践反思，"青年教师教学汇报课、中级教师教学研讨课、骨干教师教学示范课"，促进课堂改进；还引进闸北八中成功教育经验，定期进行课堂教学检查,制定"好课"的评价标准,通过科学合理的评价,推进教学有效性。学校教研组建设有时间保障,以主题推进,大部分教研活动的主题都体现了基于学情分析的教学改革探索,注意对学生兴趣的激发,从师生互动、教学设计意图和课后感悟几方面分析教学,着眼日常教学,增强自我反思意识;同时还提倡组织"教学沙龙",体现教研活动能关注宽松环境和个性诉求。

6. 学校能贯彻依法治校,规范办学的相关法规要求,在规范收费、执行课程计划、确保学生"每天锻炼一小时"等方面都有相应措施,注意遵循国家教育方针开展学校教育,没有体罚或变相体罚学生、乱收费、有偿家教与组织集体补课等违规现象。

(二)素质教育实验项目的预期目标已基本达成

学校重视评审组初审、中期评审提出的意见,并根据学校实际情况,修改、完善实验方案,使实验方案主题明确,措施细化,操作性增强。

学校"凸显科技、艺术教育特色,提升学生科学、人文素养"的实验课题,能按方案推进,较好推动素质教育规划的实施。创建了"水生命科学馆",编写了《水与水生命》的校本教材,开设了各类相关探究型课程和丰富的专题活动、社团活动,培养了学生的兴趣、使学生在体验成功中确立自信,在实践中培养创新精神和动手能力。学校获得全国、市、区各类奖项,充分彰显学校科技、艺术教育特色,提升了学校的社会声誉。实验项目较好达到了计划的目标和任务。

(三)素质教育实验校创建的绩效和成果比较显著

创建三年来,学校被评为或保持的荣誉有:

全国校园文化建设示范校,上海市安全文明学校,上海市学校艺术教育先进集体,上海市红旗大队,区文明单位,区绿色学校,区科技教育特色学校,区艺术教育特色学校,区行为规范三星级示范校,区法制教育二星级示范校等。

在学生中,有120多人次在艺术、科技区、市及学校各类竞赛中获得奖励;学校铜管乐队参加各级展示活动达八次。四年来,学校中考合格率保持高位稳定(99.3%、100%、100%、97.3%)。在大量吸收民工子弟的情况下,能取得这个成果就值得肯定。

三年来,有三十多位教师获得区、市有关奖励;教师发表论文近百篇,形成论文集三册,包括正式出版的《用心感悟、用情演绎》和《校本科技实践基地开发》,共计七十多万字,以及正在实施中的校本教材《水和水生命》;另还有实验总报告。

(四)素质教育实验校创建取得了一定经验

规划实施需要全校上下的协调一致,在取得办学理念共识的基础上,就拥有了克服各种困难的力量。在实验项目和规划形成以后,寻找有操作点和认同点的实践措施,是目标达成的关键。学校在这三年多的风雨中发展,说明这些就是宝贵的经验。

（五）存在的问题与建议

1. 建议进一步加强师资队伍建设,积极依托优质教育资源,拓展教师视野,搭设多种平台,激发教师发展的内驱力,加快形成骨干教师梯队,提升高级教师比例,改善教师队伍的职称结构。

2. 建议不断总结德育工作的成功经验,举办德育论坛,开展专题研究,积极探索生源变化情况下德育工作的有效途径和方法。加强家长指导的研究,强化心理健康教育,促进学生更好成长。

3. 建议进一步对照课程标准和纲要,理解拓展型和探究型课程不同的核心内涵,增强拓展型课程的选择性,加强探究型课程的开放性,逐步落实全员和全程的要求。对特色课程建设要提炼出教育价值,要结合试验项目寻找理念支撑,注意从目标、内容、途径、方法和评价等要素进行系统完善,支持学校特色的发展。课堂教学要真正有学生素质发展意识,关注学生的非智力因素,探索分层、分类教学,创设问题情境的教学互动,有效利用技术平台,切实提高课堂质量。

4. 建议进一步加强对实验项目的过程管理和检测、评价。在校本课程建设与实施、专题活动方案、校内外课程资源的开发和利用等方面做一次阶段性小结,对已有的文本资料进一步完善提升、做到分年段系统化,要有课时计划的保证和落实,要有符合素质教育的检测、评价指标。进一步研究实施科学、人文素养在基础学科教学中的渗透,在继续深化实验项目的过程中,加强对学生成长、发展情况的跟踪调研,以典型个案、数据、问卷为素材,做综合分析,提炼出适切学校实际和学生认知特点、身心发展规律的对策,使后续的实践研究在育人目标上更深化、更有效。

上述两份报告是针对同一所初中、同一个性质的评估而形成的。其中学校的自评报告主要特点是能够围绕发展规划的实施进行介绍,分不同教育工作领域来深入展开,总体看,汇报的逻辑思路比较清晰,具体措施比较实在,实证材料比较丰富,针对目标的成果梳理比较合理,能帮助评审工作更加有效地进行。评审报告能够针对学校规划的达成情况进行分析判断,兼顾反映评估的过程与结论,对评估意见的形成基于比较全面的观察、多元的信息,有比较客观的依据。对学校今后的发展所提出的建议,能够针对学校的实际问题,照顾现实的基础,具有较好的操作性。

限于文案的篇幅,两份报告在具体内容反映方面,都还有一定的不足。

二、九年一贯制学校(初中部)教育评估案例

就目前而言,九年一贯制学校是一种呈现发展势头较强的办学类型。如本

书第一章所述,这种类型的学校,其办学的优势与不足都比较明显。这里主要关注的是九年一贯制学校的初中部,即对义务教育整个过程的结果阶段的评估考察。如独立初中的评估一样,重点选择的是学校自评与专家审评的两份文案,但为了展现不同的示例侧重点,下面以发展性评估中的中期评估作为案例来分析。

案例 10 – 3　××学校素质教育实验项目中期自评报告

我校于 2010 年 10 月接受了区素质教育实验校评审组的初审,至今已一年有余。在这一年多的时间中,我校积极探索、勇于实践,不断完善实验方案,在学校发展、师生发展、创建学校特色等方面取得了一定的成绩,为进一步开展素质教育实践活动,完成实验项目赋予的任务要求,现把一年来我校开展的素质教育实验情况报告如下。

一、学校初审以来整体发展情况

1. 抓项目落实,以项目实践来促进学校发展

自我校开展素质教育实验项目的研究实践以来,我们紧紧围绕项目的实施开展工作,我们明确培养学生的目标——提高学生的生存能力,扎实开展基于提高学生生存能力的学校课程建设,通过学校课程建设的研究实践来促进学校可持续发展。一年来,我校在课程开发、三大类课程实施等方面,积极工作,有成效地进行了实践活动,推动了学校的发展,提升了学校整体办学水平。

2. 紧紧围绕素质教育实验项目,学校开展有针对性的研究实践活动

我校的课程建设的目标明确,实施的具体内容符合素质教育的实验要求,一切从学校、从学生实际出发,不因循守旧,先行先试,开展有特色的学生实践活动,从而促进全校师生个性、全面发展。一年来,我校开展了教师的培训活动,让教师成为课程教学的实践者;全面开展了学生社团活动,并注重社团活动的质量;从学生实际出发,开展了"梦想课程"的实施工作;从学校实际出发,建设了师生果园基地,并开展相应的劳动活动;学校继续开展"文化长廊"建设,使之成为我校对外交流的窗口;学校不断深化体育工作奖励制度,学校的体育工作不断上新台阶。

3. 形成共识,齐心协力,共同参与素质教育实验项目的研究实践

为扎实开展我校的素质教育实验项目的研究实践,我校在多种场合,如教工会、教代会、青年教师会、党员会等,宣传落实项目的意义、实施的要求、具体的做法,使全体师生形成共识,为项目实施提供了思想基础。全体教师积极参与素质教育实验校的创建工作,明确创建工作的意义所在,在行动上勇于争先。一年来,已初步形成了创建素质教育实验校的氛围。

二、项目实施阶段性成效

1. 健全学校管理，提升学校办学水平

学校在完善学科课堂教学常规制度的基础上，于2011年2月，健全完善了教学常规管理制度，明确学校教学工作中的要求，落实相应的工作措施。让教师知道为什么做？怎么做？并逐步落实到对教师的考核之中。

学校在岗位设置、绩效考核等涉及教职工利益的重大事件中，能按制度、规章办事，有较好的岗位设置方案、绩效奖励分配方案。

2. 严格依法办学，制定规划促进提高

学校较好地组织教师学习国家、上海的教育发展纲要，学习浦东教育"四化"的总体发展步骤，并能从学校实际出发，通过全体教师的共同参与，制定完善了学校的四年发展规划。学校有健全的教代会制度，学校重大事项由教代会审议。在一些重大问题上，能认真执行上级的文件，如规范收费制度，学校无违规收费；教师的师德表现好，无体罚变相体罚现象；学校能认真贯彻执行"学生每天锻炼一小时"的相关要求；按上级要求，学校认真开展"小学半日活动"，积极创设条件，为学生的终身、全面发展努力。

3. 加强德育工作，提高学生行规水平

学校能从实际出发，面对97%的农民工子女，积极开展有特色的德育教育工作。学校目前开展了"文化艺术节"、"体育节"等系列活动（下学年开始将开设科技节）。每节历时一二个月，有较丰富的系列活动。

学校加强午会课建设，每周安排有不同的教育内容，由相关的人员进行专题教育，如行规教育、安全教育、心理卫生教育等。

学校根据学生的特点，开展了"集各地文化之精华，展今日学生之风采"的文化长廊建设，其版面由各班级自主设计，在不同的时期有不同的主题要求下，各班展出总结的版面，至今已出刊十期。

学校注重学生的安全教育，努力提高学生的安全方面的防范能力，先后开展了消防演练、应急逃生演练等活动，并组织学生观看相关的影片，增加防范知识，提高防范能力。

学校积极组织学生参加社会实践活动，不断提高学生社会实践的质量，对于在学校活动中表现优异的学生进行奖励，如对积极参加署、局跳踢比赛的学生，奖励其免费参观航海博物馆，观看4D电影等。

4. 完善课程管理，促进校本课程开发

我校积极进行实验项目中的三类课程的开发与实践，使课程建设系列化、学生社团活动规范化、教师实践有序化。在思品类课程、科文类课程、学生社团类课程的开发与实践中，我们从学校、学生实际出发，努力建设学校特色课程。

打造体育特色课程：我校从师生特点出发，积极开展相关校本课程的开发与实践，先后开发使用了"篮球校本课程"、"武术校本课程"、积极开展学生跳踢活动。在 2011 年参与的各级比赛中，我校获得了较好名次，学校也获得优秀组织奖。有三位学生代表区参加市跳踢比赛。

　　打造劳动特色课程：我校今年 4 月建设了学校的"师生果园基地"，全体师生定期劳动（两周一次，每次一节课），教师、各班级认养果树，并开展相关的活动，如认识果树、果树栽培、果树病虫害防治等，全体党员也积极参加果园基地的义务劳动。

　　打造"梦想课程"：2011 年 8 月，由上海真爱梦想公益基金会援助的梦想教室在我校开始了建设，并于 9 月开始对一至八年级学生进行"梦想课程"的教育，从新的层面上解决学生的三大问题，即："我是谁"、"我到哪里去"、"我如何去"。"梦想课程"深受学生喜爱，其建设工作渐入佳境。

　　打造学校"文化长廊"课程：根据我校学生中，农民工子女占 97%，来自全国 18 个省市的情况，积极开展相关的文化教育，如夸夸我的家乡、家乡过年习俗、我的行为我做主等系列教育，形成我校特色的校园文化。

　　打造"信息技术教育"课程：我校为 2010 年上海市教育信息化应用实践先进学校，现已申报 2011 年上海市教育信息化特色学校，学校积极开展信息化教育，在三、四、六、七、八等五个年级开设信息技术课程，努力提升学生的信息技术素养。学校每年组织学生电脑作品评比，不断提高学生学习信息技术的积极性，从而提升学生的信息技术素养。

　　学校的校本课程建设已小有规模，今后要在特色、规范、有效方面下功夫。

　　5. 加强教学工作，提升课堂教学有效性

　　学校明确教学工作是学校的中心工作。

　　为加强学校的教学工作，学校在 2011 年 2 月，制定完善了教学常规管理制度，并在本学期全面实施。

　　教师每学期都要计划好自己的教学改进计划，并在课堂上落实。

　　学校每学期组织青年教师进行多媒体教学开课比赛，组织专家来校指导青年教师上课，邀请专家来校开设专题讲座，学校利用播课平台，加强对课堂教学的剖析，通过观课评课，努力提高教师的驾驭课堂教学的能力，学校每学期举行博客大奖赛，开展有关教育教学的专题讨论，从而不断提高教师的专业化水平。

　　学校积极组织教师学习新的教育理念，为教师购买相关的教育专著，学习相关的教育教学文章，如《教师的智慧》、《优秀教师专业素质》、《美文美读美教》等，从而拓展教师的视野，提高教师的专业素养。

　　6. 加强教育科研，促进教师专业化发展

　　基于我校的区级课题——"依托网络平台，促进农村青年教师专业化成长的实践研究"，我们开展系列化的研讨活动。2011 年 5 月，区教育发展研究院教科室在我校召开课题研讨活动，副院长到会讲话。在课题的中期评审中，我校课题获优秀。学校还自己组织了多次课题研讨活动，并得到了教研部门专家的多次指导。在学校总课题下，我校还有多个相应的子课题的研究。

我校近年来新招聘了较多青年教师，我们积极开展青年教师培训、培养活动，努力提升青年教师的专业素养。

我校开展对青年教师的培训活动已开展了整整六个学期，每学期每两周一次，集中对青年教师培训半天，由上海师大教授来校指导。

我校每学期邀请市、区教研室的专家来校指导工作，先后邀请了初中数学、英语、小学数学、语文、英语教研员，还有其他的专家，如华师大博士、市数学教学专家等，借助专家等专业力量，积极开展联合教研活动。

通过对青年教师的培训，我校青年教师成长较快。在 2011 年的第三届全国中小学公开课电视展示活动中，我校老师获得三等奖；校长在第三届全国中小学公开课电视展示活动中，获得优秀校长奖。

三、对初审时专家所提意见的整改情况

1. 管理方面

我们梳理现有的规章制度，积极补充、完善切实可行的适合我校的教育教学制度，如学校教师岗位聘用制度、教师社团活动参与制度等。

2. 德育方面

完善学生奖学金制度，加大对学生的奖励力度；建立贫困学生（含大病）的帮困制度；对特殊学生采取灵活的教育教学措施。从学生实际出发，为学生办实事，为学生的终身发展奠基。

3. 实验项目方面

在原有的设计并实施着的基础上，形成学校特色，并拓展实验项目内涵，处理好原有项目与新项目的关系，把三类课程建设作为新项目的研究方向，动员全校师生参与，建立全校实践网络，努力提升项目实施的质量。

4. 课题研究方面

在学校总课题下，有德育、教务、教科室等多部门参与的子课题，更有所有教师参与的教师课题。预计在 2012 年 5 月，在学校总课题结题时，形成一部分教科研成果。

5. 课程建设方面

一方面要拓展课程的领域，另一方面要进一步加强社团建设，开拓学生社团活动的面，既讲究社团活动的面，更要提高社团活动的质量。加强薄弱学科建设，遵循学生认知规律，按教育规律办事，努力促使学生均衡、全面、自主发展。

学校在 2010 年第二学期全面开展学生社团活动的基础上,适时、有效调整了学生社团活动的组织、管理,收到了较好的效果。

四、进一步实施素质教育实验项目的设想

通过素质教育实验项目的实施,创设学校"学生是可爱的、教师是可亲的、学习是快乐的、活动是有趣的"的生动画面,让教师、让学生在和谐的校园中健康成长。这是我们为之奋斗的目标。

为此我们将努力做到:

1. 观念要更新

要积极贯彻全国、上海教育发展纲要,贯彻区关于素质教育实验校创建的要求,努力更新教育观念,从学校、学生实际出发,一切为了学生,勇于创新、勇于实践,真正地、有效地开展我校的创建活动。

2. 行动要跟上

在不断修订、完善学校的素质教育实验方案的基础上,用行动说话,在行动中,落实素质教育实验校的创建要求,在做中学、在做中试、在做中总结反思。

3. 措施要适合

在实施素质教育实验梦想过程中,我校一切从实际出发,无论是建设校本课程,还是开展相关活动,都站在学生的立场上思考问题,想学生所想,急学生所急,从有利于学生成长的角度安排、开展我们的工作。

4. 效果要明显

在实施过程中,我校要紧紧围绕创建效果做文章,要适时的修正、完善实施方案,无论是方案设计,还是组织实施,要以有利于学生健康成长为目标,要有可检测效果的评价指标,及时评价、及时修正,努力使效果最大化。不但在两年的创建过程中有收获,还要能持续推进学校的素质教育实验,推动学校的可持续发展。

案例 10 - 4　××学校素质教育实验校中期评审报告

受区教育局委托,区素质教育实验校评审专家组对××学校进行了创建情况的中期评审。本次评估的重点是对初审反馈意见的整改情况、落实创建规划情况、推进实验项目的进展和依法办学方面。

现将本次评审的意见报告如下。

一、评审过程与结果

本次评审专家组由市、区专家组成,分为规划与管理(含队伍建设与德育工作)、实验项目、依法办学(含课程与教学)三个小组。

评审期间，专家组听取了校长的自评报告；访谈干部、教师、项目组人员共10人次；召开了学生、教师座谈会4个,53人参加；听课5节（其中好课1节、较好课4节）；还查阅了有关资料、巡视了校园环境。在分析、整理有关信息的基础上,专家组进行了分项评审和汇总,并与学校领导交换了意见。区评审工作联络组负责同志参加了评审活动。

　　经评委投票表决,一致同意通过上海市××学校素质教育实验校的中期评审。评审等第为"较好"（其中管理为"好"、依法办学为"好⁻",德育、师资队伍、课程、教学、实验项目均为"较好"）。

二、评审意见

（一）主要成绩与经验

　　1. 重视创建工作,营造创建素质教育实验校的氛围。学校根据初评建议,加强制度建设,修订《××学校教师岗位聘用制度》、《教师社团活动参与制度》、《体育工作奖励制度》等规章制度,完善《学生奖学金制度》,《贫困学生（含大病）的帮困制度》。学校管理进一步规范。领导班子团结协作,教师认真负责,关爱学生。学校被评为上海市教育信息化应用实践先进学校、区文明单位。

　　2. 针对学生培养目标开展各项德育活动。行为规范教育,卫生教育,安全教育和爱国主义教育、生命教育重点加强。设立"师生果园基地",师生能定期参与劳动,培养劳动观念,增长知识和能力。继续开展"文化长廊"建设,推进校园文化建设。有五大类十八项活动供学生选择。着力建设德育校本德育课程,已有法制、安全、礼仪、健康、民族教育校本教材十二本。

　　3. 借助课题积极推进师资队伍建设。结合区级课题"依托网络平台,促进农村青年教师专业化成长的实践研究",成立学校发展专家顾问团,组建教研联合体,拓宽教师视野,开展系列研讨活动,青年教师成长较快。在2011年第三届全国中小学公开课电视展示活动中,张××老师获得三等奖,包××获得优秀校长奖。

　　4. 实验项目定位合理、重点突出、成效初显。学校对实验项目《基于生存教育的学校课程建设的实践研究》十分重视,项目能从课程建设与学生发展两个方面来设计目标,突出提高学生生存能力的学校课程建设,重视社会实践,注重增强学生的生存意识、提高学生的生存能力、帮助学生端正生存态度,以及树立科学的生存价值观,促进学生个性自由、全面、健康发展。实验项目的实施增强了学生的生存意识。

　　5. 依法办学的意识较强、实践结果较为理想。学校对教育法规意识较强,无体罚或变相体罚学生、乱收费、有偿家教课等现象；学校能注意落实素质教育的相关法规,学生体育活动的时空能按要求得到保障。

6. 课程计划比较规范、课程建设初显特色。学校能够执行市教委要求编制课程计划，文本结构与要目比较规范，三类课程和专题教育能落实，重视基础型课程各学科的校本化实施，根据以民工子女为主的生源实际，确立了"今日事、今日毕"、"拼搏今日、收获明天"等育人理念，课程定位符合校本特点；拓展型课程科目比较丰富，与社团课程有所整合，探究型课程实施有载体，包括"学习包"利用和"梦想"课程试验，体现为学生发展服务。校本特色课程建设已经有一定基础，课程实施与完善的管理制度比较规范。

7. 教学工作注重扎实、教学管理比较到位。学校能根据新课程的理念努力推进课堂教学改革，注重教学民主与师生互动，对信息技术资源的开发利用比较重视；重视五项教学常规，编制了有关备课、上课、作业、辅导和评价等规范化的管理制度，关注课堂教学的有效性；教师对教学改革的基本要求有较好把握，能深入研究学生和教材来设计教学，能关注学生认知基础与学习需求的差异，对有一定困难学生开展重点知识的辅导，不少学科的课堂教学比较理想。

（二）评审建议

1. 进一步提炼办学理念，办学目标，培养目标，使之更切合学校和学生的实际，并以此指导学校工作开展。继续加强师资队伍建设，提升教师的专业水平。进一步培养学生的自主管理能力，培养学生的兴趣和一定的技能。

2. 实验项目有关学生"学会生存"的培养目标需要进一步明确，要进一步加强生存教育内涵的理解，明确学校生存教育的重点，完善学校课程领域中有关生存教育的教学资源和实施渠道，促进学校生存教育特色的形成。同时要进一步规范学校实验项目的管理。

3. 要充分利用学校升学压力相对较小的特点，深入理解新课程的功能内涵，完善课程结构，保障自主拓展课程的课时，进一步规范课程实施，育人综合功能得到进一步发挥；对现有的校本课程进行梳理，选择符合校本文化、有发展价值的科目进一步完善，从目标、内容、方法、评价等方面编制《特色课程纲要》。

4. 要进一步加强学情分析，注意从不同学生和不同学科特点出发推进教学改革，促进课堂教学的有效性。一些学科可根据不同学生的实际，实施合理分流和分层教学；加强信息化以推进学科建设，提高课程资源的开发利用效益。

这两份报告同样是针对同一所学校的同一种评估类型，具有相关性。学校自评报告充分反映利用九年一贯的教育优势，以课程建设为平台，推动学校发展的经验与成效，尤其在初中部有很好反应；评审报告则根据要求，侧重对初中部的办学实践进行认证性评估，并从发挥中期评审的功能着眼，特别对学校今后实施工作提出了一些有针对性的建议。可见，这两份文案都体现了针对性、实证性、发展性的特点。

三、完全中学初中部教育评估案例

相对前两种学校类型,完全中学的初中部有一定的独特优势,可以共享许多课程与教学的资源,包括高端教师的比例也会相对较高。这里介绍的评估案例,选择了课程与教学这个方面,作为对完全中学办学水平的一个内涵层面,来反映资源优势发挥下的教育绩效情况和发展思路。

案例 10-5 ××中学(完中)初中部课程实施的自评报告(部分)案例

(选自该校报告中的课程实施部分)

通过素质教育实验校建设的推进,我校的三类课程校本化建设体系与特色基本具备,小结汇报如下。

一、基础课程经过"三研"、"四变"、"五分"的整合建设,校本化纲目基本齐备,并进入尝试实践

"三研":研究文本(教材),研究学生(校情),研究教案(课情),分学科分年级梳理、建构适合我校的国家课程校本化实施方案。

"四变":根据现有学生已有的认知结构和实际接受能力,对国家教材进行适当的变换处理。一是单元知识点(课文篇目)重组,二是难度量度的删(去繁难)减(求适量),三是呈现方式的通俗变换,四是根据内容和本校学生的实际适度拓展(增加自己的迁移训练项目)。

"五分":为克服短板效应,解决学生差异大、需求各异的矛盾,校本化落实国家课程重在分层到位。层层落实,层层收效,才能使每一个学生都能收获自信,进而得到发展。"五分"即备课设计分层、教学目标分层、课堂提问分层、作业布置分层和作业讲评分层。

二、拓展课程初步形成四大模块的校本化组合

一是学科类拓展课程,如语文的欣赏类,英语口语训练类、化学实验类等。
二是文化类拓展课程,如地域文化、传统文化、时尚文化、欧美文化等。
三是德育类拓展课程,如"给心灵点灯——主题教育校本教材"班会课程等。
四是实践类拓展课程,如温馨教室、社区服务、社会实践等各类主题活动。

三、探究性课程与学校特色紧密相连

经过三年努力,我校自主开发的校本课程超过 30 门。其中绝大多数,是围

绕学校实验项目的特色开发的探究性课程。

一是与我校科技特色相连,如环保类、模型(航模、车模)制作类等课程。

二是与我校艺术特色相连,如竹笛演奏、合唱、手工布艺等课程。

三是与我校信息特色相连,如几何画板、网页制作等课程。

四、进一步关注提高教师课堂教学能力与水平

重点抓了课堂教学的"五环"建设和作业批改的"两有"落实。

1. 课堂教学的"五环"建设

(1)课堂的开启,要尽可能选择巧妙的切入点,如抓住要害,或单刀直入,或中心开花,或草尾探身,或旁敲侧击;或以讲述方式,或以媒体演示方式开始。总之,尽可能以有趣的导入,自然引发学生的兴趣,奠定良好的开端。(有一个较好的开头。)

(2)课堂的承接,要有师生互动。当讲要讲,讲则讲深讲透,但教师的讲要与学生的活动交互。一般来说,非毕业班的日常教学,一堂课至少要有一个为化解重难点的中心活动,落实学生的自主、合作与探究性学习。(有一个中心的活动。)

(3)课堂的转递,要有认知与情感发展的推进。或由此及彼,或由表及里,或由点到面,或由知到行,顺着课堂的自然推进,相机点拨,步步深入,有个提升的台阶或小高潮;力避平铺直叙,讲到哪里是哪里。(有一个提升的层递。)

(4)课堂的关合,要适时到位。一般来说,一节课须有总结,学了什么?如何运用?要通过教师简明扼要的总结,借助板书或多媒体,帮助学生记录下去,巩固下来,以便今后新旧迁移。(有一个整合的小结。)

(5)课堂的迁移,使学用循环。如学的是某一部分,此与彼要迁移,以此学代彼学;如学的是此课或是此类,此与彼要迁移,即举一反三,触类旁通。这不是作秀,而是完成认知的一个循环,一个策略的跟进。迁移不在多,而在精,往往一个小小的思考即可。(有一个迁移的拓展。)

2. 作业批改的"两有"落实

(1)有具体的批示文字

批示文字包括表扬性的、指正性的、启发性的,以鼓励为主,禁止讽刺、挖苦等有伤学生自尊与积极性的批语。

批语须真诚,有针对性。好(进步)在那里,错(退步)在哪里,从什么方面去思考修正,要有具体指导意见。力避泛而不当(一味肯定或一味否定)的不负责任的套话、废话、糊弄话。

(2)有严格的订正环节

有错必纠。不可轻易放过订正的补救机会。对差错视而不见,见而不纠,那

是不负责任的表现。

纠错及时。不能拖延,否则积重难返,难以进步。

正错严格。理科类的解题步骤要齐全,不可以只供答案而省略过程,那样难有真正的理解与运用。

订正醒目。可在下次作业前留出空间,认认真真地留下订正痕迹;或是另用纸条粘贴,以便下次复习提醒。

五、设置好三类课程,两节体育活动课排入课表

我校三类课程设置与阳光锻炼的详细安排,已通过校园内外网("百度搜索"直接进入查看)和学校公告栏郑重发布承诺,接受家长与社会的监督。

体育锻炼活动的校本化体现在四个方面:

大课间活动的室内操为本校自编;

特色锻炼中的有氧健身操(预备初一年级开设)为我校自行开发校本课程;

校园体育文化节的综合项目特色鲜明;

见缝插针的田径专长训练。

这个报告是选择了学校自评报告中课程建设的一部分,其特点是针对了专家中期评估所指出的问题和建议,阐述了评估后学校在推进素质教育方面的工作,包括对学校发展规划的完善、对问题的改进、进一步针对目标实施规划所提出的主要任务等。具体内容虽然没有展开(许多问题在现场评估时通过进一步了解与互动环节有所交流),但回应专家的问题和建议比较实在,文案很简洁。从报告的质量与水平看,该校基于完中的实践与认识基础,思考比较深,立意与行文应该说都有一定高度。

可以归纳的是学校的"课程图谱",具有一定的特色(图10-1)。

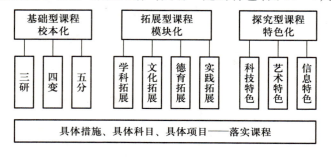

图10-1　××中学(完中)初中部"课程图谱"

中小学的课程建设是学校教育工作展开的灵魂,甚至有人觉得广义的课程是学校对学生成长影响的全部。但课程建设对初中学校而言,应该说是一个难

点,在新课程实施多年以来,这个问题还是纠结着学校和广大教师。这种情况对一所完全中学来说,却具有一定的优势。为此,在对初中学校进行教育评估时,有必要选择完全中学来重点考察其课程建设的情况,总结这方面的经验,为更多的初中学校提供可资借鉴的资源。鉴于这一认识,这里所提供的评估案例即为课程建设的自评与专家评审(如下)两个报告文本,基本展示了当前上海的初中学校课程建设的主要经验与尚存在的问题。

案例10-6 ××完中初中部素质教育实验终审课程教学评估意见案例

学校:××中学(初中部)

专项名称	课程、教学与依法办学

目标、任务达成情况:(访谈人次1位;座谈会2个,人数21位;听课5节)

　　根据学校报告、参阅材料、分管领导访谈、学生和教研组长座谈会,感到××实验中学能认真分析中期评审的有关建议,梳理出若干在依法办学、课程与教学方面需要改进或完善的问题,有针对性地做了落实,对进一步发展奠定了相应的基础。为此,对课程教学和依法办学等方面的工作完成情况比较认可,基本达成了规划的目标任务。

主要成绩与经验:

　　学校依法办学的意识与行动比较到位。××实验中学对贯彻依法治校,规范办学的相关要求,在规范收费、落实课程方案、确保学生"每天锻炼一小时"等方面都有相应的措施,能遵循国家教育法规,没有体罚或变相体罚学生、乱收费、有偿家教与组织集体补课等违规现象。

　　学校的课程实施方案有了进一步完善。在基础型课程校本化实施方面,学校开展了"三研、四变、五分"等整合建设,尤其是作业环节的"分层"要求,正在得到各学科的认同和实践;拓展型课程建立了"四大模块"的结构,注重与学校特色建设相结合,数量也达到了比较可观的程度;探究型课程在联系学科改进学生学习方式方面已经进行了一定的实践,在利用各种地缘课程资源开展开放性探究活动方面更是彰显了一定特色;初中四个年级学生对三类课程都有比较认同的体验,对"适应全体学生发展"初中培养模式有一定支撑。

　　学校的教学常规建设特色鲜明。学校有《教学常规管理十八条》,对教学工作注重在"规范"上做文章,规范"教"有"五环"要求;规范"批"有"两有"要求;规范"学"有"四环十六字"要求。在具体落实上,学校提出了"快慢分层、因材施教"、"考前分层、因需施导"、"专项管理、定向落实"和"施教一时、奠基一生"等针对不同学生的措施,要求教师规范教学设计与课堂实施的准则。教学质量近三年有稳步提升。

　　校本研修机制建设正在成为教学的保障。学校的研修机制建设已初成体系:有《校本研修方案》、《教研组、备课组活动制度》、《规范课堂教学考核表》等;搭建"××教育讲坛"等培训平台。这些机制建设使学校教学质量有了教师专业发展的保障。

专项名称	课程、教学与依法办学				

主要问题与建议：

课程有待完善，改革要求有待落实，课堂有待提效，为提升课程领导力，建议：

一、进一步对照课程计划和有关文件，控制课程总量、优化课程结构；理解拓展型和探究型课程不同的核心内涵，增强拓展型课程选择性、自主性，加强探究型课程实践性、开放性，逐步落实规范要求。

二、切实使课程与教学改革要求落地。顶层设计方案的落地需要教师知晓、认同的基础，然后行动跟进、实践反思；成效是自然形成的。现在这三步都还需要加强。

三、提高课堂教学效率与效益意识。一是要基于学情基础实施教学，关注教学互动；二是真正关注学生的差异，探索分层、分类教学，切实提高课堂质量。

各项评价等第	依法办学	好	课程	较好	教学	较好 -

评估人员签名：(略)

2011 年 × 月 × 日

第二节 不同领域初中学校的评估案例

学校教育的专项领域众多，在一般情况下，评估关注较多的领域有办学条件、学校管理、德育工作、课程与教学、师资建设等。以下就选择其中几个领域评估的案例，或从评估设计的角度、或从评估报告的角度来反映并作简单分析。

一、关于学校办学基础与管理绩效领域的评估案例

对学校办学而言，这是最基本的条件，也是最需要关注的评估领域。这里拟根据第八章第三节的有关项目内容示例，选择独立完中（A 校）和九年一贯制学校的初中部（B 校）为代表（按 2011 年情况），针对基本标准，做一些评估及比较分析，也列之为一种案例供参考。

案例 10 - 7 初中学校办学基础领域的评估比较分析案例

初中学校办学基础领域的评估比校分析案例如表 10 - 1。

表 10 - 1 初中学校办学基础领域评估比较分析

评估指标	A 校自查	B 校自查	基本评估
校园面积/生均占地(m²)	31 245.6/32.18	31 425/16.2	两校占地均达近 60 亩，生均差异大，A 校超标，B 校不达标

评估指标	A 校自查	B 校自查	基本评估
体育活动场地［生均体育用地(m^2)/环形跑道(m)/直道(m)］	9.2/300/100	5.4/300/100	基本符合标准
建筑面积/教学用房(m^2/间)	16 941.4/61	11 432/50	A 校新建,建筑面积明显优于 B 校
生源情况(班/学生数)	19 班/1 089	20 班/957(小学部 19 班/987)	两校班级数尚可增加,班均学生超规定
教师配备(总数/中级数/高级数)	52/25/3	71/44/9	职称结构 A 校不达标;B 校达标较好
实验室(间)与专用教室［间/均面积(m^2)］	7 + 7/60	2 + 7/82	A 校数量可,面积不达标;B 校数量不达标,面积尚可
图书资源与阅览室(阅览室:间/藏书量:册)	3/38 688	0/40 419	图书量稍欠缺;B 校无阅览室,不达标
计算机设施设备(电脑数/网络终端点)	110/250	114/103	A 校基本符合;B 校含小学部,明显不足
办学经费 1(总收入)	1 143.82 万元	2 223.1 万元	A 校基本达标;B 校含小学部,达标度较高
办学经费 2(生均经费/生均公用经费)	10 503 元/2 628 元	11 430 元/3 056 元	

　　上述两校分归上海不同的两个区,地处郊区,对照上海市普通中小学校建设标准(2004 版),其中 A 校系搬迁后新建的独立初中,设施设备一般已经按照上海 04 标准建设,但部分设施及设备尚有不足,教师配备在职称结构上不够理想。B 校系按照原上海市普通中小学校建设标准(1990 版)建设,但当时看,部分设施设备也有所不足,根据新课程实施要求,需要改造;但教师配备在职称方面看,结构是比较理想的。

案例 10－8　初中学校管理绩效领域的评估比较分析案例

初中学校管理绩效领域的评估比较分析案例如表 10－2。

表 10－2　初中学校管理绩效领域评估比较分析

评估指标	A 校自查	B 校自查	基本评估
管理层领导班子配备（数量/各种结构）	9 位/年龄、性别、学科分布均可	初中部 10 位/年龄、性别、学科分布均可	相比较，B 校可与小学部联合管理，兼职多
教师专业水平结构（学科带头人/骨干教师）	0/18（区 3）	8（市 1）/55（市 1、区 18）	B 校教师群体较优秀，有市级带头人与骨干
领导参与、指导教学（听课/教研/指导社团）	人均 16/9/5	人均 17/10/6	均符合要求；A 校指全部领导，B 校指校级
校本教研（教研活动/公开教学）	组均两周 1 次/1～6 次	组均两周 1 次/2～6 次	均符合要求；公开教学 B 校层次稍高（市多）
教学管理（制度建设/教学常规）	健全/操作性较强	比较健全/操作性强	A 校制度更全；B 校常规操作性更好
教育科研水平与成果（课题/公开发表）	区级课题/17 篇（指向农民工子女教育和校园文化建设）	市级青年＋区级重点/32 篇（指向各种优化学习）	均具有校本特色，有针对性；B 校层次更高些
学生社团组织（数量/管理）	4（均为艺术领域）/15%，有指导，两周 1 次活动	25（各领域）/40%，有指导，每周活动	B 校在各方面情况均优于 A 校
教师专业近三年获奖（教学比赛/其他）	10 次奖/9 项荣誉	37 次奖/150 多次各种荣誉	A 校教师专业水平较 B 校明显不足
学生近三年获奖（集体/个人）	18（体育）/99（区级为主）	39（市）＋198（区）/308（市）＋627（区）	A 校有特色；B 校较全面，层次水平较高

从上述两校有关自查结果信息分析，两校领导对教育、教学都比较重视，对各项管理制度的建设、推进教师专业发展和学生素质完善也都十分重视，并在此基础上，其中 A 校更注重体艺特色发展，而在其他领域尚有待进一步加强；B 校更注重全面发展，在所取得的绩效成果方面，均要优于 A 校，说明已经发展到比较成熟的阶段。综合分析，学校教师的专业水准与绩效成就的高低呈正相关性，证明学校的设施设备很重要，但师资水平与素质是一所学校最重要的办学因素。

二、关于初中学校德育领域的专项评估案例

这里所谓的学校德育，作为一个专项评估领域，是一个较大的概念，即包括道德品质、艺术美育、心理健康、社区服务等多个方面，落实在校本课程、校园文化活动、社会实践等不同的安排工作中。以下以某独立初中的一个案例，来作一些具体展开。

案例 10 – 9 上海市××中学德育工作发展规划的实施自评报告案例

一、发展目标

坚持"以人为本，德育为先"，根据初中生的身心特点，积极探索初中生思想教育规律和有效教育方法。以《两纲》教育为抓手，以生命教育与行为规范养成教育为主要内容，通过整合社区、学校、家庭教育资源，培养身体健康、心理健全、具有一定科学人文素养和一定特长的合格中学生。

二、阶段目标达成情况

学校在创建××区素质教育实验学校过程中，始终将德育工作放在核心位置，树立德育工作的新理念，优化整合德育内容，丰富德育内涵，开拓德育工作新思路，完善德育实施框架和评价制度，积极探索德育新模式推行的有效策略，总结推广德育工作经验。

三、实施过程

学校根据德育工作的发展需要，通过德育队伍建设、德育课程建设、心理健康教育、校园环境美化等措施，不断改进德育体系，丰富校园文化，从整体上优化学校育人环境。

（一）加强德育队伍建设，树立正确的德育理念

德育队伍的建设是开展有效德育工作的关键。我们通过师德教育、教师育德能力培训、"两纲教育"进课堂培训和形式多样的学习，使全校教职员工在德

育理念、德育意识、育德能力等方面有了进一步的提升。我校坚持强调教师人人都是德育工作者,学校党支部组织了"两纲"精神解读、"十七大"精神学习、形势报告、教师心理讲座等,帮助教师进一步树立正确的德育理念。我们加强班主任队伍建设,强调合作学习,共同提高,采取自培与外训相结合,集中学习和分组研讨、实践与观摩相结合形式,开展了德育论文和个案分析的交流,进行了主题班会观摩与评比,切实提高了班主任工作艺术、管理水平、科研能力。

（二）丰富德育课程,促进学生健康成长

1. 学校德育课程发展目标和学生培养目标定位

根据学校的办学理念,"以人为本,和谐发展;学生主体,张扬个性;依法治校,以德立校;面向社会,家校结合;质量为本,科研兴校;内涵发展,创建特色",制定实施素质教育的德育课程发展目标,开展以"实施自主发展教育,形成学生完整人格"为主题的素质教育研究与实践活动,探索一条能够充分调动学生主体的自觉性、自主性和创造性,促进完整人格形成的新的教育教学途径,培养和塑造具有自主意识和责任感、创新意识和创造力的自主发展型人格的一代新人。

同时构建了学生培养目标,通过构建以"科学人文"为核心的学生自主发展德育体系,让学生体验做人的道理,培育学生正确的道德理念、诚实的行为品质和高度的社会责任感;培养学生爱国主义情怀和科学人文精神;开发学生的潜能,为每个学生展示优势创造机会,提供平台,使每个学生的个性和潜能得到充分自由和谐的发展。

2. 德育课程设置的基本原则

我校在制定德育课程计划时,以"全员德育"的观念来制订管理策略、课程内容、实施途径,合理组织与调动学校内部各个部门、各个层级以及学校外部(家庭、社会)的力量,使其协调一致地和谐联动,取得最佳的教育效果;同时强调德育课程整体育人的功能,以帮助学生可持续发展为目标,全面提高学生的综合素质。学校形成有特色、有实效的德育课程,立足学校实际,确立校本发展的理念。

3. 课程实施

1）基础型课程

教师以"全员育人"的观念,通过各基础型课程的学科教学对学生进行思想品德教育,准确把握本学科教学中的"知识和技能"、"过程和方法"方面的目标,同时还关注到"情感态度与价值观"等德育目标和德育内容,并落实在备课、听课、评课、教研等各个环节中。教学中充分考虑学生实际、师生关系、教学环境等要素,采用灵活多样的教学方法实施,让学生在潜移默化中受到感染和启迪,尽量达到"润物细无声"的境界,充分体现德育主渠道的功能。

2）拓展型课程

（1）专题教育课程

学校对班主任进行有针对性的培训和指导,来保证专题教育课的规范化、系列化和实效性。每周设置一节校班会课,或全校性讲座、宣传片观摩,或班主任德育教育,帮助学生加强法制意识、安全意识;提升行为规范、文明礼仪;进行心理疏导;了解及讨论重大时事及社会、校园热点话题。

每次德育专题课在内容上针对当代初中学生思想活、观念新、信息灵的特点,把反映学生学习、生活及社会热点问题以及学生感兴趣的话题引入教育内容,使德育课程内容更加鲜活、容量更加大。在教学中采用了学生喜闻乐见的、生动活泼的方式,突出活动、实践、体验、探索性学习等方式,创设能引导学生主动参与的教学情境,使爱国主义教育、社会公德教育入脑入心,使抽象的道德知识在学生的心灵深处得到内化。

(2)团队活动课程

学校以校园、家庭、社区为团队活动主阵地,通过开展各种主题活动,引导队员、团员养成高尚的道德情操和良好的行为规范,丰富团队活动文化的内涵。

① 仪式教育(表 10 – 3)

表 10 – 3 上海 × × 中学仪式活动安排

仪式名称	对象	时间	负责人	教育目的
升旗仪式	全体学生	每周一	团队	严格礼仪、规范程序,进行爱国、爱国旗教育
入学仪式	六年级	8月底	德育处	爱校、爱集体、爱中学生活教育
入团仪式	七年级	4月	团队	积极进取,乐于奉献,做一个优秀团员
换巾仪式	七年级	9月	团队	进行"热爱红领巾,做个好队员"的教育
十四岁生日仪式	八年级	5月	团队	青春期教育、理想、信念教育
毕业典礼	九年级	7月	德育处	爱校教育、感恩教育、理想教育

② 中华民族传统文化教育

重视开展节庆活动,引导学生体验和感受这些节庆纪念日中蕴涵的中华民族传统文化、传统美德和革命传统,并以课程、主题教育活动等形式保证落实(表10 – 4)。

表 10 – 4 上海 × × 中学节庆日活动安排

节庆日	活动形式	教育目的
"三五"学雷锋	主题宣传、雏鹰假日小队开展各类学雷锋活动	进行道德、人格、品德教育
妇女节、教师节、母亲节	为师长、父母做一件事、献一份礼	感恩教育

节庆日	活动形式	教育目的
"三·一二"植树节	宣传、保洁,认养小树活动	环保教育
"七七"事变、"九一八"事变	阅读历史、了解历史、各类主题宣传活动	勿忘国耻、振兴中华教育
清明节、端午节、中秋节、重阳节	升旗仪式教育、主题班队会、与父母共度佳节	了解中华民族民俗风情和传统美德,培养爱国情怀
"六一"儿童节	校文艺汇演、游园活动、班级联欢等	欢庆自己的节日,体会童年的快乐
"五四"青年节、"七一"建党节、"八一"建军节、"十一"国庆节	宣传、入团仪式、与部队开展联谊活动	了解历史,树立强烈的爱国意识和情怀

（3）校园文化课程

学校每年定期开展体育节、艺术节、科技节,并成立飞翔书画社,组建××中学铜管乐队。给学生一个展示才华的舞台,进行各种文化的熏陶,同时在活动中培养学生团队合作精神、公平竞赛意识、健康的心理,激发学生的爱校热情,提高综合素养。

（4）社区服务和社会实践活动

采用校内外结合的活动形式,根据不同年级学生的特点和需求来进行设计和规划,详见表10－5。

表10－5　上海××中学社区服务和社会实践活动安排

实践内容（时间）	六年级	七年级	八年级	九年级	负责人	说　明
春秋游（次）	2	2	1	2	德育处、年级组长	八年级第二学期为民防活动
民防活动（次）	1	1	1	1		每年5月左右
少年军校（天）	4					每年开学前,8月下旬
影视观摩（次）	2	2	2	2		一学年4次,每次半天
千鹤老年公寓活动（次）	2	2	2	2	团队	一学年4次,每次半天
雏鹰假日小队活动（次）	10	10	10	5		一学年10~12次,每次半天

① 春秋游社会实践系列活动

学校德育处根据每个年级学生实际,一学年中用 2 天时间,精心选择活动景点、确立活动主题、安排活动流程、注重延伸教育,形成学校春秋游社会实践活动系列项目。

② 影视活动观摩系列活动

组织学生观看宣扬爱国主义、励志成才的电影,每学期不少于 2 次,并通过影评、演讲等多种形式,为学生营造浓郁的影视文化氛围。

③ 千鹤老年公寓活动

通过与千鹤老年公寓结对,为学生长期提供一个为老年人服务的社会实践基地。通过设计开展各种活动,如为老年人表演节目,与老年人交流谈心,为老年人打扫卫生,暑假为老年人送清凉,寒假为老年人送温暖等,教育学生从现在做起,从关爱身边的老人做起,培养学生尊老、敬老、爱老的优良品德。

④ 民防教育活动

每一学期组织全校学生参加自救自护关爱生命的民防教育主题实践活动,通过火灾、地震逃生演练;止血包扎、心肺复苏、处理煤气事故等实践活动,来培养和提高学生的自救自护意识和能力。

⑤ 少年军校

学校联系部队共建单位,安排教官在六年级中开展规范有效的少年军校体验活动,使学生从小树立保卫祖国、建设祖国的坚定信念;在军训中培养严格的纪律观念和热爱集体、互相关心、团结协作的团队意识;培养不怕困难,勇于吃苦,顽强拼搏的进取精神,逐步养成良好的行为习惯。

⑥ 雏鹰假日小队活动

在团队的培训、指导下,每个中队各自组建小队,设计活动方案,每月两次在小区、街道等开展丰富多彩的活动,如社区环境整洁、美化宣传、公益劳动、慰问孤老、军烈属活动;暑期中还参与居委组织的纳凉晚会等活动。并由社区、家长、学校综合评定,评出优秀小队、优秀个人。

(三)注重心理健康教育,提升学生耐挫折能力

通过开设心理活动课、心理讲座、心理信息员培训、心理素质拓展训练、心理咨询室、心理信箱等个体与团体相结合的辅导形式,分层次、渐进式开展生命教育,面向全体,力求整体提高,达到了预防和治疗相结合的目的,帮助学生正确认识生命,引导学生正确处理与自我、他人、社会和自然的关系,使许多学生从自傲、自卑的心理走向健康、自信的轨道,从而学会欣赏生命、珍爱生命。我校已形成了在校长领导下,以德育教师、班主任、团队干部为主体,专职心理教师为骨干,全体教师共同参与的工作机制,大家共同关注学生的心理健康,为学生营造一个文明、和谐、自信的健康校园环境。几年来学校心理健康教育成果也比较突出,心理健康教学获区教学评比奖项;心理咨询教师能为学生提供专业的心理咨询与辅导;撰写并发表心理教育科研论文《亲子沟通技巧训练》、《中学生行为矫正的基本策略》、《"自卑型"学业不良的辅导策略》等。我们已经成功地干预了一些由于种种原因想离家出走、自我封闭甚至自寻短见的案例,受到家长的热烈欢迎。

（四）美化校园环境,促进校园环境、人文和谐的统一

校园环境是一所学校的窗口,是办学素质和师生员工精神风貌的集中体现。我校在不断提高教学水平,扩大教学领域的过程中,充分认识到提高环境建设对学校教学的重要性,校园环境园林化,校园布局知识化。校园绿化美化,不仅能改变校园环境的小气候,起到防风滞尘、降低噪音、调节气温、净化空气等生态作用,而且直接影响学生的思想意识、行为规范和生活方式。典雅文明的校园环境,可使学生精神愉快,激发他们的美感,使他们充分发挥主观能动性,创造性地学习。环境育人与教学育人、管理育人、服务育人同时并驾齐驱,共同完成教书育人的千秋大业。利用自然界的绿色,提醒学生生命的可贵、时间的短暂。利用鸟语花香的自然景观,让学生体会生活的美好,从而增加学习的劲头。

认识到这一些,学校对校园环境常抓不懈,经常植树绿化,为办公室也添上了绿色,校园内到处生机勃勃。教学大楼的各楼层也各具特色,体现了较高的文化品位:一楼是学生长卷书画作品;二楼是体现自然风光的鱼缸、山水盆景;三楼是扇面风格为主的书画作品;四楼是学生的剪纸作品;五楼是各具特色的中外名画。校园内悬挂了内容健康、格调高雅的100多幅书画作品,通过古训、格言、警句,激励学生,提高文化素养。美丽、高品位的校园环境,为我校师生创设了温馨和谐的工作、学习环境,提升了师生的人文素养,拓展了德育的内涵和外延。

虽然学校大力倡导美化校园环境,但总存在部分学生对校园环境肆意破坏的现象,学校以世博会为契机,对于这部分学生的一些破坏校园环境的行为与现象进行了录像,经过剪辑、制作成《世博礼仪宣传片》,在主题班会播放,对全体同学进行德育教育,由于对当事人进行了技术处理,并没有同学认出录像里破坏校园环境的人到底是谁,对这部分同学作了保护,也使这些同学认识到学校对他们的宽容与期待,从而自觉地改掉了自己的"坏毛病"。

同时,由德育处牵头全校开展创建"温馨教室"环境陶冶活动(表10-6)。

表10-6　上海××中学"温馨教室"活动安排

具体举措	要　　求	教育目标
美化教室环境	布置"信息栏"、"学习园地"、"雏鹰争章"、"全家福"、"荣誉角"和"艺术天地"等栏目。突出个性化布置,凸显班级特色	设计文化情境,创建文化氛围。教室文化渗透各个角落,体现班级特色

具体举措	要　　求	教育目标
净化教室环境	设施、设备安全,环境整洁、宜人,教室内用具摆放有序	树立净化教室人人有责的思想,培养学生爱护公物和主人翁精神,造就一个更为安全、干净、舒适的学习和生活环境
制定班级公约	体现班级学生的共同要求、奋斗目标等	制约学生的行为,形成良好的班风班纪,体现班级特色
民主选举班干部制、班干部轮流制	自荐与他荐相结合,民主选举、民主评议,定期轮流	让更多学生得到实践、体验,形成民主、自主的班级管理氛围
创建温馨课堂	要求教师做到:关注学生,注重尊重、沟通和合作,多些鼓励、赞美和赏识,注意课堂文明礼仪	加强师生情感交流、形成良好教学氛围,实现教与学的和谐
建设温馨生生关系	民主、合作、交流、宽容、团结、互助、竞争	让学生在和谐的学习环境中不断进步和健康成长
各类班队主题、实践活动	师生共同设计、组织生动活泼的班队活动	使学生在经常性的活动体验中接受社会责任感和塑造完善人格的教育

结合学校的自然和人文背景,充分发挥环境的抽象性、象征性特点,表现出校园作为科学殿堂的一种神圣、崇高且震撼人心的科学美,一种与环境相和谐的自然美,一种展示着丰富的想象力和创造力的艺术美。使学校文化精神在校园环境中得以流露,得以涵养。校园绿化兼顾点、线、面、空间四要素,通过种植花草树木等措施,改善小气候,美化环境,配合校园建筑起着衬托辅助作用,体现园林式的校园,高水平的科研,高质量的教学,科学化的管理。

通过实地调研分析,专家针对学校该领域的基本评估结论:

学校重视德育工作,强化行为规范教育。以课程设计的思路扎实落实"两纲"教育要求,组织系列专题教育和实践活动。开设心理课,注重发挥环境育人的功能。学生文明礼貌,进步显著。学生铜管乐队在各级艺术比赛中获奖。学校重视与社区和部队的共建,加强班主任队伍建设。学校在行为规范教育和法制教育等方面得到社会较高认可,规划的德育目标基本达成。

三、关于课程与教学领域的评估案例

对义务教育来说,关于课程与教学领域的评估,始终是学校教育评估的重点。上海市教育委员会 2010 年提出在中小学加强学校课程领导力三年行动项目,对上海初中学校的课程改革和学校发展是一个更明确的办学引导。许多区县以此为契机,努力以课程改革为平台,推进区域性的学校内涵发展的高潮。以下介绍的就是上海某区对义务教育阶段学校课程建设的专项评估(调研)方案,其中初中学校参与评估的有 12 所。

案例 10-10 关于区域推进课程实施的专项评估方案设计案例

一、评估目的

帮助学校更好地实现课程建设的"规范、适切、特色"发展。

"规范"是指学校规范执行市课程方案和课程计划要求,课程设置、课时安排、活动总量等符合有关规定,落实"减负增效"的有关措施。

"适切"是指学校在课程建设的方案制定、目标定位、方法实施、多元评价等方面立足校本,做到以学定教、因材施教。

"特色"是指学校在课程的设计、实施、评价等方面有个性做法、亮点特色及影响力,初步形成具有学校特色的课程文化。

二、评估内容

以"点"为主,以"面"为辅,"点""面"结合:

"点"指"课程建设试点校"的课程试验方案或"国家基础型课程校本化实施立项学校"的课程项目方案,主要是课程方案制定、实施及取得的初步成效。

"面"指学校课程整体建设,主要包含"课程理念与目标"、"课程实施与建设"、"减负增效与责任"、"教师教学与发展"和"质量监控与评价"等内容。

三、评估要求

1. 每位评审专家的主要任务

(1) 听取学校关于课程建设情况的自评汇报(8:30—9:15)。

(2) 观课:涉及基础型、拓展型、探究型课程,每位专家 1~2 节。

(3) 召开座谈会:干部、教师座谈会各 1 个、学生座谈会 2 个(中学预备和初一年级 1 个,初二和初三年级 1 个)。

(4) 访谈:每位督学访谈学校领导或教师 2 人。

(5) 查阅资料。

（6）对教师、学生进行问卷调查。

2. 每个评审小组的主要任务

（1）完成"一校一评价"：《学校课程建设调研评估指标》（表一）。

（2）完成"一校一报告"：《"学校课程建设"专项调研学校情况汇总表》（表二）。

（3）加强指导：在深入了解学校课程建设工作的基础上，要善于发现学校的生长点，及时回应学校在课程建设中的困惑；要善于发现和反映学校存在的问题以及解决问题的措施和过程；要善于反映区域层面，尤其是政策层面上存在的问题。

（4）注重推荐"潜力课程"：把发现的学校"潜力课程"推荐给区课程资源中心，发展成为区本课程。

四、评估步骤

2011 年 9 月：

由区教育督导室制定初步的评估方案和评估指标。

2011 年 10 月：

（1）召开由督导室、教研室、义教科等共同参与的研讨会，改进评估方案和指标。

（2）召开有关学校（评估对象）校长研讨会，布置相关工作。

2011 年 11 月：

（1）组建由市、区课程专家、行政人员、教研员、专兼职督学等组成的评审队伍，召开有关会议。

（2）有关学校完成并向区教育督导室递交学校课程建设工作自评报告和自评表（一式 10 份的文本和电子稿）。

区教育督导室邮箱地址：（略） 联系人：（略）。

（3）评审组对有关学校开展课程建设专项调研与评估。

2011 年 12 月：

（1）评审组对有关学校开展课程建设专项调研。

（2）召开调研与评估情况汇总会。

（3）将各校总结汇编成册，适时召开全区有关会议，宣传"试点校"取得的基本经验和主要成果，发挥引领示范作用。

五、评估时间

（1）2011 年 11 月下旬—12 月上旬。

（2）每所学校安排一天：上午 8:30—下午 4:30（具体安排略）。

六、组织工作

1. 评估工作领导小组

组长：×××　组员：××等（略）。

2. 评审小组

（共分×组，有组长、组员及联络员）。

3. 各组评估具体安排表（具体内容略）。

评审小组分组情况见表 10-7。

表 10-7　评审小组分组情况

分组	单位	领导	手机	电话	学校地址	调研日期

附件：（具体内容略）

1. 学校课程建设调研评估指标

2. "一校一报告"表

3. "学校课程建设"专项调研问卷（含教师、家长、学生不同对象）

　　上述评估方案的设计，首先有明确的目的，以及对目的含义的具体解释，使评估工作有比较清晰的操作要求；其次是计划性强，关于人员分工、学校对象、任务、时间等设计均十分精细，便于实施；第三是对评估结果的设计有比较规范的表格，用表格中的指标来引导并制约评审的到位度，所以具有借鉴和运用到价值。

案例 10-11　基于上述方案组织对××初中评审的专家评审报告案例

一、调研工作量

　　评审组成员观课共 6 节；干部、教师座谈会共 2 个，总人数 20 名；学生座谈会 2 个，总人数 30 名；访谈共 9 名；完成学生问卷 30 人、教师问卷 20 人

二、工作经验、亮点特色

　　1. 学校能依据校情确立"全面发展，优质高效"的办学理念，以"为人、为师、为学"为主线，多角度构建校园课程文化，并以"尊重差异、分层育人"为基本方

略,通过"优化基础型课程、完善和深化拓展型、开发探究型课程"来全面实施新课程,推进课程建设。学校课程目标能体现以课程建设为载体,以学生素质培养为根本、以教师专业发展为保障的设计思路,具有全面性、多维性、操作性、可测性等特点。

2. 学校能贯彻市教委课程方案和计划要求,学科门类齐全并协调发展,开设的多达30多门可供学生自主选择的兴趣类拓展课,较好地满足了学生个性发展的需求;"语文写作指导"课程校本教材有质量;数学和英语分层走班拓展教学,体现了因材施教的教育理念,课程管理有效度较高。

3. 学校以课程建设、有效教学、校本研修为抓手和载体,加强师资队伍建设。校本研修尤其贴近教师需求,除了重视专家指导,更重视一线教师的影响,与××学校结对,请××学校学科优秀教师介绍经验,互相听课交流,引进先进的课程理念,有效转变教师的教学行为,从而提升本校教师对新课程的执行力。教师梯队建设分层分类实施,目标明确,措施扎实,逐步推进,已初显成效,近年来青年教师在各级各类教育教学和科研比赛中屡创佳绩。初步形成"课程成就教师,教师成就课程"的互动效应。

4. 学校以"学校整体推进教学有效性的策略研究"课题为龙头,围绕"减负增效"的主题开展实践研究,提高教学质量有措施,重落实,成效明显。对学业质量监控有力,反馈到位,坚持多元发展性评价,促进学生全面发展。

三、存在的主要问题

1. 学校课程计划制定与实施还需规范,基础型课有超课时现象,兴趣类拓展课课时不足,探究型课程尚未开设。

2. 对学生的考试成绩仍存在全班性排名现象。

3. 学生问卷调查反映,教师与学生的交流沟通还需加强。

四、建议

1. 深化对课程功能的理解。课程的最终价值是为学生的终身发展奠定基础,这种要求更需要着眼于对学生发展性学力与创造性学力培养。要加强学生自主型探究课建设,进一步加强以校长为核心的课程管理团队建设,健全队伍,明确责任,完善拓展课和探究课的管理制度和实施细则。

2. 加强和规范学校的个性和课程的特色建设。建议对校本38门拓展课程进行梳理,写作指导拓展课程可申报区"基础型课程校本化实施立项项目",可以按照示范的要求拟定《校本课程纲要》,从制定目标、选择内容、设计实施方略、反映评价方法等四个方面具体阐述;配之教材和实施实效成效的反映,以整体优化,使成果具有辐射力、说服力、影响力。

3. 加强对教师专业发展规划的审核、指导和反馈。加强和教师的沟通及鼓励,使之与学校教育发展目标相吻合。

这份专家评估报告文本比较简洁,但主要关注点都已涉及,而且评价与建议都基于学校的实际,是可供参考的一个案例。

四、关于教师发展与学生素质领域的评估案例

这是关于学校生命体发展的评估内容,主要是教师专业发展和学生素质发展这两个方面。对于教师专业的发展评估,主要指标涉及师资培训(或者是"校本教研"、"校本研修")结果、教育教学绩效、教育科研成就、可持续发展素养等方面(参见第八章相关内容)。不同的评估实施中,会有一些调整,但基本就是这些要素。关于学生素质的评估,其实是最重要的办学绩效评估,主要指标根据素质教育全面发展的要求,一般涉及思想品德、学业水平、身心素质和审美素养等几个方面(参见第八章相关内容)。具体评估实施时所关注的内容,则可以根据时代与地域的差异而进行有所不同的设计。

下面将分别从教师与学生的素质两个方面提供学校自评报告的案例,将专家的评估附后并作简单分析。

案例 10 - 12   上海市××中学教师发展领域的自评表案例

上海市××中学教师发展领域的自评表案例见表 10 - 8。

表 10 - 8   上海市××中学教师发展领域自评表

学校上海市××中学 校长 ×××   自评日期2011 年××月××日

发展领域	规划目标	达成度	备注
师资队伍	1. 不断优化教师年龄、学历、职称结构	达成	
	2. 聚焦课堂教学,在课程、教学、教研科研三位一体中提升教师课程素养、教学素养和科研素养,提升教师整体素质	达成	
	3. 培养若干名在全市范围内有一定影响的名师,形成1~2 个名师工作室基地	基本达成	

成绩与经验:

(一)强调师德,提升整体

通过主题实践教育活动、表彰奖励、聘请专家做专题报告等方式,进行师德教育,以提升教师的育德能力。

发展领域	规划目标	达成度	备注

（二）完善制度，规范激励

修订完善了各类工作制度和教师队伍考核、评价和激励机制。将师德修养、专业水平、教育教学能力、工作实绩作为教师聘任、职务晋升和骨干教师评选的主要依据；实施"优秀教育奖、优秀教学奖、优秀科研奖、优秀服务奖"年度评选制；积极开展文明班组创建活动，激发了教职工工作热情。××教研组 2010 年被评为"市巾帼文明岗"，有 33 位教师在区级及以上层面组织的教学评选、教育教学技能和教科研论文评奖中获奖。

（三）多元培训，学习提高

1. 自我培训：包括自学提升、读书反思、参与实践等形式。自学提升：教师每周安排 1～2 小时的自学时间，学校学术委员会成员及行政人员有 2 小时以上的学习时间。读书反思：以培养教师养成自愿读书和思考问题的好习惯。组织教师读文学经典、读教育名家、读课程理论。每位教师每学年学习一个教育原理，并进行实践，每学期完成一篇教学心得或论文。参与实践：鼓励教师参加各类教育教学展示、教育教学论坛等活动，从而提高自身的能力和水平。

2. 校本培训：发挥作为校本研修学校的作用，探索以专题研究为主的校本研修制度。学校关注研修文化建设，形成教艺精湛、互相合作的研修文化。近年来，学校以课题《基于"教与学电子平台"的校本学案研究》为引领，通过师徒带教、集体备课、听课、课题研究等研修形式，总结和推广优秀教师的教学经验，规范了备课、上课、作业、辅导和检测五个基本教学环节。

3. 在职培训：学校积极搭建平台，鼓励在职培训。全体教师完成了"十一五"继续教育培训并获得结业证书。鼓励青年教师参加在职硕士研究生学历的进修学习，提升自身教育水平。

4. 社会培训：学校依托各种社会教育资源和其他社会资源，聘请专家通过讲座辅导、校际联系，学习先进的教育教学理念，帮助教职员工开阔视野。

（四）分层培养，强调实效

分层培养教师、满足教师成长的个性化需求。对于 5 年以内的青年教师，培养重点是成为合格教师，以实施和组织课堂教学能力、班级管理能力等为重点，加强理论学习，开展"师徒带教"工作，接受专家指导。对于 5～10 年左右的青年教师，培养重点是成为教学能手，加强教学五环节研究，参与校本导学案的编写；加强课堂教学问题的研究，撰写教学案例，帮助他们提炼出课堂教学改革经验和研究成果。对于高级教师，培养重点是成为区骨干教师，提升学校品位，并带动教师整体素质的提高。以区骨干教师的评选条件为标准，通过自主学习、主持并开展以教研组为单位的校本研修、承担区级及以上公开课和课题研究任务提升教育教学能力。具体做法：参与校本学案的编写；每周开设特色微型拓展课程至少 1 节。对已取得骨干教师称号的教师，进一步发挥名师、骨干教师的示范辐射作用，打造重点学科优势教研组室，培养若干名在区内甚至市内有一定影响的名师。

学校修订完善了《××中学骨干教师管理办法》、《××中学骨干教师手册》、《××中学骨干教师考核条例》，加强对骨干教师的常规管理和过程性管理。

发展领域	规划目标	达成度	备注

存在问题与改进举措：

    1. 师资队伍整体相对来说年轻，部分学科缺少有影响的骨干教师，还没有特级教师。

    2. 个别教师教学方式传统，教学有效性较差，教学行为亟待改进。

    3. 特色课程教学师资相对薄弱，与课程资源要求、学校特色建设目标尚有差距。

    4. 学校师资整体超编、结构性缺编的现象短期难以改变，与当前岗位设置管理要求有差距。

改进措施：

    1. 强校本研修。搭建平台，激发教师专业发展动机，提升教师专业发展能力。

    2. 依托区域优质资源，发挥专家引领作用，推进全体教师专业发展。

自评等第	优秀		良好		合格		不合格	

注：1. 达成度是指预设的阶段目标达成情况，分为提前达成、达成、基本达成与未达成四档；

    2. 目标如有调整请在备注内加以说明；

    3. 自评等第是指目标达成度的质量，分四个层次评价。

专家评审意见

学校进一步完善了师资队伍建设的路径方法，将课程建设、课堂改进和教育科研三位一体，搭建教师专业发展的整合平台。推进教师专业的发展，一有规划，包括学校规划和教师个人发展规划；二有目标，即建设一支"有追求、善学习、能合作"的教师队伍；三有机制，重视教研组、备课组在校本研修中的作用，注重备课、听课、评课、课题研究和优秀教师展示总结推广等举措；四有成果，有多位教师在各级层面的教学评选、教育教学技能展示、教科研论文评选等活动中获奖。

建议学校加强对教师课程素养的培养，组织教师开展以学定教的改革探索，提升教师的课程执行力。要提高促进教师专业发展的各种培训资源的统整力度，为教师成长搭建多元平台，有层次地促进不同教师在原有基础上有目标、有差别地实现专业发展。要重视对教师专业发展的评价研究，建立基于网络开展对教师课堂行为、研修质量的评价体系，助推教师更快更好发展的机制建设。

在对学生素养发展的评估方面，这里选择"学业水平"中的"科学素养"为观测点，采取以测试为基本手段的评估方法，提供一个案例来分析。

案例 10-13　关于"科学素养"测试评估的设计与实施案例分析

上海某区曾参加"初中学生科学素养"的测试评估，以九年级学生为代表，指向完成九年义务教育任务后,学生科学素质的达成度评估。

评估测试是根据《上海市青少年科技素养测评标准(试行)》的指标及标准,制成测试卷,选择若干区的若干学校为样本。该"标准"对学生科学素养的结构组成如表10-9所示。

表10-9　初中学生科学素养结构组成

初中学生科学素养										
科学知识			科学方法		科学思想与精神			科技实践		
生命科学与技术	物质科学与技术	地球空间科学与技术	基本科学方法	科学探究过程	重要的科学观念	态度与价值观	行为与习惯	基本技能	实践经历	创意

每个指标要素都有一定的基本标准要求,这是试卷设计的基本依据。测试卷共分四种题型(选择、填空、探究、设计),有20个题目,并加一个实践操作题(以下是举例)。

选择题

● 将苹果放在冰箱的冷藏室中可以延长它的保存时间,其原因是(　　　)

A. 降低苹果的呼吸作用　　　B. 降低苹果的光合作用

C. 使苹果散失水分　　　　　D. 使苹果保持水分

● 在研究物质时,使用了"原子"概念;在研究地理位置时,使用了"经纬线"概念;在研究机械运动时,使用了"参照物"概念;在研究生物结构时,使用了"细胞"概念。其中属于假设,但实际不存在的是(　　　)

A. 原子　　　B. 经纬线　　　C. 参照物　　　D. 细胞

填空题

● 随着现代科技的飞速发展,家用电器在生活中的使用越来越广泛,现有下列家用电器:① 吸尘器;② 电饭煲;③ 脱排油烟机;④ 电取暖器;⑤ 收音机;⑥ MP3。请按能量转换功能将上述家用电器的序号填入各自的类别

电能→机械能	电能→内能	电能→声能

创意设计题

上海正在推广垃圾的分类收集,为了适应这个变化,请你设计一个家用装垃圾的装置,这个装置必须符合以下要求:① 能分装有害垃圾、不可回收垃圾和可回收垃圾;② 各类垃圾有明显的区别标记;③ 使用方便、经济美观。

请画出装置的简图,注明所用材料、颜色等;写出你的主要创意。

测试结果,选择其中两所初中样本相当区常模的分析评价。数据反映:

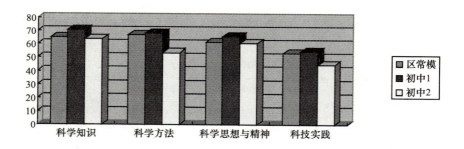

基本评价与启示

第一,该区九年级学生样本,在科学知识、科学方法、科学思想精神、科技实践四个维度上得分率分别为65.1%、66.9%、61.5%、53.3%,相对最薄弱的是科技实践维度上的表现。

第二,学校之间的差异比较大。如上述两所学校之间,初中1的四个维度素养均高于区的常模,而初中2的四个常模素养均低于区常模。其中"科学方法"和"科技实践"的素养差异更大,初中2的理想度更低些。

第三,要坚持青少年科技教育改革的方向。注意联系学生的生活,体现"从生活走进科技,从科技走向社会"理念;注意课程与信息技术整合,注重科学探究;注意突破传统学科的"围城",充分利用各类社会资源,完善学习方式;注意科学精神与人文精神结合,培养符合社会需要的新公民。尤其在探究与实践等环节的培养要求上,还需要进一步加强。

第四,要深入研究与探索科技素养评价的机制。如现行的学生能力国际评价项目(PISA),在国际经济合作与发展组织国家与地区中实行,其中对科技素养的评价每隔一段年限正式举行一次,对参加评价的国家与地区初中学生的科技素养评估情况公开报告,对促进各国青少年科技素养的发展有很大效益。我们要形成一个较完整的青少年科技素养测试系统,使青少年的科技教育拥有一种新的发展驱动力。

附　　录

附录一　《上海市义务教育阶段学校办学基本标准》

上海市教育委员会"沪教委基〔2011〕54 号"文件

上海市教育委员会关于印发
《上海市义务教育阶段学校办学基本标准》的通知

各区县教育局：

　　根据《教育部 上海市人民政府关于推进义务教育均衡发展备忘录》精神，为进一步推进本市义务教育均衡优质发展，我委制定了《上海市义务教育阶段学校办学基本标准》（以下简称《标准》，见附件），现印发给你们。请你们照《标准》要求落实好均衡配置教育资源，缩小区域内学校之间的办学条件和水平差异，推进区域内义务教育均衡优质发展的各项工作。同时，请将此《标准》转发至所辖义务教育阶段学校，并指导各义务教育阶段学校依照《标准》要求，树立"为了每一个学生的终身发展"的理念，把为了每一个孩子的健康快乐成长作为学校一切工作的出发点和落脚点，全面落实《标准》的各项要求，努力办好让人民群众满意的义务教育学校。

　　附件：上海市义务教育阶段学校办学基本标准

上 海 市 教 育 委 员 会
二〇一一年七月五日

附件：

上海市义务教育阶段学校办学基本标准

第一章　总　　则

　　第一条　为促进本市义务教育均衡优质发展，办好每一所学校，根据《中华人民共和国义务教育法》和国家有关教育法律、法规、标准，结合本市实际，制定本标准。

第二条　本标准适用于本市义务教育阶段普通公办中小学校。普通民办义务教育阶段学校可参照执行。

第二章　资 源 配 置

第三条　学校校舍、场地达到上海市普通中小学校建设 90 标准(2005 年前建设)或 04 标准(2005 年后建设)。小学班额不超过 40 人,初中班额不超过 45 人,人口导入区可适当放宽,最多不超过 50 人。

第四条　学校教学仪器、设备配置达到上海市普通中小学校教学装备标准,使用状况良好,能满足课程教学改革和开展素质教育活动的需要。

第五条　按岗位设置标准配足教职工队伍。专任教师要全部具有教师资格,小学教师本科学历达到 45% 以上,初中教师本科学历达到 85% 以上,学科和职务结构合理。

第六条　根据相关教育经费管理规定,建立健全财务制度,规范财务管理,提高经费使用效益,不得违规收费。

第三章　学 校 管 理

第七条　制订学校发展规划,规划落实有保障措施。

第八条　健全内部管理制度,完善教职工代表大会制度,实施校务公开和社会公示制度。实行校长负责制,落实校长全面负责、党组织保证监督、教职工民主管理的学校内部管理体制。

第九条　健全学生社团组织,充分发挥共青团组织、少先队组织及学生会、班委会等学生组织的作用,促进学生自主管理。

第十条　严格执行上海市中小学学籍管理办法,平等对待每一位学生。不设立或变相设立重点班,保证学生享有均衡的受教育条件。

第十一条　根据教育部《中小学公共安全教育指导纲要》,构建学校安全防范管理体系,建立健全安全管理制度和应急机制。制定并严格落实校舍、设备设施、食品、消防、治安、交通、校车等方面的安全管理制度,对学生实施安全教育,提高师生识险避险、自救互救的知识技能。

第十二条　建立与家庭、社会沟通及资源共享的制度与机制,发挥家长委员会和社区的作用,利用现代信息技术,积极引导家长和社区参与学校管理、教育教学和办学评价等工作。

第四章　课 程 教 学

第十三条　严格执行上海市中小学课程方案、学科课程标准和市教委年度教学计划,开齐课程、开足课时。结合学生需要和学校特点,制订学校课程计划,对拓展型课程、探究型课程做出合理安排,开展学校特色学科建设与特色活动。

第十四条　制订有效实施学校课程的管理制度,形成由决策规划、组织实施、评价反馈、管理保障等组成的学校课程管理网络。

第十五条　坚持把德育放在首位,整体规划课程教学。以"两纲"实施为主线,强化学科育人功能,开展有针对性、有实效的专题教育和社会实践活动。以学校为主阵地,促进学校、家庭和社会未成年人思想道德教育的相互衔接与融合。

第十六条　加强教学常规管理,教师应根据课程要求和学生实际制订教学计划,优化备课、上课、作业、辅导、评价等基本环节,强化备课、上课、作业和评价的一致性,探索学与教的方式转变,切实提高课堂教学的有效性。

第十七条　建立学校领导兼课、听课、评课制度,形成课堂教学质量常态分析与管理制度,提升学校课程领导力。

第十八条　按课程设置方案和课程标准开展科技、体育、艺术和综合实践活动,落实"三课、两操、两活动",确保学生在校期间每天校园体育锻炼1小时。

第十九条　积极开发校内外课程资源,充分利用现代信息技术,形成开发、选用、优化课程资源的机制,促进课程资源的校内外共享。

第二十条　树立全面教育质量观,面向全体学生,关注个体差异,建立教育质量综合评价体系,建立关注教育教学过程、内容手段多元、旨在促进发展的校内质量保障体系。

第二十一条　严格执行有关减轻中小学生过重课业负担的规定,科学安排作息时间,精心设计作业,加强考试管理,优化教学环节,提高教学效益。

第五章　教师发展

第二十二条　教师应积极履行《上海市中小学教师守则》和《中小学教师职业道德规范》,坚持教书育人,加强师德修养,不断提高教育境界和使命感。尊重学生的人格与个性差异,努力建立平等民主的师生关系。

第二十三条　认真落实教育部《中小学教师继续教育规定》和《关于大力加强中小学教师培训工作的意见》,全面完成在职教师岗位培训、新任教师岗前培训和骨干教师研修提高工作。

第二十四条　建立校本研修制度,加大建设实践体验课程的力度,建立适合教师专业发展的多元研修机制,创新教师校本研训模式。依托教师教育资源联盟,促进优质研修资源共享。

第二十五条　健全学校教育科研组织,完善教育科研管理制度,鼓励教师开展优化教育教学实践的应用性教育科研。

第二十六条　支持骨干教师和紧缺专业教师在区域内流动,形成优质教师柔性流动机制。

第二十七条　落实教师绩效工资制度,从完成教育教学任务和培养学生情况等方面综合考核教师的工作业绩,保障教师合法权益,激发教师工作热情。

第六章　学生发展

第二十八条　重视并加强学校校风及班集体建设。学生综合素质评价优良,日常行为规范良好。组织学生定期参加各种社会实践活动,培养社会责任感。

第二十九条　初中学生学业水平考试合格率达到 95% 以上。培养学生的学习兴趣和学习习惯,提高学生的学习能力,使学生形成初步的创新精神和实践能力。

第三十条　体质健康标准合格率 85% 以上。落实"体育、艺术 2 + 1 项目",确保每个学生至少学习掌握两项体育运动技能和一项艺术特长。学生参加"三课、两操、两活动"表现良好,具备健康意识,形成日常锻炼的习惯。

第三十一条　家长对学生综合素质发展状况满意度较高。学生对学校的环境、生活和学习等满意度较高。学生心理健康,形成积极乐观的心态,同学关系、师生关系融洽。

附录二　中小学生学业质量绿色指标

国家教育体制改革试点项目《改革义务教育教学质量综合评价办法》
中小学生学业质量绿色指标

上海市教育委员会
教育部基础教育课程教材发展中心
二〇一一年九月

前　言

随着国家《教育规划纲要》的颁布,我国基础教育的改革与发展进入了一个新阶段,全面提高教育质量,促进教育的内涵发展成为当前的重要任务。教育质量是衡量一个国家、地区基础教育发展水平最重要的指标,学生学业质量是教育质量的重要组成部分。以学生学业质量的评价为切入口,全面关注学生的健康成长,引导建立正确的质量观,建立教育质量的保障体系,对于促进基础教育的均衡发展,实现教育公平有着重大作用。

教育质量的形成涉及诸多关键环节,除外部的支持保障条件外,提升质量首先应关注教学过程。但是,目前普遍存在的统考统测和以追求中考、高考升学率为导向的教学、考试,偏离了课程改革的方向和课程标准的基本要求,考试命题依赖个人经验,缺乏对教育测量学的深入研究;考试结果用于排名、甄别和选拔,加剧了竞争。在此压力下,中小学生很难有发自内心的求知欲,很难有对学校的归属感。过重的学习压力,不仅使学生的睡眠时间得不到保证,近视率不断增长,而且导致学生产生焦虑,严重地影响身心健康。正如欧盟《学生学业成绩分析报告》中所指出的"尽管较强的竞争性可能会在学习成绩上带来收益,但在学生的动机和心理健康方面却会付出代价。这些代价从长远来看会有一些不可预见的负面影响,如对学生的终身学习"。

教育部基础教育课程教材发展中心 2003 年启动了"建立中小学生学业质量分析反馈与指导系统"项目,项目旨在依据课程标准建立学生学业质量的标准,并进行大规模测试,同时通过问卷了解影响学生学业质量的关键因素。项目先后对上海、江苏、甘肃等 6 个省市和近 20 个地市进行学业质量测试,共有约 335 万人次的学生参加了学科测试和问卷调查,约 15 万名教师和 1.2 万名校长参加了问卷调查。上海市参加了项目的创立与发展,初步建立了上海中小学生学业质量的数据库。

2009 年 10 月,教育部基础教育课程教材发展中心受教育部基础教育二司的委托,在全国 31 个省(直辖市、自治区)的范围内进行抽样测试的基础上,研究建立义务教育阶段小学三年级和中学八年级的学业质量状况的全国常模。

经过 8 年不断的实践和探索,在大规模测试数据和全国常模的基础上,首次在国家层面建立了一套以义务教育课程标准为依据、以能力为导向的学生学业质量评价、分析、反馈和指导体系。

2010 年,上海市教育委员会承担了国家教育体制改革试点项目《改革义务教育教学质量综合评价办法》,在与教育部基础教育课程教材发展中心进行前期合作的基础上,共同研究、提炼出了一系列影响学生学业质量的关键因素,如学习动力、师生关系、学习负担等,构建了以关注学生健康成长为核心价值追求的指标体系,称之为学业质量的"绿色指标"体系。这一指标体系旨在引导全社会保护青少年的健康成长,引导教育部门科学地管理教学,引导学校和教师遵循教育规律,形成实施素质教育的良好秩序和环境。

学业质量"绿色指标"分为学生学业水平指数、学生学习动力指数、学生学业负担指数、师生关系指数、教师教学方式指数、校长课程领导力指数、学生社会经济背景对学业成绩的影响指数、学生品德行为指数、学生身心健康指数以及上述各项指标的跨年度进步指数。

学业质量的"绿色指标",并不是全面衡量教育质量的完整指标体系,而是针对当前时弊提出的,直接指向学生健康成长的关键因素,该指标体系在使用过程中将不断地得到发展和完善。

"绿色指标"体系的推行将为各级教育行政部门、教研部门和学校了解学生学业质量的基本状况和重要影响因素,提供实证的依据;为教育决策提供重要参考;为提升学生学业质量提供诊断和改进建议;从而引导全社会树立正确的质量观,促进学生的健康成长。

中小学生学业质量绿色指标

一、学生学业水平指数

学生学业水平指数包含学生学业成绩的标准达成度、学生高层次思维能力指数以及学生学业成绩均衡度。其中学生学业成绩均衡度包括总体均衡、区县间均衡和学校间均衡三个方面。

（一）学生学业成绩的标准达成度

学生学业水平标准是依据课程标准,确定学生在某一学科、某一阶段应该掌握的基本内容与核心能力的标准等级。

学业成绩的标准达成度指的是学生在各学科达到合格水平以上的人数比例。标准划定时采用了国际上广泛应用于学业能力测试和水平考试等领域的Angoff 和 Bookmark 的方法。

（二）学生高层次思维能力指数

在关注学生标准达成度的同时,也要关注学生的高层次思维能力。高层次思维能力主要包括知识迁移的能力,预测、观察和解释能力,推理能力,问题解决能力,批判性思维和创造性思维能力等。

（三）学生学业成绩均衡度

学生学业成绩均衡度包括总体均衡度、区县间均衡度和学校间均衡度三个方面。

1. 学生学业成绩总体均衡度

学业成绩总体均衡度指的是测试地区所有参测学生学业成绩总体差异的大小。各学科的学业成绩采用多种现代统计测量方法(如 Rasch 模型和多维分步计分模型)进行分析的结果。

2. 学生学业成绩区县间均衡度

学业成绩区县均衡是指测试地区各区县之间学生学业成绩差异的大小,是通过多层线性模型统计分析得到的。

3. 学生学业成绩学校均衡度

学生学业成绩学校均衡指的是各学校之间学生学业成绩差异的大小,是通过多层线性模型统计分析得到的。

二、学生学习动力指数

学生学习动力指数主要有四个方面,分别为学生学习自信心、学习动机、学习压力和学生对学校的认同度。

1. 学习自信心

历年大规模测试的数据显示,学生学习自信心与学生学业水平呈现明显的正相关。学习自信心主要通过调查学生对个人学习能力的评价、尝试解决困难问题的意愿,以及对取得优异学习成绩和完成学习目标的预期等问题,采集学生问卷数据,对数据进行统计分析得到的结果。

2. 内部学习动机

历年来大规模测试的数据显示,学生内部学习动机与学生学业水平呈现明显的相关,内部学习动机能够很好地预测学业成绩。内部学习动机的测量包含学生对学习本身的兴趣、对于学习目的和意义的认识等问题;通过采集学生问卷数据,进行数据分析得到的结果。

3. 学习压力

历年大规模测试数据分析显示,学生过重的学习压力和学业质量之间呈现着某种负相关。学习压力主要调查学生在学习过程中产生的心理负担和焦虑,通过询问学生作业量的多少及难易、考试次数的数量以及学校公布成绩、考试之前的感受来调查学生所承受的学习压力的情况。学习压力是通过采集学生问卷数据,进行数据分析得到的结果。

4. 学生对学校的认同度

通过对大规模测试数据的分析,结果显示学生对学校的认同度与学生学业成绩存在正向的预测作用,学生对学校的认同与学生的学业成绩存在正相关。

学生对学校的认同度主要指学生对学校的认可程度,包括学生的同学关系、是否愿意参加学校集体活动、是否喜欢学校以及在学校是否会感到孤独等问题。学生对学校的认同度是通过采集学生问卷数据,进行数据分析得到的结果。

三、学生学业负担指数

(一)学业负担综合指数

通过对大规模测试数据的分析,结果显示学业负担的增加并不是提高学习成绩的简单办法,学生学习时间的增加与学生学习成绩之间没有明了、简单的关系,更多的学习时间并不一定带来学生更好的学习成绩。我们通过调查学生的睡眠时间、做作业时间和补课时间来反映当前学生的学业负担。学业负担指数是通过采集学生问卷数据,进行数据分析得到的结果。

(二)学业负担分项指数

1. 睡眠时间

教育部明确规定义务教育阶段学生要保证每日有 9 小时以上的睡眠。

通过对大规模测试数据的分析,结果显示与睡眠时间较多的学生相比,睡眠时间较少的学生更容易产生注意力不集中的现象,降低学习效率,学生的学业成绩并没有随着睡眠时间的减少而提高。

2. 作业时间

通过对历年大规模测试数据的分析,结果显示小学生每天做作业时间 1 小时左右,中学生每天做作业时间 2 小时左右,学生的学业成就水平明显高于基本不做作业或做作业时间过长的学生。做作业时间包括来自学校老师布置的当天要完成的书面作业和来自家长布置的作业(如家教或者课外辅导班)。

3. 补课时间

通过对历年大规模测试数据的分析,结果显示学业成绩与补课时间之间并不存在明显的关系,补课时间的增加并不一定意味着学业成绩的提高。补课时间包括学校要求到校补课时间和家长要求的补课时间(如家教或者课外辅导班)。

四、师生关系指数

历年大规模测试数据结果显示,师生关系与学生学业水平呈明显的正相关,师生关系对学生学业成绩有明显的正向预测作用。

师生关系的调查主要包含了教师是否尊重学生,是否公正、平等地对待学生,是否信任学生等。师生关系指数是通过采集学生问卷数据,进行数据分析得到的结果。

五、教师教学方式指数

通过对大规模测试数据的分析,结果显示教师教学方式与学生学业成绩有着明显的正相关关系,良好的教学方式能够对学生的学业成绩起到积极的影响。教师教学方式分为教师自评和学生评价两个方面。

1. 教师对教学方式的自评

教师对教学方式的自评主要有三个指标,分别为因材施教、互动教学和探究与发展能力。它们是通过采集教师问卷数据,进行数据分析得到的结果。

2. 学生对教师教学方式的评价

学生对教师教学方式的评价是通过采集学生问卷数据,运用统计方法得到的结果。问卷内容主要包括教师是否进行情境教学,鼓励学生动手实践等问题。

六、校长课程领导力指数

历年大规模测试数据结果显示,校长的课程领导力对教师教学和学生学习有着重要的影响。

校长课程领导力的调查分析包含三个方面,分别为课程决策与计划、课程组织与实施、课程管理与评价。校长课程领导力指数是通过采集教师问卷数据,进行数据分析得到的结果。

七、学生社会经济背景对学业成绩的影响指数

父母受教育程度、父母职业、家庭文化资源等综合为学生社会经济背景。学生社会经济背景与学生学业成绩结合起来,构成家庭对学生学业成绩的影响指数,反映学校教育的作为。该指数是通过采集学生问卷数据、运用多层线性模型进行统计分析得到的结果。

八、学生品德行为指数

良好的品德是个人成长、终生发展的基础,更是其成为社会有用之才的重要条件。学生的品德塑造是否成功,一定程度上反映了学校教育的成功与否。良好的品德包括热爱祖国、自尊自爱、尊重他人、有诚信和责任心、遵守公德以及拥有关怀之心和公正之心。品德行为指数是通过采集学生问卷数据,进行数据分析得到的结果。

九、学生身心健康指数

学生的身心是否健康,关系到我们民族的整体素质能否提高,关系到国家的未来与兴衰。学生的身心健康主要通过调查学生近视率、肥胖率、身体素质及幸福感等指标来反应。身心健康指数是通过采集学生问卷数据和学校行政部门的调查,进行数据分析得到的结果。

十、跨年度进步指数

通过对大规模测试中部分省市历年数据的纵向比较,我们发现许多地区不仅学生的学业质量有所提高,而且在影响学业质量的一些关键因素方面也取得了明显的进步。进步指数包括学习动力进步指数、师生关系进步指数、学业负担进步指数等。

附录三 《山东省义务教育段学校省级规范化学校评估标准与实施细则(试行)》

山东省义务教育段学校省级规范化学校评估标准与实施细则(试行)

一级指标:A1 办学条件

二级指标	评估要点
B1 学校规划	C1 校园、选址布局符合《标准》要求,各功能区划科学、合理、分明

二级指标	评估要点
B1 学校规划	C2 学校规模适宜。完全小学规模为 12～36 班,班额不超过 45 人,低年级学生就近入学。独立设置的初级中学规模为 18～30 班,班额不超过 50 人。九年一贯制学校的规模为 18～36 班,班额小学不超过 45 人,初中不超过 50 人
	C3 学校有独立的校园。生均占地面积(不含住宿生宿舍、食堂及教工宿舍区建筑占地面积)不低于《标准》规定;可硬化活动场地及校园道路全部硬化,路面平整清洁。生均绿地面积不低于 $4m^2$
B2 校舍	C4 校舍生均使用面积(不含住宿生宿舍、食堂及教工宿舍使用面积)不低于《标准》规定
	C5 校舍建筑设计与质量符合《中小学建筑设计规范》要求,维修及时
	C6 普通教室、各科专用教室、公共教学用房、办公用房及生活用房及辅助用房设置、数量、面积、设计达到《标准》要求,室内各种固定设施齐全,符合《标准》要求,布置合理,整洁、完好
	C7 学校取暖、开水设施齐全。寄宿生宿舍(含浴室)、食堂设计合理,寄宿生均使用面积分别不低于 3 ㎡、1.5 ㎡。宿舍食堂设施完备
B3 运动场地及设施	C8 学校田径场、足球场、篮(排)球场等运动场地数量、面积达到《标准》要求;田径场跑道为塑胶或炉渣跑道(盐碱地也可为普通跑道),跑道规范、平整、无杂物积水
	C9 室外体育设施数量、规格达到《标准》要求,安放科学、牢固,维修及时,维护良好,保证使用安全
B4 教学设施设备	C10 学校根据课程标准和学校规模配备教学仪器、器材,达到《标准》要求,并及时补充
	C11 艺术、体育、卫生及心理咨询室所需器材,根据课程标准和学校规模配备,达到《标准》要求
	C12 实验室及其他专用教室以及公共教学用房需要的专用固定设施、设备达到《标准》要求,水、电、通风设施完善
	C13 学校按信息技术课程和《标准》要求配备学生用计算机,计算机教室微机配备达到上机学生人手一机;专任教师用微机达到人手一机;多媒体教学设备和各种电教器材、教育资源库、办公用计算机和现代办公设备达到《标准》要求

二级指标	评估要点
B4 教学设施设备	C14 建有具备公共信息交流、行政管理、教育资源、教学科研等应用平台的校园网,教学、管理、办公等信息交流实现网络化管理,多媒体教学实现班班通
	C15 学校图书资料数量充足、分类比例合理;生均藏书量、教参资料、工具书和报刊达到标准要求。每年图书更新数量不少于藏书标准的 1%
B5 教育经费	C16 教育经费来源稳定,能保证学校正常运行和长期稳定发展;政府所拨经费逐年增长,经费拨付及时、足额到位,无平调、截留现象

一级指标:A2 学校管理

二级指标	评估要点
B6 办学理念与发展规划	C17 全面贯彻国家的教育方针,树立正确的教育观、人才观和质量观,坚持以人为本,按照科学发展观要求实施素质教育,为学生全面发展创设良好的环境条件。并具有自己的办学特色
	C18 办学理念贯穿于学校教育教学的全过程,有落实办学理念、培养目标的具体措施及实际行动,设计并实施组织管理、文化建设、课程建设及校园建设等教育教学活动,并取得显著成绩
	C19 根据学校实际和社会发展的需要,确立明确的办学目标和近期、中长期发展规划,发展规划涵盖全面,重点突出,措施得力;近期规划实施情况好
B7 管理机制	C20 实行校长负责制,建立健全校长办公会议制度,研究决定学校重要事项;有健全的组织管理机构,实行岗位责任制;实行教职工全员聘任制,制定了科学、全面的考核办法
	C21 各项规章制度健全、有效;积极探索建立现代学校管理制度,管理科学、规范,管理工作制度化、规范化、精细化,管理手段现代化;各种管理档案健全完善
	C22 学校校务公开,党组织监督、保证作用和教代会职能得到充分发挥;学生、家长、社区能有效参与学校重大决策并监督学校工作
B8 班子建设	C23 校长符合国家规定的任职条件,有岗位培训合格证书;领导班子成员,小学有大专学历或小学高级教师及以上职称,初中有本科学历或中学一级教师及以上职称;有较高的道德修养、较强的管理能力,有现代教育思想、现代管理意识和新的课程理念,有创新意识和实干精神;班子结构合理、团结合作,有民主平等的交流氛围和科学有效的决策机制
	C24 领导班子坚持定期专题研究教育教学工作并形成制度,班子成员每人近两年至少有一篇针对教育教学改革与发展的体会或论文在市级以上刊物发表

二级指标	评估要点
B9 队伍建设	C25 教师配备满足课程开设的需要；专任教师均有相应学段的《教师资格证书》，年龄结构和职称结构合理；实验教师、卫生技术人员及心理健康教育教师配备符合规定。教辅人员满足教育教学需要，熟知岗位职责要求
	C26 学校有师德建设具体措施。教师遵守《中小学教师职业道德规范》，有良好的职业道德，热爱并尊重学生，有社会责任感，有合作与奉献的精神，学生、家长、社会满意。
	C27 教师有先进的教育理念，掌握并尊重学生身心发展的规律，尊重个体差异，关注学生全面发展，引导学生学会学习。教师能够胜任各年级的教育教学工作，具备开展网络环境下的专业发展及教育教学活动能力，有一定的教学研究能力和研究成果。学校具有一定数量的省、市级以上的骨干教师、学科带头人
	C28 学校注重教师队伍可持续发展，重视骨干教师和青年教师培养，有切实可行的促进教师专业发展的培训计划与经费保障措施，确保一定数量的教师参加各类校外继续教育和学术研讨活动，一定数量的教师能赴市外、省外考察学习。教师有自我发展的目标和计划。基本形成优秀的教师群体和学习型的学校
	C29 学校具有班主任队伍建设规划、班主任工作评价机制和奖惩制度；经常组织班主任学习培训和开展班主任工作经验交流，提高班主任的素质和工作能力，有一定数量的班主任获得各级表彰奖励
B10 办学行为	C30 坚决纠正各种错误的办学行为和教育行为，抵制妨碍学生健康成长的各种不良影响，保护学生身心健康发展
	C31 不举办"校中校"，不分重点班和非重点班
	C32 严格执行财务管理制度和国家收费政策，无乱收费现象；认真执行家庭困难学生资助政策
	C33 学校选用教材和教辅资料符合省教育行政部门有关规定；无违规接受任何单位和个人推销的教学用书和音像制品现象
	C34 严格执行《山东省中小学基本管理规范》中关于学生作息时间、晚间、双休日和其他法定节假日不上课以及作业量的规定。不组织、不参加未经市级以上教育行政部门批准的各种统考、联考或其他竞赛、考级等活动
	C35 严格执行《山东省普通中小学学籍管理规定》，建立纸质和电子学籍档案，学籍变更管理规范

二级指标	评估要点
B11 校园文化建设	C36 校园环境绿化、美化,整洁、美观、有序,校园文化环境注重教育性、科学性、有特色,适合不同年龄段学生特点
	C37 在适当位置设置旗杆,国旗要合乎规定,无破损、无污迹,教室及功能室正面墙上悬挂国旗
	C38 开展内容丰富、形式活泼的校园文化活动。每年定期举办全校性运动会等综合文体活动。学校有固定的展室、宣传栏或文化长廊等宣传教育设施,定期举办校史、德育、文化、艺术等各类教育展览
	C39 注重推广普通话和规范用字,普通话成为教学语言和校园语言,在教育教学和学校宣传中使用规范字。培养学生正确的读书写字姿势
B12 安全及 常规管理	C40 学校遵守有关安全工作的法律、法规和规章,建立健全校内各项安全管理制度和安全应急机制,及时消除隐患,预防事故发生。实行安全岗位责任制,定期组织安全检查,有安全突发事件应急预案。近三年无重大责任事故发生
	C41 学校能因地制宜地对师生进行安全教育和健康教育,定期开展安全演练,培养师生自救自护能力;建立健全学校卫生机构和卫生制度,开展教学卫生监督工作,重视常见病、传染病的预防工作,定期进行学生健康检查和体质测试,建立健全学生健康档案
	C42 校舍、资产管理规范;各种教育设施、设备维修及时,维护良好

一级指标:A3 素质教育实施

二级指标	评估要点
B13 德育工作	C43 学校德育工作目标明确,德育机构、制度、基地、措施健全,符合实际。建立了全员德育工作机制和学校、家长、社会三位一体的育人网络,建立家长学校,重视与家长的沟通,充分发挥家校共同教育的作用
	C44 积极开展各种内容丰富、形式多样的德育活动,并注重活动的针对性和实效性。充分发挥课堂教学主渠道作用,积极进行德育渗透。学校各类活动和课堂教学,以及各类考核测评均体现对学生情感、态度、价值观等基本要素的培养,张扬学生个性
	C45 重视开展公民道德、民族精神、理想信念、法制教育、心理健康教育、学生日常行为规范和文明礼貌教育,培养学生良好的道德品质和健全的人格;重视预防未成年人犯罪工作,近3年没有因心理因素引发的恶性事件及学生犯罪现象发生

二级指标	评估要点
B14 课程与 教学	C46 严格按照国家课程方案要求,开齐课程,开足课时;学校课程种类数量充足、富有特色
	C47 课堂教学目标既体现课程标准要求,又符合学生实际;教学过程思路清晰,注重师生互动;教学内容科学、严谨、完整,体现思想性和时代性,注重突出重点、突破难点,适应学生的接受能力;根据教学实际,恰当地选用不同的教学方法,积极引导学生开展自主、合作、探究等多种学习方式;合理利用信息技术等现代化教学手段,充分发挥各种媒体在教学中的辅助作用,课堂教学效益高
	C48 积极开展各种综合实践活动,开展研究性学习,重视现代信息资源的利用,培养学生收集处理和利用信息资源的能力,为学生社会实践、研究性学习等各种学习与实践活动提供帮助和支持
	C49 建立科学合理的教学管理和质量保障体系,教学管理制度健全、完善,并与基础教育课程改革要求相适应。有规范、可行的教学常规和教研活动要求;有学校、年级、学科教学观摩制度;有对教研活动、集体备课、教学设计、作业内容与批改等教学常规工作进行检查、评估并纳入教师考核的管理机制;建立各种业务档案,充分发挥业务档案材料在教育教学、教研科研中的重要作用
	C50 建立体育、艺术、技术、实验、图书、计算机室等设施设备的使用管理制度,使用效率高,使用记录规范;图书阅览室、计算机室、实验室、体育活动室在课余时间向学生开放
B15 教育科研	C51 教研机构健全,制度完善,有适应教育发展趋势和本校实际教研和教科研规划和年度计划。有对教研工作所需要的经费和时间的保障措施
	C52 教师普遍具有科研意识,结合教学实际参与各种不同级别的课题研究,学校承担有省市级以上研究课题,有已经结题的研究课题,并在教育教学中产生良好效果。有一批高水平的论文在省级以上刊物上公开发表。积极进行教改实验,多项实验项目取得阶段性成果,并在县区以上范围推广
B16 教育评价	C53 根据素质教育要求,积极改革评价制度。立足学生、教师及教育的发展,形成了科学的课程评价、学生评价、教师评价和教育教学质量监控等体系;重视社会、家长的评价,建立定期邀请家长随堂听课的制度;有效地促进了教育教学的改革

二级指标	评估要点
B16 **教育评价**	C54 评价方案以促进学生、教师发展为目的,科学、合理、全面。以学生综合素质评价和学科学习目标完成情况(如学业水平考试)全面评价学生,建立学生成长档案,不以任何方式公布学生考试成绩、按考试成绩给学生排名次;以职业道德、专业水平与发展、工作实绩(如学生合格率)等方面全面评价教师,不以考试成绩和升学率为主要标准评价教师
B17 **学生素质发展**	C55 模范遵纪守法,具有明辨是非的能力,有一定的民主法制观念,有坚定、正确的理想,有强烈的社会责任感,养成良好的行为习惯。学生自主参与、合作共事、社交能力有一定提高
	C56 学生有强烈的学习兴趣和求知欲,有较强的独立学习的能力,能较好地调控自己的学习进程,有对学习结果不断反思的习惯。学校重视研究和帮助学生改进学习方法,对学习有困难的学生制定针对性帮助办法;重视在人文科学和科学课程方面对学生的培养,发展学生特长,学生学业水平(毕业考试)合格率达全县(区)同类学校平均水平以上,毕业生适应能力强,整体素质好,得到社会认可
	C57 学生有较强的健康意识和能力,养成了体育锻炼的习惯,具有一定体育技能和强健体魄,掌握一定的音乐、美术知识与技能,有较高的欣赏美和表现美的能力,大多数学生能积极参加各种体育和艺术活动。能认真落实学生每天1小时体育活动的要求;有效实施《学生体育健康标准》,学生体质、体能有明显增强,形态、机能指数达到市同年龄组优秀水平
	C58 积极组织学生参加综合实践课程学习和社会实践活动,开展研究性学习,在实践中提高学生解决问题的能力,具有初步的研究与创新能力,有一定数量的学生研究性学习成果。能参与社会、服务社会,科技意识强,动手能力强

一级指标:A4 办学特色

二级指标	评估要点
B18 **办学特色**	C59 学校在长期的办学过程中积淀形成了本校独有的优于其他学校的独特优质风貌。在教学管理制度、运行机制、教育模式、课程建设、教学方法、特长培养等方面,体现自己的特色,对提高教育质量,促进学生全面发展效果显著,并得到社会及师生的高度认可,在市、省、全国产生一定影响。特色项目具有一定稳定性

附录四 《浦东新区学校特色课程认证细则(试行稿)》

浦东新区学校特色课程认证细则(试行稿)

学校的培养目标需要通过课程来实现。学校特色课程是学校特色的主要载体,是学校实施课程改革,实现教育目标的重要环节。为了进一步规范浦东新区学校课程管理,促进学校特色课程建设,创建区域特色学科和特色学校,以适应基础教育课程改革的深化与发展,特制订本细则。

一、认证目的

随着课改的深入,浦东新区学校特色课程的建设越来越得到关注,不少学校在执行国家课程的同时,结合学校的传统、优势和学生的发展需要,创造性地开发学校特色课程,积极落实课程的目标和要求。

由于区级层面尚未建立学校特色课程申报、评审和认证机制,学校特色课程基本处于自主自动发展阶段,质量不一,有的缺陷和不足明显。当前亟须在区级层面建立学校特色课程申报、评审和认证制度,以进一步规范学校特色课程建设,保证学校课程质量的提高。

通过区级学校特色课程的认证,为学校校本课程的开发提供引领,促进学校特色课程建设,形成一批浦东新区学校特色课程,逐步开创"校校有特色,生生有特长"的特色教育新局面,并逐步形成一批可在全区推广的或在全市有影响的特色课程。

二、认证依据

《上海市普通中小学课程方案》规定:"学校课程的开发、实施及教材编写,按国家和上海市有关课程管理的规定和程序进行","由学校负责编制的教材在使用前,必须通过区县教育行政部门的审批"。《上海市教育委员会关于进一步规范中小学课程教学工作深入实施素质教育的若干意见》要求:学校"应该结合学校的社区环境、资源情况、师生情况及学校传统等,设计和编制学校课程计划。通过拓展型课程和研究型课程的校本开发、国家课程的校本化实施等方式,优化课程结构,形成课程特色,提高课程计划实施的有效性"。浦东新区教育局《关于下发"浦东新区提升中小学课程领导力实施方案"的通知》要求:"应积极鼓励各个学校加大拓展型课程的开发与建设,并加以规范与指导。以浦东教育发展研究院为核心成立浦东新区校本课程审核小组,每年审核各学校申报的学校特色课程,同步建立学校特色课程年检制度。"

本细则的制订,以上述文件为依据,以课程建设的基本规律和相关理论为指导,并充分考虑了浦东新区中小学课程改革的实际情况。

三、认证范围

本细则所指的学校特色课程,是指利用学校课程资源开发的与学校发展目标、办学特色相匹配的课程。学校特色课程的认证,包括课程开发与实施的整个过程。认证范围如下:

1. 由申报学校按照国家和上海市有关课程管理的规定开发的拓展型或研究型课程。该课程有明确的课程纲要和自编的教材,开发的主体是申报学校的教师。

2. 该课程结合学校发展的目标和规划,体现学校的教育传统特色和办学特色,且能满足不同学生需要,促进学生个性化发展。

3. 该课程的总课时数不少于 16 课时,在本校至少已经有两轮完整的教学实践。且得到接受过该课程教育的学生的认可,对学校推进素质教育有积极意义,对学校课程建设起到一定的引领作用。

4. 认证工作包含资料评审和实地考察,以资料评审为主。

5. 认证工作注重课程的实施过程,凡缺少课程实施资料(包括学校总结和教师教学反思)的,则不进入本次评审。

四、认证指标

"课程纲要"中的课程元素(课程目标、课程内容、课程实施、课程评价),是学校特色课程认证的主要依据。

(一)课程目标

课程目标着重关注下列两个方面:

1. 体现课改理念。课程目标明晰,体现课改理念,学生实践能力和创新思维得到培养。

2. 符合学校实际。课程目标定位科学、适切,体现学校教育发展目标和办学特色,符合学校和学生实际,符合时代发展需要。

(二)课程内容

课程内容着重关注下列四个方面:

1. 知识性与教育性的统一。知识性与教育性的统一,指课程具有个性化、有价值的知识及其知识结构;在重视陈述性知识的基础上加强程序性知识、操作性知识的学习。科学知识与人文知识有机融合、协调发展,知识学习、技能培养和情感体验和谐统一。

2. 科学性与趣味性的统一。科学性与趣味性的统一,指课程体系科学合理,思路清晰,组织有序,符合适用对象的认知规律。课程内容反映事物的本质和规律,概念准确,观点正确,事实可信,依据可靠。课程内容的呈现图文并茂,生动活泼,通俗易懂,趣味性强;通过简要举例、对比分析、逻辑演绎等手段,促进学生理解内容。语言表达要简明扼要、条理清晰、生动形象。科学性与趣味性的统一,有利于激发学生学习积极性,有利于普及与提高相结合。

3. 理论性与实践性的统一。理论性与实践性的统一,指课程内容既有基本知识和基本理论的学习,又有动口动手动脑的实践;以实践带出理论,以理论指导实践,实例清晰,做法明了,可操作性强。学生既学到真理性的知识和科学方法,又形成实践应用的能力。

4. 创新性与实效性的统一。创新性与实效性的统一,一是指课程开发充分利用学校资源和社会资源,课程具有区域特点、学校特色;二是指课程内容强化活动设计和实践应用,注重学生体验和探究;三是指课程符合适用学生的特点和需要,符合适用学生的学习能力和接受能力,适合教学;四是指学生能学以致用,收到实效。

(三) 课程实施

课程实施着重关注下列四个方面:

1. 实施方案明确。明确的课程实施方案包括:实施方法、组织形式、课时安排(具体时间)、实施条件(场地、设备)、班级规模等。实施方法和组织形式突出两个方面:一是加强学习策略指导,激发学生学习兴趣,培养良好学习惯;二是建立相应的激励制度,促进学生学习能力的提高。

2. 教学计划落实。教学计划详尽,安排周到;有完整的教学设计与教学安排,教学总量不少于 16 课时;时间分配有利于学生自主学习。

3. 教学过程扎实。注重课程品质,关注学习过程;课程目标细化成教学目标,针对性、层次性、可操作性强。教师备课认真,资料积累充分。课程实施有助于学校办学特色的形成。

4. 方法手段多样。教学形式多样,教学方法得当,教学设计合理,调动学生主动积极地投入学习。注重现代教育技术的应用。

(四) 课程评价

"课程评价"是课程的重要组成部分。课程评价着重关注下列四个方面:

1. 评价方案完整。课程实施后有完整的、与之相匹配的评价方案,包括评价对象、评价内容、评价主体、评价方式和结果表达等。评价对象包括对课程教材的评价、对教师的评价、对学生的评价等。评价内容侧重于学生的学习态度及其发生的变化,学生运用所学知识与技能的情况。评价主体包括学生评价、教师评价、学校评价、社会评价。评价方式包括定性、定量或两者相结合。

2. 评价指向明确。评价指向一是紧扣课程目标,关注课程目标达成度,关注学生实践能力和创新思维的培养,关注课程实施对于学校办学特色形成所起的作用;二是重视学习过程,强调过程性,体验性。

3. 评价方法适切。评价方法与所开设的课程特点相适应,体现拓展型课程、研究型课程的学习特点。关注评价的参与性、过程性、激励性、科学性。评价结果的表达有助于促进学生发展,促进拓展型课程、研究型课程的实施。

4. 重视资料积累。有充实的反映课程目标、课程内容、课程实施、课程评价的资料。学生和教师对该课程的总体评价较高;多数学生愿意向其他同学推荐该课程。

五、认证程序

浦东新区学校特色课程认证工作由浦东教育发展研究院负责。建立"浦东新区学校特色课程认证工作组"和"浦东新区学校特色课程认证专家库"。从组织发动、评审认定到公示和命名,全程负责学校特色课程认证工作。

(一) 学校申报

各中小学按照"申报通知"和"认证细则"所提出的要求,遴选出符合条件的学校特色课程申报参评。2011学年为首次认证,原则上每所学校申报一门或一个系列的特色课程。

学校申报时须提交下列材料:

1. 学校特色课程申报表。申报表由浦东教育发展研究院制作,学校从浦东教育发展研究院院网下载。

2. 所申报课程的课程纲要。课程纲要应包括下列三方面的基本要素:课程概况(课程名称、课程类型、适用年级、课时安排、执教教师等),课程元素(课程背景和课程目标、课程内容和教学设计、课程实施、课程评价等),所需条件(为顺利实施该课程所需要的条件)。

3. 课程实施所用的自编教材或讲义。

4. 课程开发与实施的总结。总结由课程开发与实施者撰写,主要内容为课程开发过程和教学实践总结及反思。

5. 反映教学活动的相关原始资料(原件或复印),包括文字资料和音像资料。

申报表、课程方案和总结,除递交纸质材料外,须递交电子稿。

(二) 专家评审

浦东新区学校课程认证工作组组织专家组对学校申报材料进行评审(包括必要的实地考察)。评审专家从"浦东新区学校特色课程认证专家库"中选取。专家库成员聘请市、区两级课程专家担任。

1. 评审严格按照公开、公正、公平的原则进行。凡与申报学校直接有关的专家应主动回避。

2. 评审结果分为"认可"、"不认可"两档。

3. 专家组的认证评审意见填入《浦东新区学校特色课程认证评价表》,具体阐述"认可"或"不认可"的理由,并给出修改提高的建议。

（三）公示和命名

1. 通过评审的学校特色课程,先在浦东教发院院网上公示一周,接受基层学校的评价和监督。

2. 公示后由浦东新区学校特色课程认证工作组进一步审核,最后由浦东教发院命名,教育局备案。

3. 凡有指导意义和推广价值的学校特色课程,经修改提高后在全区推广,以发挥特色课程的示范与辐射作用,促进我区学校课程建设,促进学校特色的形成。

六、组织管理

（一）承诺制度

被命名的"浦东新区学校特色课程",学校应承诺:

1. 结合学校实际,加强规划和管理,不断完善,促进其发展,不得随意停止开设。

2. 积极配合浦东新区教研室,做好推广工作,充分发挥其示范、辐射作用,支持和带动其他学校的课程建设。

3. 对浦东新区学校特色课程,学校应给予经费保证和支持。

（二）年检制度

对已经命名的"浦东新区学校特色课程"实行年检制度。凡停止开设该课程满一年者,取消其"浦东新区学校特色课程"称号。若年检中发现问题的,轻者给予警告,严重的则给予取消该称号的处分。

（三）激励制度

对已经命名的"浦东新区学校特色课程",在示范性实验性学校评审及其他评审、评优中可作为特色课程、特色项目的认定依据。

七、施行时间

浦东新区学校特色课程申报和认证制度自 2011 学年度起执行,每年申报和认证一次。对学校特色课程的年检制度,从 2012 学年起实施。

浦东新区学校特色课程认证评审指标（讨论稿）

认证指标		指标要点	满分	得分
一、课程目标（12分）	体现课改理念	课程目标明晰，体现课改理念，注重学生实践能力和创新思维培养	6	
	符合学校实际	定位科学、适切；体现学校发展目标和办学特色；符合学校和学生实际，符合时代发展需要	6	
二、课程内容（32分）	知识性与教育性	课程具有个性化、有价值的知识及其知识结构；在重视陈述性知识的基础上加强程序性知识、操作性知识的学习。科学知识与人文知识有机融合、协调发展，知识学习、技能培养和情感熏陶和谐统一	8	
	科学性与趣味性	课程体系科学合理，思路清晰，组织有序，符合适用对象的认知规律。课程内容反映事物的本质和规律，概念准确，观点正确，事实可信，依据可靠。课程内容的呈现生动活泼，通俗易懂，趣味性强，有利于激发学生学习积极性，有利于普及与提高相结合	8	
	理论性与实践性	课程内容既有基本知识和基本理论的学习，又有动口动手动脑的实践；以实践带出理论，以理论指导实践，实例清晰，做法明了，可操作性强。学生既学到真理性的知识和科学方法，又形成实践应用的能力	8	
	创新性与实效性	课程开发利用学校资源和社会资源，课程具有区域特点、学校特色。课程内容强化活动设计和实践应用，注重学生体验和探究。课程符合适用对象的特点和需要，符合适用对象的学习能力和接受能力，适合教学；学生能学以致用，收到实效	8	
三、课程实施（36分）	实施方案明确	有明确的课程实施方案或建议，包括实施方法、组织形式、课时安排（具体时间）、实施条件（场地、设备）、班级规模等。实施方法和组织形式突出2点：一是加强学习策略指导，激发学生学习兴趣，培养良好学习习惯；二是建立相应的激励制度，促进学生学习能力的提高	9	

认证指标		指标要点	满分	得分
三、课程实施（36分）	教学计划落实	教学计划详尽，安排周到；有完整的教学设计与教学安排，教学总量不少于16课时；时间分配有利于学生自主学习	9	
	教学过程扎实	注重课程品质，关注学习过程；课程目标细化成教学目标，针对性、层次性、可操作性强。教师备课认真，资料积累充分。课程实施有助于学校办学特色的形成	9	
	方法手段多样	教学形式多样，教学方法得当，教学设计合理；调动学生主动积极地参与学习；注重现代教育技术的应用	9	
四、课程评价（20分）	评价方案完整	有完整的、与所开设课程相匹配的课程评价方案，包括评价对象、评价内容、评价主体、评价方式和结果表达等。评价对象包括对课程教材的评价、对教师的评价、对学生的评价等。评价内容侧重于学生的学习态度及其发生的变化，学生运用所学知识与技能的情况。评价主体包括学生评价、教师评价、学校评价、社会评价。评价方式包括定性、定量或两者相结合	5	
	评价指向明确	评价指向一是紧扣课程目标，关注课程目标达成度，关注学生实践能力和创新思维的培养，关注课程实施对于学校办学特色形成所起的作用；二是重视学习过程，强调过程性、体验性	5	
	评价方式适切	评价方法与所开设的课程特点相适应，体现拓展型课程、研究型课程的学习特点。关注评价的参与性、过程性、激励性、科学性。评价结果的表达有助于促进学生发展，促进拓展型课程、研究型课程的实施	5	
	重视资料积累	有充实反映课程目标、课程内容、课程实施、课程评价的资料。学生和教师对该课程的总体评价较高；多数学生愿意向其他同学推荐该课程	5	

参 考 文 献

[1]　课程教材研究所.20 世纪中国中小学课程标准·教学大纲·课程教学(计划)卷[M].北京:人民教育出版社,2001.

[2]　薛明扬.勇攀新高·上海课程改革十年精华[M].上海:华东师范大学出版社,2011.

[3]　张伟江,陈效民.学校教育评估指标设计概论[M].北京:高等教育出版社,2011.

[4]　陈伯璋,许添明.学校本位经营的理念与实务[M].北京:九州出版社,2006.

[5]　张伟江.教育评估标准汇编[M].北京:高等教育出版社,2009.

[6]　张民生.上海市学校发展性督导评价探究[M].上海:上海教育出版社,2004.

[7]　赵才欣.有效教研——基础教育教研工作导论[M].上海:上海教育出版社,2008.

[8]　张东娇,徐志勇,赵树贤.教育管理学[M].北京:高等教育出版社,2011.

[9]　吴志宏,冯大鸣,魏志春.新编教育管理学[M].上海:华东师范大学出版社,2008.

[10]　程志龙.现代学校管理学[M].长春:吉林大学出版社,2011.

[11]　吴清山,黄美芳,徐纬平.教育绩效责任研究[M].北京:九州出版社,2006.

[12]　李小融,唐安奎.多元化学校教育评价[M].杭州:浙江教育出版社,2009.

[13]　张玉田,程培杰,滕星,等.学校教育评价[M].北京:中央民族大学出版社,1987.

[14]　陈美如,郭昭佑.学校本位课程评鉴[M].北京:九州出版社,2006.

[15]　许苏,李霞.教育领导案例及评析[M].北京:北京大学出版社,2010.

[16]　曹锡康,赵连根.浦东二次创业与教育发展战略选择[M].上海:上海教育出版社,2011.

[17]　张东娇.学校评估发展的国际趋势及其对中国的启示[J].比较教育研究,2009(3).

[18]　王云峰,胡进,张咏梅.北京市义务教育教学质量监控与评价系统的构建[J].教育科学研究,2009(9).

[19]　龚春燕,程艳霞.基于文化导向的特色学校评估思考[J].人民教育,2010(3).

[20]　侯静,邱清.新课程背景下发展性学校评价方式探析[J].基础教育参考,2010(7).

[21]　楼世洲,宁业勤.学校内涵式发展评价准则的构建[J].教育科学,2009(1).

[22]　乐毅.值得借鉴的学校自我评估标准——香港《杰出学校奖励计划》与苏格兰《我们学校的质量如何?》述评[J].基础教育参考,2004(6).

[23]　徐士强.从自我评估指标看校长办学的关注点——美国加州达纳初中自我评估

指标及解读[J]. 教育发展研究,2006(8).

　　[24]　李国宏. 新加坡的学校质量保障系统[J]. 世界教育信息,2010(8).

　　[25]　李广,马云鹏,高山达雄. 促进学校自律、持续的改善与发展——日本《义务教育学校评价指导方针》解读[J]. 外国中小学教育,2007(6).

　　[26]　游衣明. 日本文部科学省对小学、初中实行五级评估制[J]. 基础教育参考,2007(8).

　　[27]　朱恬恬. 芬兰基础教育评估实践及其对我国的启示[J]. 外国教育研究,2009(11).

　　[28]　沈祖芸. 上海:"绿色"尺子为学业质量"体检"[N]. 中国教育报,2012 – 04 – 05(3).

　　[29]　经济合作与发展组织. 面向明日世界的学习——国际学生评估项目(PISA)2003报告[M]. 上海市教育科学研究院,国际学生评估项目上海研究中心,译. 上海:上海教育出版社,2008.

　　[30]　经济合作与发展组织. 面向明日世界的学习——国际学生评估项目(PISA)2006报告[M]. 上海市教育科学研究院、国际学生评估项目上海研究中心,译. 上海:上海教育出版社,2009.

郑重声明

　　高等教育出版社依法对本书享有专有出版权。任何未经许可的复制、销售行为均违反《中华人民共和国著作权法》,其行为人将承担相应的民事责任和行政责任;构成犯罪的,将被依法追究刑事责任。为了维护市场秩序,保护读者的合法权益,避免读者误用盗版书造成不良后果,我社将配合行政执法部门和司法机关对违法犯罪的单位和个人进行严厉打击。社会各界人士如发现上述侵权行为,希望及时举报,本社将奖励举报有功人员。

反盗版举报电话　　(010)58581897　58582371　58581879
反盗版举报传真　　(010)82086060
反盗版举报邮箱　　dd@ hep. com. cn
通信地址　　北京市西城区德外大街 4 号　高等教育出版社法务部
邮政编码　　100120